山东大学（威海）主办

主　　编　陈金钊
副 主 编　左　峰　吴文新
执行主编　左　峰

黄海学术论坛

HUANGHAI XUESHU LUNTAN

第二十二辑

上海三联书店

目　　录

政治哲学研究

柏拉图政治思想演变的内容、原因及本质 ………………… 孙经国（1）

阿伦特与马克思对现代性政治的差异性批判 …………… 李志军（10）

德里达对马克思主义政治哲学的解构 …………………… 黄书进（18）

柯亨平等主义思想述评 …………………………………… 方广宇（27）

当代国家理论流派比较 …………………………………… 李海涛（37）

阿尔都塞与拉克劳对马克思主义重释路径的比较 ……… 陈　波（47）

东亚实学专题研究

东亚实学专题研究主持人寄语 …………………………… 朱康有（56）

朱舜水与伊藤仁斋实学思想的最终定型——兼谈东亚的实学交流 …………………………………………… 董灏智（58）

从明清之际的思想变动看茶山学的性格 ……………… 李俸珪（70）

论心性实学的现代意义 …………………………………… 朱康有（82）

马克思主义与社会发展研究

当前马克思主义观研究中的若干问题 …………………… 鲁法芹(89)
共同富裕:中国梦的坚实基础和强大动力 ……………… 吴文新(100)
毛泽东对群体性事件的态度及其启示 ………… 张文军　李建强(109)
对毛泽东思想和中国特色社会主义理论体系关系的
　若干思考 ………………………………………………… 陈永刚(118)
意识形态灌输论及其当前意义探析 ……………………… 郭士民(132)
新形势下努力发挥党在社会管理中的领导作用 ………… 张　磊(139)
论军地海洋危机联合管理机制的建立 ………… 陈仕平　陈万平(148)

中国传统文化与伦理道德研究

《了凡四训》中的“改过”思想及其现代价值 ……………… 刘　坤(156)
由《梢山小调考》谈日本人的忠孝观 ……………………… 刘　芹(164)
基于《弟子规》视角的大学生伦理道德建设探析 ………… 田彤彤(172)
从儒家思想视角看母亲在现代家庭教育中的作用 ……… 刘　芹(179)
孔子婚姻观的当代省思 …………………………… 武晓玮　郭　娟(187)
网络公德缺失的原因分析及对策研究 …………………… 常林杰(195)
浅论研究生网络道德教育的内容与意义 ………………… 张孟琪(202)

文学与语言研究

柳永研究 …………………………………………………… 张银堂(208)
原乡与原伤:童伟格的零余世界——评《无伤时代》与

《西北雨》…… 郭全照(214)
《雪花与秘扇》与“女书文化”——评美国新锐女作家邝丽莎…… 黄秀国(224)
从美国总统竞选析政治语言的修辞艺术…… 崔莹辉(229)
韩国作家崔暑海与中国体验小说…… 李永男　包锡婷(240)
中国古典诗词的“现代性”迷障(上)…… 王　赫(249)
论刘震云的反“宏大叙事”策略——以《故乡天下黄花》为例…… 张　栋(260)
论杨炼《叙事诗》的音乐性创造…… 李小凡(270)
古希腊神话与英语语言学习…… 赵　薇(278)
利用英法双外语新型教学模式快速拓展学生语言技能实验研究…… 蔡　谨　邢路威(286)

经济专题研究

浅析税收政策对我国居民收入差距的影响…… 王晓晔(294)
山东半岛蓝色经济转型中实现高质量就业思路研究…… 林战平(303)
从扶持到控制——南京国民党政府工会政策考析…… 金京玉(314)
清末青岛、济南之崛起与山东市场的一体化…… 杨发源(324)
《中国旧海关史料》中的近代烟台贸易…… 刘　畅(338)
家庭主妇购物的人类学考察…… 范广垠(349)

教育研究

浅谈翻转课堂对公立学校教育的破坏性创新…… 朱　琳(355)
鉴于韩国教育政策改革谋求中国地域间教育机会均等——以中小学教育为例…… 张立方飞　高绍山(362)

柏拉图政治思想演变的内容、原因及本质

孙经国*

《理想国》和《法律篇》是柏拉图的两部主要政治哲学著作，学界通常把前者归于其中期的著作，把后者归于其晚期的著作。一般认为，柏拉图的思想经历了早、中、晚的演变。就其政治思想而言，同样应有一个从中期到晚期的变化过程。但对于这一演变的具体认识，学界却不尽一致，有人认为是从人治到法治的统治方式的转变，也有认为是从最优到次优的治理态度的转变。要想真正弄清这一演变，至少需要先回答三个问题：从《理想国》到《法律篇》到底发生了哪些变化？为什么会发生这些变化？这些变化在本质上是什么性质的变化？澄清这些问题，不仅有助于深刻理解柏拉图政治思想发展的内在逻辑，同时也可以深化对政治哲学本身的理解。

一、演变的主要内容

在《理想国》中，柏拉图提出了以“男女平等”、“共产共妻”、“哲学王治国”为核心的城邦国家蓝本，并对政体形式在德性论的意义上进行了探讨。怀揣其最优的政治方案，柏拉图三次前往西西里的叙拉古，想在城邦统治者身上实践自己的理想。然而“理想很丰满，现实很骨感”，现实结果使他大失所望，乃做《法律篇》，对《理想国》中的政治思想进行反思、修正。概言有三。

首先，在《理想国》中，最高权力被授予哲学家，而在《法律篇》中，法律被

* 作者简介：孙经国，国防大学马克思主义教研部副教授，博士，硕士生导师，研究方向：社会政治哲学。

视为最高权威。

柏拉图提出“哲学家为王”的理论主张是为了引导和关爱灵魂，他认为应该诉求德性和教养，通过道德完善者的引领，使我们的行为始终获得最优的向善方式。在一个健康的城邦中，柏拉图认为权力应该掌握在“胜任者”手中，通过德性完满者的教育和引领，每个人在城邦中各司其职，各尽所能，走在最适合自己的向善之路上。而对于同样能规范人们行为的法律，柏拉图认为它是有限的、次生的，如果把希望全都寄托给它，会抹煞具体的现实，甚至会带来至善目标的偏移。所以用法律条文来束缚哲学王的手脚将是愚蠢的，就好像是强迫一个有经验的医生从医学教科书的处方中去抄袭药方一样。不可否认，柏拉图的这个哲学王的理想设计是可欲的，但希腊社会的政治现实和他个人政治实践的经历和教训使他认识到，哲学王是很难培养出来的，即使培养出来了也很难保证其永不变质。既然具有完善人性的统治者无法存在，哲学王政治就只能是空中楼阁，柏拉图不得不对自己先前“只应天上才有”的理想图景进行反思和重构。他注意到，只有统治者成为法律的仆人，城邦才会安全，并享受诸神赐予城邦的一切好处。所以应把人性趋向善德的力量赋予法律，借助法律、服从法律是减少失误达到良性治理的最好途径。于是，柏拉图以八十余岁衰朽之躯著《法律篇》，规划“法治”下的城邦。对于柏拉图的这一思想转变，萨拜因曾这样概括，“《理想国》的理论和《法律篇》的理论两者的根本区别在于：前者的理想国家是一个由特别挑选出来并经过特别训练的人组成的政府，不受任何一般规范的限制，而经后者概述的国家则是一个奉法律为至上的政府，统治者和臣民均须同样服从法律。”[1](pp.96-97)

其次，在《理想国》中，统治者和军人没有自己的财产和家庭，即实行统治阶级内部的公有制，而在《法律篇》中，所有公民都有自己的土地和家庭。

柏拉图注意到，如果人们把个人的感官享受、现实的多样需求作为其活动的最终目的，那么私利、贪婪、欲望就会充斥他们的心灵，他们就会最大限度地攫取、占有各种可资利用的资源，至善的目标在此过程中就会被遮蔽。所以，在《理想国》中，柏拉图反对护卫者拥有私有财产，以戒除至善目标的遮蔽，提出了广为人知的“共产共妻”。到了后来的《法律篇》中，柏拉图这种强调在护卫者中实行财产公有、妻子、儿女公有的主张有了重大的改变，“根据人的本性，要求人们财产共有和在国家管理下轮换性伙伴，尤其是由此带来的父母与子女关系的解除，几乎不可能实现——尽管柏拉图仍认为这是最好的办法。”[2](p.73) 贪婪仍是要加以防止和限制的恶，但对实物货品的欲求和对它的享受、对婚姻和家庭在此得到了认可。在继续坚持国家所有制的前提下，柏拉图主张把土地分配给全体公民，由他们各自进行耕种，公民们必须分配土地和房屋；家庭恢复了它固有的地位，家庭兄弟间的共存方式还成了政治治理方式的参照物。柏拉图政治主张上的这些变化，同样引起了亚里士多德的注意，他把《法律篇》不同于《理想国》的根本特征视作是放弃公有制和公妻制。

再次，在《理想国》中，柏拉图强烈地仇视民主制，而在《法律篇》的宪法中，有了一些民主制的特色，提出了混合的政治制度。

柏拉图在《理想国》中按照德性的衰败程度，依次分析了四种政治制度，分别是君主制、寡头制、民主制、僭主制。这个分类排序方案，隐含着一种价值序列，表现了柏拉图以完善德性为标准评判政治制度的观念。其中，民主制排在第三位，在这种制度中，人们以轻薄浮躁的态度蔑视建立理想国家的庄严原则、践踏所有理想。在这种制度下不加区别地把一种平等给予一切人，这种不顾一切过分追求自由，破坏了民主社会的基础，导致社会的极端分裂，任何政治和道德的权威都陷于解体，极权政治出现。所以民主政治必然带来理想城邦的最后祸害——僭主政制。在后来的思想发展中，柏拉图对民主制的评判不再仅仅根据完善德性的理想标准，在民主制度中也不再仅仅是看到它对德性目标产生破坏作用的缺陷，而是表现出对民主制自身优点的新的认肯。民主制与寡头制之间的序列也发生了微妙的变化，柏拉图领会了一种建立在法治基础上的民主制的价值，“在《法律篇》中，我们可以发现他提倡法治君主制和法治民主制的某种结合，以作为仅次于理想国本身的一种政体形式。”[3](pp.404-405) 萨拜因这样评述从《理想国》到《法律篇》柏拉图对民主制度的态度变化，“第一，理想的国家已明确地从有可能实现的那一类国家中划分出来，第二，对民主政治已给以比在《理想国》中较为有利的地位。”[1](pp.404-405)

二、演变的原因

策勒尔在分析影响柏拉图思想形成和演变的因素时指出，“苏格拉底和毕达哥拉主义具有决定性的影响，……无疑，他在叙拉古宫廷的经历对于他的观点的形成也起了作用。总之，这两方面的因素都反对自从伯利克里死后，在雅典占有至高无上地位的过激民主政治。”[4](p.137)策勒尔的分析突出了三个方面，一是对政治现实的反思，他主要提到对雅典过激民主的反思；二是思想先驱的理论影响，其中最直接的当属苏格拉底；三是个人政治实践的经验和教训，主要是柏拉图的三次叙拉古之行。这三个方面实际上也是引导柏拉图对政治活动思考不断深入，带来政治主张发生变化的主要原因。

首先，柏拉图所处时代的政治现状是他对政治活动进行反思的出发点和坚实土壤。

希腊及其同时代的各种政治现状是柏拉图政治思想无法脱离的现实场域，其政治思想的形成和演进正是在希腊政治衰落之际对其命运的艰苦反思和总结，在某种程度上也体现了希腊政治的成就和局限。柏拉图身处希腊社会的奴隶制度及其意识形态由盛到衰的变革时期。面对当时混乱的状况，柏拉图说自己晕头转向了，也由此引发他思考如何从根本上改进混乱状况，如何改革整个制度。希腊的哲学政治现实使柏拉图认识到“希腊城邦中的生活，尤其是耗费他们如此之多精力的政治生活，是一种相当肮脏的游戏，并且越来越龌龊。因此，在由道德教育的失败所导致的这些邪恶中……，来发现它们产生的原因，就是非常自然的事情了。”[5](p.32)柏拉图认识到由“德性完善者”进行统治应该是改变政治混乱局面的可行之策，所以他说“因此我被迫宣布，只有正确的哲学才能为我们分辨什么东西对社会和个人是正义的。除非真正的哲学家获得政治权力，或者出于某种神迹，政治家成了真正的哲学家，否则人类就不会有好日子过。”[6](p.80)因此，城邦应该等待好的机运恩赐给它哲学王。然而政治现实却表明，哲学王不仅仅是一个现实的稀缺，更是一个理论的幻想，在动乱中取得统治权者非但没有接受哲学的教化，反倒堕落成独断的僭主，“有的僭主在推动政治或社会变革的初期曾起过积极的作用，但是，他们一经上台握有绝对的政治权力后便会独断专行，堕落成最暴虐的君主，使国家遭受无尽的苦难。”[7](p.330)柏拉图痛感到僭主政治的弊端，认识到哲学和政治之间的永恒矛盾，认为必须约束世俗的统治者，提出用法治来防止个人专断，避免僭主制度。并在对现实各种政制反思的基础上，主张建立一种混合制政治才是可行的现实政治制度。

其次，柏拉图的政治思想受到其思想先驱，特别是其师苏格拉底的影响，但他没有仅仅停留在对其师思想的阐扬上，而是在意识到既有思想局限性的基础上不断发展其思想和观念。

苏格拉底的“言传”和“身教”，带来了柏拉图思想的不断深入、演化和完善。苏格拉底对时代问题的捕捉和思考方式首先为柏拉图提供了理论基础。与智者学派注重分析个人的感情和冲动不同，苏格拉底提出“美德即知识”，获得了智者们在感情和欲望的结构中一直努力探索而不可得的客观标准，从而带来了一场道德自我意识的普遍苏醒，使伦理从对外在习俗的思考而转化为对个人内在道德意识的追问。受苏格拉底的影响，柏拉图认为他应努力去做的，是唤醒个人的道德意识，这种意识发自天赋的认识善的能力。个人与善相结合，个人获得了善的知识，从而就会用善来指导自己的行为，使之内在地是公正的。我们看到，柏拉图在《理想国》中的一些基本主张都是发端于这一思想基础。然而，苏格拉底的创见在政治论域中却走到了另一个极端，他把真理和至善当作唯一的追求目标，忽视了现实必然性的制约作用。柏拉图从苏格拉底的现实遭遇中觉识到其理论的局限性所在。在哲学与城邦的永恒冲突面前，苏格拉底选择了不妥协，他要将哲学灌注于日常生活，并解释、批判日常生活，而不是从共同体的生活方式出发去理解哲学。结果，苏格拉底被判刑，饮鸩而亡。

苏格拉底之死是柏拉图始终萦绕于怀的心结，他意识到苏格拉底在医治城邦病疾方式上的局限性，认识到政治应达成哲学和现实之间有原则的妥协，要建立一种可欲又可行的生活方式来教化和引导民众。柏拉图从“与人的自然本性相符合意义上的正义城邦”是否“可能”的问题，转向了通过改造现实的城邦而加以实现意义上的正义城邦是否“可能”的问题。苏格拉底临死前虽然认识到法律不公，但为使法律不会信誉扫地，仍以身殉法，这一壮举给柏拉图带来强烈震撼，也引发他走出困境的思考。他认识到法律的威力无可比拟，好的法律使城邦繁荣，但不公正的法律却毁灭无辜的生命，甚至使城邦衰败。所以在对“现实可行政治生活方式”的思考中，柏拉图着眼研究法律，而成书《法律篇》。

再次，柏拉图个人的政治实践也是引起其思想发展变化的一个重要原因。

“纸上得来终觉浅，绝知此事要躬行”，《理想国》中，柏拉图在“言辞”中建立起理想城邦，他怀揣这份理想去改造现实政治，然而在叙拉古政治舞台上的三次冒险尝试的失败，使他重新审视其理论，重构其蓝图，《法律篇》被看做是这一审视和重构的集成。所以“叙拉古之行并非生命中一段可有可无的‘插曲’，而是深沉地弹奏着他内心对时代最深切的理解和关怀，是我们理解其思想的重要的背景。”[8](p.20)经历过叙拉古三次挫折过程的柏拉图不得不重新反思早先在《理想国》中确立的目标。他认识到，无论是现在还是今后，无论是从神的角度看还是从人的角度看，世人对什么是善或什么是正义一无所知，所以，让西西里和任何地方的任何城邦不要再屈服于一个世俗的统治者而要屈服于法律。及至晚年，柏拉图梳理这些思考，乃做《法律篇》。

三、演变的本质

在不同时期，柏拉图政治哲学理论主旨的不同带来了其哲学运思方式的差别，从而表现为政治哲学两种理论形态的特性差异和思想嬗变。

首先，从理论主旨来看，《理想国》主要是要确立人类政治活动的终极根据，而《法律篇》则是对现实政治活动规范的探求。

人们结成共同体是为了克服自身的有限性而生活得更好，所以，政治活动的指导理念是考虑更好或更坏的情况。但人们在权衡更好或更坏时，必须要保持对好或坏是什么的认知，以使所有政治活动因此受到某种确定的好或坏的观念指导，这些观念所指向的是关于好或坏的知识。即是说，“要作出正确的判断就必须了解真理的标准。如果政治哲学希望正确处理本学科的论题，就必须争取获得有关这些标准的真正知识。”[9](pp.343-368)然而人们认知能力的有限性决定了对知识的把握总会带有意见的特征。知识不同于意见的主要区别表现为它能提供一个绝对确定的逻辑起点，构建一个严密的逻辑框架，把现实纳入到这个确定的认知框架，使人们的现实政治生活获得一个前后一贯的全面解释和理解。《理想国》的城邦理论正是在这一意义上来提供对作为社会基础的最普遍知识的最完善分析。虽然在对话中我们看到它不仅包括政治知识的探究，也在构筑一个理想的城邦，并要求哲学家统治等一些具体制度，但应认识到其目的并不是绘就一幅现实的政治蓝图，毋宁说是借用政治的躯壳勾勒出政治知识的现实影像。

《理想国》探讨政治事务的知识无疑具有深刻的理论意义，它为人的政治活动提供了确定性根据、终极性目标。但由于忽略了现实必然性对一般性知识的制约，所以它所提供的政治图景缺乏了对实现条件的考量而表现得过于理想。劝服国家按照“至善”这一最高理念接受改进措施，这在理论上是合理的，但这仅仅是合理的。虔诚追寻事物本质的苏格拉底在现实政治活动中被剥夺了生命，从至高理念出发的理想国家设计在柏拉图的不懈实践中终告失败。这两个残酷的现实促发了柏拉图政治思考场域的变换，促使他对《理想国》中政治思想的修正，这种修正要求完全改变他的哲学结构以便为习惯让出重要的位置，并完全改变他的知识论以便让位于经验和习俗，这一工作正是《法律篇》的主旨所在。“《法律篇》中的政治哲学不像在《理想国》中看到那样具有一种大胆而无所顾忌的纯理论结构，但……柏拉图在他晚期的理论体系中可说是力图以他在早先的作品中从未采取过的方式来面对政治的现实。”[1](p.95)《法律篇》不再专情于由智慧的哲学王来确立秩序和正义、控制社会，而是指望出现一个明智的立法者，在人力所及的范围内，为国家提供一个明智的法律制度。

其次，从政治哲学的运思方式来看，《理想国》主要运用从理想到现实，现实屈从于理想的思维方式；《法律篇》则着眼于理想与现实的互动，主要采用理想与现实有机融合、辩证统一的思维方式。

无论是在《理想国》还是在《法律篇》中，柏拉图都是以确立好的共同生活方式为目标，只不过在谋求这一目标时选取的视角不同，采用的方式存在差异。一种是要使至善在现实中呈现，因此在理论上澄明至善理念，并以此规约、改造现实，所以它从正义出发，注重制度保障；另一种则是要使现实中的政治向善生成，为此，在实践中获取对现实认知的基础上，确立引导现实奔向至善目标的可行方式，所以它从现实出发，更注重品质塑形的教化功能。而这一转变之所以能够实现，最根本的源自柏拉图在处理理想与现实关系上思维方式的转变。

在《理想国》中，他以理念论的认知模式为基础，在其宇宙观所提供的目的论思维框架中，把至善理念作为人们的终极目的，把国家看做一种为实现人的终极目的而作准备的机构，是至善理念的引申，它所要做的是通过政治安排，特别是通过洞悉理念之堂奥的哲学家为王，在国家中除去干扰培育“美德”的现实因素，实现至善的理念。这种通过政治行为使现实屈服于理念、并接受改造的思路无疑是简明、严密和清晰的，但它也不免失之过于简略，甚至说只能是一种在理论中构建起的理想。因为它一味强调了人的意识、精神方面在治国中的首要作用，却忽略了人本身及其生活的复杂性和具体性。这样就使柏拉图的理想国家成为可欲却不可行的乌托邦。实际上，治国才能、政治技艺远非仅对至善理念的清醒，而更应该包含对这一理念实现条件的现实关注，这就不能不提到他在《法律篇》中所秉持的思维方式，即改变从理想到现实的单向推进，从现实的政治活动出发，通过理想与现实的互动，建立一种既稳定又向善的生活方式。其间，统治者不再只盯住绝对抽象的善，而是在至善和现实之间把握善的历史表现形态和实现方式。这种理想与现实相互融合、辩证统一的运思模式得到了他的学生亚里士多德的认同，并把它继承与发展，“亚里士多德正是从《法律篇》中开篇的理论起步的。他并未抛弃《理想国》中阐述的普遍原则，那些原则为他的社会理论提供了全部资料，但他几乎在一切方面都采纳了《法律篇》中提出的理论线索，并对以经验为根据的和历史上的证据作了更艰苦和更广泛的考查来充实这些线索。”[1](pp.115-116)

再次，从理论形态来看，《理想国》表现为一种“理想性政治哲学”，而《法律篇》则是一种更具现实合理性的“现实性政治哲学”。

任何政治哲学都指向一种理想的生活方式，并为实现这一生活方式设计一套制度安排。对于理想的生活方式，它通常以两种形式存在，一是源于自在自足的理想实体，忽视具体、复杂现实提供的场域而形成的绝对完美的生活方式；二是源自人的现实要求和理想性追求的双重视角，在它们实现有机融合、辩证统一的基础上生成相对完美的生活方式。对于政治制度安排来说，同样有两种类型，一是只着眼终极理想，为防止现实对这一理想的破坏而做的制度设计；二是既考虑到理想实现的现实制约，又不忘超越现实的理想追求，保障理想和现实良性互动的制度设计。不难看出，无论是从政治哲学所包含的理想生活方式还是其制度设计来看，前一种形式都是因为采用从理想出发，现实向理想妥协的方式，所以使它的存在失于现实之维，并注定不可在现实中实现出来，因此我们称其为理想性政治哲学。后一种形式则采用理想与现实辩证统一、有机融合的方式，其存在实现了一种具体的统一，并能够在现实中实现出来，所以我们称其为现实性政治哲学。由处理理想与现实的两种方式而形成的不同形态的政治哲学，在《理想国》和《法律篇》中分别得到充分展现。两种思维方式间的逻辑演变也使柏拉图的两篇巨著表现出从理想性政治哲学到现实性政治哲学的理论形态间的演变。

[注释与参考文献]

[1] [美]乔治·霍兰·萨拜因，《政治学说史》，盛葵阳，崔妙因等译，商务印书馆，1986年。

[2] [挪]希尔贝克、伊耶，《西方哲学史：从古希腊到二十世纪》，童世骏等译，上海译文出版社，2004年。

[3] [英]厄奈斯特·巴克，《希腊政治理论：柏拉图及其前人》，卢华萍译，吉林人民出版社，2003年。

[4] [德]E. 策勒尔，《古希腊哲学史纲》，翁绍军译，贺仁麟校，山东人民出版社，1992年。

[5] [英]R. M. 黑尔，《柏拉图》，范进、柯锦华译，中国社会科学出版社，1992年。

[6] [古希腊]柏拉图，《柏拉图全集》(3)，王晓朝译，人民出版社，2003年。

[7] 王宏文、宋洁人，《柏拉图研究》，山东人民出版社，1991年。

[8] 王恒，《柏拉图的“克里特远征”：〈法篇〉与希腊帝国问题》，上海人民出版社，2008年。

[9] Leo strauss. What is political philosophy. THE JOURNAL OF POLITICS Vol (19), 1957.

阿伦特与马克思对现代性政治的差异性批判

李志军*

极权主义是 20 世纪最重要的政治现象之一。汉娜·阿伦特在《极权主义的起源》一书中，把斯大林主义与纳粹主义一道归入极权主义，马克思主义与极权主义的关系由此成为不可回避的理论问题。之后，波普尔、雷蒙·阿隆等西方学者对阿伦特的过度诠释遮蔽了其极权主义批判的理论实质，进而误解了阿伦特与马克思的理论关系。

一、重审阿伦特极权主义批判的理论立场

英国历史学家霍布斯鲍姆指出：1914 年以来“短促的 20 世纪”，以“破碎的时代”作为开局，历经两次世界大战的“大灾难时期”、热战后的“冷战时期”、短暂的“黄金时期”，最后到 1991 年苏联解体，其中极权主义是这个世纪最突出、最鲜明的特征。[1](绪论) 作为一名犹太人、大屠杀的亲历者，阿伦特以 20 世纪三四十年代政治大灾难为研究对象写成《极权主义的起源》(以下简称《起源》)，1951 年出版即引起强烈反响，阿伦特也因此被看作与哈耶克、波普尔齐名的“冷战斗士”。

日本学者川崎修指出，阿伦特是以一名“政治思想家”的身份研究“极权主义的起源”的。[2](p.5) 而把阿伦特奉为冷战斗士的人将《起源》当作历史著作

* 作者简介：李志军，国防大学马克思主义教研部讲师，博士，研究方向：马克思主义哲学、马克思主义中国化。

来看待，恰恰忽视了阿伦特作为"政治思想家"的前提。阿伦特研究专家卡诺万提醒人们不要忽视了《起源》第一版的书名——《我们时代的重荷》。"极权主义"并不是阿伦特为了概括纳粹主义和斯大林主义而创造出来的概念，极权主义不仅是20世纪初在德国和苏联产生的一种特殊现象，而是现代文明尤其是西方文明所产生的问题，是"我们时代的重荷"。换句话说，《起源》不是一部专门论述纳粹主义和斯大林主义的读本，而是考察20世纪的思想文明进而阐述20世纪秩序的著作，极权主义就是20世纪政治秩序异化产生的极端形态。

《起源》的第三卷直接处理极权主义问题。阿伦特指出极权主义并非是暴政的一个形态，暴政只是类似于一个沙漠的政治形态，而极权主义是吞噬一切的"沙漠风暴"。她在研究中注意到，与纳粹主义不同，马克思思想中含有欧洲政治思想传统的要素，于是转向对马克思的专门研究。在随后的研究手稿中，阿伦特指出：把极权主义视为由马克思主义直接发展而来的观点，是"对马克思主义的最为严重的指责"，这种指责如同尼采、黑格尔、柏拉图等人被指责为纳粹主义的祖先一样，是"很难简单地挥之而去的东西"。一般马克思主义者提供的论证是"马克思的学说，不仅是马克思主义，还包括列宁主义为根据的解释，是由斯大林将马克思、列宁的思想改造为极权主义意识形态的"，而这些论证反而证明马克思主义与斯大林极权主义运动之间的关系，"远比那些纳粹主义和被认为与之有关的先行者之间的联系更加直接"。阿伦特不愿看到马克思被人如此轻率地攻击，她提出："要让马克思担负起极权主义的责任的话，必须联系到西欧传统"，"我可以揭示这样的结果：连接亚里士多德与马克思的这条线，远比从马克思到斯大林的那条线紧密"。[3](pp.5-6) 在1966年再版时，她对《起源》第三卷进行了修订，以显示纳粹式极权主义与斯大林式极权主义的区别。川崎修指出："《人的条件》、《关于革命》等阿伦特的作品，作为马克思主义的批判，受到了马克思主义的强烈影响；与此相近的批判，也同样存在于《极权主义的起源》一书中"[2](p.33)。尽管阿伦特不接受马克思解决资本主义现代性的方案，但她认为，与其他思想潮流相比，马克思主义更适合反抗极权主义的需要。菲利普·汉森甚至认为，尽管阿伦特立论的方向与第二国际"正统的马克思主义"相反，但宽泛地说，阿伦特关于极权主义的观点是马克思主义的，尤其是延续了西方马克思

主义者罗莎·卢森堡的思想。[4](p.180)

二、虚假政治危机：阿伦特与马克思的深层契合

众所周知，马克思的理论就其最本质方面来说首先是一种反资本主义现代性的理论。如果从这一问题背景重新审视马克思对资本主义的批判，异化理论当是这一批判的关键所在。资本主义现代性不仅仅意谓经济危机和政治危机，而首先是一场由价值危机引发的“人的本质的灾难”（马尔库塞语）。

虚假政治是现代性政治的异化形态，极权主义是虚假政治最极端的表现形式。与多数极权主义研究者不同，阿伦特对希特勒或斯大林本人很少论及。在她看来，他们个人无足轻重，重要的是19世纪文明的崩溃和政治秩序的瓦解。菲利普·汉森据此认为《起源》“还应该、也有必要被看作是现代国家之崩溃即在一系列历史发展变化的冲击下走向解体的理论”。[4](p.151)阿伦特发现：第一，一切虚假政治都形态各异地表现出文化危机和政治谎言的特点。文化危机包括了萌生虚假政治的客观环境，大众文化造就了丧失判断力与抛弃传统美德的人；政治谎言拥有周密的欺骗性，标示了政治异化的主观基础，二者“合谋”推动现代性政治走向异化。第二，虚假政治以歪曲甚至破坏性的方式来表现人类目的，表现为现代国家、意识形态和政治暴力。现代国家越来越服务于“私人”，服务公众的属性在逐步丧失；意识形态通过理论上的虚假连贯性，将政治谎言转化为具有说服力的“真理”；政治暴力采取极端形式保证现代国家和意识形态不受干扰。第三，极权主义是以恐怖为本质的政治现象。极权主义恐怖剥夺的不仅仅是人的政治自由，其彻底性体现在对人类政治秩序的摧毁，在极权主义政治中居民要么害人，要么被害，二者必居其一。[5](p.583)总之，大众文化、政治谎言等资本主义现代性特征导致政治共同体的公共领域不断萎缩，个人政治判断力日趋减弱，最终极权主义以极端形式展现了这一虚假政治危机的后果，这就是“时代的重荷”。

同样作为历经沧桑的犹太人，阿伦特没有像马克思那样对“扬弃异化”满怀憧憬，而是满怀无助。在《起源》初版序言中，阿伦特写道：“一代人经历了两次世界大战，其间一系列局部战争和革命从未间断过，其后被征服者未

得到任何和平条约，胜利者也未得到休养生息，却以预料剩下的两个超级大国之间可能发生第三次世界大战而告终。”当被暴力“抛”进战乱之中，漂流无根的心绪达到前所未有的深度。1961年，阿伦特以记者身份全程见证了以色列对一位纳粹官员艾希曼的审判，完成了《耶路撒冷的艾希曼——关于平庸的邪恶的报道》，从政治、法律、文化等层面，对以色列秘密逮捕和审判艾希曼的整个过程进行批判，重新提出究竟谁该为战时犹太人的命运负责的问题。她指出，在艾希曼身上，她并没有看到一个极端邪恶的人，看到的只是一个只会履行命令而不会独立思考的人，他仅仅是“邪恶的平庸中的一个典型”，然而以色列政府秘密逮捕和审判艾希曼却与当年纳粹的行为如出一辙，都是违反政治道义的行动。报道发表引起轩然大波，尤其遭到犹太知识界的强烈抨击。阿伦特的这篇报道完全可以看作对《起源》一书的注脚，她受到的质疑，说明人们对极权主义的真正起源缺乏共识。2006年阿伦特的学生、美国学者布鲁尔出版《阿伦特为什么重要》一书，再次提醒人们对极权主义政治现象仍需保持警惕。[6](第一章)

三、帝国主义与恐怖：阿伦特对马克思的理论拓展

在《共产党宣言》中，马克思对资本主义现代性作了经典的描述：无休止的变革是资产阶级生存的必要条件，由此带来整个时代的动荡、不安定与变动，“一切固定的僵化的关系以及与之相适应的素被尊崇的观念和见解都被消除了，一切新形成的关系等不到固定下来就陈旧了。一切等级的和固定的东西都烟消云散了，一切神圣的东西都被亵渎了。”这种动荡关系超出了国界，“它迫使一切民族——如果它们不想灭亡的话——采用资产阶级的生产方式；它迫使它们在自己那里推行所谓的文明，即变成资产者。”[7](pp. 275-276) 伯曼(M. Berman)认为，马克思是最早从社会理论角度对现代性进行批判性反思的哲学家。对马克思来说，“‘现代生活’包含着一个紧密结合在一起的整体”，而当代社会理论却丧失了这种整体感：“近来对于现代性的思考已分裂为两个彼此隔绝的不同部分：经济与政治方面的现代化，与艺术、文化和感受力方面的现代主义。”[8](p. 113) 作为一个非马克思主义者，阿伦特在列宁、罗莎·卢森堡的基础上，从追溯极权主义起源的独特视角，继续推进了对帝

国主义理论的研究。她认为,帝国主义时代的到来,正是极权主义统治诞生的前奏。在这个意义上,阿伦特可以看作是从经济政治视角推进马克思现代性批判的哲学家。

阿伦特指出,帝国主义虽然自己冠以"帝国主义"名号,但它与罗马帝国等古代帝国毫无关系。帝国主义的实质,无非是"资本输出和人种妄想以及官僚行政设施的奇特的混合体",帝国主义就是剩余资本的输出、人种主义和没有法的支配意义上的官僚制支配的三位一体。阿伦特完全认同马克思主义关于剩余资本的输出是帝国主义产生的动因的观点,指出其目的是"继续维持立足于工业生产的不断发展的资本主义制度",经济自身的规律迫使资产阶级把扩张作为对外政策的基础,"帝国主义的中心政治观念就是将扩张当作永久的最高政治目标"[5](p.285,186)。在此基础上,阿伦特进入到核心问题:剩余资本这种具有首要意义的经济现象,给现代政治究竟带来了什么样的影响。她得出三条结论:一是民族国家体系的瓦解。帝国主义的扩张以经济危机作为奇特的开始方式,"国界开始变成这种扩张的障碍,并且成为整个工业化过程中最深刻的威胁",为了保护这种扩张,权力输出(包括军事力量和警察力量的运用)"卑顺地跟在资本输出的后面",同时创造出独特的支配形式以及与之相适应的意识形态。阿伦特把世界大战看作是民族国家解体过程中的标志性事件,战争产生大量失去祖国的流亡者甚至民族集团,"人权"的实质性意义开始丧失。二是"大众社会"替代"阶级社会"。与马克思不同,阿伦特意义上的"阶级"特指欧洲社会由贵族的血统魅力、"财产和教养"等文化价值构成的差别。权力与资本的无限增殖,混淆了公共事务与私人事务、政治与经济的逻辑差别,解除了各传统阶级在政治上和伦理上的武装,代替他们的是缺乏政治热情和阶级意识的"大众"。极权主义的成功之处在于通过"运动"的方式将大众组织化、政治化。[5](p.403,407)三是资本与暴徒的结盟。资产阶级与旧贵族一样,他们抱有的社会伦理都不过是欧洲传统的残渣,阿伦特把他们在变革中表现出来的对公共政治的参与称之为"伪善"。随着民族国家体制的瓦解和"阶级社会"的崩溃,资产阶级逐步抛弃"伪善"的面纱,毫不隐瞒地表现出自己的价值观,其结果使自己变成只追求资本增殖的"暴徒"。

列宁曾经预言帝国主义是资本主义发展的最后阶段,阿伦特却认为:

“帝国主义应该被认为是资产阶级取得政治统治权的第一个阶段，而不是资本主义的最后阶段。”[5](p.201) 在民族国家中，资产阶级长期被排斥在政体之外，一方面是民族国家的政体不需要它，另一方面它自己对公共事务缺乏兴趣，阿伦特认为是帝国主义使资产阶级获得了政治上的解放。之前，资产阶级只是一些以赚钱为首要的“私人”，在帝国主义时代，他们从商人变成了政治人，“私人”的实践和手段逐渐转变为执行公共事务的原则和规则。[5](p.202) 作为主张古典共和主义的阿伦特并不彻底地反对现代性，而只是反对其中资产阶级部分，这一点与马克思的主张高度一致。与马克思以废除私有制为核心的改造资本主义现代性的总体规划不同，对于如何抵制极权主义，阿伦特寄希望于新人的诞生——以“公共人”代替“私人”，从而实现“公共性的复权”，然而这一主张却始终是含混和模糊的。

四、阿伦特极权主义理论的根本缺陷

极权主义既然是一种历史现象，对其采取何种分析方法就尤为重要。沃格林指出阿伦特的著作恰恰暴露了实证主义对政治学进行破坏以后理论工具的缺乏，建议她借鉴一下汤因比的《历史研究》。[9](pp.133-134) 阿伦特的导师雅斯贝尔斯看完《起源》，在大加赞赏之余也提醒她注意方法论问题。阿伦特反复强调同形形色色的决定论作斗争，但由于她对历史人物、个人体验的忽略，使得她在处理政治社会制度、人的行为模式与历史进程的关系上明显带有决定论的倾向。阿伦特以一种极度失望的心态结束了《起源》一书的写作：人类所面对的现实是，人与人相互孤立、彼此隔膜，缺乏构建公共政治领域的共识和行动，“私人领域”仍然在无限膨胀，极权主义灾难温床犹在。阿伦特的著作始终充满了对人类命运的深切关怀，对现代性政治的批判深入而犀利，但由于方法的缺乏使她的著述悲观情绪弥漫，阻碍了她对现代性政治出路的探寻。

在马克思主义看来，帝国主义的发展导致了政治权力与经济权力的集中，在一定意义上也是一种进步和必然，因为这种集中为新的政治共同体、新的团结奠定了经济基础。马克思在《〈政治经济学批判〉导言》中谈到经济的社会形态的发展序列时列出了亚细亚的、古代的、封建的和现代资产阶级的四种生产方式。他特别强调，资产阶级的生产关系是社会生产过程的最后一个对抗形式。在19世纪中叶，马克思已经预测到资产阶级对世界市场的开拓，预测到"资产阶级使农村屈从于城市的统治。……正像它使农村从属于城市一样，它使未开化和半开化的国家从属于文明的国家，使农民的民族从属于资产阶级的民族，使东方从属于西方"[7](pp. 276-277)。在阿伦特等犹太学者思考犹太民族和人类命运时，像印第安人这样的民族甚至没有能力用文字记录下他们所遭受的悲惨命运，血统、教养等文化价值构成的"阶级"差别在历史进程中显然不具有根本性质。阿伦特在《起源》一书中对海外帝国主义和大陆帝国主义作了区分，以及对欧洲民族国家对非洲、中东和亚洲殖民地人民的剥削、掠夺的描述，可以看作是对马克思世界历史理论的注脚。

马克思历史研究的突出贡献在于他指出了经济关系在经济社会形态演进中的强制作用。他反对把资本主义生产方式看成是符合人性的永恒的自然规律，他在资本主义生产方式的内部发现了导致它必然走向灭亡的对抗性矛盾，即不断发展的社会化大生产与生产资料私人占有制之间无法调和的矛盾。也就是说，资本主义现代性在其自身的发展过程中遇到了它无法逾越的界限。马克思从中看到，植根于人类经济生活中的冲突和对抗，在资本主义社会中已经达到了极点，随着这种冲突和对抗的解决，人类将最终结束一切形式的动物式的经济，代之以发展自己能力为唯一目的的社会形态，在那里，经济关系的强制性作用不再存在，各个个人之间的关系是自由而平等的联系。

[注释与参考文献]

[1] 霍布斯鲍姆，《极端的年代》，江苏人民出版社，1999年。
[2] 川崎修，《阿伦特：公共性的复权》，河北教育出版社，2002年。
[3] 阿伦特，《马克思与西方政治思想传统》，江苏人民出版社，2007年。
[4] 汉森，《历史、政治与公民权：阿伦特传》，江苏人民出版社，2004年。
[5] 阿伦特，《极权主义的起源》，三联书店，2008年。

[6] 布鲁尔,《阿伦特为什么重要》,译林出版社,2008 年。
[7]《马克思恩格斯选集》(第 1 卷),人民出版社,1995 年。
[8] 伯曼,《一切坚固的东西都烟消云散了》,商务印书馆,2003 年。
[9] Barry Cooper. Eric Voegelin and the Foundations of Modern Political Science. Columbia and London: University of Missouri Press, 1999.

德里达对马克思主义政治哲学的解构

黄书进*

20世纪80年代末、90年代初，随着苏东共产党下台、社会主义政权变质、国际共产主义运动陷入低谷，西方一些政治人士和知识精英弹冠相庆，高调认为马克思主义已经死去，人类历史终结于资本主义制度。但是，与这些观点不同，法国后现代哲学家德里达于1993年出版了《马克思的幽灵》一书，站在解构主义立场上重新诠释马克思主义政治哲学及社会主义运动，强调马克思主义没有死亡，已经变成了人类文化遗产的一部分，在旧的共产国际崩溃后，应该建立一个非民族、非种族、非性别的新社会运动。德里达对马克思主义政治哲学的解构，在学术界产生了极大反响。瑞恩在《马克思主义与解构》中指出："无论在哲学上还是在政治上，解构主义与马克思主义都有正面的可比性，就马克思主义而言，在哲学上，它扬弃了传统的形而上学概念；在政治批判中，它运用了解构分析并以此为武器。"今天，正确地分析和评介德里达对马克思主义政治哲学的"解构"，对创造性地坚持和发展马克思主义具有重要意义。

一、德里达解构马克思主义政治哲学的主要表现

马克思主义政治哲学的标志性成果是《共产党宣言》，阐述了马克思主义理论的实践指向性和阶级目的性、科学社会主义运动的历史必然性及未

* 作者简介：黄书进，国防大学马克思主义教研部副主任、海军少将，博士生导师，研究方向：马克思主义哲学、现代西方哲学。

来社会的本质特征、无产阶级及其政党的历史使命，揭示了马克思主义理论、科学社会主义运动与无产阶级特别是共产党的内在统一性。但是，德里达在《马克思的幽灵》一书中另辟途径，从解构主义角度提出了一种反本质主义、反基础主义、反中心主义和反实体主义的后现代马克思主义观，主要表现在以下几方面。

（一）解构马克思主义政治哲学实质，认为马克思主义是一种幽灵

德里达认为，苏联东欧共产党垮台、社会主义政权解体之后，许多人之所以认为马克思主义已经死去，根本原因在于对马克思主义作了确定性的理解，与某种具体的政党和运动挂起钩了。德里达强调，从解构主义角度看，马克思主义没有消亡，因为马克思主义不是定型的东西，而是一种幽灵。

德里达认为，马克思在《共产党宣言》中使用"幽灵"一词来形容共产主义是恰当的，今天继续用"幽灵"一词来形成马克思主义和共产主义也是非常恰当的，它能够较好地反映出马克思主义的独特生产方式和延续方式。他强调，说马克思主义是"幽灵"，就是不把马克思主义作为某种定型的东西，不从某种定型的东西来界定马克思主义。马克思主义作为幽灵具有"不可见的可见性"的特征，一方面，马克思主义不是一种确定性的"此在"，并没有固定在某物身上。另一方面，马克思主义具有"可见性"，我们可以真实地感受到它无时不在注视、监视着我们，影响着我们。德里达强调，马克思主义的"幽灵"具有"自身在场的丰富性"，不能把某一种"在场"定格为全部。而一些人之所以在苏东剧变后宣告马克思主义死亡，就在于没有认识到马克思主义的这种"自身在场的丰富性"。他强调，苏联信奉的马克思主义并不等于马克思本人的马克思主义，苏联和东欧马克思主义的死去也不等于整个马克思主义的死去。因为充其量，苏联的马克思主义只是马克思主义在场、现身的一种形式。而马克思主义、共产主义作为幽灵是不定型的，它的在场形式完全可能是多样的，它可以说着不同国家的语言，穿着不同民族的服装，在各种场合显现出来。德里达指出，苏联共产党垮台后，马克思主义幽灵的这种多样性日显突出，而马克思主义的多样性，不仅不是马克思主义幽灵的消失，恰恰是马克思主义具有新的生命力的表现。

德里达强调，今天，马克思主义的幽灵表现在，它已经变成了一种人类的文化遗产，一份独一无二的文化遗产。对于这份文化遗产，我们生活在这

个地球上，不仅每个人都是可以享受的，而且还都必然会享受它。从享受马克思主义文化遗产的角度看，我们也就都成了马克思主义的继承人。德里达说：地球上所有的人，所有的男人和女人，不管他们愿意与否，知道与否，他们今天在某种程度上说都是马克思和马克思主义的继承人；也就是说他们都是具有某种哲学和科学形式的谋划或者说允诺的绝对独特性的继承人；不管我们喜欢与否，不论我们对它具有一种什么样的意识，我们都不能不是它的继承人。从马克思主义作为一种文化遗产，从每一个人都享受马克思主义，都是马克思主义的继承人这一角度来讲，马克思主义当然是不会因为苏东剧变、苏联共产党的倒台而消失的，马克思主义作为幽灵将会长期存在。

德里达认为，马克思主义从产生到现在，一直是游荡在西方发达资本主义国家上空，不断遭受各种反动力量围剿的幽灵，西方的反动势力一直希望马克思主义死去，并不断地宣布马克思主义已经死去，这不能不说是资本主义世界的悲剧。它们总是企图否定一个无法否定的幽灵，而实际上，这个幽灵不仅不会死去，反而会不断通过各种形式不断地复活。

（二）解构马克思主义政治哲学主体，强调继承者是多种多样的

德里达认为，马克思在《共产党宣言》中使用“幽灵”一词时，确实是把全世界的共产党、共产国际作为这个幽灵的最终化身或实际在场的。因此，现在人们才会产生这样的疑问：随着一些共产党国家的终结，马克思主义的幽灵是否消失了？但德里达强调，不能把马克思主义的继承人仅仅理解为共产党。因为，站在今天的时代看，政党政治，无论是共产党还是其他政党都已经过时了，它们从根本上无法适应新的电视—技术—传媒—公共空间、政治生活、民主政治以及它们所要求的代表制（既有议会的，也有非议会的）的新模式的形势。这种情况表明，马克思主义、共产主义的幽灵不可能再通过政党来使自己“实际在场”了。这就是说，马克思在《共产党宣言》中所阐述的其主体的思想是过时了。但是，另一方面，这种情形并不等于说马克思主义、共产主义从此就终结了，也不意味着马克思主义、共产主义从此就不再具有实际在场的可能性了。德里达强调，实际的可能性只是，马克思主义的幽灵会侵入整个空间，通过各种形式再现自身。理解这一点，关键是不能只从共产党和共产主义运动一种主体的角度看待马克思主义，而要看到马克

思主义的继承者是多种多样的。

德里达强调，从继承者的角度讲，不仅是一切共产党人、马克思主义者继承了马克思主义的文化遗产，而且一些非共产党人、非马克思主义者也继承了马克思主义的文化遗产。从理解马克思主义精神实质的角度看，极有可能出现这样的情形，真正继承马克思主义遗产并使之发扬光大的人并不是那些自誉为马克思主义者的人，反而可能是那些非马克思主义者。与此相应，西方资本主义国家的反共人士真正所害怕的人，倒不是那些马克思主义者，反而是那些继承了马克思主义遗产的非马克思主义者。

(三) 解构马克思主义政治哲学的内容统一性，强调马克思主义理论是异质多样的

德里达认为，马克思主义作为幽灵展现了自身的多样性，这就要求我们不能像传统那样仅仅把马克思主义理解为一个和谐的统一的理论整体。必须充分注意马克思主义理论自身的异质性。德里达赞同布莱肖特在《马克思的三种声音》一书中的观点，认为在马克思的思想中存在着哲学的话语、政治的话语和科学的话语三种声音：一方面这三种声音全都是必要的，另一方面这三种声音又是相互分离甚至对立的。德里达强调，马克思主义本身是一种“分离之物”的“结合为一”，这不仅表明马克思主义自身是多样性的，而且表明这种多样性是异质性的。因此，阅读马克思主义，不是要坚持让分离之物合在一起，而是要我们自己进到分离之物本身“结合为一”的地方，不要损害裂隙、分散或差异，不要排除他者的异质性。德里达进一步强调，不仅马克思自己的思想是多样性的，而且整个马克思主义运动过程中一直体现着多样性；只是传统上人们总是仅仅从统一性上理解马克思的思想和马克思主义而已。

德里达强调，从马克思主义内容异质多样性出发，继承马克思主义就是一个有选择的问题。为此，他提出了对马克思主义的遗产进行“过滤的有选择的继承”的原则。所谓“过滤的有选择的继承”，实际上就是从马克思的思想中排除掉具有时代限制和个人目的等方面的具体内容，吸取其更抽象的、更普遍的一般原则。德里达举例说，《共产党宣言》中有一个著名的观点，即任何时代的统治思想都不过是统治阶级的思想。我们对于这一思想怎样进行“过滤的有选择的继承”从而使其更具当代价值和普遍意义呢？这就是要

排除或悬置马克思思想中的阶级性倾向和作为意识形态的上层建筑的具体规定，从中提取出“在一个各种势力相互冲突的领域中的统治势力”的观点，以此就可以分析揭示当前西方社会中存在的那些断言马克思主义死亡的话语与西方社会“统治势力”之间的内在联系，剥下这种观点的所谓“中立”、“公正”的外衣，认清其站在西方统治阶级立场上说话的实质。

（四）解构对待马克思主义政治哲学的教条态度，强调必须超越马克思主义

德里达强调，从马克思主义的多样性和异质性看，马克思主义也有自身的局限性问题，从而也有一个突破自身、超越自身不断发展的问题。他说，马克思本人已经认识到这一点，因此马克思的一生，从没有安逸地满足于自己学说的多样性的统一上，而总是渴望突破自身思想中包含着矛盾和对立的多样性，使自身在消除已有矛盾和对立的基础上获得发展。马克思思想的形成和发展过程，就是一个不断突破原有理论的过程，也是一个不断解决矛盾和产生新矛盾的过程，马克思的思想就是在这样一个过程中不断地超越当下而发展。德里达强调，马克思不仅自己这样做，而且也要求他的后人们这样做。因此，作为马克思主义的继承者必须看到马克思主义的局限处，不断地突破马克思主义已有的思想观点，只有这样才能真正发扬马克思主义的精神。在德里达看来，在对待马克思主义的态度上，现代西方马克思主义者无论是坚持回归马克思，还是强调补充马克思主义，总体上看都是要以马克思的思想为基础重构马克思主义，而这样做实际上是承认马克思思想的绝对性、封闭性，这本身就是一种教条主义。

德里达强调，马克思主义的精神有许多，但最根本的是马克思主义的批判精神。必须把马克思主义的批判精神同马克思主义的其他精神区别开来，譬如同作为本体论、哲学体系或形而上学体系的，以及作为“辩证唯物主义”的马克思主义区别开，同作为历史唯物主义或作为方法的马克思主义区别开。同时，还必须充分地认识到，马克思主义的批判精神，不仅是一种批评他者的精神，而且也是一种不断进行自我批判的精神。在当前，最为重要的就是要发扬马克思主义的这种批判精神，而一旦人们知道如何使马克思主义的批判精神适应新的条件，那么不论在什么事情上，马克思主义的批判精神都能够结出硕果。

德里达强调，坚持马克思主义的批判精神，就不能够仅仅在理论层面上

坚持马克思主义，而必须在实践中坚持马克思主义，把马克思主义变成行动，比一般地坚持马克思主义的批判精神更为重要。德里达指出，如果说有一种马克思主义的精神是自己永远也不打算放弃的话，那它决不仅仅是一种批判观念或怀疑的姿态；它甚至更主要的是某种解放的和弥赛亚式的声明，是某种允诺，即人们能够摆脱任何的教义，甚至任何形而上学的宗教的规定性和任何弥赛亚主义的经验；允诺必须保证兑现，也就是说不要停留在“精神的”或“抽象的”态度，而是要导致所允诺的事变，或者说行动、实践、组织等等的新的有效形式；与“政党形式”或某种国家或国际形式决裂，并不意味着放弃所有实际的或有效的组织形式。恰恰相反，只有把马克思主义付之于行动，人们才会乐意接受。德里达指出，对于马克思主义，只要不仅仅是去译解，而是行动，使那“译解”变成一场“改变世界”的变革，人们就会乐意接受马克思的返回或返回到马克思。

二、对德里达解构马克思主义政治哲学的几点评价

德里达从解构主义角度重新解读马克思主义，展示出理解马克思主义的另一种思路。但是，马克思主义作为无产阶级认识世界和改造世界的根本思想武器，其核心是一种实践的、阶级的批判精神，是一种在社会主义实践运动中不断批判资本主义、推进社会主义运动的科学精神。因此，我们既要看到德里达解构马克思主义展现出的合理性一面，更要看到其与马克思主义的根本区别。

(一) 德里达对马克思主义的解构有助于我们更全面地理解马克思主义

德里达提出的解构的马克思主义观及其展现出的哲学思维方式，确实是我们不可忽视的，甚至是值得我们认真探讨的。因为，他阐明了马克思主义发展中的多重线索的相互作用，展现了马克思分析社会问题时的多维度、多视角的理论视野，反映出马克思主义与时俱进的理论品质。从中我们可以感到：其一，马克思主义文本不只是封闭的、单义的、处于沉默状态的“白纸黑字”，不只是只能被无产阶级和共产党人认可的理论，而且是一种能够与我们的时代精神融为一体的开放的、无穷的意义世界，能够对人类社会发展的现实运动产生更加广泛的指导意义。其二，马克思的学说不是抽象的

元科学、大话语，而是实践的、具体的批判理论，始终保持着革命性和战斗性，任何对待马克思主义的封闭、僵化态度都是违背马克思主义的。瑞安在《马克思与德里达》中指出，马克思主义如果是一门科学，便是历史的科学；从它确立公理的那一天起，便开放自身，在历史运动中求得发展；它的公理总是即时的，它的目的总是开放的，因为历史是一个变化、修正和发展的领域。

（二）德里达对马克思主义的解构并没有真正把握马克思主义的精神实质

恩格斯在马克思墓前讲话中强调：马克思首先是一个革命家，他一生的真正使命，就是以这种或那种方式参加推翻资本主义社会及其所建立的国家设施的事业。马克思的伟大主要表现在，他第一次使现代无产阶级意识到自身的地位和需要，意识到自身的解放条件。这主要表现在，马克思发现了唯物史观和剩余价值学说，以此为基础使社会主义从空想变成了科学。马克思主义确实是开放的、批判的理论，但其一，从理论体系角度看，马克思主义是由哲学、政治经济学和科学社会主义辩证统一构成的理论体系，虽然不同部分之间有差异，但整体上看却是内在统一的。如果把马克思主义理论内容看作是异质的，就会肢解马克思主义的统一性，就会否定马克思主义的科学性；其二，从实践运动角度看，虽然今天马克思主义已经具有广泛的社会意义，但其实质和核心仍然是批判改造资本主义社会、建设每个人自由全面发展的共产主义社会的思想武器，而建设这样的新社会，虽然需要每个人的思想自觉，但从根本上来说仍然离不开无产阶级和马克思主义政党；其三，从批判精神角度看，虽然马克思主义具有广泛的、彻底的理论批判精神，但马克思的批判更加集中在对资本主义社会的批判上，因此这种批判精神既是一种对资本主义社会的经济哲学批判，更是一种无产阶级的实践批判。马克思强调批判的武器不能代替武器的批判；其四，从马克思主义发展角度看，虽然马克思主义是发展的理论，不能以封闭的、僵化的态度对待马克思主义，但是马克思主义的发展不是没有具体基础的，不是没有具体目标的。马克思主义总是在历史的、阶级的实践中来反思批判旧社会，来丰富和完善自身的理论，来推进无产阶级的解放事业。因此，我们在马克思的理论批判中能够真切地感觉到一种历史的厚重、实践的使命和前进的力量。

马克思强调："哲学家们只是用不同的方式解释世界，问题在于改变世界。”德里达对马克思理论的解构，主要集中在理论本身或语言符号系统内，明显忽视了马克思主义理论与实践相结合的精神实质。德里达的解构主义重视语言问题，坚持从语言符号角度解构马克思主义，但其对语言的理解往往是从“能指”到“能指”的语言符号游戏，本身没有历史基础，没有任何东西充分呈现在符号之中。而这样做，无疑削弱了马克思主义理论来自实践、指导实践的历史意义。对此，伊姆雷·塞曼在《关于幽灵问题：论德里达的幽灵观》的评论文章写道：马克思主义是一种深切关怀历史的话语，但就德里达的幽灵而言，似乎很少提及历史，他对马克思的幽灵的考察有把马克思主义降到马克思主义一直在力求避免的理论和实践之间的中间地带之危险；为了现在和将来，德里达正在尽力“拯救”马克思主义，然而或许出于疏忽，他所描述的马克思的幽灵——德里达使它们从阴影中有效地显示出来，由于遗忘了历史的重要性，减弱了马克思主义批判锋芒的一个重要方面。与德里达的文本解读不同，马克思的理论以及马克思主义理论体系，总是具有现实的直接针对性和实践指导意义。马克思主义之所以能够成为不断向前发展的学说，不在于它的抽象批判精神，而在于它始终面向历史，面向实践，始终与现实生活对话。

（三）必须在坚持中创新发展马克思主义

马克思主义是发展的理论，但发展马克思主义的前提是坚持马克思主义的世界观和方法论。为此，一是必须始终坚信马克思主义的科学性和生命力。马克思主义不是像德里达解释的泛泛批判精神，而是批判资本主义弊端的科学理论。美国哲学家詹姆逊说，马克思主义是关于资本主义的科学，或者更确切地说是资本主义内在矛盾的科学。坚信马克思主义的科学性和生命力，不仅要从价值角度看，而且更要从历史发展规律角度看。习近平强调，马克思恩格斯关于资本主义社会基本矛盾的分析没有过时，关于资本主义必然消亡、社会主义必然胜利的历史唯物主义观点也没有过时。这是社会历史发展不可逆转的总趋势，但道路是曲折的。他指出：现在有些人批评理想主义。脱离实际的理想主义固然不可取，但符合历史发展规律、顺应历史发展趋势的理想万万不能丢。没有理想和信仰，不可能为党、国家和人民作出牺牲。二是必须随着时代、实践的发展不断丰富发展马克思主义。马克思主义一旦教条化就没有了生命力。真正坚持马克思主义，必须认真研究当代世界发生的新变化，创造性地吸收当代世界文明的新成果，及时回答时代性新课题；必须认真解决本国革命、建设和改革发展的实际问题，使马克思主义在与各国实际结合过程中展现出强大生命力；必须切实使马克思主义真正变成群众的信仰和思想武器，在人民群众伟大实践中丰富发展马克思主义。胡锦涛指出，马克思主义这一科学理论被运用于中国并发挥出巨大的作用，是因为中国的社会条件有了这样的需要，是因为这一科学理论同中国人民争取自身解放和发展的实践发生了联系，同中国社会进步的客观要求紧密地结合在了一起；如果没有客观存在的需要，如果不同中国的实际、中国人民的实践和时代发展的要求相结合，那么再好的理论也是不起作用的。三是必须坚持马克思主义的立场观点方法。马克思主义是无产阶级的科学思想体系，马克思主义立场观点方法是这一科学思想体系的精髓所在。马克思主义立场观点方法不是抽象的，它有着确定的内容和要求。坚持马克思主义的立场，要求我们在社会主义革命、建设和改革过程中始终相信人民、依靠人民、为了人民；坚持马克思主义的观点和方法，要求我们始终坚持和运用马克思主义关于社会基本矛盾推动历史发展的原理和方法、关于资本主义必然灭亡和社会主义必然胜利的原理和方法、关于人民群众是历史创造者的原理和方法，自觉以战略思维、辩证思维、创新思维和底线思维看待世情、国情、党情、民情，科学解决坚持和发展中国特色社会主义的具体矛盾和问题，在全面深化改革实践中不断丰富发展中国特色社会主义理论体系，不断赋予马克思主义新的时代内涵和实践经验。

柯亨平等主义思想述评

方广宇*

诞生于加拿大、在去世之前长期任职于牛津大学的柯亨(G. A. Cohen)是当代著名的政治哲学家,一位始终与自由主义者和自由意志主义者进行论战、从而为社会主义辩护的斗士。如果说在当下的多重背景和语境中,柯亨的理论展现出了它的价值,同时引发了大家日益增加的思考和注意,那么可以肯定地说,他的有关平等问题的一系列论述和看法,毋庸置疑是其思想体系最值得关注的内容之一。之所以对柯亨的平等思想以这样的推崇,是因为柯亨在近三十多年来围绕平等、自由等政治哲学话语的研究和论辩,不但构建了我们透视自由主义丛林不可多得的"社会主义"话语平台,而且还开创了分析马克思主义新的趋向。

一、从事实到规范的平等观

早期柯亨对于平等的看法,往往和大多数正统马克思主义者没有很大区别。这种观点可以在柯亨对待马克思主义和基督教的不同态度中得以证明。柯亨对于马克思主义和基督教都是很熟悉的。然而他对于基督教的平等观念是既惊讶又不屑的:基督教想通过道德上的斗争来达到平等未免是太过天真的。在马克思看来,基督教的平等不但不能付诸实践,而且也没有必要。因为即使经过不断的自我努力达到了改造自身的目的,然而这种改

* 作者简介:方广宇,国防大学马克思主义教研部博士后,研究方向:马克思主义哲学、政治哲学。

造不等于改变社会。只要世界上存在着物质稀缺的状况，那么利益上的冲突就会继续存在，阶级上的冲突和差别也不可避免。在此条件下，不管个人在道德上付出多大的努力，都是不可能实现实质平等的。从另一个角度来看，生产力的发展带来了物质上的日益富足，随之而来的是无产阶级在数量和力量上都达到相当大的规模。正是在这两个方面的共同作用下，能够充分达到最终的自我实现；也正是在这个时候，每个人的自由发展成为所有人自由发展的条件。物质非常丰裕使得每个人能够各尽所能、按需分配，这样一来，阶级之间的差别便得以消除，冲突不复存在，此时的平等才真正得以实现。

1964年柯亨曾被一个问题所困扰：平等与共产主义之间的关系是什么，换句话说，道德原则和共产主义之间有着怎样的关系。柯亨认为共产主义的政治活动实质上反映了一种强烈的道德信念。传统马克思主义之所以几乎不涉及道德问题，是因为马克思主义从创立伊始就不是作为向世界提出的一系列理想，而是作为世界内部斗争的意识去展现和完成的。

晚期柯亨专注于以平等、自由为核心的政治哲学研究，不但为分析马克思主义开启了新的研究方向，而且为我们深入剖析自由主义提供了一个崭新的"社会主义"视角。这种分析马克思主义的政治哲学转向的根本目标，就是批判并取代自由主义的正义理论，某种程度上反映了西方哲学界研究旨趣的转向。

柯亨从历史唯物主义出发，认为社会和个人的自由平等并不是形而上学的恒久希求，而是随着时代和社会的发展形成的必然要求。平等不仅表面上要使境遇不好的人变得好起来，其本身就是好的。柯亨举过一个例子：假设说社会资源天然地无限丰富，如果一些人是百万富翁，而另一些人是亿万富翁。占有少的人不会说对当前的生活质量不满意，而是对不平等这件事感到不满。这个事例能够用来证明平等本身就是一个好东西，所以才要为这种"道德优势"来辩护，才要继续坚持为社会主义伟大理想的实现来奋斗。

柯亨还曾指出，我们不可以想当然地把平等看作是能够自然实现的，而应该积极寻求实现平等的条件和方法。想实现平等的人们必须相信平等是可以实现的，并积极做出相应的努力。在这个意义上我们组成了一个共同体。任何追求平等的人不应该超出共同体的追求而行动。柯亨侧重于关注平等的可行性,为此他主要探讨了在实现平等中要处理的三对关系:国家和个体的关系、信仰和实践的关系、道德与制度的关系。在此基础上,他试图建立共同体范围内的道德风尚。

与自由主义相比,我们不难发现,马克思主义具有更强烈的平等主义特征。然而,柯亨并不完全赞成以往马克思主义对平等问题所进行的讨论。他认为,马克思主义的传统观点和诸如政治哲学、道德哲学的规范哲学是相排斥的。这是由于马克思认为所谓的"真理"、"道德"往往是阶级的、历史的,它们随着具体条件的变化而改变。正是基于这样的原因,马克思主义侧重关注历史发展的必然性,并不侧重探寻某个观点在道德或是理性上是否具有合理性,不会去探讨抽象的诸如平等、正义这样的问题。柯亨则转变了研究方向,开始侧重探讨以平等为核心的政治哲学问题。他认为,马克思把实现平等的前提归结为物质上的丰裕,事实上是以分配原则的交换解构了平等问题,又将分配看成是依附于所有制的次生问题。柯亨认为自己努力去做的,正是要阐明社会主义制度的规范性基础。

当今世界,人类所面临的共同难题就是贫富差距越拉越大。对此,深受平等主义思想影响的柯亨常常思考两个基本问题:(1)究竟哪个主体应该为社会上那些生活境况越来越不好的群体负责?(2)究竟哪个主体要担负起改善不平等的责任?明确回答这两个问题并不简单。首先,政府应该是负责的主体。然而,那些生活境况越来越不好的人们,事实上很难受到政府的有效保障。其次,富者有义务去帮助境况较差的人们。为此我们不得不遇到一个难题:倘若人们相信平等的话,那么人们该怎样去做呢?我们究竟寄希望于类似国家的机构,还是在人与人之间提倡一种伦理的风尚来解决这些不平等呢?纵观柯亨的思想脉络,从始至终贯穿着一条清晰的张力线——它来源于马克思主义(社会主义有关平等的思想)和自由主义(资本主义有关自由权利思想)之间的矛盾。

柯亨的平等观是建立在批评他人观点的基础上的,因此,我们不妨采取对比的方法来勾勒其思想全貌。

第一,柯亨的平等观不同于德沃金的以资源平等为核心的平等观。在德沃金看来,资源包括人们的能力,但是不包括人们的善观念。柯亨认为,德沃金的观点存在两方面的不足。首先，德沃金的看法违背了人们广泛接受的自我所有原则。其次，人们的善观念部分和能力相似，它们不在人的控制范围，也易于受到运气的制约，强迫人们对这个结果承担责任是不正当的。德沃金对福利平等进行了批判，但并没有与理查德·阿内逊的福利机遇平等观划清界限。柯亨认为，作为一个自由人，不应该仅仅重视福利，其他一些东西也应该引起重视；倘若仅仅具备形式上机会平等的话，那么就会因为人们的能力和生活观念各异，往往导致结果上的不平等，每个人事实上也没有办法控制自身的生活。

第二，虽然柯亨所持的平等观与阿马蒂亚·森所持的可行能力平等观(equality of capabilities)相类似，然而他冠之以"中介性好"(midfare)平等。所谓的"中介性好"指的是某种在资源和效用之间的东西。换句话说，指的是资源的非效用性效果。"中介性好"是因资源所生成的那些个人状态组成的，经由这些状态，效用承受了资源产生的价值。它一方面不是某种外部的物品(资源)，另一方面也不是每个人在消费物品后的感受(效用)。"中介性好"处在"资源"的"后面"、"效用"的"前面"，是一个异质性集合。人们可以利用资源做各种事情：首先，资源赋予人们严格意义上的能力，人们可以决定是否使用资源；其次，经由人们运用能力，资源促使人们开展有价值的活动以及成就可欲求的状态；最后，资源直接导致了进一步欲求的状态，其受益者不需要运用任何能力。从平等主义的观点看，"资源——中介性好——效用"这一序列的每一个终点，都是评价一个人处境的恰当点。于是，严格意义上的能力，就是中介性的一部分，因为它肯定不能从商品提供给人们的东西的范围里排斥出去，而同样可以肯定的是，它没有穷尽这个范围。能力以及能力的使用，只是组成"中介性好"状态的一部分。资源对人们做什么，既不等同于人们能够用资源做什么，也不等同于人们实际上用它们做什么。柯亨提示我们要对资源为我们做什么和我们用资源做什么加以严格区分。

第三，关于如何实现平等，柯亨与罗尔斯的观点不同，认为应该同等重视正义的制度和在这个制度之下人们的选择。他强调一手抓建设正义制度，一手抓社会风尚的改造。柯亨最初侧重关注平等的事实基础，后来开始注重人们进行改善道德的努力。实现平等是可能的，然而并不是必然的，从可能到必然的条件是人们要完成自身改造心灵的任务。柯亨后来的看法几乎来了一个一百八十度的大转弯。要求人们积极地改善道德，这一点事实上与他最初所批判的基督教的道德社会主义看法相类似。《共产党宣言》中曾经批判过这种空想社会主义。

二、柯亨平等主义思想的积极意义

在柯亨看来，社会主义就是社会主义经济制度，特征即社会主义公有制。他在一次采访中说：把一个社会叫做社会主义社会，是指基本的经济形式是在全民中存在的生产性资料共有制。这个共有制跟马克思讲的公有制本质上一样，不同的是，柯亨将人的劳动能力纳入到了生产性资料中。

柯亨在题为《社会主义和共同所有权是不可分割的么?》的文章中说："就'社会主义'是一个鼓舞人心的理想名称，值得人们为之献身这一点而言，社会主义要求基本境况的平等……本世纪人们想用某种更好的东西来取代私有制，这种尝试遭到了大规模的失败，但这并不构成放弃社会主义信念的原因。从历史的视野看，社会主义是年轻的运动，它太年轻了，因此现在还不是抛弃这种信念的时候。"[1](p.43) 在 2009 年出版的《为什么不要社会主义?》中，柯亨指出，我们中的大多数人有时会强烈地支持一种类似社会主义的组织模式。例如，在野营旅行中，人与人之间并没有高低贵贱之分，参与旅行的每个人都想要通过旅行度过一段愉快美好的时光，因而他们每个人都尽量做自己喜欢和擅长的事情。在旅行中，他们各自携带了一些物品，而且在实际情况中通常会共同使用这些物品，即便这些物品各自属于不同的人。在旅行过程中，每个人都理解其他人在什么时候、什么情况下和为什么要使用这些物品。有人钓鱼，有人煮饭，还有人负责搭帐篷。不愿煮饭但愿意洗碗的人可以依其偏好承担全部的洗碗工作，等等。虽然处处存在着差异，但是在共同的目的下，每个旅行者却能彼此理解。可以看出，柯亨的有关正义的平等主义理论并不是空穴来风。作为分析马克思主义奠基人的柯亨以他自身观点转变为例向我们讲述了这一趋势。

在柯亨看来，仅仅将正义的原则限制在正式的政治结构里，并通过强制的手段去推行它，是远远不够的。正义不仅体现在一个国家的宪法中，而且还体现在每个人日常生活的选择之中，正义应该是每一个普通人的精神气质。像罗尔斯那样把政治生活和个人生活分开来的方法，是不恰当的，正义不可能在人人都追求私利而仅仅凭借一部宪法的保障就能得以实现。事实上，当代正义理论的显著特征就是平等主义的复兴。德沃金认为，平等已然是现代社会的至上美德，任何社会政策如果不能满足平等的要求，都是可疑的。苏东剧变使得社会主义运动遭受到了前所未有的挑战。与此同时，全球化依赖自由主义大行其道，并在世界各地推行市场的逻辑。这样一来，不但发达国家和发展中国家之间的距离越拉越大，国内各个阶层财产差距也会越拉越大。以往市场所奉行的“先把经济总量做大，再进而更加公平分配”的计划被现实打得粉碎。在这个时候，一旦有人追求真正的平等，那么他就被冠之以“乌托邦”的称号。正是在这样的背景下，平等主义得以复兴。这一方面表明了人们有关当下的不满和担忧，另一方面表明了对社会公正的诉求。事实上，今天比以往任何时候，我们都应该把平等主义——不是某种任意折中的版本，而是要扎根于不平等深处的类型——刻画在各种进步方案的核心，因为我们已经进入一个社会不公和两极分化日趋严重的时代。

柯亨顺着传统平等主义的诉求继续前行了一大步。他所要解决的，正是一度经常显现的有关现代社会自身社会机构的整体或某些方面出现的问题。可以说，柯亨关于平等问题的处理方式依然是马克思主义式的。很多学者认为，马克思是最早对自由主义进行彻底批判的思想家。在我看来，与其说马克思关心的是自由的价值，还不如说他更关心的是如何最终实现人的全面自由。马克思对资本主义的批判，不是想对原有的资本主义进行修修补补，重建原有的伦理秩序，而是要从根本上颠覆资本主义社会，建立既能超越阶级对立又能实现人的全面自由的理想社会。马克思其实并不反对把个人自由的平等理解为正义的核心规范，但他强调自由不仅仅是个人的排他性权利，而且是人类控制自己生活条件的积极能力，实现这一目标不仅要超越资本对劳动的统治，而且要超越金钱对生活的统治。关于自由问题，柯亨的早期论述集中于《卡尔·马克思的历史理论》这本书中。在这本著作中，柯亨继承了马克思的原有思路，即人类的自由解放要依靠技术（生产力）

来决定。在面对新形势的资本主义技术时代背景下，柯亨吸收整合了自由主义的相关理论资源，开始依靠平等来解决自由问题。换句话说，他重视自由与平等的联系，从原有的为历史唯物主义辩护转向对技术乐观主义的怀疑，转向与自由主义密切相关的政治哲学的相关规范性研究。

平等主义作为一种思潮，它将人们耳熟能详的平等观念纳入常识性范畴，从而使得原来晦涩难懂的社会演进过程变得更加深入浅出。从"第三条道路"的提出开始，西方世界的意识形态转换了表现的形式，开始向右转向，这时候人们流行追求的不再是"社会平等"，转而追求在资本主义框架下的合理的保障体系。由于地球资源有限，因此要把社会福利限制在一定程度，严格限于那些处于极度贫困的人们。以"平等"为旗帜的西方社会保障体系曾经被看作是资本主义解决自身矛盾的方案之一，然而在当今因为不能继续下去而被逐渐放弃。在西方世界，是什么充当着原有的社会保障角色呢？是慈善。从这一转变的过程中，不难看出，社会权利不得不屈服于在当今世界更受人重视的私人权利。

与自由主义相比，平等主义更适合与马克思主义结合。然而，柯亨不满足于以往马克思主义对于平等问题的处理方法。他想要做的是恢复平等问题的探讨，为共产主义提供一种道德上的平等主义论证。为社会主义辩护，就是为平等辩护，为平等辩护实际上就是柯亨意义上的"道德辩护"。平等主义的理想来自于一种掩藏很深的物质力量。这种力量不是无源之水，无根之木。它是基于全世界不平等的日益严重而出现和增长的。这些正是柯亨所提出的有关正义的平等主义理论的时代背景。

三、柯亨平等主义思想的局限性

在肯定柯亨平等主义思想积极意义的同时，我们也要客观地看到其理论局限。

首先，柯亨误解了马克思的一些论述。事实上，马克思不管是对资本主义的批判，还是对未来社会的憧憬，都与当代的思想家不尽相同。马克思反对空洞地抽象地谈论平等，认为平等总是建立在一定的历史条件的基础上，并且以特定的社会制度为前提。在马克思看来，自由和平等原则的普遍性和永恒性常常被资产阶级挂在嘴边，这种自由和平等只是形式上的，归根结底是商品交换中的自由和平等。

马克思主义在批判了资本主义正义观念所固有的矛盾的基础上提出了自由的平等原则，主张实行按劳分配原则。这在一定程度上保留了资产阶级的法权，容许不平等的存在，具备一定的过渡特征。按劳分配在一定阶段是合理的，但是有其不可克服的极限性。针对于此，马克思提出按需分配原则来克服按劳分配的局限性。在《哥达纲领批判》中，马克思所拒斥的并非所有的平等原则，而是拒绝承认应得原则充分体现了平等主义，从更高的层次上来看，马克思所要求建立的是那种“充分考虑到个人应当被补偿的所有差异因素的更精湛的平等原则[2](p.98)。

对于平等主义而言，有两点是题中应有之义：一是力求最大程度的平等，一是容忍最小限度的不平等。依据这两点我们对马克思的理论做出客观的评价，不难得出以下的结论，即马克思有关按需分配和未来社会的理论是最彻底的平等主义。按需分配的原则是真正意义上的正义原则。这种正义立足于人的真正需要，从而克服了一切不平等，因此这种正义是彻底的正义。这种正义是以每个人的具体需要为分配的依据；这种正义不仅仅满足于颠覆资本主义，而是力求超越社会主义；这种正义因为是建立在物质和精神富足的基础上，所以它也是历史的正义。

与罗尔斯、德沃金、阿玛蒂亚·森等理论家对平等的理解相比，马克思的理解是更加深刻的。柯亨作为分析马克思主义的领军人物，在充分理解马克思的平等观点的基础上，提出了“可及优势平等”的主张。柯亨借助这个概念直接面对现实，重新恢复了“社会权利平等”问题。然而类似这样的平等主义追求若仅仅停留在理性层面，那还是不够的，更是无力的。这种诉求，在柯亨看来必须要“落实到”政治建构层面，即要落实到具体的政治纲领、政治法律制度层面。柯亨的为难之处或许正在于：向何人去说？由何人去实践？怎样推进平等？虽然在如今我们还不能将马克思的应得原则和需求原则落实到实践中去，然而对于实现社会公平正义来说，马克思有关平等的主张仍具有实践上的指导意义。我们不应该像柯亨那样对平等问题采取消极的态度，寄希望于遥远的乌托邦世界。

我虽然不同意柯亨忽视社会主义必然性的观点，然而却十分赞同他在道德方面为社会主义进行辩护的方法。社会主义的最终胜利虽然在历史上是必然的，然而此种必然性也要靠人的主观努力才能完成，事实上人们的道德信念决定了他们的主观努力。我认为，在道德的层面对社会主义进行辩护是当前学术界所面临的一个新的课题，在这一点上，柯亨教给了我们很多东西。

其次，在我看来，柯亨对于诺齐克理论的批判很难站得住。诺齐克理论的核心观点就是仅仅认可程序上的正义：如果原初的条件和程序都是正当的话，那么就必须无条件地接受相应的结果，即便是不平等的结果。概括起来，柯亨对诺齐克的批判主要集中于诺齐克核心观点的后半部分：即“必须无条件地接受相应的结果，即便是不平等的结果”。这样的批判事实上并没有领会到诺齐克思想的核心，说到底就是一再强调他所认为的“结果平等论”的立场，某种意义上陷入了循环论证之中。

再次，柯亨关于平等的一系列论述在某种意义上是不现实的。类似于慈善这样的行为，不足以确保处境较差者的转变。(1)即使慈善是一种义务，然而对于分配领域的公正而言，该义务却不具有强制性。(2)每个人要顺应正义的原则是不能满足要求的，更要服从该原则。倘若非常富有的那些人不认同平等的话，那么个人的慈善并不能确保实现平等，而需要借助相应的机构来确保。(3)实现平等需要每个人的努力。寄希望于凭借个人的力量去克服不平等是不可能的。这是由于大范围的不平等通常是由制度造成的。于是，相应地经由机构改革才能有效克服不平等。仅仅在全社会的氛围乃至结构都存在着一种趋向平等趋势的时候，每个人在平日的选择和实践中，才会同样持有向往平等的动机。这里关键一点在于，宏观的机构改革和微观的人们选择应该能够相互协调地联系在一起。(4)当今是一个多元价值并存的社会，很难有统一的伦理原则或是强制规则能够得到各方认同和遵守。那些可以影响甚至指导我们的道德原则或是规则本身就是在宏观社会正义层面的，然而影响或是指导单个人的道德原则可能使得别人很难加以接纳和服从。为了能够保证平等的理想充分实现，用以衡量是否平等的正义观念就必须在社会范围内成为每个人都认可的观念。即使在一个社会范围内全部公民均认可某种平等主义，该体制如果想要维持得更长久，也要包容人类其他的共有价值。

［注释与参考文献］

［1］徐友渔,《重读自由主义及其他》,河南大学出版社,2008年。
［2］［英］亚历克斯·卡利尼克斯,《平等》,徐朝友译,江苏人民出版社,2003年。

当代国家理论流派比较

李海涛*

无论是否承认，国家这一概念是政治学研究中的基础性概念之一。我们把对于国家及其相关问题的学术思考所形成的理论成果称为国家理论，这些理论涉及国家本质、特征、作用和历史发展等多方面的内容。就其历史演变和发展过程而言，国家理论实际上是一个包容范围庞大、内涵极其丰富的研究领域。作为理论研究，它始于对社会生活现实及其发展变化的阐述和概括，始于对国家这一政治现象的分析和研究，但反过来，它又为现实生活中的人们提供了相关的实用知识和哲学依据，促使人们按照特定理论所提示的方向和路径采取特定的政治行为并发展出相应的政治主张，由此进一步改变政治生活场景、特别是与国家有关的政治实践，从而为国家理论的新发展提供新的经验内容。正是在这个意义上，我们可以说，对国家的研究构成了传统政治学的基本内容，传统的政治学家几乎没有一个不把政治学定义为或理所当然地认为是关于国家的学问，而现代政治学家们虽然有些并不把国家作为分析的主要概念，但同样并不忽视其存在。国家理论之间的论争和批判在政治学发展的过程中从来都不缺乏，尤其在当代的学术场景中，国家理论更是异彩纷呈、各显特色。

* 作者简介：李海涛，国防大学马克思主义教研部科社教研室副主任、副教授，研究方向：马克思主义政治哲学。

一、新自由主义国家理论

自由主义是西方思想界的主要流派，其在20世纪的发展，已经使它成为西方国家最重要的政治思潮和最重要的政治观念。无论是古典自由主义还是新自由主义，都强调建立在人类理性基础之上的个人自由，在其道德哲学和政治哲学上坚持个人先于集体和国家而存在。但基于新的历史条件，新自由主义较之古典自由主义在许多方面都发生了显著的变化。古典自由主义以自然法为理论基础，而新自由主义则以道德学说为基础；前者将个人自由置于至高地位，倡导个性自由，而后者则力求把个人自由与公共利益相统一，使个人自由与社会发展协调一致；前者强调法治与分权，对公共权力的限制，而后者更强调法治与民主的关系，从而建立民主程序和民主秩序；前者认为建立在契约之上的国家应当消极无为，而后者认为国家应当积极有为，努力建设福利国家。

基于以上的区别，在20世纪70年代以前，新自由主义在国家理论上主张扩大国家的职能与作用，希望国家对社会经济生活进行更多的干预，从而为个人自由的发展扫除障碍。因此，建立良好的福利国家，扩大公民权利的范围、丰富权利的内容，倡导更广泛的社会合作，寻求一种介于革命与保守之间的折衷方式实施社会改良，成为新自由主义的基本要求与愿望。但社会的发展给这种主张带来了巨大的负面冲击，福利国家建设所导致的政府公共开支的扩大以及居高不下的财政赤字造成了经济发展的停滞不前，与此相伴生的是官僚机构的急剧膨胀和效率的低下。为此20世纪80年代以来，新自由主义者提出了“国家中立(neutrality of state)”主张。首先，在对社会经济生活的干预方面，新自由主义对古典自由主义的自由放任仍持否定态度，认为国家对经济生活的干预是必要的、不可或缺的，但福利国家的严重现实问题也说明，通过国家干预重新进行利益的分配要有一定的限度。这种限度要以保证自由的优先性为基本的原则，“自由只能为了自由的缘故而被限制”，“所有的社会基本善——自由和机会、收入和财富及自新的基础——都应被平等地分配，除非对一些或所有社会基本善的一种不平等分配有利于最不利者。”[1](pp. 302-303)罗尔斯的道德哲学所主张的正义原则对于国家来说便意味着国家的干预要以个人的自由为界限，而干预本身所带来的不平等要利于社会最少得利者的福利。其次，在对人们的价值观念取向上，国家应该保持中立。在新自由主义者看来，国家中立原则是确保社会中的公众同意的根本性政治原则，这一原则要求国家必须确保公民的选择自由。国家不能迫使公民从事国家所认为的善举，也不得迫使公民接受自己的价值观念。只要公民个人的选择并不侵犯他人的权利，纵使公民的所为与社会上大多数人的选择相左或违背了大多数人的意愿，国家也是不能干预的。再次，在对待国家公共事务上，新自由主义者并不鼓励公民积极参与国家的政治生活，同时也不鼓励国家去积极争取公民参与政治生活。是否参与政治，在新自由主义者看来完全是公民个人的选择，政府不应当采取某种措施来促使人们参与政治活动，即便是这种活动本身对国家和对公民自身都有明显的好处。

二、多元主义国家理论

虽然当代多元主义主要贡献集中于民主理论，但它绝不只限于民主理论。它既是一种分析模式，也是一种规范学说，同时，又是其主张者对于特定经验现象即西方国家政治实践的一种概括和解释。作为政治学说的多元主义，它是对于国家问题的一整套理论见解，其基本的含义就是指国家内部权力中心的多元化。它认为国家的主权不是集中在一个人或一个团体手中，而是分散于各种不同的集团。政治多元主义的渊源相当久远，而其影响也同样深远。在哲学上，它最早起源于多元主义思潮，主张客观世界本身以及关于这个客观世界的知识和认知方法的多样性，反对和否认单一性和一元论。这样一种比较宽泛的哲学基础使得多元主义的信奉者与日俱增。

多元主义的国家理论大致可以概括为以下几个方面：首先，政治多元主义质疑一元化的国家主权理论，认为无论就经验事实而言还是在价值观念上，所谓一元的国家主权只是一种逻辑上的虚构和理论上的错误，国家从性质上说不过是人类社会中形式众多的团体之一，它与其内部的其他团体并无实质性的差别，不能垄断社会的全部权力。基于这种理论，多元主义认为作为传统国家理论中关于组成国家要素之一的主权绝不是一元，而是多元，国家的主权仅仅只是其命令被其成员接受的一种可能性，它无异于教会和工会等团体的权力。组成国家的各个地方有各个地方的主权，各个团体有各个团体的主权，试图赋予国家以独一无二又至高无上的主权是不可能实现的。其次，国家主权的多元也就造成了国家权力的有限性，任何权力都只是在某些特定的领域中才有决定权，一旦超越这一领域，其权力也就失去了意义。国家的权力并非无所不能及，它也只能在一定的范围内行使，对于其他非国家的团体自身所涉事务，国家是无权干预的。多元主义认为，当代国家的多数决策都是国家与各种利益团体协商的结果，虽然名义上由国家作出决策，但实际上是在利益团体的压力下不得不为之。从经验的角度来考量，这种判断确实反映了当代西方发达国家的现实状况。再次，国家是各种利益团体冲突的平衡器，是一个中立性的仲裁者。多元主义认为，国家并不如传统国家理论所主张的那样重要，它只是一部消极的机器，它通过一定的机制来反映社会利益团体之间力量的平衡，其主要作用就是接受来自各利益团体的种种压力，并使之转换为政府的政策性输出。由此，多元主义特别强调国家的中立性，这一点与新自由主义比较类似，只是它们各自的立论不同:新自由主义集中于对公民价值观念的取舍而非干涉；而多元主义则着眼于各种集团的利益平衡，认为国家是一个中立的仲裁者，它不偏不倚地调节着各社会团体之间的冲突，保证社会利益的公正分配，一旦国家偏向于某一阶级或某一社会团体，从而成为该阶级或社会团体的工具时，其他社会阶级或社会团体就可以夺取国家政权。当代多元主义者基于这样的理论认识，提出了有关“风标模型”、“中立国家”、“经纪人模型”等理论[2](pp.141-142)，在一定程度上描述和分析了当代国家的基本特点，也得到比较广泛的认同。

三、新保守主义国家理论

20世纪福利国家所带来的问题，导致了西方发达国家持这一理论的自由派政党的下野。70年代末至90年代初，西方发达国家执政的保守派政党大多打着“新保守主义”的旗号，从而使这一思潮得以大行其道。所谓新保守主义是一个语义模糊因而含义宽泛的术语，通常用以指称传统保守主义的当代变异——因保守主义的学者们在其理论主张中所保守的对象的不同，从而使新保守主义具有很大的包容性。二战以后，被美国人称为新保守主义的思潮由两组观念构成，一组是反国家主义的自由主义，如哈耶克、弗里得曼、诺齐克等学者的主张，他们以17世纪以来的古典自由主义传统为保守的对象，主张自由市场秩序，反对福利国家政策和政府干预，反对我们前述的新自由主义的主张，认为这种思潮是社会主义思潮影响的产物，与真正的自由主义相去甚远。在新自由主义者的眼中，他们是保守主义者，但在他们眼中只有自己才是真正的自由主义者。[3]另一组是传统的保守主义，如贝尔、柯克、麦金太尔等学者的主张，其所保守的是传统的价值、道德和伦理，重视强有力的政治权威、有效的法律和秩序，重视家庭和宗教的作用，反对把人视为原子式的、孤立的个人的自由主义主张。由此，我们可以看到人们在用这一名词指代政治思潮时会有不同所指。这些不同的理论虽然被贴上了相同的意识形态标签，但其理论立足点、价值偏好、分析范式、论证方式都有很大的不同。在国家理论方面这些主张也不尽相同，现代西方国家中前者的主张在一定意义上成为政府公共政策的理论基础，而后者的主张当前被称为社群主义，我们本部分的讨论主要集中于前者。

首先，新保守主义是把古典自由主义的自由市场的主张与传统保守主义的对传统和秩序的追求结合起来的折衷理论，其立场在于捍卫传统、反对激进，并以现存的传统、秩序和自由为基本价值，将保有这些基本价值规定为国家的职责。新保守主义者非常珍视自由的价值，认为自由是激发现代西方文明的基本价值，是西方世界取得当下成就的最重要资源，“恰恰是这种对自由的信奉，使西方世界得以完全充分地利用了那些能够导致文明之发展的力量，并使西方文明获得了史无前例的迅速发展。”[4](导论)在他们看来，人只有在自由的状态下，即在不受制于另一个人或另一些人因专断意志而产生的强制状态下，他才能按其自己的决定和计划行事，在人与人的交往过程中，人们充分利用人类社会既有的知识资源作出自己的选择，并在此基础上贡献出自己的创造，进而形成一定的共同遵守的规则、法律与制度。这些秩序的构成是在自由条件下逐步、累积地取得的成果，而不是人们通过理性所设计的成果。任何人为的设计虽然抱有崇高的目的，但无人能够保证所设计之物能够达成人们所设计的目标，历史的经验是这种设计往往为人类带来强制和灾难并摧毁自由的制度。哈耶克将这种秩序称为自发的秩序

(spontaneous order),他认为这一秩序是维系人类生存的基础,其他法律结构和制度结构层面的规则的形成是这种秩序的扩展。建立在法治基础之上的宪政国家最重要的功能是对这种秩序的维护,这也是对自由传统的尊重。任何社会变革都不应该依赖于人的理性的设计,而是在自由基础上的不断的试错过程和文明积累的过程。波普尔将这一过程称为"零星社会工程(piecemeal social engineering)",与他所批判的"乌托邦社会工程(utopia social engineering)"相区别,后者所主张的是人类活动首要的前提是确定行为的最终目的,并且根据其目的决定所采取的手段。将这种观念运用于政治活动领域,就是要以理性发现并设计出一个完美的理想的社会,社会的发展止于这一理想,为了这种理想的实现可以动员一切社会力量和资源。而与此相反,前者并不一定要设计出一个理想的蓝图,而是将注意力集中于当下所要解决的现实问题,它并不去试图找寻最大的终极的善,而是采取切实的行动来避免或改变现实政治、社会生活中存在的恶,通过一点一滴的积累从而实现人们的美好生活。基于这种认识,新保守主义者强烈反对激进主义,反对对现存秩序的彻底破坏。因为他们深信,旧有的秩序被彻底破坏以后所建立起来的新的秩序,不仅带有旧秩序的痕迹,而且也并不一定比旧秩序更适应于人们的生活。对此,欧克肖特的一段对保守的论述颇能说明问题,"保守就是宁要熟悉的东西不要未知的东西,宁要试过的东西不要未试的东西,宁要事实不要神秘,宁要实际的东西不要可能的东西,宁要有限的东西不要无限的东西,宁要切近的东西不要遥远的东西,宁要充足不要过剩,宁要方便不要完美,宁要现在的欢笑不要乌托邦的极乐,宁要熟悉的关系与忠诚不要更有利的依附与诱惑。保持、培养和享受比得到与扩大更重要;失去的悲痛比新奇或允诺的刺激更剧烈。保守就是按自己的收入水平生活,安于自己和自己的环境的不那么完善,将这同样视为自己的财富。"[5](p.127)由此可见,保守主义者的保守特性实际是对既定秩序和这种秩序赖以形成的传统的尊重,并反对以激进的方式来改变传统与秩序。

其次,新保守主义反对福利国家理论,主张国家最低限度干预经济生活。新保守主义的理论家们认为福利国家理论几乎象征了整整一个世纪的错误,维系福利国家的巨额债务不仅破坏了资本的积累,削弱了其再生产的能力,而且也是威胁社会长期稳定的信号。同时,福利国家也会造成平均主义的盛行，在一定程度上助长人们的惰性，从而使人们丧失资本主义兴起时期的基本精神。更为重要的是，新保守主义者认为福利国家所赖以存在的国家强制力量会对自由产生威胁，会摧毁资本主义得以建立的自由市场的基础。新保守主义者们普遍信奉自由市场经济，并将其在一定的意义上等同于资本主义和现代文明，认为福利国家的理论和实践不仅不能带来社会的福利，反而会造成市场机制的人为破坏。因为这一机制是建立在人们为了增进他们自己的利益的企图的基础之上，并按照他们自己的价值观来安排自己的生活，从而在长期的演化过程中形成市场的自发秩序。而福利国家所采取的措施恰恰是对这种秩序的改变，它所采取的办法之一是由一些人告诉另一些人什么是对他们有好处的事物，并为他们作出选择；办法之二是政府从某些人那里取走一些东西以便使其他人得到好处，这样的办法“主要的缺陷是它们企图通过政府来迫使人民为了增进被设想为是普遍的利益而采取违反他们自己直接利益的行动”[6](p.193)。对于新保守主义者来说，这委实令人难以接受，所以他们要坚决主张国家干预的限度并将国家干预降至最小化，用诺齐克的理论术语来说，这种主张被称为“最弱意义国家”。

四、社群主义国家理论

社群主义是在批评以罗尔斯为代表的新自由主义的过程中发展起来的，它与新自由主义形成了当代西方政治哲学两相对峙的局面。社群主义以麦金太尔、桑德尔和查尔斯·泰勒等人为代表，他们的理论构建无论在方法论上还是在理论范式上都与自由主义形成了明显的对照，并由此导出了两者在政治观上的对立：新自由主义强调“权利政治学”，而社群主义则强调“公益政治学”。社群主义理论的焦点主要集中在两个方面：一是全力阐明这样一种观点，即自由的个人主义，无论是作为一种经济理论或政治理论，还是作为一种认识论，都在根本上误解了个人与其社会存在之间的关系；二是努力揭示当下社会的社群观，而这个观点的首要原则便是强调道德共同体的价值高于道德个体的价值，并强调社会、历史、整体和关系等非个人性因素在人类道德生活中的基础性和必然性意义。例如，麦金泰尔立足于亚里士多德和托马斯·阿圭那的政治伦理学与德性理论，主张把人视为生活于社会政治生活和文化传统之中而同时又具有自由德性追求的人类群体；泰勒则凭借黑格尔的历史哲学原则，反驳当代自由主义的“原子论”的个人主义，主张给予人的社会历史情景以更高的理论地位；桑德尔则运用后现象学哲学运动中产生的“后个体主义”观念反驳罗尔斯等当代自由主义的“无限制”、“无约束”的个人主义，主张共同体的善必须得到尊重，个人的权利必须得到限制，甚至认为人们的共同性、关系性和交互性优于个人的自我性和唯一性，“社群不仅描述了他们作为伙伴公民拥有什么，而且说明了他们是什么；它不是他们选择的（就像一个自愿社团中那样）一种关系，而是他们发现的一种依恋；它不仅是他们身份的属性，而且还是他们身份的构成要素。”[7](p.101)

正是在这样的道德理论基础上，社群主义与自由主义在国家理论中论争最为激烈的问题便是：国家是否拥有强迫公民从事他自己不愿意从事、但对他自己和国家都有益的活动权力。根据我们前述的新自由主义理论，中立的国家无权对公民进行这种道德意义上强迫，因为对人们所从事的某种活动的正义性的判断并不需要国家或他人作出，这属于个人的权利。但与此相反，社群主义则认为这种强迫无论对于国家还是个人来说都是必要而且必须的，作为最大社群的国家在对德性的判断上要比个人更为符合社会整体的利益。因此，国家可以强制性地使公民做一些他们尚未认识到其益处的事情。基于这样的主张，社群主义者倡导扩大政治生活的范围，他们认为，一个政治社群如果把推行公共利益作为己任，它所提供的公共利益范围越大，获益的人数或者同一个人获益的数量越多，也就越符合善良生活的要求。正如桑德尔所说，如果一个政治社群所提供的公共利益很少，或者公共利益的享受者寥寥，这样的社会即使再公正，也不能算是一个良好的社会。

五、新马克思主义国家理论

新马克思主义是指那些经由西方学界部分学者按照他们所理解和诠释的马克思主义理论观点用于分析和研究当代社会而得到的学术成果，其主要代表人物有米利班德、阿尔都塞、普朗查斯等人。自20世纪70年代以来，在这些人的努力下，不仅国家问题被重新提上政治学的研究议程，而且新马克思主义也被认为是与前述各种政治意识形态等列齐观的政治思潮。新马克思主义的政治理论既不同于正统马克思主义的政治理论,也不同于一般的西方政治理论。它的基本特征就是试图根据当代发达资本主义国家的政治现实,来阐释和发展马克思主义经典作家的某些论断,或者对这些论断加以详尽的发挥,然后再用这种修正过的新理论来解释当代资本主义国家的政治现实。新马克思主义者在政治理论上众说纷纭、流派众多,但上述这一基本特征体现在各种不同的新马克思主义政治理论的流派之中。正因如此,新马克思主义者在方法论上大多对多元主义、自由主义和新保守主义所信奉的主张持批判的态度,同时他们在坚持本体论和认识论方面的辩证法和唯物主义、在注重社会阶级结构分析方面、在对一切既有理论保持批判态度三个向度上有着基本的共识。

新马克思主义者的国家理论,基本上肯定了经典马克思主义的主要观点。认为当代资本主义国家实质上是资产阶级进行政治统治的工具,它最终服务于资本主义的经济基础,并无法超越其社会阶级关系和经济关系。但与此同时,他们也从组织和功能的角度强调了国家的相对独立性,提出了若干与经典马克思主义大不相同的新国家理论。就此而言,新马克思主义与经典马克思主义在国家理论上的区别主要表现在以下两个方面:一是经典马克思主义国家理论认为,国家的政治基础和经济基础最终是统一的,经济上占统治地位的阶级照例也是政治上的统治阶级。但在新马克思主义者看来,国家的阶级基础与经济基础是两个截然不同的范畴,由此出发,他们中的工具主义者强调国家的工具性,而结构主义者则强调国家在功能上的相对独立性。二是经典马克思主义国家理论强调国家上层建筑对于经济基础的相对独立性,强调国家对于社会经济发展的反作用。与此不同,新马克思主义都强调,国家相对独立性的实质在于:现存国家不仅对统治阶级而且对被统治阶级也是必然的和必要的,并以此解释——为什么当代发达资本主义国家没有像经典马克思主义作家们所预言的那样被无产阶级打碎。

行文至此,可以对以上不同流派的国家理论做一简约性的总结。总体来看,新自由主义所主张的是一种权利政治;新保守主义者所主张的是一种秩序政治;社群主义者所主张的是一种公益政治;多元主义者所主张的是一种平衡政治;新马克思主义者所主张的是一种调和政治。但无论何种主张,其共同的目的都在于维护自由资本主义的制度,都在于为当下所存在的国家形态的改良或维护而服务。事实上,从一般的意义上来说,国家的产生和存在应当是为了增进个人的利益,但当国家发展到一定程度时,其权力所涉范围几乎包括了所有的社会领域和个人的所有行为。于是,对于多数人来说,他们从国家的管制中得到了利益,同时也为此付出了自由的代价。所以,关于国家应当或不应当做什么便成了一个旷日持久争论的问题,这可能永远是一个无法解决的矛盾。各种理论的论争在当前的社会历史条件下,也不可能达成全面的共识。我们所能看到的现象是,由于现实中所迫切要解决的政治、经济和社会问题的不同,从而使得政治决策者们在不同的理论中做出各种不同的功利性选择。

[注释与参考文献]

[1] [美]约翰·罗尔斯,《正义论》,中国社会科学出版社,1988年。

[2] 参见张小劲、景跃进,《比较政治学导论》,中国人民大学出版社,2001年。

[3] 哈耶克为其《自由秩序原理》一书所作的《跋》的题目就是"我为什么不是一个保守者",在文中,他将自己的主张与保守主义的立场作了详细的比较并与之划清界限。但从一般意义上说,由于他的主张迥异于新自由主义者的主张并且在现实政治生活中的以保守主义政党为标签的政党将这种主张奉为圭臬,所以舆论和理论界多将他们的主张称为保守主义。更为详细的内容可参见:弗里德里希·冯·哈耶克,《自由秩序原理》(下),三联书店1997年版,跋;徐大同主编,《当代西方政治思潮》(20世纪70年代以来),天津人民出版社2001年版,第二章;刘军宁,《保守主义》,中国社会科学出版社1998年版,第一、第九部分。

[4] [英]弗里德里希·冯·哈耶克,《自由秩序原理》(上),三联书店,1997年。

[5] [英]迈克尔·欧克肖特,《政治中的理性主义》,上海译文出版社,2003年。

[6] [美]米尔顿·弗里德曼,《资本主义与自由》,商务印书馆,1986年。

[7] 转引自徐大同主编,《当代西方政治思潮——20世纪70年代以来》,天津人民出版社,2001年。

阿尔都塞与拉克劳对马克思主义重释路径的比较

陈 波*

自上世纪二战结束以来，由于受到战争带来深重灾难的影响，人们开始不断反思科技及现代工业对人类的摧残。伴随着对科学的质疑，西欧工人运动也进入低谷时期。与此同时，苏共二十大的召开，使世界范围内出现反斯大林旗号的反社会主义运动。在此特定背景下，传统马克思主义受到以卢卡奇为代表的人本主义思想的严重冲击，人们不断反思历史唯物主义和辩证唯物主义是否反映了人的本质？马克思主义所说的社会主义终将取得资本主义是否能够实现？是否要继续认同马克思主义？这一系列的疑惑使作为结构主义代表的阿尔都塞为破除人本主义的形而上学、异化思想对马克思主义的侵蚀，重拾人们对马克思主义的信心，开始其保卫马克思的伟大历史使命。但纵观其在《保卫马克思》中的论述，不难发现，其初衷虽为保卫马克思主义，同人本主义进行辩论，但其实质却在一定程度上对马克思主义进行背离，偏离马克思主义的辩证唯物主义和历史唯物主义。

无独有偶，作为后马克思主义旗手的拉克劳亦是如此，在其宣称为解决后工业时代带来的各种新社会运动等传统马克思主义所未能解决的问题时，提出对传统马克思主义进行解构，并声称对其进行批判性的继承和发展，以使马克思主义适应时代发展变化，实现社会主义，重现其熠熠生辉之

---

* 作者简介：陈波，山东大学（威海）马克思主义教学部2013级马克思主义中国化专业硕士研究生；本文系国家社科基金项目“马克思主义辩证法当代价值研究”（10ZXB004）阶段性成果。

景。那么,在拉克劳所谓的对传统马克思主义的批判性继承和发展中,是否真如其所言,并未偏离马克思主义方向呢?同阿尔都塞保卫马克思相比之下,二者又有何共通之处及差异?因此,本文将通过对阿尔都塞和拉克劳间的对比,来分析二者以何方式来实现对马克思的捍卫与发展。

一、马克思主义科学性的重释

与卢卡奇专注于马克思青年时期的人本主义思想及其思想发展的连贯性不同,阿尔都塞认为,马克思在其思想发展过程中存在"认识论断裂"问题,并以《1844年经济学哲学手稿》为界,将马克思的思想发展分为以人本主义思想为主的青年时期和以辩证唯物主义和历史唯物主义为标志的科学时期。

在《保卫马克思》一书中,阿尔都塞将科学定义为是同意识形态相决裂的对现实的一种认识,不同于从具体到抽象的意识形态,而是以抽象到具体的科学,强调以具体的事实为基础。并以新问题为出发点,以不同于意识形态的一种提问方式来确定自身对象,并将其概括为青年时期的人本主义思想出现"质"的转换成为包含具体事实而非幻想事实的马克思主义科学。毋庸置疑,在阿尔都塞看来,马克思的思想发展,经历了两个阶段,但是,这两个阶段出现了质的断裂,二者没有所谓的连贯性和统一性,属于完全分离的两部分。在此判定过程中,他极力批判马克思在青年时期的人本主义思想并否认马克思前期的人本主义思想对后期马克思主义所产生的影响,相比之下,却大力赞扬历史唯物主义和辩证唯物主义,认为这是建立在一个新的基础上的科学,以此来捍卫马克思主义,反对二战后以卢卡奇为代表的带有资本主义意识形态的人本主义思想对科学的马克思主义的侵蚀。其实质是要将后期的马克思主义同带有人本主义色彩的马克思思想相区分,摆脱以卢卡奇为代表的人本主义思想的影响,力争同人本主义摆脱关系,力证马克思主义是基于真实具体事实之上而非以抽象为基石的意识形态的科学。那么,这种捍卫马克思主义的分析方法真的如其所愿保卫了马克思吗?

实则不然,在马克思主义中,对问题的看法和分析采取的是一种具有连续性、系统性和整体性的思维分析方法。用马克思主义哲学基本原理来看,联系是客观的、普遍的，用联系的观点看问题，不应将事物分裂开来，用孤立的、部分的眼光来看待、分析事物，相反，则应采取整体性的方法来分析、解决问题。同时，也不应忽视事物的发展是螺旋式的上升和波浪式的前进，其发展具有连续性，只有在量积累到一定程度才会引起质的飞越，没有量的积累又何谓之后质的飞跃？如果马克思在青年时期没有对相关人本主义思想及工人运动经验的积累，何来认识上的飞跃？又怎会形成具有阿尔都塞所谓科学性的辩证唯物主义和历史唯物主义呢？

与此相比，拉克劳则采用了后结构主义哲学中社会的非封闭性和无中心性的观点，使用解构主义的分析方法对马克思主义进行解构并予以重构，以此来实现对马克思主义的捍卫和发展。拉克劳认同德里达的观点："中心没有天赋的场所，它不是一个固定的焦点，而是一个功能，一种非焦点，在其中无限多的符号在进行着替代。"[1](p.51)从此立场出发，社会是一个始终存在客观性的、"外在构成"的社会，在"外在构成"等因素的不断的、偶然的介入下，社会最终不能成为一个具有客观的、稳定中心性的可缝合整体。为此，拉克劳运用解构主义方法对本质主义进行解构，否定了传统意义上的经济决定论、阶级还原论和一元论，尤其突出差异性和异质性的存在，否定统一性和普遍性。他指出，"经济领域不是一个内生的自我调节的空间，那里也不存在着可以被固定在根本阶级核心上的社会代表的构造原则，更不存在由历史利益定位的阶级立场。"[2](p.95)并引入话语理论来阐释自后现代工业社会以来，话语在人类社会发展中起着实际决定作用，以及由此而产生的多元社会主体及其差异性的思想等意识形态正日益危及传统的一体化理论。通过以上我们可以看出，在拉克劳的思维中，其过于强调话语等意识形态因素，有陷入唯心主义之嫌。同时，对差异性的过于强调，使其理论具有片面性而非以整体性的、全局性的方法进行阐述。格拉斯曾说过，由于话语理论彻底放弃了客观性，只片面性地强调个人主体的主观能动性及差异性、开放性和偶然性，陷入了相对主义诡辩论的哲学中。

因此，在我看来，二者均犯了形而上学的错误，都采取了一种孤立、静止、片面的方法来分析和解决问题。首先，阿尔都塞在保卫马克思主义的过程中，其"认识论断裂问题"偏离了马克思主义中最基本的哲学原理：联系的客观性、普遍性和质量互变规律，即割裂了马克思思想发展历程的连续性和统一性，未注意到包括思想在内的世间万物都处在联系和不断发展的过程中，忽视了量的积累是得以飞跃的前提，犯了形而上学的错误。那么，拉克劳呢？他在捍卫、发展马克思的过程中，实际上，也违背了马克思主义最基本的哲学原理：唯物辩证法，脱离了世界是客观存在的、意识是对客观存在的能动的反映及个体和整体的关系等马克思主义基本原理。当然，我们不应否认，人具有主观能动性，且一定的主观能动性能够对实践起重要反作用，但不应过于夸大其能动性，过于强调人的意识形态，若此以往，便如同拉克劳一般陷入唯心主义和相对主义，从根本上背离了马克思。所以，这也警示我们，在分析问题解决问题时，应在社会历史发展过程中、在具体社会环境中予以思考和解决问题，而不应采取片面的、孤立的、过于强硬的分析方法，应以马克思主义哲学基本原理为指导，在不偏离马克思主义基本哲学理念的前提下，采用联系的、整体的、系统的方法来分析和解决问题，以实现在不同的社会背景下，对马克思主义进行捍卫和保护，使其不失活力地得到发展。

二、意识形态理论的重构

作为结构主义的代表，阿尔都塞将语言学运用于社会结构中，并认为文化先于自然，重视意识形态在社会结构中的重要作用，他将意识形态定义为："一个意识形态是具有自己的逻辑和严格性的表象（意象、神话、观念或概念）体系，它在既定的社会中历史地存在并起作用。"[3]也正因为阿尔都塞开始强调意识形态在社会发展中的作用，为之后后马克思主义不断强调社会主体的多元意识形态、意识形态在人类社会发展进程中的重要作用及实现社会主义事业的胜利需争夺文化领导权等具有重要影响。

纵观《保卫马克思》，可以看出，阿尔都塞将意识形态提高至马克思主义所未提及的一个新的高度。他认为，"意识形态根本不是意识的一种形式，而是人类'世界'的一个客体，是人类世界本身。"[4](p.229)并将意识形态归结为具有普遍性和强制性。在他看来，认识先于自然，如果没有人的主观意识，何来自然？意识先于物质而存在。同时，意识是一种具有长期依赖性或希望的想象关系，其早已刻录在人脑中，并对人的实践等社会行为施加影响。不可否认,阿尔都塞对意识的相关论述在某种程度上同马克思主义对意识的看法相同,如:二者都认为,意识形态反映客观世界,是客观世界在人脑中的反应;意识形态具有主观能动作用,对社会实践具有能动的反作用,指导社会实践。但应看到的是,阿尔都塞过于强调意识对人类社会发展中的作用,他指出,意识形态"是社会的历史生活的一种基本结构"[4](p.229),将本应属于主观意识上部分看作一种社会发展的客观结构,并且具有极大的强制性,认为意识常使人以潜移默化的形式在无意识的状态下做出选择。因此,阿尔都塞总结道,意识形态决定了对总问题的选择,并对社会发展起总体性的决定作用。

受阿尔都塞"意识形态质询"概念影响,拉克劳吸收并发展了意识形态概念,形成独具特色的话语理论。纵然拉克劳对阿尔都寨有所借鉴,但其认为阿尔都塞的意识形态观念终究归结于本质主义,与其反本质主义立场相矛盾,并称其为"完全含蓄的斯宾诺莎主义"。[5](p.223)认为"把任何建立要素之间关系的实践称之为连结,那些要素的同一性被规定为连结实践的结果。来自连结实践的结构化总体,我们称之为话语。"[5](p.114)在其理论中,话语是对社会历史发展处决定性作用,不同于马克思主义的经济决定论,否定经济在社会发展的决定作用。并指出,社会是由话语决定,话语构成社会,话语的多元性、偶然性和差异性的特点构成了社会特点。因此,在话语的决定性影响下,受话语本身其漂浮的能指、隐喻性等特点影响,以及原初的客观稳定的社会总体受多种差异性话语等外在性因素影响,正日益破除其稳定的、统一性的客观结构,形成具有异质性的、开放的、偶然的社会系统,这导致其最终的缝合永不能实现,而话语则成为包含各种差异的系统。值得一提的是,在拉克劳的话语理论体系中,强调话语语境的作用,认为只有存在于特定话语语境中才具意义,否则即使为客观存在,在脱离语境的前提下,也没有任何意义。

毋庸置疑,在此我们可以看到,拉克劳和阿尔都塞都注意到意识形态的作用及其影响,同阿尔都塞相比,拉克劳更注重话语等意识形态的地位及其作用,并在阿尔都塞的基础上,更进一步地加强了对意识形态的重视,从根本上否定了本质主义,摒弃关于本质主义的任何表现形式,提出通过争夺文化领导权来实现激进的多元民主计划。概括而言,二人都从捍卫马克思出发，但在其捍卫过程中，却日益偏离马克思主义的正轨。那么，马克思究竟是怎样阐述意识形态论点的呢？在马克思主义的哲学基本原理中，虽提及意识的主观能动作用及对社会实践的反作用，却是以物质第一性为前提，认为，意识是客观物质在人脑中的反映，同时，马克思指出，经济在人类社会发展中起决定作用，经济基础决定上层建筑，强调经济决定论，并未提及意识的强制作用及阿尔都塞所言的意识形态是社会总体结构的一个客观组成部分和意识形态在总体社会结构中的提纲挈领地位。相形之下，阿尔都塞和拉克劳都过于强调意识形态的能动作用难免有过之而不及之势，因此，有沦入唯心主义漩涡之嫌。

所以，阿尔都塞和拉克劳二人在保卫并发展马克思主义的过程中，纵使其初衷是为捍卫马克思主义，为解决马克思在不同历史背景下所遇问题，使马克思主义能够得到更好的发展，但是，在二人对马克思的捍卫过程中却都使其自身陷入过于重视意识形态、夸大意识形态能动作用的泥淖，与马克思主义的经济决定论和一元论相背离，偏离其保卫并发展马克思主义的初衷。

三、矛盾概念的新阐释

为印证马克思思想发展存在认识论上的断裂和黑格尔辩证法之间的区别，阿尔都塞提出不同于马克思主义的一元论的矛盾多元决定论，认为一个复杂整体是由具有主导作用的多种环节所构成，因此，在《保卫马克思》中，他提及毛泽东的《矛盾论》，并从中获得一定启迪。

众所周知，在《矛盾论》一文中提出三个概念：主要矛盾和次要矛盾、矛盾的主要方面和次要方面以及矛盾的不平衡发展。阿尔都塞认为，它们构成了马克思主义辩证法的特点，是马克思主义辩证法的基本概念。同时，一个总体内部始终存在着支配与被支配的相互关系，处于矛盾体系中，是一个复杂的具有统一性的总体结构。“每个主要矛盾都构成复杂整体中的一个阶段……因为我们所接触的是复杂过程的辩证法，是作为‘阶段’、‘时段’、‘时期’而存在的多元决定的和特殊的‘瞬间’，是标志着每个阶段特点的特殊主要矛盾的演变。”[4](p.207) 毛泽东在文中虽提及特殊性终要归结、上升为普遍性，但仍指出特殊性、个性同普遍性一样亦具有本体地位。同时，矛盾的主要方面和次要方面以及主要矛盾和次要矛盾的存在也为阿尔都塞的矛盾多元决定论提供了启迪。阿尔都塞指出,“矛盾‘发展’中存在的不平衡,即矛盾过程中的不平衡,就是矛盾的本质。”[4](p.209)“马克思主义的矛盾是‘由不平衡性所规定的’,只要大家愿意承认,这里的不平衡性具有它所确指的内在本质:多元决定。”[4](p.209)因此,阿尔都塞指出,马克思的唯物辩证法是以多元决定的矛盾为核心的辩证法区别于黑格尔一元的、还原论的辩证法,这便同黑格尔辩证法间清晰地划定了界限。

与此相似,拉克劳提出由话语决定的社会始终是一个开放的、非缝合的、存在对抗和冲突的差异系统,所有的主体立场都是话语系统中的主体立场,受话语多元性影响,主体亦必定以多元化形式存在,“接合只能产生部分确定的主体立场,……身份认同是由多元决定的主体立场所构成的整体,主体又通过主体立场体认其结构地位。”[2](p.135i)因此,在拉克劳的话语理论中,由于主体立场具有差异性特点,并无必然性、稳定性,存在于话语立场中的主体便为多元的、开放的、不稳定的主体。而社会主体日益呈现出的多样化态势,恰能很好地解释为什么自后工业社会以来,在经济和科技得到日益发展、社会结构出现转型的背景下,诸如女权主义运动、反全球化运动、种族运动等新社会运动能迅速发展并日益壮大。同时,正因不同社会主体的出现,社会结构中错位的不断加大,而因错位的存在必然产生的对抗的增殖,不免造成社会认同的难以实现。所以,传统马克思主义因经济决定论而提出的阶级还原论和阶级斗争学说都无法满足现今社会发展的需求,最终各社会主体只能凭借占据意识形态的主导地位,通过夺取文化领导权来形成暂时的、相对稳定性的社会结构,进而实施左派的多元激进民主计划以实现社会主义。

那么,在传统马克思主义看来社会是由多元的社会主体构成的吗?不然,在传统马克思主义者看来,人类社会由于生产资料私有化、社会生产力的急速发展及大型工厂的发展壮大,社会财富日益集中于少数资本家手中,使一无所有被迫出卖劳动力的劳工愈加贫穷,最终形成两大极端对立的阶级,即无产阶级和资产阶级两大阶级的对立。无产阶级为获取自由不断同资产阶级进行阶级斗争,号召全世界无产者联合起来,共同反对资产阶级的压迫,重建一个无阶级的社会。在这里,我们不得不承认,在现代信息技术和生产力快速发展的当下，在这个充满开放性、异质性和偶然性的现代社会中，社会主体不再单纯局限于资产阶级和无产阶级两大阶级，社会主体呈现出多样化趋势。为此，阶级斗争必然不适应现世的发展需求。因此，拉克劳关于社会主体多元性的论述在现代社会总具有一定的积极意义。

但是，无论如何，我认为，阿尔都塞和拉克劳都一定程度上偏离了捍卫马克思的轨道，对马克思主义的发展有脱离坚持马克思主义的倾向。我们注意到，阿尔都塞的矛盾的多元决定论，本质上不同于马克思主义的矛盾观。马克思主义辩证法其实质是在于强调矛盾的对立统一，并注重经济的决定作用，而非矛盾的多元决定论。不难发现，在阿尔都塞的矛盾多元决定论中，他过于强调矛盾的对立而忽视了其同一性，形而上的、孤立的看待了矛盾的两个方面。同时，在阿尔都塞强调矛盾的多元决定作用时，以承认多元性的存在为前提，忽视了经济的决定作用。相形之下，拉克劳在此基础上则进一步否定了经济的决定作用，认为，经济决定论是本质主义的表现形式；为了彻底地对本质主义进行解构，实现对马克思主义的重新建构，反对经济决定论，并因此提出话语理论，强调话语对社会的决定作用。在此基础上，否定客观性、统一性、稳定性社会的存在，大力提倡话语所决定的社会的差异性、开放性和多元性特质。所以，从以上分析中可以看出，二者虽都强调多元性但在其哲学出发点上，拉克劳采取了比阿尔都塞更为激进的态度和方法去实现其所谓的捍卫马克思。

综上所述，可以看出，作为结构主义代表的阿尔都塞将语言学运用到社会结构，强调总体性、整体性和结构性的同时又注重文化等意识形态在社会发展中的重要作用。纵观全书，其整体思想都与人本主义相对立，立足于保卫马克思，认为马克思是不同于人本主义思想的科学，在马克思的思想发展中存在“认识论的断裂”。但其过于强调意识形态，将意识形态视为社会总体的一部分，对总问题以一种潜移默化的方式作用于人，对人的选择过程具有决定作用；与此同时，其矛盾的多元决定论也忽视了经济在社会发展的决定性作用，没有注意到马克思所说的对立、同一之间的相互联系性，认为矛盾的本质就是不平衡发展。这一切都为之后出现的后马克思主义——强调话语等意识形态、多元化的因素、文化领导权等——奠定了思想基础，为后马克思主义者声称其继承和批评马克思主义，使马克思主义适应时代发展变化打开了便捷之门。而拉克劳正在此理论前提下，对阿尔都塞的思想进一步地继承和发展，并在新的社会背景下，在马克思主义再次面临质疑和挑战之时，对马克思主义实行了以解构主义方法为主的、以话语理论为核心的、以实现文化领导权为目的的和以激进多元民主计划为策略的全新的捍卫。

在通过对阿尔都塞和拉克劳如何保卫马克思进行对比后，可以发现，二者所言的捍卫马克思，却在实际过程中出现了一定程度上的对科学的辩证唯物主义和历史唯物主义的偏离。但我们也不可否认其确实存在一定的合理性。因此我们在面对二人捍卫马克思时，应采取马克思主义辩证的、历史的态度，既看到其保卫马克思的强大决心，又要看到其中的不足，在捍卫马克思的过程中真正实现对马克思主义的科学运用。

[注释与参考文献]

[1] 付文忠，《新社会运动与国外马克思主义思潮：后马克思主义研究》，山东大学出版社，2009 年。

[2] [英]拉克劳、墨菲，《领导权与社会主义的策略》，尹树广、鉴传今译，黑龙江人民出版社，2003 年。

[3] 俞吾金，《阿尔都塞的意识形态学说》，《江苏社会科学》，1992 年第 6 期。

[4] [法]路易・阿尔都塞，《保卫马克思》，商务印书馆，2010 年。

[5] [英]恩斯特・拉克劳，《我们时代革命的新反思》，孔明安、刘振怡译，黑龙江人民出版社，2006 年。

[6] [美]安娜・玛丽・史密斯，《拉克劳与墨菲：激进民主想象》，付琼译，江苏人民出版社，2001 年。

东亚实学专题研究主持人寄语

朱康有*

在我国学术思想史上，关于明清之际的学术思潮定位历来有多种：有借用阶级分析方法的，认为是地主阶级反思思潮的；有借用西方近代学术说法的，认为是资本主义萌芽；有笼统看作是明清之际进步思潮的；等等。20世纪80年代以来，我国一批学者在同韩国、日本学者的国际学术交流中，发现这些国家普遍以“实学”称谓其近代思潮。受此启发，我国学者亦逐渐发现，明清之际当时的学术风云人物在把自己的学问区别于宋明理学、心学时，较多地使用“实学”范畴。于是，一批研究中国哲学史、思想史、科技史的专家学者，共同发掘并编撰了《明清实学思潮史》、《中国实学思想史》等著作。至此，中国学术思想史在每个阶段都可以用本民族的语言概括为一个“字”，即先秦“子”学、两汉“经”学、魏晋“玄”学、隋唐“佛”学、宋明“理”学、明清“实”学、近代“新”学。

中国实学研究会名誉会长、实学研究引领者、中国人民大学著名学者葛荣晋教授认为，中国实学，实际上就是从北宋开始的“实体达用之学”。从时限上，虽把“中国实学”的起点定于北宋，但明清之际是中国实学发展的高潮时期，却是一个不争的事实。从内涵上，它不同于佛、老的“虚无寂灭之教”，是由“实体”与“达用”构成的。“实体”又分为“实理实学”、“实心实学”和“实气实学”，“达用”又分为“经世实学”、“科技实学”、“启蒙实学”和“考据实学”（包括“史学经世”论和“明经致用”论）等，它是一个多层次、多元化的立体结

* 主持人简介：朱康有，国防大学马克思主义教研部哲学教研室副主任，教授，中国实学研究会秘书长。

构。从学派归属上，明清实学是中国古代儒学发展的最后历史阶段和独立发展形态。它既是对先秦、汉唐儒学的基本价值理念的继承和发展，又是在同佛、道的辩论中产生和发展起来的。

在韩国，实学指 18 世纪前后约 200 年间的新的学风。为了重建由 1592 年的壬辰倭乱（日本的侵略朝鲜）和 1636 年的丙子胡乱（后金的侵略朝鲜）遭到破坏的国计民生，一群有志学者想要纠正过于思辨、倾向于形而上学性理学的偏向，寻求符合现实的学问。在日本，近代以前的实学，因其重视实心，可称之为“实心实学”；近代以后的实学重视科技，可单纯地称之为“实学”。福泽谕吉在明治时代提倡的实学，也可以说是实业的学问。本栏目发表的中、韩学者 3 篇文章，内容涉及中、日、韩实学思想，大体从一个侧面反映了东亚实学研究的现状。

朱舜水与伊藤仁斋实学思想的最终定型

——兼谈东亚的实学交流

董灏智*

"古义学派"作为日本德川古学派重要组成部分，其凸显出"实学"的古学特征是毋庸置疑的，更对后世日本有着重要的影响。其中，古义学派创始人伊藤仁斋由朱子学向古学转向（即转向实学）的原因与过程，则是日本思想史研究的重要课题。对于这一问题，早在江户时代就已有人问津，而其中的仁斋古学转向的外在刺激因素，即中国学者对其影响问题，一直是难以绕开且争论不断的话题。是故，本文拟从仁斋与中国儒者的关联问题入手，超越中国与日本学界的门户之见，不但有助于了解仁斋古学思想形成的复杂过程，还从中凸显出东亚实学交流的重要意义。

一、德川学者的相关表述

对于仁斋的"实学转向"问题，仁斋与其子东涯皆有过直接阐述。仁斋在《读予旧稿》内自述道："余自十六七岁，深好宋儒之学……其后三十七八岁，始觉明镜止水之旨非是，渐渐类推，要之实理，衅隙百出，而及语孟二书，明白端的，殆若逢旧相识矣，心中欢喜不可言喻焉。"[1](p. 295) 又在《童子问》中言道："问先生学问之家法，曰，吾无家法，就论语孟子正文理会，是吾家法耳。"[2](p. 257) 类似的话语同样见于东涯的《先府君古学先生行状》："宽文壬寅

* 作者简介：董灏智，男，1983 年生，东北师范大学历史文化学院副教授，研究方向为东亚思想史。

(三十六岁)京师地震,遂还家。先是有疑于宋儒性理之说,乖孔孟之学,参伍出入,沉吟有年,至是恍然自得,略就條贯,乃谓大学之书,非孔孟之遗书,及明镜止水,冲漠无朕,体用理气等说,皆佛老之续余,而非圣人之旨。”[3](pp.9-10) 仁斋弟子林景范更是在《童子问》的跋中写道:“先师古学先生不由师传,深造邹鲁之阃奥。”这意味着,仁斋的古学思想完全是自然而然形成的,其自发性是仁斋学术转向的重要因素。个中的逻辑脉络为:仁斋早年受朱子学影响甚深,后来在虚心涵泳、切身体悟朱子学的过程中产生了困惑,并在经历了十年精神危机期之后,发现朱子学背离原始儒家的孔孟之道,于是仁斋“尽废宋儒注脚,重解语孟二书”,最终转向了古学。这一说法经近代井上哲次郎、竹内松次、岛田重礼等学者发挥、定型,逐渐成为日本学界的主流说法。

但事实上,就在仁斋的古学盛行不久,德川古学派中的另一重要学派——荻生徂徕创建的古文辞学派内已有学者对仁斋古学思想独创性提出质疑。徂徕弟子太宰春台最先在《圣学问答》中提到中国明末学者吴廷翰对伊藤仁斋开悟的影响,他说:“明末吴廷翰者,著吉斋漫录、瓮记、椟记等书,辟程朱之道,豪杰也。闻日本伊藤仁斋读吴廷翰书而开悟。”[4](p.295) 春台用一“闻”字道出了其中的“玄机”,但春台是如何而“闻”、“闻”之何处? 由于史料的缺失,后人不得闻之,但春台的说法一经问世便得到了众多的支持者。国学派的多田义俊在《秋斋闲语》中指出:“古学先生语孟之考,全源自吴氏吉斋漫录及郝京山的时习新智,为何本于此二书,其缘由不知也。”尾藤二洲的《正学指掌》则完全承继了春台的说法,说道:“听闻其说源自吴苏原,今看吉斋漫录等书,应是如此。”[5](pp.197-198) 那波鲁堂的《学问源流》有云:“仁斋父子之学本于明吴廷翰……发明识见,仁斋东涯学问之渊源也。”[6] 而考证派的大田锦城在《九经谈》中也这样认为:“其学半出于吴廷翰吉斋漫录,所见不博不长考证。”[7] 从这些论述中可看出,“仁斋古学源自吴廷翰”的说法是很有“学术市场”的。并且,吴廷翰的哲学思想确实与仁斋有相通之处。据载,吴廷翰,字崧伯,号苏原,明南直隶无为州人(今安徽无为县),生于明孝宗弘治四年(1491 年),卒于明世宗嘉靖三十八(1559 年)。由于吴廷翰的事迹皆不见于《明史》及《明儒学案》,经近人容肇祖先生辑佚而编纂的《吴廷翰集》使后人对吴廷翰的思想有了一定程度的了解。从中可知,吴廷翰继承了罗钦顺、王廷相等人的“气论”思想，提出“气为天地万物之祖”的核心命题，确立了“气”的本体论地位，将理学的太极、理、心性等“形上”范畴由“气”来统摄贯通。按照衷尔钜的说法，吴廷翰的哲学思想主要表现在三个方面：第一，在自然观方面，坚持了气一元论，反对程颐、朱熹的理一元论。第二，在认识论方面，吴廷翰尊重闻见之知，批判生知、良知等先验论。第三，在人性论方面，吴廷翰主张性即气即生，主张天理在人欲之中，反对先验的人性；但由于主张“气察”，又陷入另一种先验人性论。[8]所以，衷先生将其与仁斋的思想做一番比对之后，坚称仁斋的古学思想源自于吴廷翰，尤其是仁斋的“气一元论”思想。[9]

然而，这一说法在江户时代得到一部分人支持的同时，对它的批判也随之而来。徂徕的另一位弟子山县周南在《书吉斋漫录后》写道：“向者在东鄙，或有言者，仁斋先生倡学，本有帐中之书，诸弟子辈不得与见。曰吉斋漫录，曰瓮记，曰椟记。余甚不信，既而得见漫录，其言凿凿有味，所谓理气性命，宋学谬误，举既发挥，实先得我口之所嗜者也。夫述而不作，君子之道，仁斋何有窃珠还椟之陋。苟是之述，恶有其书一言不相援及，而自古处者乎哉？顾其书既成后适见诸，或有不幸，终身不得见者，皆不可知也，以是刺乎仁斋诬矣。”[10](pp.425-426)其中，周南与春台一样，也是听说仁斋受明人吴廷翰的影响，但其态度却与春台截然相反，一句“余甚不信”已说明问题，并进一步指出这种说法是“刺乎仁斋诬矣”。而遍检古籍便会发现，有关仁斋古学思想源自于吴廷翰的说法，不论赞同与否定皆是出自徂徕学派。这是有原因的。自徂徕殁后，其弟子们学术的取向不同。经学为太宰春台，文学为服部南郭，山县周南为古学。春台从徂徕“六经为先王之道”的古文辞学视阈出发，认为，仁斋因不懂古文辞学的缘故，以至于出现以“和语”视“华言”的局面，故仁斋亦宋儒也。虽然，他们承认仁斋的古义学有可取之处，但却将其思想渊源归自中国儒者，故会有“仁斋古学思想源自于吴廷翰”的说法。周南则从仁斋“反宋学、复古学”的立场出发，肯定仁斋古学的原创性。他在《间槎畸赏》中写道：“近有一儒师（伊藤仁斋，笔者注），别开门户，自建学问，其言或有不与程朱之说合者。论性以教，论仁义以德，而以孟子所谓性善者为在气质之上，与夫程朱本性之说相背驰矣。仆顷受读其书，翕然而有说意，是所以致问先生云云。”[11](p.182)因而，周南从日本学术与朱子学的不同之处出发，强调仁斋古学的自发性，所以，他极力反对“仁斋思想来自吴廷翰”的说法。

明治时代以来，明治学者将山鹿素行的“圣学”、伊藤仁斋的“古义学”和荻生徂徕的“古文辞学”合称为“古学派”。因他们“反中国朱子学、复日本古学”的鲜明特征又使其被赋予了“最具独创性”的日本思想。“说古学在日本儒学史上的地位相当于镰仓佛教在日本佛教史上所占的地位也绝不为过”。[12](p. 53) 因而，他们完全从仁斋古学思想的独创性出发，否认吴廷翰对仁斋的影响。言外之意，也就否定了中国学者对日本学者的影响，反而强调伊藤仁斋对后来清儒戴震的学术影响。相反，当中国学者重新研究仁斋古学转向的问题时，却从中国视角切入，反复凸出吴廷翰对仁斋的影响，这一方面在朱谦之的《日本的古学及阳明学》中体现的最为明显。

通过对这一学术公案的梳理，可知不同时期、不同的儒者出于不同的学术目的，会不知不觉地走向两种极端：近代的日本学者重视仁斋古学形成的自发性而刻意回避中国儒者的影响，中国学者却是过于强调中国儒者的影响而对仁斋的自发性却避而不谈，二者偏向一端，将很难接近事实。

二、朱舜水与仁斋的学术转向

对于伊藤仁斋与吴廷翰的学术关联问题，从目前的学术史料看，尚无明确资料可证明这一论点。诸多学者所提到的《吉斋漫录》一书，据朱谦之所说，刊刻于“万历丁亥年”，即 1587 年，早于仁斋古学约五六十年。这是不争的事实。但是，《吉斋漫录》何时传入日本？在日本的流传情况如何？由于史料的缺失很难弄清楚。据有学者研究，《吉斋漫录》的第一部和刻本刊行于江户享保九年(1724 年)，刊行者为山县周南，而《吉斋漫录》盛行之时，已是仁斋殁后五十余年。所以，仁斋未曾接触到吴廷翰的《吉斋漫录》。[13](p. 153) 显然，这一说法论据不足，因为在时间跨度上仁斋生前确实有接触到《吉斋漫录》汉刻本的机会，但是从现存的仁斋著作中，并未发现其阅读过吴廷翰著作的记载，而仁斋“古义堂”后学的《古义堂书籍目录》、《欠本目录》、《古义堂文库目录》等著作中也无相关记载。并且，有学者专门比较仁斋与吴廷翰的哲学思想，发现二者之间差异甚巨。[5](pp. 197-213) 所以，本文也不赞同仁斋古学思想源自于吴廷翰的说法。

那么，仁斋古学思想的形成究竟是自发性的还是有中国学者的影响？拙文《伊藤仁斋的古学思想形成脉络探析》中指出，促成仁斋由朱子学转向古学的因素有三：仁斋早年对朱子的切身体悟使他产生了疑惑，而求诸其他学问时又使仁斋加深了对朱子学的怀疑，所以，仁斋出现的"精神危机"，这是他向古学转变的第一个重要因素。如果说，"精神危机"的发生只是仁斋质疑朱子学的开端，那么，当"精神危机"的贻害继续困扰着仁斋，在如此困惑而混乱的思想状态对朱子学的"自身解读"，却是仁斋由朱子学转向古学的第二个重要因素。第三，中国儒者朱舜水的影响是仁斋转向古学的第三个重要因素。[14]因此，仁斋古学的形成既有学术转型的内因，也有中国儒者的影响，二者缺一不可。

在三十九岁时，仁斋得知流亡于日本的明朝遗民朱舜水要到江户，于是致函安东省庵，希求其帮助引荐，并有师事于朱舜水的意愿。然而，舜水读过仁斋著作后，虽赞许其学识与文品皆为日本之"白眉"、"翘楚"，但却让安东省庵婉拒仁斋的拜见。[15](p.160)对此，舜水给出的解释中既有二人所学之不同的因素，又因其在日本的尴尬身份及由此产生的谨慎态度。[16](pp.162-163)在舜水看来，仁斋的学说虽与朱子学不同，但也只不过是在朱子学框架内"屋下架屋"，实未废离理学。而舜水在日本总结了明亡教训之后，认为，无论是理学还是心学，皆崇尚虚华、浮夸虚伪而不近人情，自然于世道无补。"缙绅贪戾，陵迟国祚，岂非学问心术之所坏哉？故其四书五经之所讲说者，非新奇不足骇俗，非割裂不足投时，均非圣贤正义。彼原无意于修身、齐家、治国、平天下也。至若注脚之解，已见别幅。即嘉、隆、万历年间，聚徒讲学，各创书院，名为道学，分门别户，各是其师。圣贤精一之旨未闻，而玄黄水火之战日烦。高者求胜于德性良知，下者徒袭夫峨冠广袖，优孟抵掌，世以为笑。"[17](p.174)又，"一日翁语余曰：'中国之逆乱，既萌天启之始矣。'时预国政有理学之党，有文章之党，日日相轧相诋，争权不已。继之以连年之凶荒，故闯贼作逆，鞑虏夺位，皆是奸逆之臣为之祸根矣。"[18](p.249)如果不想再重蹈覆辙，必须彻底抛弃掉理学，正因如此，舜水在留日期间的学术体系发生了根本的转变，转向了"实理实学"，并意识到承载"实理实学"的儒学本质会在日本发扬光大："日本，国小而法立，气果而轻生，结绳可理，画地可牢，前乎此，未闻有孔子之教也。故好礼义而未知礼义之本，重廉耻而不循廉耻之初。一旦有人焉，以孔子之道教之，行且民皆尧舜，比屋可封，宁止八条之教朝鲜而已哉！”[19](p.560)正因如此，他婉拒了仁斋的拜见。

舜水对仁斋的婉拒，不得不说是中日交流史上的憾事，但他的“实学”对仁斋“古学”的间接影响却是至关重要的。考索史料便会发现安东省庵在其间起到了桥梁的作用。1659年，六十岁的舜水再次来到日本，在省庵等人的奔走呼吁下，使“日本禁留唐人已四十年”的禁令对舜水网开一面，并且，省庵作为舜水在日本的第一个弟子，可谓亲炙舜水最久，达十四年，深得舜水真传。[20](p.750)仁斋曾盛赞省庵为：“倘若先生（舜水）之道，得大行于兹土，则虽后来之化，万万于今，实台下（省庵）之力也，岂不伟哉！岂不伟哉！”[21](pp.32-33)言外之意，省庵的学术取向与舜水的“实学”相同。关键的是，仁斋与省庵之间亦有书信往来，藉由之探讨学术问题，东涯在《霞池省庵手柬叙》中曾言及：“呜呼！先生（省庵）之于予，父之执也，况乎不唯其好善之不可不传，亦风千载之下，使夫人兴起好善之心，乐为之序云。”[22](p.101)由此推测，仁斋受到省庵“实学”影响的可能性是存在的。并且，这种影响在仁斋文集中也有记载。《送片冈宗纯还柳川序》云：“柳川片冈宗纯生，以去年春，来游京师，尝舍刺访予庐。予观其为人也，言语有序，进退有度，雍容闲雅，犬非向四方游学之士比，予疑之曰，其性然乎？将由其所学乎？因款其所学，则曰尝学于同邑安东省庵先生者，而又出其诗文十数首而示之，执而阅之，则皆出入经术，根据义理，凿凿有意味，繇叹曰，生之可观者，因此而已矣。又自曰，吾前所欲得而观之者，则此人也，而其师省庵又得中华真儒为之师，则柳川生之蓝田合甫，而非假求之洛市焉者也。”[23](pp.19-20)童长义将此过程论述为：“当他（仁斋）在1662年夏从遁世修禅法解脱，返家开塾授徒时，有一位柳州片冈宗纯上京游学，其师安东省庵嘱咐其进入仁斋所主持的‘同志会’，参加长期举行的定期经学讨论会。”[24](p.171)然后就有了《送片冈宗纯还柳川序》所记载的状况，由于在东涯编纂的《古学先生文集》中，关于仁斋与片冈宗纯及省庵的书信，皆无明确的时间及过程的详载，但此事发生在仁斋三十九岁“求省庵以仲介师事舜水”之前确是确凿无疑的。这意味着，仁斋接触舜水的轨迹为：先是见到省庵的弟子片冈宗纯，并由其而阅读到省庵的著作，而后致书于省庵，并希望省庵替其引荐给舜水，望以师事之。而就在这一过程中，仁斋间接受到了舜水的影响。从现存的仁斋文集中，似乎并未发现仁斋对舜水婉拒其“师事”有所反映的相关记载，而在舜水文集中却出现了对仁斋的褒誉：“伊藤诚修兄策问甚佳，较之旧年诸作，遂若天渊。倘由此而进之，竟成名笔，岂逊中国人才也。敬服敬服！”[20](p.194)这意味着，舜水对仁斋学风的认同，藉此也可看出仁斋著作前后之异，然遗憾的是，舜水写这番话的年月依然是难确考，只能推断出在婉拒仁斋之后，而仁斋的著作在舜水眼中的变化，同样也出现在东涯对仁斋“策问”的按语上：“自宽文辛丑(1661)至元禄丁丑(1697)，凡三十余年，设问策诸生，其间学问早晚之异同，亦可概见矣。”[25](p.106)也就是仁斋35岁至71岁之间，这一过程明显涵盖了舜水婉拒仁斋的前后阶段，然而，令人惊奇的是，仁斋的后人和大多数研究者对这一过程中仁斋是否受到外界影响的问题只字不提，即使能在仁斋文集中察觉到一些蛛丝马迹，而著作时间却又鲜有确载，恰如韩东育所论：“尽管仁斋师徒和后来的研究者，多有意无意将仁斋从‘开悟’(1663)到延宝大火(1673)中间的10年进行了跳跃性处理，并且缄口不言《论语古义》和《孟子古义》在撰写过程中是否受到过外界的影响。事实上，仁斋与舜水之间的间接往来，恰好发生在后人有意回避的这10年。”[26]此外，在《朱舜水集·友人弟子传记资料》中，伊藤仁斋的名字赫然于其中。综合所述，笔者断然言之，仁斋古学思想的形成与舜水的间接影响定有关联，而这比其他人所突出强调的明末学者吴廷翰(1490—1559)对仁斋的影响更有说服力，毕竟舜水长期客居日本，又与仁斋“开悟”的时间有交集，只是由于史料的缺失，使其隐微之处难以详表。

三、“实学”研究的东亚研究视阈

从东亚思想上来看，在中国清代、朝鲜李朝时期、日本江户时代，一股“反朱子学”的“实学”浪潮此起彼伏，他们之间是否有内在关联？众多学者围绕着“日本思想家中有抄袭中国思想，或中国思想家有抄袭日本思想家”的话题作喋喋不休的争论，余英时先生对此曾论述道：“凡此之类皆因双方所根据之文献相同，所面临之学术问题相近，所处之思想史的阶段相似，而儒学在中国本土之发展又复时时波及日本，故言思之间不觉密合至此”。[27](p.224)杨儒宾在其近著《异议的意义——近世东亚的反理学思潮》中，将此学术思潮称为“不谋而合的平行现象”，他说：“文化史上的‘影响’研究最难捉摸，我们永远很难预期那一天会有新的材料出现。它足以证明前后两个人之间有过种种接触……笔者认为正因为伊藤仁斋、荻生徂徕、叶适、颜元、戴震等人的关怀相近，反对的目标相同，理论资源相似，而他们又想将他们的反抗提升到体系的高度。因此，他们最后提出来的论点竟分外相似，相似的原因不在彼此的相互影响，而在彼此背后的思想背景类似所致。”[28](p.12)王晴佳则认为伊藤仁斋的古义学派与明代儒学之间，存在一定的联系。因为在16世纪的日朝战争中，有不少中国和朝鲜的儒学著作，流入日本，其中就可能包括陈淳的《性理字义》。并指出虽然仁斋的思想早于清代考证学，但对清代学者包括戴震，并无多大直接的影响。[29]这样的说法，虽承认了东亚内部之间的思想、文化交流，但否认了他们之间的影响与联系。是故，本文在考察伊藤仁斋的学术转向问题时，侧重的是东亚的研究视阈。

一般认为，在19世纪中期“西方近代文明”的冲击之前，“前近代”东亚地区曾长期存在过某种“共同体”的形态，即“朝贡制度”（费正清、滨下武志）、“册封体制”（西岛定生）、“天朝礼治体系”（黄枝连）、“华夷秩序”（信夫清三郎、何芳川、韩东育）等称谓不同但内涵接近的关系体系。它发轫于先秦，成型于汉，完善于唐，鼎盛于明，衰落于清。不过，有一点毋庸置疑，即这个“共同体”的中心在中国。尤需注意的是，伴随着中原王朝的版图与势力范围的扩大，其辐射区域亦随之而伸展，朝鲜、越南、日本等国便正是在这种伸展中先后汇集拢来的。韩东育在其著作中将“华夷秩序”的完整形态概括为“文化上的‘华夷关系’、政治上的‘宗藩关系’和经济上的‘朝贡关系’”。即使有学者不认为“前近代”东亚世界的存在，称其为“想象的共同体”，但毋庸讳言的是，“前近代”东亚世界的文化认同与政治认同是不容回避的问题。西嶋定生用“汉字、儒教、律令制、佛教”来概括“东亚世界”的共通性，而“威仪共秉周公礼、学问同尊孔氏书”，也正是对“政治、文化认同”的真实写照。是故，从竹内好“作为方法的亚洲”，到沟口雄三“作为方法的中国”，到子安宣邦“作为方法的东亚”，再到白永瑞“作为思想的东亚”，最后到韩东育“作为认同的东亚”，“亚洲”、“中国”和“东亚”在中、日、韩学界俨然变成了一种方法。这种方法在研究中可能会发挥克服“自民族中心主义”的作用，尤其是对思想史课题的相关考察就显得尤为必要。

如前所述，即便是仁斋与中国儒者在思想上有某种程度的“暗合”，但也不会如此巧合。若将明末遗民、赴日乞师朱舜水的因素考虑进去，这一脉络就会渐渐清晰。因为在东亚的脉络下，中国、朝鲜、日本和越南之间是一个相连的整体，其内部之间的思想、文化交流几乎从未停止，除中国文化对周边国家的影响之外，还有他们之间的直接、间接互动以及反过来影响中国的“文化回流”。不止是伊藤仁斋，日本近世儒学的开创者藤原惺窝，他最初为僧人，而后转为儒家朱子学者，其“脱佛入儒”的学术转型原因之一就是朝鲜儒者姜沆的影响。姜沆曾师承于“朝鲜朱子学之父”李退溪的高足成浑之门下，后因壬辰战争被俘到日本，其在日期间与藤原惺窝的交往，促成了惺窝的学术转向。[30]同时，若说道日本古学派与中国乾嘉学派的关联问题，仁斋对戴震的影响可能无甚脉络可寻，但荻生徂徕对清代考据学的影响，则是毋庸置疑的，因为清儒的著作中赫然就有着对徂徕注解的引用，这种“文化回流”现象更值得进一步研究。山室信一在《作为思想课题的亚洲》中，从“基轴”、“连锁”和“投企”三个视角去审视以日本为中心的近代亚洲史，他说：“如果说本书若有若干创意性的话，或许是尝试从三个视角将亚洲这个地域世界理解为，以思想基轴所认识的（conceived）空间、以思想连锁所联系的（linked）空间、以思想投企所投射和企划的（projected）空间所构成的三面性之总体。”[31](p.7)所以，本文借用山室的说法来考察东亚的思想史课题，中国思想为东亚思想的“基轴”，中国思想在东亚世界的传播、变异及这一结果对中国思想的回流冲击为“连锁”，它们之间的互相影响为“投企”。所以，域外思想史课题的东亚研究视阈，是把“东亚”当作一种方法，从多元视角、历史批判的视角来重新审视东亚思想的各种研究，诚如黄俊杰所言：“从‘东亚’视野所看到的儒学的问题，与仅从中国、日本或韩国单一地区所看到的儒学内部的问题大不相同。作为时间概念的‘东亚儒学’，在东亚各国儒者的思想互动之中应时而变、与时俱进，而不是一个抽离于各国儒学传统之上的一套僵硬不变的意识形态。”[32](pp.1-2)同时，这种研究方法可能突破那种长于四海皆准的哲学式推论和索隐格致上的不求甚解，会对相关问题的研究有所裨益。

但需要注意的是，由于以“华夷秩序”为核心的东亚世界在形成过程中已暗含了不平等因素，“华”为中华、中国，“夷”为夷狄、四裔，二者之间的差异最开始多体现为生产方式与生活习俗的不同，后来才被渗入了政治与文化上的褒贬意蕴，并进一步形成了高下优劣之别。于是，东亚“华夷秩序圈”内，长期在中华的处于“夷狄”地位的国家，要么，完全接受中华文明，甚至比中国还要像中国；要么，从中华文明中选择性地吸收对自己有利的部分，进而形成一种与中国类似但又不同于中国的文化，并在能力允许的条件下与之抗衡。这一情形在东亚思想史上屡见不鲜。以阳明学为例，王阳明入祀孔庙“从祀”的问题，在明代万历年间曾引起激烈的争辩，最终在内阁大学士申时行的运作之下才获得成功。[33]关键的是，这一转变不止影响到中国士大夫，还在朝鲜引起了轩然大波，其结果却与中国的情形相反，阳明学非但未触及到朱子学在朝鲜的独尊地位，反而走向了“如何适应以程朱理学为绝对权威的类似原教旨主义的发展路径”[34]。而在日本，阳明学却迅猛发展，不但超越了朱子学，而且还是明治维新得以成功的历史远因。诚如有学者对阳明学在中、日、韩三国的不同际遇说道：“有明三百年间，思想界中贡献最大、对程朱反抗最烈的阳明学，在邻国日本成为开导明治维新的宝贵精神，唯在朝鲜，则一直受谤而不见天日。此是阳明学之不幸，也是儒教在朝鲜之失败。”[35]若再从这一层面来看，思想史课题的东亚研究意义就不言而喻了。

[注释与参考文献]

[1] 伊藤仁斋，《读予旧稿》，收入《伊藤仁斎・伊藤东涯》(日本思想大系 33)，岩波书店，1971 年。

[2] 伊藤仁斎，《童子问》，收入《近世思想家文集》(日本古典文学大系 97)，岩波书店，1978 年。

[3] 伊藤东涯，《先府君古学先生行状》，收入《古学先生诗文集》，ぺりかん社，1985 年。

[4] 太宰春台，《圣学问答》，收入日本思想大系 37《徂徕学派》，东京：岩波书店，1972 年。

[5] 井上哲次郎,《日本古学派之哲学》,富山房,1902 年。
[6] 那波鲁堂,《学问源流》,崇高堂,宽政十一年(1733)刊本。
[7] 大田锦城,《九经谈》,多稼轩藏本。
[8] 衷尔钜,《吴廷翰哲学思想》,人民出版社,1988 年。
[9] 衷尔钜,《伊藤仁斋对吴廷翰哲学思想的发展》,《中州学刊》,1983 年 1 期。
[10] 塚本哲三,《先哲叢談》,有朋堂書店,大正 12 年。
[11] 朱谦之,《日本的朱子学》,人民出版社,2000 年。
[12] 源了圓,《德川思想小史》,中央公论新社,2000 年。
[13] 三宅正彦,《京都町衆伊藤仁斎の思想形成》,思文阁,1987 年。
[14] 董灏智,《伊藤仁斋的古学思想形成脉络探析》,《东北师大学报》,2011 年 3 期。
[15] 朱舜水,《与安东守约书廿五首之十》,收入《朱舜水集》上册,中华书局,1981 年。
[16] 朱舜水,《与安东守约书廿五首之十二》,收入《朱舜水集》上册,中华书局,1981 年。
[17] 朱舜水,《答安东守约书三十首之三》,收入《朱舜水集》上册,中华书局,1981 年。
[18] 人见竹洞,《舜水墨谈》,载《朱舜水集补遗》,学生书局,1992 年。
[19] 朱舜水,《圣像赞五首》,收入《朱舜水集》下册,中华书局,1981 年。
[20] 安东守约,《上朱先生二十二首之九》,收入《朱舜水集》上册,中华书局,1981 年。
[21] 伊藤仁斋,《答安东省庵书》,收入《古学先生诗文集》,ぺりかん社,1985 年。
[22] 伊藤东涯,《绍述先生文集》,收入《日本汉诗》(二),汲古书院,1985 年。
[23] 伊藤仁斋,《送片冈宗纯还柳川序》,收入《古学先生诗文集》,ぺりかん社,1985 年。
[24] 童长义,《从十七世纪中日交流情势看朱舜水与日本古学派》,收入《东亚文化圈的形成与发展:儒家思想篇》,华东师范大学出版社,2008 年。
[25] 伊藤仁斋,《私拟策问》,收入《古学先生诗文集》,ぺりかん社,1985 年。
[26] 韩东育,《朱舜水在日活动再考》,《古代文明》,2009 年第 3 期。
[27] 余英时,《论戴震与章学诚——清代中期学术思想史研究》,三联书店,2000 年。
[28] 杨儒宾,《异议的意义——近世东亚的反理学思潮》,台大出版中心,2012 年。
[29] Q. Edward WANG. *Itō Jinsai and the Cross-Cultural Development of Neo-Confucianism: The Ancient Meaning School and the Rise of Restorationism*, Taiwan Journal of East Asian Studies, Vol. 5, No. 2 (Iss. 10), Dec., 2008.
[30] 王明兵,《藤原惺窝研究》,东北师范大学博士论文,2010 年。
[31] 山室信一,《思想课题としてのアジア:基轴・连锁・投企》,岩波书店,2001 年。
[32] 黄俊杰,《东亚儒学:经典与诠释的辨证》,国立台湾大学出版中心,2007 年。
[33] 朱鸿林,《王阳明从祀孔庙的史料问题》,《史学集刊》,2008 年 11 期。
[34] 钱明,《朝鲜阳明学派的形成与东亚三国阳明学的定位》,《浙江大学学报》,2006 年

3 期。
[35] 郑德熙,《王学东传与李滉之排王思想》,载《王阳明国际学术讨论会论文集》,贵州教育出版社,1997 年。

从明清之际的思想变动看茶山学的性格

李俸珪*

朝鲜李朝时代，丁若镛(茶山：1762～1836)从侧面批评理学、经学的同时，提出了实现王政新方案。其思想既反映了朝鲜后期以星湖学派为首的对朱子学的批判性继承，又反映了明清之际儒学的新反思，并受到西学的影响。他的心性概念运用了天主教义的内容，经学运用了包括中国毛奇龄、徐乾学、阎若璩等古文经学者和日本古学派的见解，而“经世论”运用了黄宗羲、顾炎武等人的观点。丁若镛始终坚持儒学立场评价这些学者，从制度层面的构建上反思现实。因此，在重新解读儒学的基础方法上，丁若镛使东亚儒学19世纪上半叶开创了新时代，有着特殊的学术意义。“茶山学”，正是基于此来使用的。丁若镛以探索经世方法为基点，重新理解心性论和经学论，以此表明儒学的本旨应立足于广阔的经世视野。他重视“穷经以致用”的实学精神，评述了宋学把儒学界定为“实学”的理论缺陷，提出的王政方案既有与人类思想史演化相呼应的一面，亦有时代的局限性。

一、明清之际对儒学的反思——脱离中华文化发祥地

明清之际东亚各地域展开的对儒学的反思，是以与之前不同的方式转换的。清代前对儒学的反思是由中国内部往国外扩散影响的方式展开的：儒学在中国创建，中国传承着普遍的文明，周边国家只不过是这一普适文明

* 作者简介：李俸珪，韩国仁荷大学哲学系教授。本文由潘畅和、朱康有译校。

的接受者。清代建立后,东亚各国根据国情独自探究儒学本身的意义,并以脱离中华发祥地的方式进行转换。儒学也不再是中国的儒学,而是各国生存发展中活学活用的共同文明。

首先,清王朝成为中国的新主人。在华夷之别的幌子下,清王朝内部确立和固守满族文化,倾尽全力阻挡汉化,防止被统治者把儒学认同为共同文明,以此压抑汉民族反抗意识,同时满族内部又在保全满族传统的前提下吸收儒学。儒学在这样的两重性中复苏了。清朝的历代皇帝都强调天子的条件并不在于宗族和地域,只在于有无具备合适的“德”。因此,对不以文明水平差异而以地理区分称呼的“华”和“夷”低调处理。满、汉、回、蒙、藏等各个民族,皆为天下一家臣民。对不认同清朝正统性的尊王攘夷的“华夷论”,即如对吕留良等人进行了彻底镇压。

清朝为了大一统而建立的像“尊君亲上”的儒学内容与种族和地域无关,是共有的普适文明。这一认识能让人摆脱以种族和地域为基础的“华夷论”的局限,但只能在出仕或参政之际以是否具有德作为标准、制度化且赋予行动时才能发挥作用。清朝一直存在的文字狱,很难让人们从思想上深入了解和公开议论儒学,这就切断了通过大臣议政的方式和儒家知识分子以宰相参政的方式制约天子独断执政的途径。对满族赋予特权,排斥汉族,严格禁止在“尊王攘夷”基础上批判性地反思政治权利的合法性,如此而言,儒学即便作为普世文明,由于体制的原因,亦难以在中国根本复苏。清朝允许满族在文化和历史上拥有与汉族平等的地位。乾隆帝在指使人编撰《满洲氏族通谱》、《满洲源流考》、《满洲祭神祭天典礼》、《满洲实录》等文献时,总是强调“满洲风俗,素以尊君亲上朴诚忠敬为根本。”[1]照搬家礼体系出版的《满洲四礼集》,即是忧虑满族文化汉化,为保全种族的独立性而著述的。[2]

在朝鲜和日本的儒者们看来,清朝并不是赶走了腐败的统治者,作为新的有德者执政,并复活王政的。它反而变华为夷,引起仅在服饰上“夷代华夏”王政的崩溃,这成了各国整体觉醒的契机。对朝鲜、越南、日本等周边国的儒者而言,他们既认识到本国乃承继华夏文明之国,又意识到儒道无关地域和宗族,能接受其教义就会成为文明之邦。[3]在这种国家起源与华夏文明传统浑然一体的意识中,依然包含着华夷等地域和文化方面的自卑意识。另一方面,认为清朝是夷代华夏而建立的,这就形成了以本国国情为基础发展儒学的潮流，进而认为：儒学不是持续传承的，而是以本国历史经验为基础实现的普世文明。

在日本，被称为古学派的伊藤仁斋、荻生徂徕、太宰春台等学者，力图把“先王之道”和孟子结合起来进行诠释。其认识虽然与“尊孟、非孟”问题不同，但把王道与“正心诚意”的修身相分离，在“与民同忧乐”、“安民”等治道立场上实质是相同的。他们诠释先王之道，即儒学宗旨在于安民之道，认为宋学侧重于心法解释儒学，导致了夷代华夏的鼎革。伊藤仁斋批评宋儒把仁理解为性，使之成了具体行事不力的虚器，认为宋儒的“王道论”和佛教一样是普通人不能理解和修行的抽象理论。他指出，王道的实践无关时代的状况或君主的资质如何，只要有坚定意愿就可以实现：不管井田、封建制能否落实，现实的风俗和法制就可以实施王道。在这一点上他高度评价了唐太宗、汉文帝用王道施政的事例。如唐太宗接受魏征的建议使百姓的生活趋于安定，汉文帝通过节约皇室财政让百姓得到实际恩惠等。荻生徂徕说，先王为安定天下制定的礼乐刑政制度是儒学的本质，批评孟子和宋学用仁义诠释全部的先王之道，实际仁义只是其中的一部分。他设定君主应该成为独立的主体，在制定制度时摆脱人伦理念的束缚，指出“安民”的重点不在解除因国家搜刮而陷于困境的百姓，而在于百姓的动摇会危害国家的存在。为此，应确立纲纪和国家秩序，而不只是对百姓进行孝悌等人伦知识教育。太宰春台用经世济民的“经济”细化了先王之道。他认为从汉末开始，经世致用的儒学传统逐渐弱化，宋学用心法阐明先王之道，导致了中国被夷狄灭亡的灾难。[4]他批评孟子贬低管仲的霸道理论，认为富国强兵才是帝王之道。认为申不害和韩非的“刑名学”或“黄老术”虽不是圣人之道，但也可谓是富国强兵手段，是经济方法之一，批评后世儒者把这些理论贬斥为异端邪说的态度。实行经济之术，应该首先把握时、理、势、人情，把握百姓好恶实情，用物理和势而不是用人伦之道达到富国强兵目的。太宰春台根据当时日本的境况甚至认为，由于士民困穷，国家元气衰弱，应该利用老子的“无为论”治理国家。可见，古学派都是把儒学宗旨作为先王之道来研究，批评宋学为心法，着重寻找实现富国强兵的经世制度之术。他们将皇统的连续性与儒家的尊王论相结合，实现了政治统治的合法化。孟子的汤武革命之路被切断了。日本利用儒学尊王思想，把神国论正当化的做法，与重新架构王政、设官分职体系的朝鲜后期实学方向形成了对照。

在朝鲜明清交替之前，明代阳明学盛行，朱子学逐渐成为正统。16 世纪后，朱子家礼的普遍化实施，礼制本旨的研究迅速壮大。礼仪要体现在制度上的信念，促使国王和士族们展开了修订国朝五礼仪的努力。从大唐开元礼到大明集礼，依据中国国礼，17 世纪后根据朝鲜实情，参照“古礼”和朱子“礼说”开始萌芽，《国朝续五礼仪》、《国朝丧礼补编》正是其成果。因而，清朝的服变，被朝鲜认为是华夏变为夷狄的悲剧象征。清朝伊始，明朝在南方的残留命脉抱有复辟的一线希望。朝鲜作为曾经得到明朝帮助的藩邦诸侯，认同其恢复中原的尊王攘夷立场，并重新反思了儒学。这时候的儒学，意味着我们由中国传承下来，再好好地传回中国。

洪人容、丁若镛等 18 世纪朝鲜学者之间，普遍流传着地域相对论。他们认为，中国以自己所处的地理位置为中心，认定其他的地方都是围绕这一中心的。对此，洪大容主张，文明与地理和宗族无关，是由高级文明传播到低级文明。由此他推断，如果孔子活在朝鲜的话，他一定以朝鲜为中心，把周边地域设定为夷，来写《春秋》的。丁若镛认为，对违反王命、篡夺权力者进行讨伐，这种尊王攘夷和王政的实践，不能根据条件选择性地行事，必要的时候就应该一并进行。他认为在《中庸》“哀公问政章”里，孔子回答鲁哀公的是有关王政的事项，并不是尊王的道理，以此说服自己的君王——正祖大王不要在乎时代的条件实践天职的道理，还一有机会就提醒同僚：从清朝引进技术，比传承王道更重要。

地理上东西南北位于中央的都是“中国”，那么“中国”在何处？“中国”由什么来说明呢？有尧、舜、禹、汤政治的地方就是“中国”，有孔子和颜渊、孟子学问的地方就叫“中国”。如果说是圣人的政治、圣人的学问，我们的国家已经传承，何苦远道去寻呢？我们有农事法的有关技术让五谷茂盛，这是古代良吏施予的恩泽；而我们的文章和艺术更加丰富多彩、不落俗套，是因为古代名仕留下的韵律。如今向中国所吸取的只是这一点，除此之外那些暴戾之气、奇技淫巧等扰乱人心者，非先王致力之，我们今人怎么能去学？[5]

丁若镛认为，当时的朝鲜具备了实施王政学问的充分条件，没必要从中国传授过来。在这里包含着清朝的汉学不能成为王政学问的判断。他用礼乐把人伦制度化，用“政刑兵农”帮助实现人伦作为学问的宗旨。[6] 他认为宋学固然有多种问题,但把人伦的体行当做学问的根本是对的;清朝的汉学,不能根植于性命和孝悌建立起来的礼乐刑政制度。简言之,丁若镛把王政学问的根植在人伦上,在这一点上,与清朝汉学、日本古学派反思儒学表现出明显的差异。

二、政治的本旨和"王政论"

明清交替之后新的一个特征是对制度和政治本旨的反思,这一点与宋学不同。朱熹理解君主是实现天理的代行者,兴败在于君主的心术如何。他把君主制度看作是人类社会固有的,只关注其产生的历史渊源,不问制度产生的动机。设定社会构成之前的自然状态,跟踪其历史的演化过程,阐明的政治本旨,这一致思趋向可以在先秦"诸子"里观察到,另又重新体现在明清之际。黄宗羲的《明夷待访录》和顾炎武的"郡县论"可以说是起点,他们的反思引起了东亚知识分子的积极反响,在朝鲜儒学者中也引起了广泛回应。[7]朝鲜的磻溪、柳馨远(1622—1673)同时独自编制了"磻溪随录",将儒学的理念体现在制度的层面上;从磻溪那里得到灵感,李瀷(1681—1773)和柳寿垣(1694—1755)也著"藿忧录"和"迂书",重新提示了政治体制的具体方向。丁若镛的"经世遗表"和朴齐家(1750—1805)的"北学议"也是步这些人后尘的结果。

黄宗羲和顾炎武都认为,儒学政治的根本问题是君主通过世袭制私有天下的现实。他们立足于"天子的地位并不具有超越性,而只是一个爵位"的孟子观点,认为立君主不应该是世袭制,而应该禅让于明君才是古代的传统。此外,在他们看来,古代的君主把天下当做是主人、是公家,因而努力为天下谋利益、为天下除害,然而后世的君主却把自己当主人,把天下当做是过客,是自己的私人所有,因而为满足自己的私欲,掠夺万民的利益,这就丧失了君主的职分。黄宗羲批评对这样的后世君主也要遵守君臣之间道义的论点,赞同孟子的革命论,认为臣子的本分不是隶属君主的仆妾,而是师友,不单是为君主而是为天下尽力的。这一"师友论"是从对废除丞相制度、宦官追随君主参与国政的明代政治体制的反省开始的,另一方面也继承了先秦的儒学传统。他分析,由于后世君主的世袭而发生的无能君主政治局限,可以通过宰相弥补,从而提出了复原宰相制度的必要性。同时,黄宗羲认为,学校制度与教育技能相结合,能起到规范和牵制君主,不让其恣意施行政治独断,才是儒学教育的根本目的。他认为在太学和书院里儒生可以批评国政,太学有必要每月初一组织天子和官员面向南边祭酒,接着演讲和批评君主的施政弊端,这应该成为制度化。简言之,天子的地位如同宰相的位置,不过是把天下当公家和主人来服务的一个爵位,君主世袭制被固定化之后宰相制度应该成为弥补世袭制局限的设置,学校应该承担引导君主政治行为的政治职能。这实际是主张士大夫同君主共同作为政治的主体力量施行国政,是典型的立贤共治之"政治论"。

顾炎武认为,君主的国家私有化引起郡县制度的弊端,但他又分析,君主的私天下结构是不可逆转的历史事实,所以在认定私欲为政治行为这一点上与黄宗羲有本质的差异。他认为,君主的私天下意识会引起监司制度的高成本政治体制,从而破坏郡县体制的安内系统,主张有必要废除监司制度,实行守令世袭制,把通过推荐任用官宦等封建因素增加到郡县制上进行改革。有关守令的委任统治,顾炎武提出的改革核心内容是:县官以 3 年为任期进行 4 次评价,如果任期内履行好职责可以聘为终身职,终身没出什么问题就能让子孙世袭,这和分封县官是一样的。其特点是,代替派监事对守令进行定期考绩,建立委任统治和古制相结合的郡县制体系。顾炎武容忍君主的私天下,也容忍守令作为世袭官宦统治全县,这当然反映了要克服无能者、代替任期短的守令进行统治的弊端,同时欲获得兵农一致效果的现实意图。在经学方面,他对人伦和私欲的关系论述,并未明确人伦的附属作用,但在认定私欲为政治行为的基础,把重点放在人伦这一点上,显现出与黄宗羲的不同。

丁若镛对私天下的政治结构、无为之治的"政治论"追索其渊源,探究了政治的本旨。对前者,他认为,政治权利从历史某个时期开始由上任命的"上而下"方式,代替了由百姓拥戴而建立的"下而上"方式,如原本为解决百姓的问题而拥立执政者,现在却颠倒成百姓为满足执政者的欲求而存在的方式。[8]此外,秦改换郡县制以后,君主私天下得到了进一步强化。丁若镛指出,汤放伐桀,一是遵循黄帝以来东亚的"侯戴"传统[8](汤论),同时也是因为录用像伊尹那样通晓天下事的宰相并遵循他的教诲而行的。[8](p. 329)即侯戴根本上是根据百姓的意愿提升的，但可否实行放伐，是由贤明的宰相人选正确把握和判断而产生的。有关后者，丁若镛指出，汉唐诠释“德”、“无为”等先秦儒学文献的概念，为黄老“无为之治”之说，这对宋学给予了影响。宋学从心法层面对儒学概念予以重新解释，追寻其历史演化。因而丁若镛主张，摆脱黄老的“无为政治论”及受其影响的心法为主的“政治论”，建立重点放在事功成就上的“王政论”来实现政治的本旨。[9]

具体查看《经世遗表》，关于宰相三公政治作用的规定明确体现了丁若镛的观点。他对三公的作用做出规定：与君主“论道经邦，寅亮天工”。从“经国大典”到“大典通编”，朝鲜的现行法典对议政府的作用规定，应该“总百官，平庶政，理阴阳，经邦国”[10]。其间受黄老影响，丁若镛在规定里删除了自己批判的有关阴阳的理论，代之补充与君主“论道经邦，寅亮天工”的新规定。[11]这是在私天下与放伐不可能的情况下，把宰相的作用重新规定为不是听贤能君主命令履责的事务性官吏，而是以天命的政治前途引导国王，不是为了皇帝，而是为了民意成为勇于献身国政的实际主体力量。实际上，就《经世遗表》的体系来看，三公承担对君主的教育和议论国政，通过中枢府和议政府管辖整个国政的责任。

丁若镛与黄宗羲、顾炎武的政治论相比较，可以发现几个特征。首先三人都关注君主的世袭制成为儒学政治的本质问题，但在君主的政治作用观点上表现出不同的见解。黄宗羲主张通过积极的宰相论牵制君主权利，但顾炎武则朝着认同私天下的现实、通过守令委任统治论朝着政治费用最小化的方向发展。丁若镛则从秦以后君权强大、士大夫形象降低方面发现了政治问题的根源，比起限制君主权力的积极的宰相论来说，更注重同步提高君主和宰相的政治执行力。这是因为，朝鲜的三司或经筵政治运行，比起明清皇权为主的政治体制，相对更好地履行了对君主权力的牵制。但继承朱子学“修德圣学论”的“政治论”，降低了君主的政治执行能力、儒家学者的实事识务能力，导致政治效率低下，另一方面，以三司为首的清要职和经筵等限制君主权力的政治体制，导致的政治无效性更成为问题。丁若镛绝不在强化君权上创立自己的“王政论”，《经世遗表》的体系指的是，三公通过中枢部、议政部六朝分担掌管政治的形态。君主应具备辨别任用人才的能力，坚持公正的态度及施行忠实的考绩。他反对在官制编制方面君主独自设置私下机构。[12]因此,丁若镛在基本坚持宰相中心的同时,极力使君主和儒家学者政治执行力趋向高效。为取得事功,主张一定时期实施稳定的委任统治,这一点上顾炎武和丁若镛立场相同。只是就监事制度而言,顾炎武主张废除以提高政治效用,丁若镛则把监事制度活用为对守令古制中的一个机构,并赞成君主派遣御史制度。丁若镛这种"政治论",为的是提高事功的实效,但比起黄宗羲、顾炎武的"政治论",更加强化了君主掌握国政的模式。顾炎武认为,为了内部稳定,应该明确守令的政治作用。丁若镛同样也想到这一点,在《经世遗表》里用 54 条项目来具体化,通过"牧民心书"更缜密地提示其作用。丁若镛积极评价顾炎武的"郡县论",其"政治论"活用了顾炎武和黄宗羲的"政治论"。

三、为经世之经学的再构成

宋学从反思心法的角度明确了儒学本旨,这反而成了难为事功成就的原因。为树立能够成就事功的新心性观,是东亚儒学者共识。追求事功的特性使得对待心性问题的处理方式发生了变化,即对经世的见解不同影响着经学或心性论的差异。

朱熹认为,尧、舜、禹的心法即是《大禹谟》中人心道心之教导。到了子思那里,更详细地标示为"中庸",孟子以后再无传授,只有到二程才重新得以传授。但是顾炎武指出,"授受心法"借用了佛教语言,和儒学不合拍。阎若璩指出《大禹谟》是伪古文,推翻了朱熹的心性论据。戴震根据《乐记》提出新见解。他从血气上萌芽的欲和情、心知上萌芽的五伦及其在日用事为中的实现来设定道的含义,把"理"规范为细腻丰富的情的脉理。把理、道的含义与日用事为的修行关联起来重新厘定,其根本是把政治本旨基于"体民之情,遂民之欲"的经世观上。他强调百姓兴亡的原因在于为政者,提出了《皋陶谟》的"九德"为知人的方法。他重视能够满足百姓情、欲的事功,虽然没有把朱熹确立的心法授受作为儒学的本旨,但还是把人伦的修行放在政治的中心。戴震从人伦的角度反思政治之"善",没能提出因私天下而造成的现实政治问题的治愈方法,即对王政的具体构想。

伊藤仁斋解释宋学的心法是从佛教里移过来的,儒学熏染了异端之学。

儒学本旨在于尧舜文武治理天下的"道"上。荻生徂徕进一步诠释先王之道，是为安定天下而制定的礼乐刑政制度。他认为《皋陶谟》的"安民"和"知人"才是王道的根本，是天子和诸侯的职分。"安民"不是至诚恻怛的心、或有自卑感的心法层面，而是把天下的百姓当做自己的"役介"，能够让百姓不担心饥寒偷盗，安居乐业。如同礼乐文物那样，五伦也不是原本赋予的天然之道，而是圣人为了让百姓安定生活制定的道。他指出，知人善任才是"知人"的含义，君主掌握好臣子的贤愚，任用贤才治理国家才能安民。[13]由此，他摆脱了心法的角度，以安民和知人为主在经世立场上重新阐释了儒学本旨。

荻生徂徕和太宰春台认为，百姓好恶繁多，因此安民的真谛在于把握这种实情进行治理。他们认为，君主的经验有环境方面的局限，所以录用有丰富经验的贤才是政治的关键。在通过贤才达到安民的方法上，他们不坚持立贤共治，忽略了富国强兵，即不积极促使百姓实现他们的情、欲，反而想用统御百姓、压制百姓的方式来防止引起纷乱，达到"安民"和"知人"的目的。

丁若镛通过《梅氏尚书平》考证了古文尚书是伪书，与阎若璩观点相同，认为《大禹谟》不能成为经典的论据。他和荻生徂徕都主张，《皋陶谟》的"安民"和"知人"是君主之学，重新把它厘定为太学的主要教育内容。当时朝鲜实行的心性论教育产生了一批无能的为政者，他反思这一点，创立"安民"和"知人"两个范畴，重新解释贯通《大学》和《中庸》根本宗旨的经世学，以此代替用人心和道心的心法解释。如果说荻生徂徕用富国强兵的经世方法来理解和运用《皋陶谟》的"安民"和"知人"，丁若镛则编制了代替朱熹经学论的"新经学论"，促进了重建太学教育内容的制度改革。

丁若镛把政治宗旨理解为政与教两个侧面，即根据井田的理念，建立田产法制和官职体系并实施人伦的教化。[14]建立人伦制度，让所有的社会成员体现儒学价值，使社会成为实现王政的核心。在太学教育内容中，为了让君主或将来要成为执政者的太子，提高应具备的"知人、安民"能力，把实践人伦制度作为中心内容。丁若镛认为从欲望来看人类心态，好善恶恶的道德欲求共存于人心中，古经关于人心和道心的论述明确指出了这一点。因此他认为，朱子把人心和道心区分为"生于形气"和"源于性命"，把握住了儒学的宗旨。可见，丁若镛把好恶理解为心性的基本特征，把身体的欲求和对人伦的欲求理解为人类自然性向，并从此角度重新解释和吸收朱熹心性论的。在儒学史上，丁若镛的心性论和政治论把政治的宗旨定位于人伦的实现，忠实地继承了“王政论”的形态。只是丁若镛认为，宋学实现王政的失败原因，在于吸收了黄老的政治论和佛教的心性观，再把儒学的心性概念理论化。他认为不应再受黄老无为之治的影响而不作为，要树立以感化百性的力量行德。此外，他解释人们因为受了《楞严经》本然之性概念的影响，认为仁义礼智是人类所具有的完美本性，由此产生一批不积极努力于事功的无能为政者。[15]对宋学设定为本体的理和性，丁若镛指出它们并不是形而上的实在，而不过是对某种经验性行为或结果的称谓，就像孝悌仁慈那样持续修行而得到的人格状态称谓。

丁若镛在太学里主张，通过对将成为执政者的教育内容——《洪范》三德和《皋陶谟》九德等教育——让其具备“知人”和“安民”的能力。在《经世遗表》里，规定养老司要移到太学里设定，让君主亲自修行养老的礼。[16]在《牧民心书》里规定，让庶老自己直接建立和揭示养老的礼仪，以便守令在乡校直接执行。[16](pp.208-214)简言之，丁若镛与古学派不同，他把人伦的实现确立为政治的一个主轴，为政者以身作则，使之传导成为百姓的具体化制度。丁若镛创制了“新心性论”，指出人类不具有完美的本性，本性只是嗜好，不通过修行使之成为习惯化，便不能提升为“德”。他把“理”和“性”设定为通过持续行为得到的特定概念，这样的区分是利玛窦批评宋学的方式。利玛窦为了把天主教的西洋世界状态正当化，用西洋的文法裁断了东亚概念体系。对此，丁若镛毫无疑虑地把利玛窦使用的概念用于对宋学概念体系的批评当中，这可能是缘于他不能正面解决这些问题的政治环境。即便如此，丁若镛对宋学的反思可以说是东亚人让自己的学问接近东方风格的事例。

结束语：儒学史的意义

明清之际，东亚各国儒学者立足本国，不再把儒学当成是中华的，而是以普适文明来对待。这种反思儒学宗旨的现象是以前儒学史上是看不到的。中国儒学在大一统环境下，被局限于尊王攘夷的文脉中反思。黄宗羲和顾炎武等提出的政治宗旨及方案在乾嘉时期没有得到积极继承，反而在海外引起了强烈的反响。

在日本，非儒学体制从经世的侧面活用儒学，或者用粉饰非儒学体制的手段反思儒学，包含在儒学王政论中的传统良苦用心没有被积极吸纳，相反从富国强兵的理路对儒学、黄老和刑名之学等进行了开放的反思。在朝鲜，基于朱子学成熟的体制环境下，儒学者从尊王和行王两个侧面反思了儒学宗旨。丁若镛在行王的观点上根据时代的要求，活用周边国展开的反思成果，构建了王政远景。从儒学史看，丁若镛的“王政论”可以说是明清之际东亚各国儒学反思活动直到19世纪前期所结出的果实。他以黄宗羲和顾炎武的反思内容为基础，考虑朝鲜的政治情况提出了可行的制度。相比之下，黄宗羲和顾炎武的改革方案及荻生徂徕和太宰春台的改革方案只停留在纲领形态，而丁若镛的改革方案进展为纲领和条目兼备的形态。

明清之际，各国共同发现了宋学“心性论”很难取得事功成就的原因，有关心性的儒学宗旨是在情、欲的好恶里认识到的。戴震基于《乐记》创立了包含情欲和人伦的“心性论”，但并没有由此进展为新的“经世论”。荻生徂徕和太宰春台创立以好恶为主的“心性论”，把握百姓丰富的情感来治理的“经世论”，把重点放在不引起纷乱上。丁若镛以“安民”和“知人”的范畴为基础，创立了以解释《大学》和《中庸》为旨意的“经世论”，在代替朱熹“心性论”的同时，用嗜好理解肉体的欲求和人伦的“心性论”，忠实地继承了把人伦的实现设定为政治行为中心的孔孟以来的传统。

丁若镛借用利玛窦的方法来分析儒学概念，对宋学作为本体的概念剥夺了其存在的地位。这可以成为东方风格的一个案例。虽然这是由政治环境引起的，但对自己借用的西洋概念体系和分析方式没有从学术上进行反思，这就弱化了其立论的正当性。简言之，丁若镛在创立自己的经学和经世论过程中，一方面活用了对儒学的反思并促使其进展，但另一方面也展现出不自觉地借用西方已有概念方法上的偏向。

[注释与参考文献]

[1] 张双志,《清朝黄帝的华夷观》,《历史档案》,2008年第3期,国家档案局,2008年。

[2] 李俸珪,《通过与明清朝比较看朝鲜时代家礼研究的特色和研究方向》,《韩国思想史学》(44),第4—253页,韩国思想史学会,2013年;王志跃,《朱子家礼与满洲四礼集对比研究》,《中国史研究》(631),中国社会科学院历史研究所,2011年。

[3] 渡辺浩著,《朱子学和日本近世社会》,朴鸿圭译,首尔艺文书院,2007年,第69—80页"华夷观"参照。

[4]《日本思想大系》(37册),徂徕学派,第8—9页,《经济录》,《经济录序》,东京岩派书店,1972年。

[5] 丁若镛,《定本与犹堂全书》(3册),第45页,"送韩校理(致应)使燕序(时为书状官)"。

[6]《定本与犹堂全书》(4册),第244页,"答二儿(以下康津谪中书)":"学问宗旨,本之以孝弟,文之以礼乐,辅之以政刑,翼之以兵农。"

[7] 朴光勇,"论18—19世纪朝鲜社会封建制和郡县制",《韩国文化》(22),首尔大学韩国文化研究院,1998年,参照。

[8] 丁若镛,《定本与犹堂全书》(2册),"原牧"。

[9] 黄老的无为之治概念对宋学给予影响的丁若镛的分析李俸珪,"茶山的政治论:与朱子的距离","茶山学(11),第10—16页,茶山学术文化财团,2007年,参照。

[10] 经国大典(影印本,首尔亚细亚文化社,1983年)和大典会通(首尔韩国法制研究院,1996/2000年修订再版),"吏典:议政府",参照。

[11] 对此规定的经学的论据丁若镛通过"周官"和"皋陶谟"提示。2012年,参照。

[12] 姜石华,"丁若镛的官制改革案研究",《韩国史论》(21),首尔大学,1989年。

[13]《日本思想大系》36册,第466—471页,"太平策",东京岩派书店,1973年。

[14] 丁若镛通过"原政"和"原教"揭示此观点。具体内容请参照李俸珪的前论文(2007),第6—10页。

[15] 丁若镛认为"皋陶谟"的政治论由于黄老思想的流入而消失。李俸珪:"通过四书解释看丁若镛的政治论",茶山学(7),茶山学术文化财团,2005年。

[16] 丁若镛,定本与犹堂全书(24),第93—94页,经世遗表卷1,"春官礼曹第三:养老司"。

论心性实学的现代意义

朱康有*

我们现代学人一般探讨的实学概念，是儒家重视经世致用外王事业的代称，并不主要谓之属于内圣层面的心性。相反，实学概念在明清之际的流行，一定程度上恰恰是作为心性内在修养的对立面出现的，所以就有了顾炎武、颜元等思想家对宋明时期心学一脉的严厉批评，就有了明末清初朱学地位的恢复。但是在当时的气氛下，脱胎于心学传统的部分学者，并未完全放弃心学的内核，比如说高攀龙、刘宗周、黄宗羲、李二曲、孙奇逢等人，他们从学术立场反思明灭原因，亦对心学作了调整——结合时代，容纳了更多外王的因素，而不是简单地放弃心学这一精神财富，另辟蹊径。我们从现代人的观点来看，可以把这一调整看作是“实心实学”或者是“心性实学”。

一、什么是心性实学？

我认为，不只是儒家，中国传统思想的整体结构用“内圣外王”四个字可以概括——只是各家思想在“内圣”或“外王”的偏重程度上可能有所不同，以及如何实现“内圣”或“外王”的路径和策略不同。比如佛家、道家思想，它们似乎出世的面目占了大部分比例，但不能说它们就完全没有“外王”的成分。远的不说，近代也有“人间佛教”、“科学仙学”的理念倡导。历史上儒家以“内圣外王”作为学术旨趣的标示，但我们如果细细分析的话，会发现在不

* 作者简介：朱康有，国防大学马克思主义教研部哲学教研室副主任，教授，中国实学研究会秘书长。

同的历史时期、不同的儒学家那里，这两个层面的比重也是各有千秋的。在保持各自学术特色的前提下，我们看到，中国化的佛教中容纳了不少儒家、道家文化的成分，儒家、道家也吸收了佛家乃至彼此的理念。自宋明以后，即有"三教归一"、"三教合一"的说法，只是没有给它起一个名称而已。今天我们弘扬"中国优秀传统文化"，应该说，这是一个融合在一起的概念，其髓核就是"内圣外王"。这一精髓或结构不仅涵括了三教鼎立的内容，也能把其他诸如兵家、法家乃至墨家等纳入进来，可以作为中国优秀传统文化的最鲜明标示。

"内圣外王"这一总体文化结构在明清一些儒学家那里发展至心性实学阶段。心性实学——以心性本体为核心，通过与工夫、适用范畴的互动，发掘出"内圣外王"的深层境界。这一进步，实际上是自先秦以来儒家思想的重大推进。它是原始儒家经典中"人道"即人的真理的延伸。原始儒家为了将其提出的仁义道德落到实处，主张人的"践履"。明中叶以后，在很多思想家那里出现了"实证实修"术语，值得我们特别注意。几乎与西方近代实证的自然科学的兴起同时，在我们的儒学文化中也多次提到"实证"——不过它是实证的人的科学——证明我们的文化形态可能更具有"近代"的意义。这难道仅仅是一个巧合或者比附性的说明？非也。一方面，三教合一甚至是多种文化交融的长期演化，将有可能造就出一个新的基于人的科学的新文明。另一方面它标志着，与西方诞生向外探索的实证科学不同，在东方诞生了一种向内探索的实证科学。[1]我们只有站在世界文明发展的高度，才能真正认清这一概念的意义和价值。

"实证"一词在思想家的著作中，有很多变种的说法，最著名的要属"工夫"用语的大量涌现。"工夫"不只是时间的简单叠加，还有人的意志的恒久努力；不仅有外在行为的践行，更有内心深处——一念入微处的慎思；不仅有日常人伦的尽分，还有生死的学力考验——如此就能理解，为什么黄宗羲的《明儒学案》中很多地方记载了思想家临终的神秘体验。儒家早就发现，它所提出的一套人道真理有可能成为"口耳儒学"、"假道学"：一些人通过科举等形式把它作为向上爬升的阶梯，不是真正把它反之于身进行内在体证。在较早时期，"百姓日用而不知"，一般人尽管不知其所以然，但也不会违背太远，"心安理得"，适顺本性，只是自然而然地、无意识地懵懂前行。社会的复杂性演化,使得“伪善”成为现实。表层上的“不逾矩”,较量不过内心暗流深处的“人欲”牵引。为此儒家大力倡导知行合一,内外合一,尤其倡导克制不为人所知的内心世界的不适当涌动。这一趋向,与道家的练“神”重“意”、与佛家的明心见性渐渐一致起来。“心性实学”,意味着工夫的实践,不只是表现在“众目所视”的可监督境遇,更重要的显现在不为人所看管的思想意识深处。现代人特地重视意识能动性,其实古人讲的“惺惺”“灵明”早已强调了精神世界的自我改造、自我觉悟的极端必要性。工夫的实证历程,明清思想家把它叫“为学次第”。

“实证”的方向不是放射性的,而是向内聚焦于“本体”的开掘和突现,即所谓“见道”,或者说人之“道”在自身上的透显。这是一个无法预知时间长短的历程,因为它与人的内在工夫程度的积累紧密相关。不过,明代初期有一位思想家叫陈献章(白沙)对此作了形象的说明:他比喻说,我们心性“端倪”(本体)的出现,就像一匹马给它嘴套上了“衔勒”,被人牵着前行——意为人道本体在自身上的显现,是必然中的自由,是意识到形上之“矩”束缚下的自由自在,并非形下所谓的“自由意志”。需要指出的是,这些核心的范畴是无法直接译为外文的,英文中的“ontology”与中国哲学中讲的“本体”大相径庭,也可说根本不对应,强译只能造成“牛头不对马尾”,不但丧失了中文的丰富意义,也曲解、误解了其原本内涵。西方哲学的“本体”谓之现象和表象背后的、不通过人的感觉器官而是通过理性直觉等途径才能把握的“实质”或“实体”。建立在“工夫”基础上的“本体”,表现为一种实证的心灵境界,实质是“心物一体”、主客合一的一种认知状态。这种心灵境界或状态亦与万物万法相融。它意味着任何人通过一定的实证过程,都有可能出现大致相同的、层层深入的体悟。这一“见道”,按照大的阶段划分,标志着由“明心”向“见性”的不断提升。其具体的境界内涵,以李二曲讲的“虚明寂定”甚为恰切,但那也只是即景言景,且不可以“识神”为“本面”。

由工夫实证到本体境界的出现,还只是一个单向的流动。而一旦“本体”达到了熟练的恒照,它反过来对“工夫”的规约亦大幅度提高。这就形成了一个双向的互动。思想家即有很多这方面的论述,如说“无工夫无本体,无本体无工夫”。他们形容,在本体制约下的工夫才是“真工夫”。正如李二曲指出的,“有真本体,才有真工夫”。区别于没有“见道”以前的形下工夫,我们可称之为形上“工夫”。三教为什么要不断提升人的精神境界？就是因为形下之人，只有通过不断地超越自身的局限性，才能修身立道，实现理想人格。处于形下境界之人，谓之凡人、俗人甚至假人；形上境界之人虽在一定阶段未脱离形下之体，亦可谓之真人、圣人、仙人甚至佛。形上境界，即本体显现的圣人。而凡人只是潜在地具有了“本体”（“满街皆圣人”、“人皆为尧舜”的通俗说法），处于“形下”境界，没有自觉意识到生命的“本体”，也无法用它作为身心活动的指导。王阳明就明确地指出，圣人就是含有和实现了此“体”——他的诗句中说，人人心中都有个“仲尼”。这里“尧舜”和“仲尼”实际上就是圣人之体的形象表述。

工夫和本体的互动只是“内圣外王”中“内圣”部分的架构，本体和适用的互动则构成“内圣外王”中“外王”部分的架构。由于中国传统文化特别是儒家非常重视社会事业，并不单纯地归寂于本体境界，解决个我生命问题（生死问题）或者被看作是“独善其身”，或者被视为“小乘”的“自了汉”。为此，儒家极为看重此“妙体”之外用，《易传》中模糊地称形上之道用为“感而遂通”。佛学也谈到“感应”理论。道家思想用“无为”来描摹。从形下学角度看来，似乎给人感到有消极被动之嫌。李二曲标出的“适用”观，较好地从理论上弥此缺憾。此“适用”非彼“实用”。“适用”是在“本体”的统摄、控制、支配下的“用”。由于本体的至善特征，也就使“用”皆避免了非善的后果。“实用”则是在人类自私的功利目标指引下，顺遂形下的性情，甚或恣意妄为，即使短期看不出恶果，长远即显示出危害于人类自身的可持续发展。

本体的发用为“即体摄用”，这只是单向的。还有另一个方面：“用后归体”。正如上面所说，体、用两者的互动，即为“外王”。现代新儒学的一些学者，为了引进科学、民主之用，提出良知本体的“坎陷”之说，在我看来是不成立的。且不说中国传统文化中是否存在着科学、民主的因素，如果丢掉或者暂时抛弃“本体”，就抽掉了中国文化思想中最为精彩和迷人的核心点。这样的文化架构，无所立足，无所控制，流弊无穷。“恨铁不成钢”的“下降”心理，使之良好的愿望与动机可能适得其反，不知不觉为外来文化的植入作了理论上的张目。反思中国文化近代衰落的原因，吾以为，不但是外王没有做好，而且内圣也做得远远不够。不要说“五亿人民尽尧舜”，哪怕有五百、五十个这样的“尧舜”，恐怕近代的中国就不会是这个样子。现代已故台湾学人林继平认为，李二曲等人的这一思想，实际上已经失传三百年而隐没无闻。在救亡图存时局的压迫下，绝大部分人的眼光向外，无暇顾及精神内部的充沛，不但根本没有理解我们文化的精髓，相反在一片声讨笔伐下弃之如敝屣。现代人亦在经济追赶中，渐渐忘失自我，一味外求生活的满足，或者顶多止于文化的、精神的“生活”。学者借西人的标准，肢解分析，用形下的观念思索形上的世界，其评判的失误随处可见。

二、心性实学的现代意义

我在博士阶段选取关中思想家李二曲，作了三年的梳理研究工作，在后来出版的《人道真理的追寻——李二曲心性实学思想研究》中高度评价了心性实学的历史和现实意义。唯有将人道实证科学提到与西方自然实证科学并驾的高度，才能探讨其现代意义。这是一个深度的认知，是博大精深的中华文化的“精深”之处。“中华优秀传统文化”这一概念太过笼统。目前党中央对传统文化从价值观方面、尤其是道德价值观上给予定性，比较准确地把握住了东方文化的内核，只是深度上还有待于挖掘。道德评价有善有恶，与无善无恶的形上本体层次相比较，还处在形下层次。不过，值得肯定的是，它指示出迈向至善的途径——只能从形下之善做起。如果我们的文化精英阶层中的绝大部分人根除一隅之偏见，能深入地了解和把握这一点，并在社会上大力倡导此精髓，“按下葫芦浮起瓢”、治标不治本的现象或许能得到根本的纠正。愚以为，对传统文化的理解停留在表层，不知、不会或者不愿、不敢契入深层，那就不但无法抵御来自现实功利价值的诱惑，而且也无法撼动西方近代累积起来的价值优势，更无法为中华文明的下一步发展奠定长治久安的基石。以与中华文化基本异质的“西说”、“马说”或“宗教”之论，衡量固有文化形态，我们得到的也许只是盲人摸象的一个地方，永远无法认清其整体的轮廓。心性实学作为儒学的深度发展，即是如此。若像有些人斥之为神秘主义或者唯心主义，标签倒是贴上去了，我们则空无所获，遗宝而归。现代最前沿的脑科学亦在极力研究与人的深层意识有关的领域，东西方结合，或许真正能锻造出新文明的曙光来。

有人说，中国人没有宗教观念，乃以人文教化替代了宗教的形上信仰。

的确如此。为什么能满足大众乃至精英阶层的信仰需求？信仰是需要彻底的人文理论作根基的。信仰是需要超越现实引领的，止于日常生活层面的此岸理论无法再让人提升一大步。简言之，信仰不只是生的学说，还必须打通生死，作生死的实证感悟，才能破除肉体凡胎的幽禁，实现从有限向无限的跃升。且不说道、佛二教有此方面的大量解说，即使在儒学里，宋明以后的儒家吸收佛道思想，也早已改换先秦孔孟"不谈生死"的初衷，为实现既立足于现实又能内在地超越，探索出一条可行的实证道路。王阳明"龙场悟道"，悟出了什么道？难道仅仅只是一般的仁义之道？心性实学家为什么讲"无生无死"、"超生死"？李二曲为什么让临死之友好好做工夫以"超然罔滞"？我曾经著文论述儒家在现代大众精神信仰构筑中的作用，[2]认为信仰不只建立在眼前的政治和经济基础上，还要"仰望星空"甚至深思那些看不见的世界。西方的存在主义学者讲"先死而后生"，对死亡的体验与深度把握将有利于指导现实生活。否则，人就真正成了"现实"的人，既不问"苍天"亦不问"鬼神"，那就单单去满足人的最"现实"的需要吧——直面现实，你会发现恰恰是最好的写照！

在具有超越生死的信仰引领下，道德能够发挥出它应有的或者超乎寻常的作用。就道德谈论道德，不问道德的超验价值源泉，道德很可能只是一种朴素的良知觉悟。西方的基督教之所以在一定程度上维系着社会的道德，甚至直接发挥出道德的功能，其原因正在于终极的价值体系转化成了大多数人的认同和规范。所以，我们需要为道德找到形上之源。心性实学认为，至善之本体恰恰能为处于形下的相对之善提供这样一种根基。心性实学家把"本体"看作是"万善之源"、"无善之善"，不发则已，一旦接触、下降至形下世界，则众善普现于各种人事活动中。当人们在日常的道德应对中，顾及的仅仅是它与功利的关系、甚或依靠法律去支撑时，本来的"自律"将异化为他者，这就抽空了道德的形上基础。可怕的是，"以物观人"，没有了精神主体的高扬，没有了内在信仰的坚挺，连一些基本的为人之德如果失去的话，熙熙攘攘的人类世界按照孟子、荀子的断言，即离兽离物不远。说白了，老百姓修路补桥做善事，还有"老天爷在上看着呢"挂在嘴边作为行动的根据，我们的道德理论及其倡导者却主动将之扯下，而拘泥于、固执于道德的阶级性、具体性讨论，更是把道德的神圣性、至上性撇开不谈。为宣传典型而培养典型，为树立模范而夸大模范，善言其上，名利其后。空话、假话、套话的主导性流行，台上台下的言行不一，使整个社会失去诚信的深厚土壤。在一个流动较快、由“陌生人”组成的社会中，人与人之间的沟通信任度本来就很脆弱，一旦发生不测，慌恐将笼罩心灵世界，社会运行成本倍增。偏隅之言，泛而无当。涉及身家，明知其善，而不肯为，则后患无穷。

自信立足于自有。自有，不是碎片化的观念，而是系统的大智慧。中国传统文化是一种多元文明中人与人、人与大自然怎么相处的“善”性引导的文化。它积淀着过去全部文化创造和文明成果，也蕴含着走向未来的精神基因。“心性实学”改变了那些只认为“利用厚生”才是“实学”的观念，认为心性本身的修养，若不离不弃现实世界，就是“实学”。“内圣型实学”离不开“外王型实学”，同样，“外王型实学”也离不开“内圣型实学”。政治上的霸权主义、经济上的消费主义、文化上的感官主义、科技上的功利主义这些都不能引领世界，否则人类自我只有走向万劫不复境地。唯有基于“至善”的心灵形上超拔，才能最大限度地消除工商社会和现代科技发展的负面效应。实心实学（心性实学）在日本实学界引起高度重视。2000、2006、2008年，日本分别以“实心实学与拜金主义”、“实心实学思想与国民文化的形成”、“实心实学的现代价值”为主题，召开了国际会议。这说明，即使在物质特别发达的社会里，心灵的归宿仍是一个棘手的问题。东亚的心性实学是一笔宝贵的精神遗产，但愿它能发挥出更大的作用。

［注释与参考文献］

［1］参见朱康有，《中国传统哲学价值再评估》，《哲学动态》，2006年第9期。

［2］参见朱康有，《论儒学在构建现代大众精神信仰中的作用》，《东岳论丛》，2013年第1期。

当前马克思主义观研究中的若干问题

鲁法芹*

在纪念党的十一届三中全会召开三十周年大会上的讲话中，胡锦涛把“什么是马克思主义、怎样对待马克思主义”作为改革开放三十年来中共创造性地回答的“四大基本问题”中的首要问题提了出来，其重要性由此可见一斑。之后，“学术界对马克思主义观从不同的视角和层面进行了深入研究，形成了一批有影响的成果，它们涉及经典作家的马克思主义观、西方马克思主义的马克思主义观和中国化的马克思主义观，这些成果从不同角度对马克思主义观产生和发展的主客观条件、马克思主义观的基本内容、马克思主义观的历史和当代价值等方面进行了论述，丰富了马克思主义观研究的内容”[1]，取得了可喜成就。然纵观这些研究成果，笔者认为，以下三个问题值得关注：一是重复研究现象严重，表面上呈现“百花齐放”，实际上是各说各话，缺乏深层次的“碰撞”，不利于学术研究的健康发展；二是个案研究丰富，整体研究不够，造成“只见树木不见森林”的憾事，也难以从整体上把握马克思主义观的方法论体系；三是侧重历史研究，忽视现实关照，不利于实现马克思主义引领多元化社会思潮的基础性作用。

一、重复研究现象泛滥，不容忽视

作为一名学者，尊重前人的既有劳动成果，是良知，也是学术良性向前

* 作者简介：鲁法琴，法学博士，山东大学（威海）哲学与社会发展研究中心讲师，主要从事中国社会主义的历史、理论与现实研究。

发展的不竭动力。或不认可前人的观点或立论，后人“反着”说，以确立自己的独到见解；或认为前人的观点或立论有所欠缺，后人补充之，“接着”说，以完善之，升华之；或在前人研究的基础上，独自创建，“率先”说，以填补“空白”。邓小平曾说：“我坚信，世界上赞成马克思主义的人会多起来的，因为马克思主义是科学。它运用历史唯物主义揭示了人类社会发展的规律”[2](p.382)。马克思主义是科学，那么，研究马克思主义的基础理论——马克思主义观——必须采用科学的态度，而尊重前人的研究成果，是科学态度的最基本的要求。但在当前马克思主义观研究热的潮流中，各说各话，重复研究现象凸显。

以“邓小平的马克思主义观”研究为例。通过中国知网，输入题名为“邓小平的马克思主义观”作为检索词，可以检索到相关文献约 70 篇，其中 1994 年 3 篇、1995 年 8 篇，1996 年 7 篇，1997 年 4 篇，1998 年 6 篇，1999 年 4 篇，2000 年 5 篇，2002 年 4 篇，2004 年 9 篇，2005 年 5 篇，2006 年 1 篇研究综述，2008 年 4 篇，2009 年 2 篇，2010 年 3 篇，2011 年 2 篇，2012 年 1 篇，2013 年 1 篇。这些文章中，仅以“邓小平的马克思主义观”为题的就有 12 篇，统计结果如下表所示。

篇名	作者	发表期刊	年号
邓小平的马克思主义观	商志晓	发展论坛	1995 年第 7 期
邓小平的马克思主义观	刘歌德	毛泽东思想研究	1995 年第 2 期
邓小平的马克思主义观	李印 赵守运	中国人民大学学报	1996 年第 1 期
邓小平的马克思主义观	齐勇 王心付	河南师范大学学报（哲学社会科学版）	1997 年第 2 期
邓小平的马克思主义观	高宝柱	城市研究	1997 年第 4 期
邓小平的马克思主义观	李合敏	呼兰师专学报	1998 年第 3 期
邓小平的马克思主义观	徐淑珍	党史博览	1999 年第 6 期
邓小平的马克思主义观	杨延浦	中共天津市委党校学报	2004 年第 2 期
邓小平的马克思主义观	原国栋	中共伊犁州委党校学报	2004 年第 2 期

续 表

篇名	作者	发表期刊	年号
邓小平的马克思主义观	刘建军	北京教育(高教版)	2004 年第 z1 期
邓小平的马克思主义观	姜辉	中国社会科学院院报	2004 - 8 - 17
邓小平的马克思主义观	王秀玲	传承	2010 年第 24 期

若假定商志晓、刘歌德以及李印、赵守运的三篇文章为最先之原创,那么就很有必要看看这些文章的奠基性或原创性观点。商志晓在其文中将邓小平的马克思主义观概括为五个方面,即(一)邓小平对马克思主义有深刻而独到的见解;(二)邓小平对待马克思主义有一个科学的态度;(三)邓小平注重在实践中把马克思主义推向前进;(四)邓小平对毛泽东思想的正确评价和科学维护;(五)邓小平的马克思主义观与建设有中国特色社会主义理论。刘歌德的文章认为,邓小平的马克思主义观有四个方面的内容:(一)马克思主义是一个完整的科学体系;(二)马克思主义的核心是一切为了人民;(三)马克思主义的基本原则就是要发展生产力;(四)实事求是是马克思主义的精髓。随后李印和赵守运二位同志的文章以"什么是马克思主义,即怎样理解马克思主义,并非是不成问题的问题"立论,回答了邓小平的马克思主义观:(一)马克思主义是由基本原理构成的科学体系;(二)实事求是是马克思主义的精髓;(三)马克思主义是与实际相结合的理论;(四)马克思主义的基本原则就是要发展生产力。这十几个方面,虽不能穷尽邓小平对"什么是马克思主义、怎样对待马克思主义"的所有内涵,但基本内核已包揽无余,因为其中涉及到马克思主义观的两个核心要素,即马克思主义是一个完整的体系、是一门科学以及对待马克思主义的正确态度即实事求是是马克思主义的精髓、并在实践中发展马克思主义。上述三篇文章中的十几个观点,已有重复之处,但很难说此时有抄袭或剽窃之嫌疑,因为文章发表的时间相隔很短,应视为独自研究的成果,这在人类社会科学发展史上也是常见的现象。但自此以后的相关研究成果,是否借鉴了此四人的说法,我们不得而知,因为剩余的 9 篇文章,没有一篇文章曾提及这三篇文章的研究成果,但重复之处却显而易见,或曰也是独自研究之成果,但无视前人的劳动,恐不是学术研究之道,也不是一个严谨的学者之所为。

邓小平说:马克思主义的"长篇的东西是少数搞专业的人读的,……要求都读大本子,那是形式主义,办不到"[2](p.382)。市面上关于邓小平的研究著述非常多,但能够充分利用的邓小平所留下的文献并不多,加以邓小平语言朴实,故而短时间内阅读之,进而阐发一些自己独到的思考,似乎并不需要严格的社会科学方法的训练,但要对马克思主义的经典创始人的马克思主义观进行研究,那必须是"少数搞专业的人"才能做到的。遗憾的是,关于马克思、恩格斯、列宁的马克思主义观的相关研究,尤其是对列宁的马克思主义观的研究中,同样出现了重复研究现象(见下表),很少见有对前人研究现状的总结说明,只有一篇的作者引用了前人的一个观点。

篇名	作者	发表期刊	年号
马克思的马克思主义观	郝文清 张亚	科学社会主义	2011年第2期
论马克思的马克思主义观	周向军 刘文杰	理论学刊	2013年第8期
略论恩格斯的马克思主义观	许征帆	马克思主义与现实	1995年第3期
论恩格斯的马克思主义观	宋朝光	理论月刊	2006年第3期
恩格斯的马克思主义观	周向军	理论学刊	2006年第8期
论列宁的马克思主义观及其时代价值	曲延春	中共云南省委党校学报	2006年第5期
列宁是如何认识和对待马克思主义的	曲延春	探索	2006年第6期
列宁的马克思主义观	孙来斌	学习论坛	2009年第2期
列宁的马克思主义观	倪德刚	中共中央党校学报	2010年第3期
列宁的马克思主义观的三个层次	张帆	求实	2012年第1期
列宁的马克思主义观及其启示	金民卿	高校理论战线	2012年第2期
列宁的马克思主义观	刘文杰 周向军	山东大学学报(哲学社会科学版)	2013年第4期
论列宁的马克思主义观	李述森	理论学刊	2013年第7期

不同的学者，从不同的视角，不同的途径，多渠道对同一个主体问题进行研究，本无可厚非，并有利于对该问题的全面把握和阐释，这是好现象。但问题在于，不顾前人之研究成果，自说自话，甚或简单重复别人已述及的史料和观点，而没有标明自己的态度，表象是“百花齐放”，实际上不利于学界就一般问题或基本问题达成共识，也不利于后来者的年轻人快速进入这个学科。这或许也是本学科在政治上被高度重视的同时而实际却陷入困境的原因之一。[3]大而化之，学界的这种浮躁研究也有悖于中央实施马克思主义理论研究与建设工程的初旨，该工程实施伊始明确提出了要做到“四个分清”，即：分清哪些是必须长期坚持的马克思主义基本原理，哪些是需要结合新的实际加以丰富发展的理论判断，哪些是必须破除的对马克思主义的教条式的理解，哪些是必须澄清的附加在马克思主义名下的错误观点。

二、个案研究丰富，整体研究不够

中国特色社会主义道路自信、理论自信、制度自信的“三自信”是对“什么是马克思主义、怎样对待马克思主义，什么是社会主义、怎样建设社会主义，建设什么样的党、怎样建设党，实现什么样的发展、怎样发展”这四个重大理论和实际问题的创造性探索和回答的必然逻辑延伸，是整体性、系统性探索和回答的结果。其中，“什么是马克思主义、怎样对待马克思主义”的探索和回答处于统帅地位，是基础，借用毛泽东的话说，就是“纲举目张”。而从中共领导中国革命、建设和改革的历程中，特别是改革开放三十余年的所取得的辉煌成就中，可以发现，中国特色社会主义道路的成功开拓、中国特色社会主义理论体系的成功形成、中国特色社会主义制度的逐渐成熟，也恰恰基于中共具有正确的马克思主义观。从毛泽东的《反对本本主义》到邓小平南巡讲话重提“我们改革开放的成功，不是靠本本，而是靠实践，靠实事求是”[2](p. 382)，从江泽民十五大报告的“三个着眼于”以及“七一”讲话中的“三个解放出来”到胡锦涛“以人为本”的科学发展观，中共从来都没有固守经典创始人的个别观点和论断，而是侧重于马克思主义的方法论，这是主线，是主流。因之，对中国一脉的马克思主义者的马克思主义观的研究，更应侧重于宏观历史的把握，以夯实“脉”之基石，而不是侧重于每个具体人物的马克思主义观的研究，尽管这也很有必要。上文已经提及，研究邓小平的马克思主义观的文章近70篇，同样以中国知网的搜索数据为例，自1994年裴传永与马百莲合作的《试论毛泽东的马克思主义观》一文，至2013年，已达24篇；从王心富2000年发表《略论党的第三代中央领导集体的马克思主义观》一文，截至2013年，江泽民的马克思主义观相关研究论文已有16篇，此外，对胡锦涛、刘少奇、李大钊、陈独秀、张闻天、瞿秋白、蔡和森、李达、向警予、艾思奇等人的马克思主义观研究的论文，也比比皆是，在此就不再一一赘述。

古语说"一花独放不是春，百花齐放春满园"，在指出如此的"百花争妍"的同时，也不能忽略那"一花独放"的场景，那就是对马克思主义观尤其是中国化的马克思主义观的整体性研究和系统性阐发。现在我们来看看这一领域的研究现状，是否尽如人意。所谓整体性的马克思主义观研究，就是以马克思主义观的历史演变、基本内容、基本特征、历史地位、价值评判等为研究对象，遵循着逻辑与历史相统一、文本与现实相关照、一般与个别相结合的研究方法，从整体上尤其是从方法论上去把握马克思主义观的精神实质。从现有的研究成果看，代表性人物有梁树发、田心铭、周向军、曹富雄以及杨斌等多位学者。他们的代表性文章，笔者不揣浅陋，择要列举如下：

篇名	作者	发表期刊	年号	是否基金项目
谈谈马克思主义观	梁树发	马克思主义研究	1999年第6期	否
再谈马克思主义观	梁树发	马克思主义研究	2000年第5期	否
关于马克思主义观的十二个关系问题论纲（上、下）	田心铭	高校理论战线	2010年第1期 2010年第2期	否
略论马克思主义观的研究	田心铭	马克思主义研究	2011年第2期	否
论科学的马克思主义观	周向军	山东大学学报（哲学社会科学版）	2003年第6期	否
改革开放以来中国共产党马克思主义观发展的阶段性特征	周向军 高奇	马克思主义研究	2012年第10期	是

续　表

篇名	作者	发表期刊	年号	是否基金项目
构建科学的马克思主义观	曹富雄 桑维军	兰州交通大学学报(社会科学版)	2005 年第 5 期	否
“什么是马克思主义”追问中的科学学习观考察	曹富雄	甘肃社会科学	2012 年第 5 期	是
辩证维度中的马克思主义观	杨斌	社会科学家	2013 年第 7 期	是
辩证向度的马克思主义观理论之维	杨斌	湖北社会科学	2013 年第 10 期	是

以上所列举的文章是否属于该学者在马克思主义观研究方面的代表作,笔者心有余悸,因未征得作者同意和认可,不过以笔者的阅历和阅读,应该没有曲解作者的原意。如是说,恰恰是因为,后三位学者均承担了相关课题的国家社科基金项目,而能获得国家社科基金项目的必备条件之一,就是有丰厚的前提研究成果,以之视为其代表作是在情理和逻辑推理之中。如是,相关学者的如下建议就很值得学界关注:一是整体性研究有待加强,二是系统性研究有待强化,三是研究深度有待犁耕。[4]问题不止于此,纵观现有的大量研究成果,多半均署有某某课题号,也就是说,在某种意义上,这些成果的取得是动力机制督促下的结果,且这种动力具有很强的实效性,因之,对马克思主义观这一涉及社会主义学科的基础理论研究的长效机制的建立研究,就不容忽视。

三、历史研究丰厚,现实关照不足

与上述两种现象相伴生的,就是当前马克思主义观的研究中热衷历史研究而忽视现实关照,甚或有意回避现实问题,具体表现在,一是研究者在研究马克思主义观时“只注重正确一面的研究而回避另一面的问题”,二是“对不科学的马克思主义观的研究浅尝辄止”[5]。中国共产党人的马克思主义观之所以正确,之所以保持旺盛的生命力,根本原因是深基于近代中国国情、特别是社会主义初级阶段这一最大实际,把马克思主义基本原理与中国革命、建设和改革中的具体问题相结合,而不是固守马克思主义经典创始人的个别具体结论和观点。这也是学者们的共识。问题恰恰在于,从如何建设社会主义的视角,邓小平在 1989 年 5 月 16 日会见前苏共中央总书记戈尔巴乔夫时曾说:两党“多年来,存在一个对马克思主义、社会主义的理解问题。……马克思去世以后一百多年,究竟发生了什么变化,在变化的条件下,如何认识和发展马克思主义,没有搞清楚。绝不能要求马克思为解决他去世之后上百年、几百年所产生的问题提供现成答案。列宁同样也不能承担为他去世以后五十年、一百年所产生的问题提供现成答案的任务。真正的马克思列宁主义者必须根据现在情况,认识、继承和发展马克思列宁主义”。[2](p.291)这里,邓小平所说的马克思列宁没有“提供现成答案”,明确是指决不能固守马克思列宁的具体观点和论断,而“在变化的条件下”更是要求学界与时俱进地发展马克思主义,而不是学究式的就文本阐释文本。正是在邓小平重新确立“解放思想、实事求是”思想路线的指引下,中共以“正在做的事情为中心,着眼于马克思主义理论的运用,着眼于对实际问题的理论思考,着眼于新的实践和新的发展”[6](p.602)以及“自觉地把思想认识从那些不合时宜的观念、做法和体制中解放出来,从对马克思主义的错误的和教条式的理解中解放出来,从主观主义和形而上学的桎梏中解放出来”[7](p.28)的巨大政治勇气和理论勇气,开拓了中国特色社会主义道路,成功化解了 20 世纪下半期社会主义从“传统模式”向“现代模式”转变的“历史性难题”,进而把对社会主义的认识提高到了一个新的科学水平。

但是,中国的改革是在马克思主义——社会主义的主流话语下进行的,由于人们对马克思主义观的认识不同,加以过去几十年来对马克思主义的为我所用、分割式的强制灌输,致使改革历程中就不能不伴随着理论上的争论,甚至有人打着“晚年马克思”反对“早年马克思”这一“假马克思主义”旗号来公然贩卖“只有民主社会主义才能救中国”,并得到一部分人的呼应。这不能不引起时下马克思主义观研究同行的深切注意。如此,学究式的文本研究固然需要,若脱离开现实关切,——例如,如何解决好马克思的阶级分析法与构建社会主义和谐社会中的多元利益阶层之间的冲突，又如政治上的“中国特色社会主义建设者”能否得到马克思主义理论上的有力支撑等等问题，——恐怕最终的结局也只是少数学者的“孤掌难鸣”，难以引起广泛的社会效应。换言之，今天研究马克思主义观的时候，更应侧重马克思主义经典创始人及其继承者所阐释的方法论，更应侧重于“什么是马克思主义”的解读，而不是“如何对待马克思主义”即态度问题。

马克思学派的社会主义是以自由竞争的资本主义为研究对象、以产业资本的社会化为基础并能进一步促进社会化大生产的社会主义。在马克思主义经典创始人看来，资本主义所有制把劳动生产力的提高视为服务于资本家阶级相对剩余价值积累的手段，而在自由竞争的条件下，资本所有者自觉地将成本价格缩减到它的最低限度的这一努力却不自觉地成就了提高劳动社会生产力、推进劳动社会化的最有力的杠杆，而劳动的社会化又最终导致资本主义所有制的变革。这个过程是通过资本主义的一系列危机来实现的。一方面，危机推动资本主义从自由竞争走向垄断，随着资本向垄断方向的发展，生息资本和职能资本分离，资本所有者日益被排斥到生产过程之外，成为多余，无产阶级“不仅能够不要资本家阶级干预而把本国的大工业管理得很好，而且他们的干预愈来愈成为一种祸害了。”[8](p.318) 另一方面，社会化大生产又使劳动者组织起来，从而为一种新的、从生产中发展起来的、被劳动者自身所掌握的管理权威即社会结合劳动奠定了基础。这些为未来社会主义提供了客观的物质基础条件，“资本主义生产极度发展的这个结果，是资本再转化为生产者的财产所必须的过渡点，不过这种财产不再是各个互相分离的生产者的私有财产，而是联合起来的生产者的财产，即直接的社会财产。另一方面，这是再生产过程中所有那些直到今天还和资本所有权结合在一起的职能转化为联合起来的生产者的单纯职能，转化为社会职能的过渡点”。[9](p.495) 以社会结合劳动为基础，由联合劳动者共同占有生产资料后，阶级就跟着消亡，作为阶级统治工具的政治国家也自然跟着消亡。“一旦社会占有了生产资料，商品生产就将被消除，而产品对生产者的统治也将随之消除。社会生产内部的无政府状态将为有计划的自觉的组织所代替”。[10](p.633) 这是从产业资本的社会化中抽引出来的社会主义，这样的社会主义是纯粹的社会主义，是没有商品、没有私有制、没有阶级、没有国家的所谓的“四无社会”，从而也就不可能存在剥削。然而，现实中的中国特色社会主义，一方面是从半殖民地半封建社会、并经过短短几年的新民主主义建设之中脱胎而来，其基本制度可以跨越，但缺乏资本主义机器大工业生产所造就的基本的物质技术基础和条件；另一方面，20 世纪的资本主义，在工人阶级和社会民主主义的推动下，尽管其基本矛盾没有发生质变，但与马恩所处时代的资本主义相较，已“面目全非”，并通过渐进的“自我扬弃”而实现着某种“质变”。因之，“当今的研究者应该正视这种情况，从马克思恩格斯的理论中吸取有益的方法论，走出马克思恩格斯当年的局限，自己认真深入地考察马克思恩格斯之后的经济史和社会史，重新研究资本主义生产方式的内在规律，以纯经济的分析揭示资本主义长期延续和渐变的原因，写出一部符合 20 世纪资本主义发展情况的《资本论》，这才是科学研究的态度”[11]。这一正确对待资本主义的态度，也应是今天马克思主义观研究热中学者们应持的正确态度。

[注释与参考文献]

[1] 杨斌、黄明理，《马克思主义观研究综述》(上)，《河海大学学报(哲学社会科学版)》，2012 年第 2 期。

[2]《邓小平文选》(第 3 卷)，人民出版社，2002 年。

[3] 袁秉达，《当前科学社会主义学科建设的困境与出路》，《科学社会主义》，2013 年第 1 期。

[4] 杨斌、黄明理，《马克思主义观研究综述》(下)，《河海大学学报(哲学社会科学版)》，2012 年第 3 期。

[5] 曹富雄、郭淑兰、李发展，《中国共产党人的马克思主义观研究述评》，《甘肃社会科学》，2009 年第 5 期。

[6]《十一届三中全会以来历次党代会、中央全会报告公报决议决定》(下)，中国方正出版社，2008 年。

[7] 江泽民，《在庆祝中国共产党成立八十周年大会上的讲话》，人民出版社，2001 年。

[8] 《马克思恩格斯全集》(第19卷),人民出版社,1963年。
[9] 马克思,《资本论》(第3卷),人民出版社,2008年。
[10] 《马克思恩格斯选集》(第3卷),人民出版社,1995年。
[11] 张光明,《〈资本论〉第三卷推翻第一卷?》,《当代世界社会主义问题》,2014年第1期。

共同富裕:中国梦的坚实基础和强大动力

吴文新*

共同富裕作为中国特色社会主义的根本原则,也是中国特色社会主义共同理想的有机组成部分,贯穿于实现共同理想的全过程,同时也内化为“中国梦”的基础部分和强大动力。随着共同富裕的实现在整体上呈现一种阶梯型的递升趋势,并发挥它不可替代的基础作用,共同理想也会循着其每一个历史台阶拾级而上,即全面建成小康社会,基本实现社会主义现代化,实现中华民族伟大复兴。

一、中国梦:小康梦—共富梦—文明梦,即中华复兴之梦

“中国梦”成为近两年的一个热词,中共第十八届中央政治局常委在参观“复兴之路”展馆时,习近平总书记用凝练朴实的语言阐释了“中国梦”的含义:“现在,大家都在讨论中国梦,我以为,实现中华民族伟大复兴,就是中华民族近代以来最伟大的梦想。”[1]后来又将其本质内涵概括为是“实现国家富强、民族复兴、人民幸福”。中国梦就是“复兴梦”,而这个在中国共产党领导下的民族“复兴”,显然不是回归秦皇汉武、唐宗宋祖,因为那是极为贫穷、绝大多数人尚处在生死线上的封建社会。这个“复兴”之梦的精髓正在于它是全体中国人的梦,是通过共同建设从而共同富裕、共同享有的梦。在

* 作者简介:吴文新,山东大学(威海)哲学与社会发展研究中心教授,研究方向为马克思主义人学、休闲哲学。本文为国家社科基金项目“中国特色社会主义理论体系建构基础问题研究”(12BKS029)阶段性成果。

就任总书记的首场记者见面会上,习近平就说:“人们对美好生活的向往,就是我们的奋斗目标。”[2]笔者认为,这也是新一届中国领导人对于中国特色社会主义共同理想的通俗而形象的概括,共同理想从此不再朦胧、不再空泛和抽象,变得触手可及、生动亲切。

正如《人民日报》评论员所说:“国家之梦,反映国民之梦;个人之梦,融为民族之梦。发展为了人民、发展依靠人民、发展成果由人民共享,在当今中国,国家理念与人民期盼同声相应;个人梦想与民族梦想一脉相承,中国梦既是‘强国梦’,也是‘富民梦’。全面建成小康社会的目标、建设富强民主文明和谐现代化国家的蓝图,对接着‘更好的教育’、‘更满意的收入’、‘更可靠的社会保障’的群众期盼。个人敢做梦,国家能圆梦,在中华民族伟大复兴的征程中,中国梦正一步步变为现实,让人民感受变迁、触摸幸福、实现理想。”[1]这段话表明:就主体而言,中国梦就是人民梦,是人民追求富裕幸福的梦想;是民族梦,是中华民族大团结大和谐并最终实现伟大复兴的梦。就内容来说,中国梦就是强国梦,是全国人民共同建设国家,使之繁荣强大之梦;是小康梦,是根据“五位一体”战略布局为社会主义现代化奠定坚实基础的梦想;也是共富梦,是全国人民极大缩小贫富差距,实现共同富裕的梦想。进一步从主体的不同层次看,对国民个人,中国梦就是为国家发展而发挥自己的德性和智慧进而自己也过上幸福、美好生活;对整个国家和民族,就是要实现全面小康,实现社会主义现代化,进而实现中华民族的伟大复兴,这是整个国家的繁荣富强之梦,亦是全民族的伟大复兴之梦;对中国共产党,就是把自己作为执政党的宗旨和使命,落实到每个党员的行动之中,带领全国人民实现中国特色社会主义共同理想,实现民族复兴,此可谓中国共产党的伟大梦想。由此可见,小康梦与共富梦是内在于中国梦的,是中国梦的重要内容,是其有机组成部分。

由于中国历届领导人和全体中国人民的共同努力,实现中国梦的历史进程已经越来越明晰了,那就是:在建党 100 周年前后中国人民梦圆全面小康;接着在 2030—2050 年期间,即新中国成立 100 周年前后,逐步实现全体人民更高水平的共同富裕,基本实现社会主义现代化,这是中国人民的共富梦圆满成真;而到了新中国成立 100 周年及之后一段时间,中华民族将在小康和共富的过程中持续推进“中华文艺复兴”,实现中华文化的大发展大繁荣，实现“文明梦”，届时，中国人民展现给世人的不只是一个物质丰裕的大国，更重要的是一个具有深厚文化底蕴的民族真正屹立于世界的东方，中华文化重新绽放耀眼的异彩，重新发挥其礼仪善邦，道行家国，德化四海，和谐天下的“修齐治平”之大用。笔者认为，这才是中华复兴即中国梦圆满实现的真正标志。

显然，如果说小康梦的实现只是一个初步的社会基础和建设框架，还只是一个较好的起点，那么共富梦则是中国梦的关键环节，也是一个贯穿于小康梦和文明梦圆满成真全过程的坚实基础，文明梦才因此而具有雄厚的社会物质基础和强大动力；唯如此，中华复兴才不是“复古”，而是与近代西方“文艺复兴”类似，必将开创一个全新的中华社会主义新文明。如果说共富梦侧重于物质上的共享（当然需要更加完善的社会主义制度的保障），那么文明梦则更加强调文化、精神、文明方面的共享。共富梦的实现不仅是社会主义制度的本质和优越性的体现，而且是全体人民共享文明的坚实基础。中华文明梦的实质，就是中华民族全体成员共享改革建设和发展的成果，共享中华文明和人类文明。因此，中国梦的实现，中华民族伟大复兴的最高标志是中华文化的伟大复兴，是中华民族精神的弘扬，是中华民族灵魂的坚强挺立。

我们不能再向人类创造一个美国式的物质帝国，而应再造一个有利于人类世界和平和谐永续发展的全新的“文明型国家”。这时，一个全新的集现代“民族国家”和中华古老“文明国家”之优势为一体的“文明型国家”[3](p.64)，完整地呈现在世界面前，中华文化重新恢复其生命力、凝聚力、吸引力和创造力。

二、共同富裕：中国梦的坚实基础

由上可知，中国梦在其实现过程的历史梯度上呈现出小康梦—共富梦—文明梦的内容结构，其中共富梦居于关键环节和基础地位，自始至终发挥着强大的动力作用。这里有一个鲜明的逻辑：中国人民的所有梦想都必须以共同富裕为基础，因此，共同富裕就成了一个基础性、前提性的梦想而内在于中国梦。有了共同富裕，才能“在更高、更广的层次上提升民生的品质”，“让人民过上更安全、更自由、更幸福、更有尊严的生活”[3](p.106)；有了共同富裕,国家才能实现全面小康而不是片面小康,才能实现社会主义的现代化而不是其他性质的现代化;有了共同富裕,整个中华民族才能和谐、团结、稳定并愈益具有强大的凝聚力,伟大复兴才能成为现实;有了共同富裕,中国共产党才有了坚不可摧的合法性基础,才成为名副其实的马克思主义政党、成为具有真正共产主义信仰的新型执政党;有了共同富裕,社会主义制度才具有雄厚的物质基础,才能发挥出其最根本也是最大的优越性,也才能获得永久稳固的社会基础;有了共同富裕,中国特色社会主义共同理想才是实实在在、触手可及的,才具有必然性和现实性,并具有愈益强大的吸引力。

共同富裕肯定不是中国梦的全部内容,也不是中国特色社会主义共同理想的全部内容,但是,如果没有共同富裕的逐步实现,中国梦、中国特色社会主义共同理想都只能是一枕黄粱美梦而已,一梦醒来,依然四分五裂、一盘散沙,依然"朱门酒肉臭,路有冻死骨",依然是"东亚病夫"、"劣等民族",依然是"华人与狗不准入内",这根本与中华复兴背道而驰。此情此景,回首中国近代历史,依然历历在目;既然殷鉴不远,国人万万不可轻易忘记。贫富悬殊、两极分化以及由此而导致的阶级斗争、民族战争、内乱内战等,不可能成为中国梦的社会基础,中华民族的伟大复兴也不可能建基于此,而完全可以肯定的是:如果中华民族长期处于贫富悬殊、两极分化的状态,缺乏基本的社会公平和分配正义,那么,中国就不可能有梦,即使有梦,也不可能圆梦成真。一句话,两极分化必然使中国梦化为泡影。因此,为中国特色社会主义共同理想而奋斗,为实现中国梦而拼搏,首先是为共同富裕而奋斗。共同富裕向前连着全面小康,向内连着社会主义现代化,向后连着中华文明的伟大复兴,这种联系是内在的、深层的、本质的、基础性的。圆"中国梦",必须要圆全国人民的"共富梦",共富梦是中国梦的有机组成部分,是基础之梦,它贯穿于中国梦的整个实现过程。

三、共同富裕:实现中国梦的强大动力

十八大报告指出:"在新的历史条件下夺取中国特色社会主义新胜利,必须牢牢把握以下基本要求,并使之成为全党全国各族人民的共同信念。"[4](p.13)根据报告精神,这些基本要求作为"全党全国各族人民的共同信

念”，不仅是共产党人“社会主义和共产主义信念”的有机组成部分，是共产党人政治灵魂的有机组成部分，当然也是社会主义核心价值及其中国特色社会主义共同理想的应有之义，是实现中国梦的内在要义。“必须坚持走共同富裕道路”，不仅是八大“基本要求”之一，而且是实现其他要求的基础性、前提性的要求，是实现中国梦的强大动力。

首先，只有坚持共同富裕，才能真正落实人民主体地位。正如报告所言，“中国特色社会主义是亿万人民自己的事业。”[4](p.13) 这一观点具有坚实的马克思主义基本立场和观点的基础。众所周知，唯物史观又称“群众史观”，那就是凸显人民群众创造历史的崇高地位和伟大作用。据此，中国共产党创建伊始，就旗帜鲜明地把全心全意为人民服务作为自己的根本宗旨，并把全体人民的富裕、文明和幸福、自由作为自己的奋斗目标。执政之后，中国共产党又历经艰难曲折探索共富之路，在此过程中，始终相信人民群众，为了人民群众，并全心全意地依靠人民群众。共同富裕是人民群众自己的共同富裕，因而只能依靠他们自己来创造。如果说共同富裕是目的，那么人民群众的主体地位、他们的首创精神和力量、智慧，就是达成共同富裕的手段。反过来，人民主体地位又必须通过人民群众的共同建设、共同享有来体现。人民群众不仅是建设和创造的主体，而且也是享有他们建设和创造成果的主体。可见，落实人民主体地位，不仅要依靠人民群众创造历史，更要把人民群众当成享受他们所创造的文明成果的能动力量；人民群众不仅是历史的手段，更是历史的目的；而共同富裕恰恰是人民群众作为历史目的的主体地位的重要表现。因而，没有共同富裕，就无法真正落实人民主体地位。

其次，只有坚持共同富裕，才是社会主义的解放和发展生产力。从人类历史看，解放和发展生产力，是任何一个新的社会制度取代旧的制度所必须完成的任务，否则它的历史进步性就难以体现，它也就不可能代替旧制度。而作为“中国特色社会主义的根本任务”，解放和发展生产力肯定有其不同于其他社会制度解放和发展生产力的特殊之处；根据马克思主义理论及中国共产党的立党和执政理念，解放和发展生产力是任务但不是本质，是手段不是目的，是动力不是方向，是过程不是结果。社会主义区别于一切旧制度，它解放和发展生产力所遵行的原则和方式有其特殊性，那就是它直接以生产力中最革命、最能动的因素——劳动者为原动力和价值目标。解放生产力首先是解放生产力中的人——劳动者，使之从被剥削、被压迫中解放出来，从而释放出巨大的生产积极性和创造性；发展生产力，首先是发展其中的人——劳动者，使之在劳动中得到生命的舒展、智慧的挖潜、德性的提升、自由的绽放。显然，没有最基本的共同富裕，这种创造性的释放、自由的发展是不可能的。不仅改革生产关系和上层建筑的某些环节和方面是解放和发展生产力，实现劳动者的共同富裕也是解放和发展生产力；而且只有实现全体劳动者的共同富裕，才是真正社会主义的解放和发展生产力。

第三，只有实现共同富裕，才能为改革开放攻坚克难注入新的动力。30多年来的实践证明："改革开放是坚持和发展中国特色社会主义的必由之路。"[4](p.13)但是，现在改革进入"深水区"，遇到了各种既得利益集团的强大阻力，分配不公、收入悬殊，成为深化改革绕不开的巨大障碍。30年前，改革开放，全民受益，因而获得最大多数群众的支持；如今，利益格局发生重大变化，每出台一项改革措施，都会被利益集团所扭曲，有些改革措施甚至多少年难以出台，或者尚未出台就不幸流产，或者在实施中只为少数人带来利益，却让多数人付出代价，如此等等，都在很大程度上弱化了深化改革、攻坚克难的社会动力和群众基础。怎么办？笔者认为，最大的攻坚克难在于尽快落实具有深厚民意基础的收入分配改革方案，尽最大努力实现分配公平、全民共享，强力推进共同富裕。因为，只有这样，才能避免陷入所谓"中等收入陷阱"，避免两极分化和阶级、民族内乱的悲剧；才能"重拾民心"，使改革伟业重新获得人民群众的大力拥护和支持，从而为进一步改革注入新的强大动力。

第四，只有落实共同富裕，才能确保社会公平正义。根据马克思主义基本原理，作为"中国特色社会主义的内在要求"，公平正义是一个社会的上层建筑，属于法律制度的范畴，因而必须具有强大的经济和社会基础；一切公平的根源都在于生产资料占有上的公平以及由此决定的财富分配上的公平。共同富裕并不等于生产资料占有上的公平，却直接体现财富分配上的公平；而共同富裕作为财富分配公平的体现，却是生产资料占有公平的必然结果。因此，没有共同富裕，就没有真正的公平正义；没有共同富裕，"以权利公平、机会公平、规则公平为主要内容的社会公平保障体系"[4](p.14)便缺乏坚实的经济制度和社会基础。

第五，只有共同富裕，才能实现真正社会主义的社会和谐。“社会和谐是中国特色社会主义的本质属性”[4](p.14)，但在市场经济条件下，利益分化加剧，价值多元明显，对抗性矛盾有所积累，不和谐因素时有增加，百姓上访和官员截访、暴力拆迁、强征土地和公民个体极端方式的反抗，乃至各种群体性事件等，都显示，社会和谐任重道远。从根本上说，社会和谐的基础是利益的和谐，而利益的和谐最明显地取决于分配的公平，而后者则又与共同富裕密切相关；正如胡鞍钢所言：“社会分配不公平是不稳定的终极根源”[5](p.94)。在此意义上，我们不能不说，遏制分配不公、实现共同富裕是社会和谐的坚实基础，只有共同富裕才能有真正社会主义的社会和谐，即以人民群众为主体的和谐，社会和谐才能持久巩固。

第六，只有共同富裕，才会有持久和平。“和平发展是中国特色社会主义的必然选择”[4](p.14)，这虽然标明的是中国发展道路对外部环境的选择和实践效应，但并不表明任何情况下都会自然和平。中国的和平崛起引起了一些人、一些国家的所谓“中国威胁论”的“恐惧”，遏制中国发展成为他们的既定战略，所以我们必须做好准备以应对一切可能的干扰。中东和北非近年来的动乱和战争表明：如果国内人民团结一致就会力量倍增，外部战争势力就会退缩，从而避免战争；但如果因为国内分配不公、阶级和民族矛盾激化，导致国民人心涣散、民族聚力减弱，那么外部战争势力就会见缝插针、挑起内斗，进而插手干预，和平不再。毛泽东说“兵民乃胜利之本”，赢得民心也就赢得战争，甚至可以不战而胜；根据历史的规律，“水能载舟，亦能覆舟”，“人心齐，泰山移”，而凝聚民心的最佳选择就是让全体人民共享改革发展的成果。显然，共同富裕是凝聚民心，实现民族团结、社会稳定、国家繁荣、军力强大的最有效途径。一个基本的逻辑是，共同富裕—矛盾平和—社会和谐—民心凝聚—国力强盛，内部稳如磐石，令外部反华势力胆寒，从而不敢轻举妄动，这是和平发展，确保中国特色社会主义事业持续稳定发展的必然选择。

第七，只有共同富裕，才能真正坚持党的领导。建党90余年的历史证明，中国共产党是中国人民和中华民族独立、富强、文明、和谐的领导核心。中国共产党在不同的历史时期，其合法性基础会有明显区别，但归根到底都是为人民服务。在革命战争年代,是为着全体中国人民的政治和社会解放、为着中华民族的独立和自由而奋斗;在和平建设时期,作为执政党,落实"以人为本、执政为民"的理念,就不能不为着全体人民的共同富裕而努力。共同富裕是和平建设时期共产党的人心和民意基础,是其历史合法性的最深厚基础。如果能够领导人民不断实现共同富裕,那么中国共产党会因为人民群众的坚定支持和拥护而具有牢不可破的执政合法性,就是战无不胜的。因而,只有共同富裕才能真正坚持共产党的领导。

可见,共同富裕在中国特色社会主义伟大事业中,在中国特色社会主义共同理想中、在中国梦中具有不可替代的基础性地位,毫无疑问属于"现阶段中国特色社会主义的核心价值"[6](pp.44-45)。发展固然是硬道理,共同富裕也不是软道理,从科学发展观角度看,可能是更硬的道理!实现共同富裕,是全面建设小康社会的应有之义,是实现社会主义现代化的固有内容,是实现中华民族伟大复兴的充要条件,也是其强大动力;随着科技进步和生产力的发展,共同富裕会呈现不同的历史阶梯,表现为不同的共富水平和境界,但是共同富裕始终是全国人民共筑中国梦、实现共同理想的最为坚实的基础。从这个意义上说,"未来20年,中国将从小康走向富裕,从中低收入走向高收入,共同富裕成为社会主义中国最重要的发展主题、最核心的发展目标和最大的发展任务"[7](p.10)。

[注释与参考文献]

[1]《沿着复兴路　共筑中国梦——复兴之路启示之三》,《人民日报》,2012年12月2日。

[2]《习近平:人民对美好生活的向往就是我们的奋斗目标》,《人民日报》,2012年11月16日。

[3]张维为,《中国震撼:一个"文明型"国家的崛起》,世纪出版集团上海人民出版社,2011年。

[4]《中国共产党第十八次全国代表大会文件选编》,人民出版社,2012年。

[5]胡鞍钢,《中国:新发展观》,浙江人民出版社,2004年。

[6] 孙武安,《论中国特色社会主义的核心价值》,《毛泽东邓小平理论研究》,2006年第6期。
[7] 胡鞍钢等,《2030中国:迈向共同富裕》,中国人民大学出版社,2011年。

黄海学术论坛
第22辑 Huanghai Academic Forum No.22

毛泽东对群体性事件的态度及其启示

张文军　李建强*

1956年11月15日，在中国共产党第八届中央委员会第二次全体会议上，毛泽东针对当时发生的一例征地拆迁事件，发表了一番十分生动而深刻的讲话，要求有关干部要善于做群众的思想工作，妥善安排和解决群众的生活问题；要换位思考，切实维护群众利益，坚决防止和克服强制命令等官僚主义作风。讲话充分体现了毛泽东一以贯之的人民利益至上的观点，同时也表现出他对中共执政后干群矛盾的警觉和忧虑。今天重读这部分内容，感到仍然具有重要的思想价值，特别是对于处理目前由于征地拆迁导致的干群矛盾，具有多方面的启示作用：征地拆迁引发的群体性事件日益成为干群矛盾的焦点；化解群体性事件重在正确处理利益关系；在目前全党进行的群众路线教育实践活动中，应以群体性事件案例为切入点，反对和克服干部队伍中存在的官僚主义。

一、征地拆迁引发的群体性事件日益成为干群矛盾的焦点

在中共八届二中全会上，毛泽东讲道："早几年，在河南省一个地方要修飞机场，事先不给农民安排好，没有说清道理，就强迫人家搬家。那个庄的农民说，你拿根长棍子去拨树上雀儿的巢，把它搞下来，雀儿也要叫几声。""于是乎那个地方的群众布置了三道防线：第一道是小孩子，第二道是妇女，

* 作者简介：张文军，男，山东大学（威海）哲学与社会发展研究中心教授，主要从事社会问题研究；李建强，男，威海市成人教育局。

第三道是男的青壮年。到那里去测量的人都被赶走了，结果农民还是胜利了。后来，向农民好好说清楚，给他们作了安排，他们的家还是搬了，飞机场还是修了。”[1](p.325)套用现在的概念，这就是一起典型的群体性事件。他严厉指出：“这样的事情不少。现在，有这样一些人，好像得了天下，就高枕无忧，可以横行霸道了。这样的人，群众反对他，打石头，打锄头，我看是该打，我最欢迎。”[1](p.325)这里至少反映出这样一些信息：一是当时类似的事件已经不少；二是只要做好细致的工作，农民群众是通情达理、顾全大局的；三是毛泽东明确对当地农民群众的做法表示支持，对强制拆迁的地方干部的官僚主义作风持批评态度，对当时出现的干群矛盾表现出高度的警觉和深深的忧虑。

时至今日，类似的群体性事件不但时有发生，而且从发生的频次、规模以及涉及领域之广、参与人数之众、对抗强度之烈等都比那时有过之而无不及。据有的学者研究，2009 年全国共发生了近 9 万起各类群体性事件。因维权而发生的群体突发事件是目前中国社会群体性事件的主要类型之一。此类事件 2008 年约占目前全国群体性突发事件的 80%以上。[2](p.50)在农民维权中，土地问题约占 65%以上。[3](p.116)国土资源部统计数据显示，2002 年仅上半年群众反映征地纠纷、违法占地等问题的，占信访接待部门受理总量的 73%，其中 40%的上访诉说的是征地纠纷问题，这其中 87%是征地补偿与被征地农民安置问题。[4](p.63)另据有的学者统计，我国群体性事件自 2000 年的 1 万起，激增到 2004 年的 7 万余起。群体性事件的参与人次也从 1994 年的 73 万人次上升到 2004 年的 376 万人次。2004 年前 10 个月，除西藏外，在全国 31 个省市中，有 337 个地级市和 1955 个县发生过未经核准的 100 人以上的游行集会活动事件。其中，城市每天发生 120 至 250 件，农村每天发生 90 至 160 件。2006 年 1 至 9 月，全国公安机关共处置各类群体性事件 1.79 万起。其中，全国有 38.5 万人次农民参与群体性事件，居各类参与人员之首。[5](p.26)据国务院发展研究中心农村部副部长刘守英等人提供的信息，全国每年因征地拆迁引发的纠纷达 400 万件左右。[6]可见，因征地拆迁引发的社会矛盾特别是干群矛盾日益成为各种矛盾的焦点，以致有些学者在研究中直接使用“征地型群体性事件”[7]之类的概念。

征地型群体性事件的大量出现，其原因是多方面的。从理论上来说，随着社会的快速发展，城市化的比率会越来越高，城镇面积的扩张和农地面积的缩小是一个趋势。也就是说，征地拆迁会成为一种经常性的现象。而且，土地越来越成为一种稀缺资源，需求与供给的矛盾也会越来越突出。但这不是引发群体性事件的根本原因。在健康的市场经济条件下，土地的供求矛盾基本上可以通过价值规律进行平衡和调节，而我国因征地拆迁引发的群体性事件，大都是在强势政府与弱势农民之间的利益博弈中没有遵循价值规律的结果。问题的实质就在于，一些地方政府及其官员实行与民争利的"政府公司主义"，在经济利益("土地财政")和政治利益(官员往往因"政绩"而升迁)的双重驱动下，大搞"圈地运动"，以对农民低补偿、向开发商高售价的方式"经营城市"，获取巨额利益。同时，又推高了房价，并从高企的房价中得到更多税收。据统计，"土地增值部分的收益分配，只有 20%—30%留在了乡下，其中农民的补偿款占 5%—10%；地方政府拿走土地增值的 20%—30%，开发商拿走了土地增值收益的大头，占 40%—50%"。[8]在这种情况下，农民为了维护自己的权益而抗争就带有某种必然性。由于农村集体土地不能直接进入一级土地市场，只能先由政府定价、征收后才能进入一级市场交易，正是这个土地制度上的剪刀差，让各级政府获得了巨大收益。在中国发展高层论坛 2013 年年会上，知名专家吴敬琏指出，城镇化造城"运动"就是利用土地差价导致的，"这些年来，大概从这个差价得到的收入有不同的估计，最低的估计 30 万亿。"[9]同时，非理性的造城运动的狂潮已经导致一些城市出现了规模宏大而无人居住的"鬼城"，造成巨大的浪费。据新华社报道，眼下一些地方正掀起造城运动。一些地级市甚至提出雄心勃勃的建设"国际化大都市"规划。最近，国家发改委一个课题组调查显示，12 个省会城市规划了 55 个新城，144 个地级城市要建 200 个新城新区，161 个县级城市中有 67 个要建新城。这么多新城新区一哄而上，真有些虚火上升的意思。回想起前些年"开发区热"、"产业园热"最后都一片狼藉。[10]而且，众所周知，城市建设中的工程和项目腐败问题十分严重，几乎成为大规模城市化过程中的一个副产品。从近几年来披露的有关案例可以看到，有些握有土地审批权的官员动辄受贿数百万元乃至数千万元，他们无疑也是征地拆迁的强力推手。

如果此类现象任其发展，不仅 18 亿亩耕地红线将会很快失守，而且由此产生的高昂的维稳成本、干部腐败的政治成本以及政府公信力缺损的民心账本,更是用简单的数据难以计算。尤其严重的是,它是以对群众情感的伤害,对党群关系、干群关系的损害为代价的。这或许也正是当年毛泽东所最忧虑和担心的。所以他对一些干部提出警告,不要以为“得了天下,就高枕无忧,可以横行霸道了”。当前的种种迹象表明,这种忧虑和担心不是没有道理的。如果我们现在还不能正视这个问题,后果将不堪设想。

二、化解群体性事件重在正确处理利益关系

马克思指出:“人们奋斗所争取的一切,都与他们的利益有关。”[11](p.82)毛泽东关于处理群体性事件的态度告诉我们,最根本的问题在于我们的干部能否真正贯彻实践党的群众路线,正确处理各种利益关系。当前,干群矛盾的核心仍然是利益矛盾。毛泽东是个人利益和国家利益、“目前利益和将来利益”统一论者,而他一向认为统一的出发点和归宿应当是人民群众的利益。正如他多次强调的:“总之,应该使每个同志明了,共产党人的一切言论行动,必须以合乎最广大人民群众的最大利益,为最广大人民群众所拥护为最高标准。”[12](p.1096)“我们的责任,是向人民负责。每句话,每个行动,每项政策,都要适合人民的利益。”[13](p.1128)中国共产党党章一再申明:“党除了工人阶级和最广大人民群众的利益,没有自己特殊的利益。党在任何时候都把群众利益放在第一位。”应当说,这个问题从理论上讲是十分清楚明确的。

但是长期以来,有些地方政府在处理国家利益、集体利益和个人利益关系的时候,往往过多地强调个人利益服从国家利益和集体利益,而对于个人利益重视不够,甚至要求无条件地牺牲个人利益服从所谓国家利益和集体利益。实践证明,这很容易造成对个人合法权益的不当侵害,从而实际上也必然会损害国家利益和集体利益,造成“双输”的结局。国家利益和集体利益不是抽象的,长远利益不是空洞的,没有人民群众的个人利益和当前利益,也就无所谓国家利益、集体利益和长远利益。2011年1月,人民日报连续以“别让干群关系出现‘民意赤字’”、“警惕个人利益(此处指少数干部的“个人利益”——作者注)‘野蛮生长’”、“扫除面对群众诉求的‘对手思维’”等为题目发表评论员文章,其中指出:一些地方矛盾纠纷不断,群体性事件

频发,“说到底还是因为当地群众利益没有得到维护,甚至受到损害,干群关系长期冷漠疏远,甚至出现对立”。“群众利益无小事,没有比群众利益更大的公共利益,没有比群众呼声更强的民意诉求。维护群众利益,最重要的是处理好权力与权利的关系。权力者不能伤害权利,把尊重群众权利作为工作前提,把握好最广大人民根本利益、现阶段群众共同利益、不同群体特殊利益的关系,决不能随意以‘公共利益’推动地方发展为借口,损害部分群众的具体利益,进行野蛮拆迁、非法征地;更不能简单地以为了群众长远利益为借口,损害群众的现实利益,大搞形象工程、政绩工程。”[14]这说明在如何正确处理公权和私权、群众现实利益和长远利益、个人利益和“公共利益”的关系问题上,主流媒体的态度也是十分坚定而明确的。

一些地方政府及其干部之所以置党的群众观点和群众路线乃至群众的生命财产于不顾,肆无忌惮地进行违法征地、野蛮拆迁甚至暴力拆迁,首先往往是打着为了“国家利益”和“人民群众长远利益”的旗号,打着“发展”的旗号,这的确带有很大的迷惑性。实际上,地方政府的“政绩”往往与其主要领导干部的升迁相联系,因此,有些地方政府及其干部征地拆迁的强大动力看起来似乎是为了国家利益,其实很大程度上却是为了个人利益。更何况还有一些几乎成为公开秘密的通过土地批租获取个人腐败性收入的动力。如果真正像毛泽东所要求的那样“一切从人民的利益出发,而不是从个人和小集团的利益出发”[15](pp. 1094-1095),那么可以断定不可能出现如此众多而频繁的违法征地、强制拆迁乃至暴力拆迁之类的问题,因而也不至于酿成诸多群体性事件。其次,近几年来违法征地、强制拆迁事件之所以屡屡发生,与农村土地权属不清晰也有很大关系。法律规定农地为集体所有,农民只有经营权而没有所有权,而“集体”往往又是一个模糊甚至空洞的概念(在很多人观念中,集体的也是国家的)。既然这样,那么地方政府以“国家需要”为名随时征收农地似乎就是天经地义的了。因此,防止和杜绝非法征地,亟需进一步完善有利于保护农民土地权益的法律法规,以解决这个长期以来困扰人们的体制性问题。再次,对违法征地、强制拆迁而引发群体性事件的地方官员处罚太轻,等于在客观上助长了此类行为。有关统计显示,2001 年至 2005 年间,土地违法只有 0.1%的刑事责任追究风险,只有 1%的党纪政纪查处风险。[15]在国务院新闻办 2007 年 7 月 12 日举行的新闻发布会上,国土资源部执法监督局一位官员曾经指出：从现在土地违法案件的统计当中，非法占地的案件，占所有案件宗数的80%，非法批地的案件占20%。从涉及违法的用地面积来看，非法批地的案件，占用涉及土地面积的80%，主要是地方政府和涉及政府为违法主体的案件，用地面积为80%。[16] 2009年3月12日北京《新京报》报道：在全国"两会"上，全国政协委员、中央农村工作领导小组办公室主任陈锡文说："刑法规定'违法批地'可以判刑，但十年间几乎未闻一例官员因非法批地被判刑。"如此的低成本、高收益，很难遏制地方政府及其官员违法征地的冲动。当前，不仅要解决征地拆迁中有法不依、执法不严、违法不究的问题，也要解决农地与城镇用地同地同权同价的问题，从健全和完善土地价格机制上减少和消除以地谋财的诱惑力。

三、以群体性事件案例为切入点，反对和克服官僚主义

面对当时出现的群体性事件，毛泽东并没有就事论事，而是举一反三，从执政党兴衰存亡的历史高度、从干群关系特别是干部作风等方面深刻反思，告诫各级干部要以此为教训，防止和克服官僚主义。他明确指出："共产党是要得到教训的"。[1](p.325) 他甚至说："有些人如果活得不耐烦了，搞官僚主义，见了群众一句好话没有，就是骂人，群众有问题不去解决，那就一定要被打倒。现在，这个危险是存在的。如果脱离群众，不去解决群众的问题，农民就要打扁担，工人就要上街示威，学生就要闹事。凡是出了这类事，第一要说是好事，我就是这样看的。"[1](pp.324-325)"我们一定要警惕，不要滋长官僚主义作风，不要形成一个脱离人民的贵族阶层。谁犯了官僚主义，不去解决群众的问题，骂群众，压群众，总是不改，群众就有理由把他革掉。我说革掉很好，应当革掉。"[1](p.326) 上述论断，说明毛泽东在处理拆迁问题上不是头疼医头、脚疼医脚，而是以此为例，举一反三，着重解决类似带有倾向性和共性的问题，那就是脱离群众的官僚主义现象。

在革命队伍建立之后，毛泽东对干部脱离群众的官僚主义现象一直十分警惕和忧虑，在革命队伍日益壮大特别是取得执政地位以后，更是不断地提出告诫、警示和批评。他在1942年12月指出："对于某些同志来说，他们还是一个脱离群众的官僚主义者，因为他们只知道向群众要东西，却不知道

或不愿意给群众一点东西,引起群众讨厌他们。这个问题非常重要,希望大家十分注意,并向全党宣传这个道理。”[17](p.468) 1944 年 10 月他在陕甘宁边区文教工作会议上还指出:“要联系群众,就要按照群众的需要和自愿。一切为群众的工作都要从群众的需要出发,而不是从任何良好的个人愿望出发。有许多时候,群众在客观上虽然有了某种改革的需要,但在他们主观上还没有这种觉悟,群众还没有决心,还不愿实行改革,我们就要耐心地等待;直到经过我们的工作,群众的多数有了觉悟,有了决心,自愿实行改革,才去实行这种改革,否则就会脱离群众。凡是需要群众参加的工作,如果没有群众的自觉和自愿,就会流于徒有形式而失败。”[12](p.1012)“这里是两条原则:一条是群众的实际上的需要,而不是我们脑子里头幻想出来的需要;一条是群众的自愿,由群众自己下决心,而不是由我们代替群众下决心。”[12](p.1013) 这一论断,犹如针对今天的一些征地拆迁而言。我们看到,目前有些地方政府在征地拆迁中恰恰是违反了这两条原则:第一不是群众的实际需要,而是某些领导干部“脑子里头幻想出来的需要”,即所谓“拍脑袋决策”;第二不是群众自己下决心,而是某些干部“代替群众下决心”,有些“村改居”过程中的“赶农民上楼”现象就是这种情况的真实写照。这种官僚主义作风遭到群众的抵制是毫不奇怪的。1948 年 4 月毛泽东在《对晋绥日报编辑人员的谈话》中指出:“群众不愿干的事,我们硬要领导他们去干,其结果必然失败。”[13](p.1320) 我们一些地方政府搞的强制征地拆迁之所以不能得到群众的支持配合,除了补偿不合理等因素外,很大程度上也在于其政策行动只是“领导干部懂得”而群众不懂得,“群众不愿干”,“硬要领导他们去干”。这就是典型的官僚主义。1953 年 1 月 5 日毛泽东在中共中央山东分局纪律检查委员会呈送的关于一些地方干部严重强迫命令、违法乱纪现象的报告中以题为《关于反对官僚主义、反对命令主义、反对违法乱纪的意见报告》中批示:“官僚主义和命令主义在我们的党和政府,不但在目前是一个大问题,就是在很长的一个时期内还将是一个大问题。”[18](p.254) 审视一下我们的党群关系、干群关系的历史和现状,更能体会到毛泽东的这一远见卓识。新中国建立初期,由于发展城市和工业的需要,特别是自从实行粮食统购统销政策之后,有些地方干部在征收粮食的过程中不顾实际情况,采取强制性的手段,对未完成售粮任务的农民随意扣上“犯法”、“自发势力”等帽子进行打击,严重侵害了农民的利益，引起了一些农民的强烈不满，有的地方出现了农民“闹事”。而当时一些地方干部对群众“闹事”一是“怕”，二是“简单处理”，认为，“好人不闹事，闹事没好人”，“凡是与政府闹事的就是敌我矛盾”。他们主要用简单粗暴的办法去压制、“压服”，动辄批判斗争，甚至动用武力解决，结果使矛盾更加激化。毛泽东对那种用老办法对待新问题、用处理敌我矛盾的办法处理人民内部矛盾的方式提出了严厉的批评和告诫：“现在我们有些同志，对待人民内部问题动不动就想‘武力解决’，这是非常危险的，必须坚决纠正。”[19](p.353)“毛泽东对待“闹事”的看法是：“发生少数人闹事，有些是由于领导上存在着官僚主义和主观主义，在政治的或经济的政策上犯了错误。还有一些不是政策不对，而是工作方法不对，太生硬了。”[19](p.353)这些论断，今天读来仍然特别发人深省。据2003年国家信访局调查分析，在群众信访特别是群众集体访反映的问题中，80%以上有道理或有一定实际困难和问题的应予解决；80%以上是可以通过各级党委、政府的努力加以解决的；80%以上是基层应该解决也可以解决的问题。[20]这说明绝大多数基层群众是通情达理、顾全大局的，他们反映的问题是合情合理的。我们的各级政府及其干部应当首先树立相信群众、尊重群众的基本观点。但是，目前我们一些地方干部对待群体性事件，仍然一个是“怕”，一个是“压”，动不动就给群众扣上“不明真相”、“刁民”等帽子，习惯采用“压访”、“截访”、甚至“被精神病”、“武力解决”等简单粗暴的方法，其结果往往是进一步激化了干群矛盾。

毋庸讳言，随着我们党及其各级干部在和平的环境中长期执政，一些干部对人民群众的直接依赖性大大减少了，对人民群众的感情淡化了，与人民群众的关系疏远了。有的不是“一切为了群众，一切依靠群众”，反而是高高在上，严重脱离群众甚至欺压群众。一些干部对群众完全缺乏感情，缺乏将心比心的换位思考，根本不去设身处地为群众着想，置群众的安危冷暖于不顾，极大地恶化了党群干群关系，给党和政府的声誉造成了恶劣的影响。发展下去，将会危及党的生存和国家的长治久安。这是一个值得深度思考和亟需解决的重大课题。在当前进行的思想路线教育实践活动中，我们应以群体性事件案例为突破口，采取有力举措，恢复和发扬党的密切联系群众的优良传统和作风，重塑干部和群众之间的鱼水关系。这或许是毛泽东对处理群体性事件的态度带给我们最有益的启示。

[注释与参考文献]

[1]《毛泽东选集》(第5卷),人民出版社,1977年。

[2] 于建嵘,《群体性事件症结在于官民矛盾》,《中国报导》,2010年第1期。

[3] 于建嵘,《当前我国群体性事件的主要类型及其基本特征》,《中国政法大学学报》,2009年第6期。

[4] 邬丽萍、杨克斯,《土地征用制度改革探索》,《改革与战略》,2005年第10期。

[5] “2006年发生超过9万起群体性事件增加趋势明显”,《领导决策信息(本周数据看点)》,2008年第36期。

[6] 刘守英、李松、王政,《现行土地制度的五个不可持续》,半月谈网:http://www.banyuetan.org/chcontent/jrt/20131012/49760.html2013-10-13。

[7] 祝天智,《农村征地型群体性事件的博弈论分析》,《行政论坛》,2011年第6期。

[8] 杨帅、温铁军,《经济波动、财税体制变迁与土地资源资本化》,《管理世界》,2010年第4期。

[9] 马想斌,“要走出旧型城镇化,须先土地确权”,《新华每日电讯》,2013年3月26日。

[10] 毛晓刚,“盲目‘造城’背离城镇化初衷”,《北京日报》,2013年9月6日。

[11]《马克思恩格斯全集》(第1卷),人民出版社,1956年。

[12]《毛泽东选集》(第3卷),人民出版社,1991年。

[13]《毛泽东选集》(第4卷),人民出版社,1991年。

[14] 人民日报评论部,“警惕个人利益‘野蛮生长’”,《人民日报》,2011年1月13日。

[15] 顾瑞珍、崔静、周婷玉,“土地违法刑责追究风险仅有0.1%”,《新华每日电讯》,2007年7月8日。

[16] 郑其昂、张富英、池墨,“土地违法案为何八成涉及地方政府?”,《中国改革报》,2007年7月16日。

[17]《毛泽东文集》(第2卷),人民出版社,1993年。

[18]《毛泽东文集》(第6卷),人民出版社,1999年。

[19] 转引自:薄一波,《若干重大决策与事件的回顾》(下卷),中共中央党校出版社,1991年。

[20] 国家信访局局长,“80%的信访基层本可解决”,《浙江工人日报》,2003年11月22日。

对毛泽东思想和中国特色社会主义理论体系关系的若干思考

陈永刚 *

自“中国特色社会主义理论体系”概念提出以来，毛泽东思想和中国特色社会主义理论体系的关系便成为学界和社会关注的热点。应该说，党的十七大已经圆满地解决了这一问题，即中国特色社会主义理论体系不包含毛泽东思想，毛泽东思想和中国特色社会主义理论体系并列为马克思主义中国化的两大理论成果，但这种非包含关系并未否定两大理论体系的逻辑联系，“这个理论体系(即中国特色社会主义理论体系——作者加)，坚持和发展了马克思列宁主义、毛泽东思想”[1](p.11)，是对毛泽东思想的继承与发展，是马克思主义中国化的最新理论成果。然而现实中，人们依然会存在诸多疑问，如，既然毛泽东思想也是马克思主义中国化的理论成果，为什么却将毛泽东思想排除在中国特色社会主义理论体系之外，这是不是“非毛化”？既然中国特色社会主义理论体系以“什么是社会主义，怎样建设社会主义”为主题，那么，为什么毛泽东晚年探索中国社会主义建设道路的诸多有益成果不能纳入中国特色社会主义理论体系？对这些问题的回答，不仅关系到对毛泽东与毛泽东思想的科学评价，还关系到对中国特色社会主义理论体系的科学把握与正确解读。所以，毛泽东思想和中国特色社会主义理论体系的关系，既是一个重大理论问题，也是一个极有价值的实践问题。为此，

---

* 作者简介：陈永刚，山东大学(威海)哲学与社会发展研究中心副教授，研究方向为马克思主义中国化、大众化。本文系2012年国家社会科学基金项目“中国特色社会主义理论体系建构基础问题研究”(批准号：12BKS029)之阶段性成果。

本文拟围绕这一问题做一探讨。

一、毛泽东思想与中国特色社会主义理论体系是矗立在马克思主义中国化进程中的两座理论丰碑，它们的理论特色、实践基础不同，各自具有独立的理论价值，因而是并列关系而非包容关系。马克思主义是关于无产阶级和人类解放条件的科学。它揭示了人类社会发展的一般规律，是无产阶级进行革命斗争不可或缺的思想武器。但是，正如毛泽东所说，"没有抽象的马克思主义，只有具体的马克思主义。所谓具体的马克思主义，就是提高民族形式的马克思主义，就是把马克思主义应用到中国具体环境的具体斗争中去，而不是抽象地应用它。"[2](p.658)可见，毛泽东不仅是马克思主义中国化的最早倡导者，也是积极实践者。他不拘泥于马克思列宁主义的词句，而是运用马克思主义的基本立场、基本观点、基本方法来研究解决中国革命、建设的具体问题，创立了马克思主义和中国革命实践之统一的科学理论——毛泽东思想，完成了马克思主义中国化的第一次质的飞跃。所以，自党的七大以来，毛泽东思想一直作为我党我国的指导思想。然而，任何理论都不是凭空产生的，都是它所处时代的精华，都要反映时代的要求，回答和解决时代提出的问题。毛泽东思想也不例外。毛泽东思想产生的必然性，与20世纪二三十年代中国革命形势、革命任务是紧密相连的。

毛泽东思想是被实践证明了的关于中国革命和建设的正确理论原则和经验总结，是马克思主义一般原理与20世纪上半叶中国革命、建设实践相结合的产物。20世纪上半叶的世界，主题便是战争与革命。当时的中国人民深受帝国主义、封建主义和官僚资本主义这"三座大山"的剥削与压迫。求得民族独立、人民解放，实现国家强盛、人民幸福成为近代历史赋予中华民族的两大历史任务，虽然历经无数优秀中华儿女抛头颅、洒热血，但直至中国共产党诞生时刻，这两大历史任务均却无一完成。于是，以毛泽东为主要代表的中国马克思主义者们面临的首要任务便是创造性地运用马克思主义解决中国革命所面临的各种基本问题。以毛泽东为主要代表的中国共产党人以巨大的政治勇气和理论勇气，对外不畏"三座大山"白色恐怖的压力，对内排除了教条主义者的干扰，制定了一系列正确的路线、方针、政策，领导人民取得了一个又一个的革命胜利。与此同时，在理论上也实现了马克思主义中国化第一次质的飞跃，产生了第一个中国化的马克思主义——毛泽东思想，此后，在毛泽东思想指导下，我们中国不仅取得了新民主主义革命胜利，还成功地完成了社会主义改造，建立起社会主义的基本制度，尽管某些具体制度，即经济体制、政治体制尚存不合理之处，但这些制度确实为当代中国的一切进步奠定了基础。所以，党的十七大报告强调，“我们要永远铭记，改革开放伟大事业，是在以毛泽东同志为核心的党的第一代中央领导集体创立毛泽东思想，带领全党全国各族人民建立新中国、取得社会主义革命和建设伟大成就以及艰辛探索社会主义建设规律取得宝贵经验的基础上进行的。新民主主义革命的胜利，社会主义基本制度的建立，为当代中国一切发展进步奠定了根本政治前提和制度基础。”[1](p.7)可见，我党从没有怀疑毛泽东思想的科学性，更没有抹杀以毛泽东为核心的党的第一代领导集体的革命功绩，不存在所谓“非毛化”问题。

中国特色社会主义理论体系是马克思主义中国化的最新理论成果。是马克思主义与当代中国现代化建设实践相结合的产物。它科学地解决了在中国这样经济文化落后的国家如何建设社会主义、巩固社会主义的问题。诚然，以毛泽东为核心的党的第一代领导集体以巨大的理论创新勇气将马克思列宁主义与中国革命实践相结合，领导中国人民取得了新民主主义革命胜利，并成功地建立起社会主义基本制度，完成了近代历史赋予中华民族的第一个历史任务，使中国人民站起来了！但是，由于社会主义建设的长期性、复杂性，加之我党与毛泽东同志缺乏社会主义建设经验，所以，以毛泽东为核心的党的第一代领导集体对中国社会主义建设道路虽然进行了有益探索，这些探索成果对中国特色社会主义道路的开辟和中国特色社会主义理论体系的形成也具有莫大启迪意义，但是，这期间我党与毛泽东同志均犯了左的错误，使得探索过程充满了艰辛与曲折，今天观之，要么有些理论因当时条件所限尚不能提出，要么已经提出的理论观点尚不彻底与完善。于是，党的十一届三中全会成为历史的转折点，自此新中国历史掀开了新的一页。以邓小平为核心的党的第二代领导集体以巨大的政治勇气和理论勇气，圆满地解决了对毛泽东与毛泽东思想评价这一历史难题，围绕“什么是社会主义，怎样建设社会主义”这一主题开始了新的理论创新，形成了邓小平理论，开辟了中国特色社会主义建设道路。以江泽民为核心的党的第三代领导集体发扬与时俱进的马克思主义理论品质，将业已蓬勃发展的改革开放事业成功推向 21 世纪的同时，又创立了“三个代表”重要思想。十六大以来，以胡锦涛为总书记的党中央以邓小平理论和“三个代表”重要思想为指导，顺应国内外形势发展变化，抓住重要战略机遇期，发扬求真务实、开拓进取精神，提出了科学发展观、构建社会主义和谐社会等一系列重要战略思想，使中国特色社会主义理论体系得以完成。实现了马克思主义中国化的第二次质的飞跃。

可见，就理论产生的时代条件、实践基础以及理论主要内容而言，毛泽东思想是中国共产党的革命逻辑。[3]诚然，毛泽东同志晚年也积极探索过社会主义建设的规律，并提出许多有价值的观点，但是由于毛泽东又回归到抓阶级斗争这一革命逻辑，因而他的探索不仅充满曲折，而且往往是错误理论与正确观点相交织，使得一些正确观点要么被搁置，要么被他自己否定。所以，笔者认为，就理论特色而言，毛泽东思想基本上是关于中国革命的科学理论，正如邓小平所讲，“毛主席最伟大的功绩是把马列主义的原理同中国革命的实际结合起来，指出了中国夺取革命胜利的道路。”[4](p. 345)《关于建国以来党的若干历史问题的决议》(以下简称《决议》)也为此提供了佐证。《决议》指出，二十八年新民主主义革命斗争的胜利充分说明：“中国革命的胜利，是在马克思列宁主义的指导下取得的。我们党创造性地运用马克思列宁主义的基本原理，把它同中国革命的具体实践结合起来，形成了伟大的毛泽东思想，找到了夺取中国革命胜利的正确道路。”而中国特色社会主义理论体系则是在以毛泽东为核心的党的第一代领导集体领导人民取得巨大成就的基础上，进一步解决了在中国这样一个半殖民地半封建国度中如何建设社会主义、巩固和发展社会主义的问题。就实践基础和理论内容而言，中国特色社会主义理论体系的理论特色就是关于中国特色社会主义建设的理论，是中国共产党人的建设逻辑。

二、毛泽东晚年对社会主义建设道路的艰辛探索为开辟中国特色社会主义道路做了开创性工作，其正确观点对中国特色社会主义理论体系的形成具有启迪意义，但它们依然属于毛泽东思想体系，不宜纳入中国特色社会主义理论体系。1981 年我党召开了十一届六中全会，这次全会不仅科学地评价了毛泽东，而且阐释了毛泽东思想的科学内涵与基本内容。《决议》指出：“毛泽东思想是马克思列宁主义在中国的运用和发展，是被实践证明了的关于中国革命的正确的理论原则和经验总结，是中国共产党集体智慧的结晶。”毛泽东思想的主要内容可概括为六大方面：新民主主义革命理论；社会主义革命和社会主义建设理论；革命军队建设和军事战略理论；政策和策略的理论；思想政治工作和文化工作的理论；党的建设理论。可见，毛泽东晚年对中国社会主义建设道路探索所提出的正确观点应隶属于社会主义建设理论范畴，换言之，这些正确思想依然属于毛泽东思想理论体系。既然是社会主义建设理论，为什么不能将其纳入中国特色社会主义理论体系呢？笔者认为，原因如下：

其一，任何理论体系都应该有一个一以贯之的主题或主线，这是不同的概念、范畴、原理得以按一定逻辑关系组成有机的统一整体之原因。毛泽东思想是马克思列宁主义在中国的运用和发展，基于时代要求，毛泽东思想所解决的主要问题是半殖民地半封建的中国实现民族独立和人民解放的革命道路是什么。于是，毛泽东为核心的党的第一代领导集体首先开辟了中国特色的革命道路，推翻了“三座大山”，使中国人民真正站了起来，完成了中国革命的上篇。接着，又不失时机地开始完成中国革命的下篇，即建立起社会主义基本制度，开始建设社会主义和巩固社会主义。其中包括探索适合中国特点的社会主义建设道路。所以，毛泽东晚年的社会主义实践与探索，并未超出毛泽东思想的主题范围，是以往正确思想合乎逻辑的延续与发展。而中国特色社会主义理论的主题便是“什么是社会主义，怎样建设社会主义”。它是马克思主义一般原理与当代中国社会主义现代化建设实践相结合的产物。以邓小平为主要代表的中国共产党人高举毛泽东思想伟大旗帜，同时纠正了毛泽东晚年错误，成功地开辟了中国特色社会主义道路，并最终形成了一个新的理论体系——中国特色社会主义理论体系。

其二，毛泽东晚年对中国社会主义道路的探索充满曲折性，虽然提出了一些有价值的东西，但总体来看，犯了左的错误，“在毛泽东的思想中，逐渐形成和发展出一个与以经济建设为中心的思想框架相对立的，以阶级斗争为纲的思想框架。”[5]所以，最终未能如愿地开辟一条有中国特色的社会主义建设道路。诚然，学界曾有人主张将毛泽东对中国社会主义建设道路的探索视为中国特色社会主义理论体系的历史起点，并以中国特色社会主义道路“始于毛，成于邓”的说法为佐证。笔者并不苟同这种观点。笔者认为，虽然毛泽东提出要“以苏联为鉴戒”，探索适合中国的社会主义建设道路，但是由于缺少经验，犯了左的错误，因而直至毛泽东逝世，也未能找到中国特色社会主义道路。具体表现在：(1)虽然毛泽东提出“把中国建设成一个伟大的社会主义国家”的总目标[6](p.1437)，并提出了实现“四个现代化”的“两步走”战略，但由于对社会主义本质缺乏认识，因而未能提出社会主义的根本任务就是发展生产力，却提出了以阶级斗争为纲的错误理论方针，生产力的发展则被忽视了。20 世纪 50 年代末，“随着国内外不断出现的一些政治风浪、特别是不时出现的国内外敌对势力的攻击和破坏活动，使毛泽东越来越重视和强调阶级斗争，越来越超出其对经济建设的重视，以致最终动摇了原先确立的以经济建设为中心的思想框架，而完全代之以阶级斗争为纲的思想框架，最后发动了‘文化大革命’”。[5]所以，邓小平讲：“毛泽东同志是伟大的领袖，中国革命是在他的领导下取得成功的。然而他有一个重大的缺点，就是忽视发展社会生产力。”[7](p.116)“毛主席最大的弱点是在社会主义建设中忽视生产力的发展。”[8](p.741)试想，忽视生产力发展的社会主义建设道路会成为建设社会主义的成功之路吗？而后来中国特色社会主义道路的开辟，恰恰始于接受这一教训。所以，邓小平一再强调，“什么叫社会主义，什么叫马克思主义？我们过去对这个问题的认识不是完全清醒的。”[8](p.986)“我们建立的社会主义制度是个好制度，必须坚持。……但问题是什么是社会主义，如何建设社会主义。我们的经验教训有许多条，最重要的一条，就是要搞清楚这个问题。”[8](p.1037)(2)在生产力与生产关系的辩证关系上，毛泽东忽略了生产力的决定作用，而人为夸大了生产关系的反作用，所以，从恪守社会主义公有制原则出发，一再追求所有制升级。最终形成了以“一大二公”为特征的单一的社会主义生产关系模式，违背了生产关系一定要适合生产力状况的规律。所以，1959 年毛泽东在《读苏联〈政治经济学〉的谈话》中便强调：“如果我们写社会主义政治经济学，也可以从所有制出发。先写生产资料私有制变革为生产资料公有制，把官僚资本主义私有制和民族资本主义私有制变为社会主义公有制；把地主土地私有制变为个体农民私有制，再变为社会主义集体所有制，把个体的手工业变为社会主义集体所有制。”[9](pp.137-138)可见，毛泽东不仅笃信公有制的社会主义属性，而且在所有制结构上追求单一化、纯粹化。应该说，将公有制视为社会主义本质特征是无可厚非的，问题在于否定和消灭了其他非公有制的补充地位，这不仅不符合我国国情，也根本违背了生产关系一定要适合生产力状况的规律。(3)毛泽东始终恪守社会主义经济是计划经济的立场，忽视了商品经济对社会经济发展的积极作用，不利于促进社会主义生产力的发展。应该说，毛泽东曾就商品经济提出了一系列创新论断，如“价值法则是一个伟大学校”[9](p.34)，“现在要利用商品生产、商品交换和价值法则，作为有用的工具，为社会主义服务”[9](p.435)等等，但是就总体而言，毛泽东还是恪守社会主义经济是计划经济的立场的。在1956年的《论十大关系》中，毛泽东明确讲：“为了建设一个强大的社会主义国家，必须有中央的强有力的统一领导，必须有中央的统一计划和统一纪律，破坏这种必要的统一，是不允许的。”[10](p.32) 1959年，毛泽东在《读苏联〈政治经济学教科书〉的谈话(节选)》中更加肯定了计划经济立场，他讲：“恩格斯说，在社会主义制度下，‘按照预定计划进行社会生产就成为可能’，这是对的。资本主义社会里，国民经济的平衡是通过危机达到的。社会主义社会里，有可能经过计划来实现平衡。”[9](p.118)与对计划经济的充分肯定不同，毛泽东对商品经济则采取了疑虑、否定的态度。他讲：“社会主义社会里面的按劳分配、商品生产、价值规律等等，现在是适合于生产力发展的要求的，但是，发展下去，总有一天要不适合生产力的发展，总有一天要被生产力的发展所突破，总有一天它们要完结自己的命运。”[9](p.137)诚然，毛泽东在1958—1959年间曾就社会主义商品生产、商品交换和价值规律问题提出过一系列具有创新性的科学论断，但是到了1974—1976年间便被他自己否定了。1974年10月20日，毛泽东在会见丹麦首相保罗·哈特林时说：八级工资制，按劳分配，货币交换，这些跟旧社会没有多少差别。在1975年底到1976年初的一系列谈话，他又重申了这一观点，认为分等级，有八级工资，按劳分配，等价交换，跟旧社会差不多。[11](p.447)毛泽东的立场与态度表明，他的探索不可能走向发展社会主义市场经济之路，因而也不可能开辟包含发展社会主义市场经济的中国特色社会主义道路。

其三，毛泽东晚年对中国社会主义建设道路探索进行了艰辛探索，但今天看来，要么囿于当时条件不具备，某些理论根本就不能产生，要么提出了一些正确东西，却被搁置起来，或后来被毛泽东错误地反对掉了，总之，毛泽东探索取得的有价值的成果在理论上尚不成熟，不宜纳入中国特色社会主义理论体系。

例如，关于社会主义商品生产、商品交换、价值规律的分析，是毛泽东关于社会主义建设规律认识中极有价值的重要思想，其理论创新性已得到学界一致公认。但是，毛泽东关于社会主义商品生产分析的局限性也是很明显的。他只是回答了不同所有制单位之间主要是工农之间存在商品生产与交换的原因，但没有说明全民所有制内部存在商品关系的原因，虽然比斯大林的“外壳论”有说服力，但对社会主义商品关系原因的解释并不彻底；毛泽东没有将商品生产看做社会主义生产的本质特征，这是因为：(1)他部分地否定了生产资料的商品属性，“斯大林认为在苏联生产资料不是商品。在我们国家就不同，生产资料又是商品又不是商品，有一部分生产资料是商品，我们把农业机械卖给合作社。”[10](p.435) (2)虽然毛泽东承认商品生产可以为社会主义服务，但其并未超越囿于马克思、恩格斯关于未来社会将废除商品生产的认识，依然将废除商品生产视为社会主义的理想目标。只不过基于实事求是态度，毛泽东看到了一定程度商品生产的发展还有利于社会主义建设。他没有也不可能认识到商品经济的充分发展是社会经济发展不可逾越的阶段，更不可能将商品生产视为社会主义生产的唯一形式。所以，按照毛泽东的理论逻辑，不可能形成社会主义市场经济理论。因此，尽管毛泽东关于社会主义商品生产思想富有远见，具有极高的理论价值与实践意义，但它仅仅是社会主义市场经济理论形成的理论先导，不可能取代甚至与社会主义市场经济理论相提并论。毛泽东指出：“进入共产主义要有步骤。我们向两方面扩大：一方面发展自给性的生产，一方面发展商品生产。现在要利用商品生产、商品交换和价值法则，作为有用的工具，为社会主义服务。”[10](p.435) 可见，“在毛泽东的视野中，商品经济仅具有工具性、手段性意义，计划经济才是社会主义的本质特征。而毛泽东所理解的计划经济(这是改革开放前我国通常的理解)又是排斥市场经济的，是限制商品经济发展的，他虽然讲过要保护和发展商品经济，利用价值规律，但实际实行的却是扩大产品分配，缩小商品交换，窒息市场调节。‘文化大革命’中批判的‘三自一包’(自留地、自由市场、自负盈亏和包产到户)和‘四大自由’(雇工自由、贸易自由、借贷自由、生产自由)实际上是社会主义条件下发展商品生产、搞好社会主义经济的手段，却被当成复辟资本主义的典型‘谬论’来批判。毛泽东甚至把等价交换看成资产阶级法权而加以限制。”[12]

1959年以后，毛泽东在总结大跃进和人民公社运动失误的基础上，在读苏联《政治经济学教科书》时谈到：“社会主义这个阶段，又可能分为两个阶段，第一个阶段是不发达的社会主义，第二个阶段是比较发达的社会主义。后一个阶段可能比前一阶段需要更长的时间。”[9](p.116)这就是毛泽东关于社会主义发展阶段思想。应该说，这是毛泽东晚年有价值的正确思想之一。这一思想对后来社会主义初级阶段理论形成有奠基意义。但是，与社会主义初级阶段理论相比，这一思想尚不可避免地带有局限性。这表现在：(1)缺乏必要的理论论证。应该说，毛泽东的“不发达社会主义”实际上就是社会主义初级阶段，社会主义初级阶段就是社会主义的不发达阶段。但是，毛泽东仅仅提出了“不发达社会主义”的概念，没有完成理论上的诠释与论证，缺乏必要的解释与说明，所以并没有因提出这一思想而得出发展生产力才是社会主义根本任务的科学结论。(2)对不发达社会主义阶段的长期性缺乏认识。诚然，毛泽东同志对中国国情做过深入研究，认为中国的显著特点就是人口多、底子薄，经济落后，“一穷二白”。但他对“一穷二白”现状对社会主义建设的消极影响估计不足。毛泽东讲：“我曾经说过，我们一为‘穷’，二为‘白’。‘穷’，就是没有多少工业，农业也不发达。‘白’，就是一张白纸，文化水平、科学水平都不高。从发展的观点看，这并不坏。穷就要革命，富的革命就困难。科学技术水平高的国家，就骄傲得很。我们是一张白纸，正好写字。”[10](p.44)应该说，这段话充分表现了毛泽东惯有的革命乐观主义精神，这对于鼓舞全国各族人民艰苦奋斗进行社会主义建设是有益的，但也表明他对我国经济文化落后的基本国情给正在着手的社会主义建设所带来的困难估计不足。(3)没有将“不发达社会主义”作为制定方针政策的立足点。虽然毛泽东将社会主义分为“不发达的社会主义”与“发达的社会主义’两个阶段，但他并没有强调不发达社会主义便是我国的基本国情，更没有将其作为制定路线、政策的立足点。相反，他往往更倾向于理想的社会主义目标模式。这直接导致他在晚年某些思想不一贯，某些观点自相矛盾。通过毛泽东晚年社会主义实践可以发现，一方面他认识到我们的社会主义属于不发达的社会主义，另一方面，在所有制结构上，又努力追求纯而又纯的公有制模式。虽然提出了可以消灭了资本主义又搞资本主义的思想，但这个认识并没有深入展开也没有付诸实践。最终依然固守“一大二公三纯”的所有制模式。

毛泽东思想和中国特色社会主义理论体系的非内含关系并未割断两大理论体系的逻辑联系。作为马克思主义中国化最新理论成果的中国特色社会主义理论体系，与马克思列宁主义、毛泽东思想是一脉相承的科学理论，是中国共产党人在新的历史条件下对毛泽东思想的继承、运用和发展。这表现在：

其一，中国特色社会主义道路并非“非毛化”，而是运用毛泽东思想立场、观点、方法来解决在中国怎样建设社会主义，巩固、发展社会主义这一基本问题的结果。毛泽东主席逝世后，中国将向何处去？这是摆在党和国家面前的首要问题。应该说，高举毛泽东思想伟大旗帜是当时社会的共识，但是，围绕何谓坚持毛泽东思想的问题，党内却出现了两种截然不同的主张，一种是“两个凡是”的错误观点，其错误在于继续坚持毛泽东的晚年错误。正如邓小平所说：“‘两个凡是’的观点就是想原封不动地把毛泽东同志晚年的错误思想坚持下去。所谓按既定方针办，就是按毛泽东同志晚年的错误方针办。”[4](p.298)另一种是以邓小平为代表的中国共产党人主张“我们世世代代地用准确的完整的毛泽东思想来指导我们全党、全军和全国人民”。[4](p.39)“我说要用准确的完整的毛泽东思想作指导的意思是，要对毛泽东思想有一个完整的准确的认识，要善于学习、掌握和运用毛泽东思想的体系来指导我们各项工作。”[4](p.39)显然，此时邓小平已经将毛泽东思想这一科学理论体系同毛泽东晚年错误严格区别开了。接着，邓小平在许多不同场合反复强调实事求是这一毛泽东思想的灵魂。“毛泽东思想的基本点就是实事求是，就是把马列主义的普遍原理同中国革命的具体实践相结合。毛泽东同志在延安为中央党校题了‘实事求是’四个大字，毛泽东思想的精髓就是这四个字。”[4](p.127)“毛泽东思想最根本的最重要的东西就是实事求是。”[13](p.320)邓小平不仅深刻把握实事求是，而且还身体力行，自称自己是“实事求是派”。在邓小平等人的推动下，党的十一届三中全会终于恢复了我党实事求是的思想路线，并实现了政治路线的拨乱反正，即抛弃了以阶级斗争为纲，将党的工作重心转移到现代化建设上来。这表明，我党真正坚持了毛泽东思想。正如邓小平所讲：“什么叫高举毛泽东思想的旗帜呢？就是从现在的实际出发，充分利用各种有利条件，实现毛泽东同志提出、周恩来同志宣布的四个现代化的目标。”[4](p.128)可见，今天方兴未艾的现代化事业并非“另起炉灶”，它就是毛泽东规划、周恩来宣布的“四个现代化”的延续，是第二代中央领导集体对第一代中央领导集体开创的未完成事业的继承。对此，邓小平指出：“三中全会以后，我们就是恢复毛泽东同志的那些正确的东西嘛，就是准确地、完整地学习和运用毛泽东思想嘛。基本点还是那些。从许多方面来说，现在我们还是把毛泽东同志已经提出、但是没有做的事情做起来，把他反对错了的改正过来，把他没有做好的事情做好。今后相当长的时期，还是做这件事。当然，我们也有发展，而且还要继续发展。”[4](p.300)“我们搞改革开放，把工作重心放在经济建设上，没有丢马克思，没有丢列宁，也没有丢毛泽东。老祖宗不能丢啊！”[7](p.369)

其二，实事求是是毛泽东思想的灵魂，也是中国特色社会主义理论体系的灵魂，没有实事求是，便没有中国特色社会主义理论体系的形成。1941年，毛泽东在《改造我们的学习》中，运用辩证唯物主义观点，赋予实事求是以新的科学涵义，从世界观和方法论的结合上，对实事求是作了马克思主义的科学解释，为实事求是作为党的思想路线奠定了基础。而且他还身体力行，坚持实事求是，破除教条主义的干扰，将马克思主义普遍原理与中国具体情况结合起来，提出了指导中国革命的正确理论、路线和方针政策，取得了革命的伟大胜利。因此，毛主席对中国革命最大的贡献便是把马克思主基本原理同中国革命实践结合起来，成功地解决了中国革命所面临的种种特殊问题。作为毛泽东思想的真正继承者，邓小平不仅在新形势下恢复了实事求是，而且身体力行地贯彻实事求是。可以说，不恢复实事求是，就不可能做出改革开放的决策，不实事求是，就不能对阻碍生产力发展的某些生产关系和上层建筑进行改革。没有实事求是，就没有改革开放的成功经验，就没有中国特色社会主义道路，就不可能形成中国特色社会主义理论体系。邓小平1992年视察南方的一段讲话足以证明这点。他说：“实事求是是马克思主义的精髓，要提倡这个，不要提倡本本。我们改革开放的成功，不是靠本本，而是靠实践，靠实事求是。……我读的书并不多，只是一条，相信毛主席讲的实事求是。过去我们打仗靠这个，现在搞建设，搞改革也靠这个。”[7](p.382)

其三，毛泽东探索中国社会主义建设道路所取得的有价值的成果对中国特色社会主义理论体系的形成具有奠基意义。毛泽东是伟大的马克思主义者，他开辟了马克思主义一般原理与中国革命具体实践相结合的先河，不仅在新中国成立前很好地实现了二者的结合，即使晚年犯错误时期，也提出过许多好的东西，这些都成为中国特色社会主义理论体系形成的重要思想渊源。

毛泽东对中国国情的认识和社会主义分阶段思想对社会主义初级阶段理论形成具有启迪意义。毛泽东是马克思主义中国化的首倡者与实践者，他特别重视对中国国情的认识与把握。他清醒地认识到，中国的显著特点就是人口多、底子薄，经济文化落后，也就是“一穷二白”。于是，他清醒地意识到，在中国建成社会主义是相当艰巨的任务，并且需要花费较长时期的努力才能做到。他说：“建设社会主义，原来要求是工业现代化，农业现代化，科学文化现代化，现在加上国防现代化。在我们这样的国家，完成社会主义建设是一个艰巨任务，建成社会主义不要讲得过早了。”[9](p.116) 所以，毛泽东又提出了社会主义社会分阶段的思想。毛泽东所说的“不发达的社会主义”，实际上就是社会主义初级阶段，但是，由于当时条件所局限，他仅是提出了问题，并没有能够从理论上解决这一问题。但是，这个思想确实对社会主义初级阶段理论具有奠基意义。

《关于正确处理人民内部矛盾的问题》是我国实行改革开放政策的深层理论基础。1957 年 2 月，毛泽东作了《关于正确处理人民内部矛盾的问题》的讲话，创造性地提出了社会主义社会基本矛盾和两类矛盾的学说。他指出：“在社会主义社会中，基本的矛盾仍然是生产关系和生产力之间的矛盾，上层建筑和经济基础之间的矛盾。不过社会主义社会的这些矛盾，同旧社会的生产关系和生产力之间的矛盾，上层建筑和经济基础的矛盾，具有根本不同的性质和情况罢了。”[10](p.214) 对于毛泽东这一提法，邓小平给予了充分肯定。1979 年 3 月，在党的理论工作务虚会上，邓小平讲：“关于社会主义社会的基本矛盾，还是按照毛泽东同志在《关于正确处理人民内部矛盾的问题》一文中的提法比较好，即‘在社会主义社会中，基本的矛盾仍然是生产关系和生产力之间的矛盾，上层建筑和经济基础之间的矛盾’。从二十多年的实践看来，这个提法比其他的一些提法妥当。”[13](p.503) 正是运用毛泽东关于社会主义社会矛盾的学说，并在总结“文化大革命”经验教训的基础上，邓小平才提出改革开放这一总方针的。

《论十大关系》是中国特色社会主义理论体系的重要理论渊源。社会主义社会的全面发展是马克思主义重要思想，也是中国特色社会主义理论体系的重要内容。然而，“1956年毛泽东在其著名的‘论十大关系’中就提出了社会主义全面发展的问题，并从社会发展的多角度阐述了这一重要思想。正如毛泽东所指出的：‘都是围绕一个基本方针，就是要把国内外一切积极因素调动起来，为社会主义事业服务。’这里讲到的把一切积极因素调动起来和‘论十大关系’中论述的工业、农业、国防建设、民族发展、党的建设等一系列的问题，实际上包容了社会主义社会全面发展的问题，从一定意义上讲，既是当时社会主义建设的核心，也是今天社会主义科学发展的重要理论和实践基础。”[14]

此外，毛泽东关于全心全意为人民服务的思想；关于统筹兼顾、适当安排的思想；关于加强党的建设思想；关于独立自主、自力更生的建国方针；关于正确区分和处理两类不同性质矛盾的思想；关于反对腐败、反对官僚主义、反对特权的思想；关于坚持社会主义公平、平等，防止和反对两极分化的思想，等等，都被中国特色社会主义理论体系所吸纳，成为中国特色社会主义理论体系的重要理论渊源。

[注释与参考文献]

[1]《中国共产党第十七次全国代表大会文件汇编》，人民出版社，2007年。

[2]《中共中央文件选集》(第11册)，中共中央党校出版社，1991年。

[3]姚润皋，《从毛泽东思想到中国特色社会主义理论体系》，《湖南科技大学学报》，社会科学版(湘潭)，2009年第1期。

[4]《邓小平文选》(第2卷)，人民出版社，1983年。

[5]徐崇温，《毛泽东对适合中国国情的社会主义建设道路的先行探索》，《中共云南省委党校学报》(昆明)，2010年第2期。

[6]《毛泽东选集》(第4卷)，人民出版社1991年。

[7]《邓小平文选》(第3卷),人民出版社,1993年。
[8] 中共中央文献研究室,《邓小平年谱》(下),中央文献出版社,2004年。
[9]《毛泽东文集》(第8卷),人民出版社,1999年。
[10]《毛泽东文集》(第7卷),人民出版社,1999年。
[11] 中共中央文献研究室,《关于建国以来党的若干历史问题的决议注释本》(修订),人民出版社,1985年。
[12] 刘林元,《毛泽东的两份历史遗产与中国特色社会主义的理论和实践》,《南京政治学院学报》,2013年第1期。
[13] 中共中央文献研究室,《邓小平年谱》(上),中央文献出版社,2004年。
[14] 郭松江,《新视角下毛泽东社会主义建设思想再解读》,《中南民族大学学报》(人文社会科学版)(武汉),2009年第4期。

意识形态灌输论及其当前意义探析

郭士民*

考茨基在社会主义思想史中首次提出“社会主义意识是一种从外部灌输到无产阶级的阶级斗争中去的东西，而不是一种从这个斗争中自发出来的东西”的著名论断，对科学社会主义理论做出了新的贡献。列宁对此十分推崇，并在批判俄国经济派宣传的自发性过程中提出了“意识形态灌输论”。[1](p.67)从此该理论成为社会主义国家马克思主义思想政治教育的一条经典理论。时间已经过去近一个世纪，习近平总书记重提意识形态问题的极端重要性，要求宣传思想部门在意识形态灌输方面必须“守土有责”，而目前媒体在意识形态宣传过程中存在着一定程度上的力不从心，这一方面是受当前国内外大环境影响，另一方面也与媒体在主观上对宣传实效重视不够有关。重新回顾意识形态灌输论的现实意义，对于改变意识形态宣传工作仅仅满足于“命题作文”等单向宣传倾向有着重要的意义，而且有助于培育和践行社会主义核心价值观。

一、意识形态灌输论没有过时

虽然“意识形态灌输论”一直是党和国家遵循的一个原则，但由于该理论产生于一个世纪以前，且产生的原因与当时特殊的历史背景密切相关，因此有些学者对意识形态灌输论进行非难，认为这个理论已经“过时”了，认为

* 作者简介：郭士民，山东大学当代社会主义研究所科学社会主义专业博士生，研究方向为意识形态和统一战线问题。

今天的社会主义中国,社会历史条件已发生了巨大的变化,工人阶级等已经当家作主,且由于科技和教育的发展,人们的思想观念比以前大大提高,完全可以通过自发的学习掌握社会主义意识形态理论知识,无须再从“外面灌输进去”。真的是这样吗?

仔细分析这些非难观点,发现其论据与一百年前俄国社会民主党内经济派所持的观点大体类似,即持经济主义的观点,崇拜工人运动的自发性,鼓吹工人运动本身能自发地形成社会主义意识,能自发地走上社会主义道路,因而不需要革命理论的指导,不需要对工人进行科学社会主义理论、意识的教育。对此列宁驳斥说:“或者是资产阶级的意识形态,或者是社会主义的意识形态,这里中间的东西是没有的(因为人类没有创造过任何‘第三种’意识形态,而且在阶级矛盾所分裂的社会中,任何时候也不可能有非阶级的或超阶级的意识形态)。因此,对社会主义意识形态的任何轻视或者脱离,都意味着资产阶级意识形态的加强。”[2](pp.326-327)也有一些学者的非难是由于担心“文革”历史实践会重现,怀疑重提意识形态灌输论会再次冲击个人思想或私域生活。然而,实际情况是,改革开放以来,我国坚持了马列主义的一元化指导和党管意识形态的原则,虽然社会主义意识形态仍处于支配地位,但实际控制能力已大幅下降,与此相反,国内外敌对势力对我国意识形态防护网的突破尺度也正在越来越大,防范难度也开始越来越大。

当前,任何一个社会都有它的意识形态,在我国是马克思主义指导下的社会主义意识形态。这种意识形态来到中国后,经过中国共产党的不懈努力,牢牢地掌握了最底层的工人阶级、农民阶级和知识分子阶层。靠着这些人的坚定支持,中国完成了历史上最翻天覆地的转变。改革开放以来,我国开始逐步实行社会主义市场经济,虽然同时提出了要一手抓物质文明,一手抓精神文明,但随着市场经济大潮对社会带来的巨大冲击,媒体对资产阶级消费主义的渲染日益增多,在自己意识形态维护上已经越来越显得力不从心或心不在焉。

不可否认,苏联解体东欧剧变之后,社会主义意识形态在全球范围内整体处于守势。西方资产阶级意识形态借助大众文化力量,呈现强势扩张的态势,党的不少意识形态阵地也被其蚕食。比如学术界放眼望去,很多学科的学术研究自主创新性不够,已经是唯西方马首是瞻。在大众文化传播层面上，美国靠着“薯片、芯片、大片”更是所向披靡。要颠覆一个政权、搞乱一个社会，也往往先从意识形态领域打开缺口，思想防线一旦被攻破了，其他防线就很难守住。比如去年西亚和北非的动荡，原本起因仅仅是一个突尼斯小贩遭受城管的粗暴对待后自焚身亡，在西方意识形态的推波助澜作用下，才如野火般越烧越旺。因此，即使仅仅从国家安全的角度看，意识形态灌输论并没有过时，意识形态宣传工作仍然是极端重要的工作。

列宁认为，“资产阶级意识形态的渊源比社会主义意识形态久远得多，它经过了更加全面的加工，它拥有的传播工具也多得不能相比。所以某一个国家中的社会主义运动愈年轻，也就应当愈积极地同一切巩固非社会主义意识形态的企图作斗争。”[2](p.328)随后的意大利共产党人、思想家葛兰西提出了一整套“意识形态领导权”理论，认为在西方资本主义国家，工人阶级必须通过“阵地战”的方式，即通过攻克思想文化战线上的强大堡垒，不断渗透和颠覆传播资产阶级意识形态的庞杂机构的方式，才能取得社会主义革命的胜利。毛泽东同志也讲过“掌握思想领导是掌握一切领导的第一位”。2013年8月，习近平同志强调意识形态工作的极端重要性，要求宣传思想部门在意识形态灌输方面“必须守土有责、守土负责、守土尽责”。

二、社会主义意识形态宣传不应止于单向传输

一项通过对全国多项指标进行调查的数据显示，在我国，将政府、媒体和民间组织的信任度进行比较，发现媒体仍然是群众最为信任的信息来源渠道，即当前我国意识形态斗争的主战场毫无疑问仍然是在媒体。媒体舆论阵地的争夺，关系到社会主义意识形态宣传思想工作的扎实有效，关系到国家的持续和平和发展，更关系到政权的稳定和人民安居乐业，不能有丝毫的放松和马虎。然而，传统媒体在意识形态宣传方面还存在一定的弊端，偏重于自上而下的单向宣传，忽视了宣传主体与受众之间的双向沟通。

列宁在《怎么办》一书中阐述意识形态灌输论的内容时，就已经系统地提出了，在意识形态灌输过程中首先要认识到意识形态灌输论的必要性，然后明确灌输主体、灌输对象、灌输内容、怎么灌输等。上个世纪中期，美国政治学家拉斯韦尔也在《传播的社会职能和结构》一书中阐述了与意识形态灌

输论相似的大众传播“5W”原理，即谁（who）、说什么（say what），通过什么渠道（through what channel）、对谁说（to whom）和产生什么效果（with what effect）。两者都讲到了要注重传播的贴近性，确保有效性，而意识形态灌输论在今天意识形态宣传中的实践意义也正在于此，即，意识形态宣传工作不能仅仅止于单向传播，更应该确保宣传对象成功地接收到宣传内容，从而在心理上、思想意识上有所改变。

从意识形态灌输论的“双向沟通”层面上来审视改革开放后的社会主义意识形态宣传，可以发现，之所以宣传效果一般化，一个很重要的原因是，意识形态灌输的操作者，如新闻媒体，很多时候只是满足于自上而下单向进行意识形态传播，并没有真正关心群众是否真正对所灌输的思想意识等成功进行了接收。而这也正是我国当前意识形态宣传中存在的主要问题之一，即很多基层宣传主管部门和媒体只是小和尚念经似的有口无心地贯彻宣传任务，完成“命题作文”，止于不出现宣传疏漏，在如何创新宣传灌输策略上花费的心思和精力并不多，更说不上主动从灌输对象的接受效果上来考量自己的工作。

除眼光“向上看”以外，传统媒体在宣传内容和宣传形式上也有些单调，总体而言说教意味较浓厚，忽视了人的多元化需求，贴近性不够。打开报纸和电视，仍可以看到，一些媒体仍满足于多年不变的“说感想、问反响”阶段，这点在各级两会、党代会等国家重大政治活动前后表现得更为明显。记者带着题目和预设好的答案在大街上追着群众采访，现场逼问其对党和政府的感恩之情。或者没有进行详细的论证和策划，仅靠拍脑袋就出专栏，生拉硬扯，报道自说自话，不关心宣传效果，或关心度不够，由于低估了大众智商而激起群众的抵触心理。更有甚者，如 2013 年 10 月 9 日，台风菲特给浙江余姚造成 70%的城区积水，10 月 11 日晚，宁波电视台竟宣称“余姚洪水已退、80%供电恢复”，以致被激怒的群众围困，差点酿成大的群体事件。虽然这是个极端事件，但确实反映出宣传主管部门和当地媒体，一旦遇到事件头脑中第一反应仍是宣传“高压线”，是如何封堵消息，而不是通过满足群众的知情权，强化议程设置功能，在话题的参与过程中引导群众对意识形态的接收。传统媒体的这种僵化的宣传思路和低效的应对方式，背离了大众传播公开性原理，尤其是在几乎人手一部智能手机，人人都是新闻事件参与者和报道者的网络时代，看似是意识形态宣传，实际上是在帮倒忙，是“高级黑”。

如果每次与意识形态关系密切的宣传活动，都是单一地从宣传主管部门、主流媒体到大众、家庭和社区，脱离群众，脱离生活，就会给人以新闻依附于政府和公权力的感觉，表面上媒体宣传得热热闹闹，实际上群众并不买账。从质疑到冷漠，久而久之，不但新闻媒体的客观公正性会被腐蚀掉，政府形象和国家公信力也会被抹黑。西方有个“塔西佗陷阱”的典故，意思是，当政府部门失去公信力时，无论说真话还是说假话，做好事还是做坏事，都会被认为是说假话、做坏事。如果少数基层宣传部门仍然除了会提出宣传禁忌，不会创新宣传对策，每天仍只是抱着“别出事”就好的懈怠心态，那么最终并非不可能坠入“塔西佗陷阱”。

三、社会主义意识形态需要培育和践行

经过多方广泛讨论，2012 年十八大报告中，一个简洁深刻的 24 字社会主义核心价值观终于得到大部分人的认可，即“富强、民主、文明、和谐，自由、平等、公正、法治，爱国、敬业、诚信、友善”。这 24 字的社会主义核心价值观同时也是社会主义意识形态的核心和本质，是社会主义意识形态优于资本主义意识形态的重要体现。有了社会主义意识形态的核心内容，还需要在群众日常伦理规范之间搭建一个具体的实现桥梁。前不久，中共中央办公厅印发《关于培育和践行社会主义核心价值观的意见》(下称《意见》)，其中，不但明确了社会主义意识形态或社会主义核心价值观需要培育和践行，而且详尽地从具体操作层面上阐述了社会主义核心价值观在培育和践行过程中所应该遵循的具体章法，成为今后一段时期我国社会主义意识形态宣传工作的具体指导性意见。

《意见》明确要求“新闻媒体要发挥传播社会主流价值的主渠道作用”，而传统主流媒体则是社会主义核心价值宣传的主阵地，因此，《意见》强调“党报党刊、通讯社、电台电视台要拿出重要版面时段、推出专栏专题，出版社要推出专项出版，运用新闻报道、言论评论、访谈节目、专题节目和各类出版物等形式传播社会主义核心价值观”。不可否认，近年来，市场利益的诱惑对党的媒体也产生了一定的影响，这一方面是由于媒体受广告营收制约，

主动去迎合消费主义价值观念需求，产生一种“去意识形态化”而“就金钱化”的情况，另一方面则是由于媒体从业人员自身的马克思主义理论知识不够，学习精神欠佳，对于新自由主义等其他意识形态的挑战应对乏力，甚至缺少最起码的辨别力。于是，只好跟着主管部门的“指挥棒”走，抱着“多一事不如少一事”的心态随波逐流，意识形态宣传工作流于形式。

同时，针对一些地方生活类和行业类媒体过于关注小道消息、花边新闻和猎奇新闻等，对意识形态宣传工作推行不力的现实情况，《意见》也提出“都市类、行业类媒体要增强传播主流价值的社会责任，积极发挥自身优势，适应分众化特点，多联系群众身边事例，多运用大众化语言，在生动活泼的宣传报道中引导人们培育和践行社会主义核心价值观”。

随着网络社会的到来，社会主义核心价值观的网上传播阵地建设也越来越急迫，《意见》也对此进行了专门的部署。有效的意识形态宣传要求媒体能够与群众进行双向交流沟通，但是传统主流媒体受制于节目或者版面制作传输，天然地与受众群体之间处于分离状态，不可避免地具有各种劣势。而传统媒体的劣势恰恰是以互联网为平台的数字新媒体的优势。新媒体快速分流着电视、广播和报纸的受众，近年来随着智能手机的快速普及，人人既是信息接收者又是发布者，使得意识形态宣传工作面临的挑战更大。

但任何挑战中都蕴含着机遇，网络时代仍然是一个“内容为王”的时代。与新媒体相比较，传统媒体在新闻内容提供和专业性、权威性上仍然居于绝对领先的优势。建设社会主义核心价值观的网上传播阵地仍需要借力于传统媒体，利用传统媒体人、财、物的优势，做大做强主流媒体新闻网站平台，通过对新闻事件进行深度解析，宣传正确的意识形态观念。

媒体在做好主流意识形态传播的同时，还应该积极顺应民众呼声，适时开展舆论监督，督促政府遵守信息公开相关法规，当然，依法治国是我国的治国方略，无论是政府，还是传统媒体、新媒体都不是法外之地。在宣传过程中，各方都必须遵守党纪国法。至于相对比较混乱的网络环境，《意见》则指出，必须“推进网络法制建设，规范网上信息传播秩序，整治网络淫秽色情和低俗信息，打击网络谣言和违法犯罪，使网络空间清朗起来”，这样才能共同维护一个良好的新闻媒体环境。

重温意识形态灌输论，给我们的启示是，传统媒体必须旗帜鲜明地宣传社会主义意识形态，立场坚定地批判错误的思想观念，积极实现从以往被动的"完成任务"式的宣传，回归到主动的群众主体性立场。关注发生在群众身边，群众喜闻乐见的新闻事件，从参与人的视角来讲好贴近性的新闻故事，增强宣传效果。通过讲好百姓爱听爱看的故事，给每个中国人一个实现梦想的正能量推动力，从而增强全民族的自信心和凝聚力。媒体从业人员则要增强理论修养，提高业务能力。只有这样，才可以达到"在事关大是大非和政治原则问题上，必须增强主动性、掌握主动权、打好主动仗，帮助干部群众划清是非界限、澄清模糊认识"，从而护航"中国特色社会主义事业顺利向前推进"。

[注释与参考文献]

[1] 赵明义，《科学社会主义》，山东大学出版社，2011年。
[2]《列宁选集》(第一卷)，人民出版社，2012年。

新形势下努力发挥党在社会管理中的领导作用

张　磊*

社会管理是当今世界各国发展中必不可少的一项管理活动。健全社会管理格局、完善社会管理机制、促进社会和谐健康发展，是各国政府社会管理追求的共同目标。近年来，社会管理越来越多地出现在中国的政治生活中。加强和完善社会管理工作对于建设和谐社会有着至关重要的作用。新中国成立以来，党和国家始终高度重视社会管理，对于建立和完善适应我国国情的社会管理制度进行了长期而深入的探索和实践，取得了成绩，积累了经验。改革开放以来，根据国内外形势，党和国家就推进社会管理的改革与创新做了许多卓有成效的工作，建立起了社会管理工作领导体系，制定了较完备的社会管理基本法律法规，初步形成了"党委领导、政府负责、社会协同、公众参与"的社会管理格局。中国共产党是中国唯一的执政党，肩负管理国家和社会的重大责任。在我国的社会管理格局中，中国共产党必然成为社会管理的主体之一，在社会管理中处于领导地位，是社会管理体系中的政治核心。社会管理必须要坚持党的领导，努力发挥党的领导作用。

一、在社会管理中加强党的领导的必要性

近年来，社会管理越来越多地出现在中国的政治生活中。加强和完善

* 作者简介：张磊，法学博士，山东大学（威海）马列部讲师，研究方向为政治学理论与实践，社会管理创新等。

社会管理工作对于建设和谐社会有着至关重要的作用。而社会管理必须要坚持党的领导，努力发挥党的领导作用。在我国社会管理格局中，党的领导地位和政治核心是坚定的，不能不动摇的。这是由我国国情决定的，也是我国社会管理的特色。

（一）党的领导地位是中国人民做出的历史性选择

中国共产党在长期领导中国革命和建设以及改革的过程中，逐步建立和巩固了自己的领导地位，成为中国特色社会主义事业的领导核心，这既是中国近现代史发展的必然选择，也是广大人民群众的历史性选择。历史证明，正是有了中国共产党的坚强领导，我国才能实现民族独立和人民解放，建立新中国，建立起社会主义制度，开辟中国特色社会主义道路，提高人民的生活水平。

（二）党的领导也是我国社会管理的政治思想保证和政治核心

当前，我国社会正处于转型期阶段，面临着新的社会问题和社会矛盾日益复杂和多样化的局面。这种情况下，对于社会管理的各个方面和各个层次，更需要充分发挥党的强大政治凝聚力这一优势，通过调动全社会各个方面的积极性，组织和团结起全社会各方面的力量，努力实现社会管理的政治目标，建设和谐社会。现阶段，这一政治目标就是要按照科学发展观的要求，为全面建设小康社会，构建社会主义和谐社会，实现中华民族伟大复兴的中国梦而共同奋斗。“全心全意为人民服务”是党的根本宗旨，党要以“全心全意为人民服务”为宗旨凝聚广大人民群众。这一宗旨的核心问题主要是对人民群众的态度问题、同人民群众的关系问题。群众路线是党的生命线和根本工作路线。党章规定，“党在任何时候都把群众利益放在第一位，同群众同甘共苦，保持最密切的联系，不允许任何党员脱离群众，凌驾于群众之上”。因此，党要想争取到最广大人民群众的支持，发挥自身的政治核心作用，必须要全心全意为人民服务，密切联系群众。当前，我国还处于社会主义初级阶段，党的政治路线即在社会主义初级阶段的基本路线是“领导和团结全国各族人民，以经济建设为中心，坚持四项基本原则，坚持改革开放，自力更生，艰苦创业，为把我国建设成为富强、民主、文明、和谐的社会主义现代化国家而奋斗”。党的这一政治路线集中体现了我们国家和民族的根本利益，是正确的政治路线，能够凝聚全国各民族的力量，将广大人民群众团结到实现社会主义现代化建设、实现民族伟大复兴的中国梦的伟大旗帜之下而共同奋斗。党的执政理念是执政为民、民主执政、科学执政。改革开放以来，党不断推进政治体制改革，特别是进入21世纪后，政治体制改革的步伐加快。随着改革的不断深入，社会主义民主政治建设和法制建设获得了完善，社会主义社会的生产力得以更快发展，广大人民的积极性也调动起来了。高度的民主，完备的法制，成熟的社会主义制度，既是社会主义社会发展的内在要求，也是党作为执政党而处于政治体制的中心地位的重要保证。

（三）加强党的领导符合当前的国情和党情

我国已经进入政治、经济、文化和社会改革不断深入、快速发展的时期，相应的社会管理应该跟上改革形势的步伐。从整体上看，我国的社会结构、利益格局和思想观念相较于改革开放初期已有了很大的不同，一些根植于原有社会架构的深层次的矛盾逐步显现，社会转型特别是经济和文化领域同国外进行交流和碰撞之后，新的问题不断出现。能不能抓住新问题所带来的新机遇、实现从量到质的跨越式发展，是中国共产党面临的新考验。为此，在社会管理过程中就必须加强党的领导，“要坚持以科学发展为主题，既要注重经济质量的提升，又要注重社会质量的提升；既要注重经济结构的改善，又要注重社会结构的改善。全面加强和创新社会管理，要以人民群众利益为重、以人民群众期盼为念，着力解决好人民群众最关心、最直接、最现实的利益问题，始终保持党同人民群众的血肉联系。特别是目前我国存在着经济社会发展不协调、社会发展滞后的问题，应把社会发展放在更加突出的位置。解决社会管理领域存在的问题，既要付出长期努力，又要增强紧迫感；既要完善社会管理格局，又要创新具体工作方式；既要善于总结规律，又要善于运用规律。完成这些紧迫而繁重的任务，离不开党的坚强领导。”[1]

二、党领导社会管理的创新思路

在当前历史条件下，要加强党对社会管理的领导并进行创新，需要遵循一定的指导原则，即以邓小平理论、“三个代表”重要思想为指导，全面贯彻落实科学发展观，建立健全科学的领导体制和工作机制，提高社会管理科学化水平，完善"党委领导、政府负责、社会协同、公众参与"的社会管理格局，维护人民群众的权益，保持社会和谐稳定。根据这一原则，在社会管理领域，既要保证各级党委的领导核心作用，又充分发挥政府、人大、政协以及社会团体的相关职能作用，共同围绕社会管理进行科学、规范的机制创新，进一步提高党的领导水平和管理服务水平。

（一）要完善党的领导方式

针对社会管理的不同层面和所处对象的不同，党的领导方式需要灵活多变和完善。社会管理和创新是个复杂的命题，既需要坚持党委的领导地位，也需要发挥政府的管理职能。从这个意义上看，党和政府的职能分工需要从全局的角度进行战略区分，既不能党政合一，也不能党政分开，而是要坚持实行党的全面领导，党政职能形成科学化、规范化、制度化的执政机制。党政合一，会削弱政府作为社会管理一大主体的灵活性和自由度，使党的领导作用也难以全面发挥出来；而党政分开，则会弱化党对政府管理职能的直接领导，处理社会问题和社会矛盾难以及时有效。实际上，党执政是通过选派自己的党员按照法定程序进入国家权力系统、掌握政权来实施的。党同政权机关的性质不同，职能不同，所处的执政地位也不同。因此，在社会管理和创新过程中，党政应该各有自己的职能，不能随意混淆或合一。

各级党委在各种同级组织中起到领导核心作用。这意味着不是要大事小事一起包揽，而是应当把工作重点放在抓大方向、定大决策、管大局上，为各级组织把握好全局性、战略性的前进方向。而在实施阶段协调各方力量，调动各方积极性，要求各级党委从整体上推进全局工作的需要出发，安排相应的机构部门具体运作，贯彻落实好党委的工作部署，即做到总揽不包揽、协调不代替。同时，由于社会管理体系是个复杂的系统，单靠各级党委的力量进行组织协同工作还是有难度。这时，就需要各级党委统筹协调好人大、政府、政协等领导班子之间的关系，统筹安排好纪检、组织、宣传、统战和政法等方面的工作，使各方面都能围绕着一个确定的社会管理命题，各司其职，各尽其责，协同配合。更进一步，各级党委还要善于为社会各类组织参与社会管理提供更多便利的渠道，也要充分调动公民个人参与决策、参与管理的积极性和创造性，以及充分发挥对社会管理工作的监督作用。这样，党委就能以领导核心的角色把握社会管理的大问题和大方向，还能将各方面力量都整合到一起，共同推动社会管理的改革与创新。

（二）切实加强反腐倡廉制度建设

切实加强反腐倡廉制度建设，关系到党领导社会管理全局的根本性制度。在以习近平同志为总书记的党中央的坚强领导下，党风政风为之一振。2013年，中央相继出台了“八项规定”、“六项禁令”，提出了反对“四风”走好群众路线等举措。在十八届中纪委二次会议上，习近平总书记指出，反腐倡廉关键在“常”、“长”二字，坚持“老虎”、“苍蝇”一起打，反腐倡廉建设必须反对特权思想、特权现象，要把权力关进笼子里。一年多来，党风政风的逐渐清新带动了整个社会风气的明显好转，“老虎”纷纷下马，“苍蝇”不断落地，整个社会气象一新，中央的举措得到了群众的充分认同。

党风廉政建设和反腐败斗争是一项长期的、复杂的和艰巨的任务，必须常抓不懈，不能是一阵风，要形成一种制度，有腐必反、有贪必肃，不管涉及到哪一层次哪一级别的人都要一查到底、坚决惩治。在过去的几十年里，虽然中央反腐决心未改，反腐力度未减，但反腐的效果却不能令人民群众满意，究其原因，就是权力未被关进笼子里，未得到强有力的监督和制约的缘故。权力具有自我扩张性，有权力的人容易滥用权力，这是亘古不变的真理，而权力如果不受监督和制约，就更容易导致腐败，正如阿克顿公爵所说：“权力导致腐败，绝对的权力绝对导致腐败。”[2](p.342) 从历来的贪腐案件来看，腐败案件的高发领域往往都是资源和权力过于集中的领域，而且缺乏相应的监督和制约，孟德斯鸠说过：“有权力的人们使用权力一直到遇有界限的地方才停止。”[3](p.154) 因此，加强对权力的制约和监督体系建设非常重要，要不断加强和完善反腐败的国家立法和反腐倡廉的党内法规制度建设，不断深化腐败案件高发领域的改革，把权力关进笼子里，使得国家机关及其工作人员严格按照法定权限和程序来行使权力、办理事情。此外，干部提拔环节也是贪腐的重灾区。因此，还要继续完善干部选拔任用制度，坚持公平、公开、民主、竞争、择优的原则，规范干部提名制度，完善竞争上岗、公开选拔、差额选举办法，加强全过程监督等。完善干部考核制度，建立健全体现正确政绩观和科学发展观的干部考核评价体系。完善领导干部职务任期、回避、交流制度，增强干部队伍活力，优化人事结构。

（三）创新党的群众工作改革

坚持全心全意为人民服务，立党为公，执政为民，是中国共产党的核心价值，也是中国共产党的最大优势。习总书记指出，“当前，党员干部贯彻落实党的群众路线总体是好的，在联系服务人民群众方面做了大量富有成效的工作，但也存在着不符合为民务实清廉要求的问题。特别是有的领导机关、领导班子和一些领导干部形式主义、官僚主义、享乐主义突出，奢靡之风严重，主要表现在理想信念动摇，宗旨意识淡薄，精神懈怠；贪图名利，弄虚作假，不务实效；脱离群众，脱离实际，不负责任；铺张浪费，奢靡享乐，甚至以权谋私、腐化堕落。这些问题，严重损害党在人民群众中的形象，严重损害党群干群关系，必须认真加以解决。”[4]另外，基层党组织宣传、组织和带动群众、凝聚人心的能力偏低，面对新形势、新情况，有的基层党组织和党员干部在如何组织好、引导好群众，应该怎样去做好工作方面显得束手无策，宣传、引导群众的办法不多，缺乏吸引力；民主意识比较欠缺，不善于运用民主的手段来做好基层各项工作。基层干部不学法、不懂法的问题还比较突出，对出现的矛盾和问题，不是按法规办事，而是用行政手段，不但没有有效解决和化解矛盾，反而激化了矛盾，依法处理经济和社会各项事务，有效解决和化解社会矛盾的能力较弱；活动内容老化、工作方式陈旧，吸引力不够；干部形式主义、官僚主义、实用主义和享乐主义作风的存在，极大地伤害了广大群众的感情，影响了党的威信和公信力，破坏了党群、干群关系；改革过程中的利益分配关系也会影响党群关系，诸如分配不公平、贫富差距拉大带来了更多的矛盾和隐患。此外，也没有建立完善的公民参与机制，使公民失去了利益表达的机会。

2013年中共中央决定从2013年下半年开始，用一年左右时间，在全党自上而下分批开展党的群众路线教育实践活动。第一批教育实践活动已经进入了尾声，在中共中央领导下全党全国开展的群众路线教育实践活动取得了重要的阶段性成果，党员、干部纯洁了党性，“四风”得到了遏制，社会风气得到了好转。第二批教育实践活动主要在省以下各级机关及其直属单位和基层组织开展。市县领导机关、领导干部和基层单位同人民群众的联系更直接，其不良作风更直接损害群众利益、伤害群众感情。所以，改进基层党组织的群众工作，必须要“着力解决发生在群众身边的腐败问题，认真解决损害群众利益的各类问题，切实维护人民群众合法权益。”[4]

改进新形势下党的群众工作方法，要求基层党组织和党员干部应该具体全面了解处在特定环境和条件下的群众心愿及其他各种愿望和要求，“采取容易为群众所接受、所欢迎的方式方法进行。要善于疏导，注意发扬民主，尊重人、理解人、关心人，采取吸引群众广泛参与的方法、群众自己教育自己的方法、平等讨论的方法、批评和自我批评的方法。要注意区分层次，针对不同特点，把先进性的要求同广泛性的要求结合起来，把思想教育同行为规范的培养结合起来”。[5](p. 655)

基层党组织是党实现执政为民理念的最基本最直接的一环，在工作中必须把群众的现实利益放在首位，认真解决好当前群众反应强烈的环保、医疗、教育、住房、食品和药品安全等和群众生活息息相关的问题，以及安全生产、征地拆迁、涉农利益和企业改制等和群众利益相关的问题，即要坚持改善民生为根本出发点。目前，干群关系紧张也严重影响民生问题的改善，因此，党现阶段执政为民的重点工作一方面首先要解决低收入居民的生活和工作难题，另一方面要制衡贪污腐败的干部官员。尤其是后者，应尽快建立健全对党的监督体系，教育引导广大党员干部自觉做到为民、务实、清廉，并同时加大反腐败的力度。

基层党组织作为党在基层的战斗堡垒，必须密切联系群众、积极反映民意、化解矛盾，维护人民群众的合法权益。要建立有效的信访渠道和网络，使得群众的意见能够到达上级党委。积极听取工会、妇联、共青团等各种群众团体的意见与建议，使其群众团体作用得到充分发挥。基层党组织还要努力探索建立具有自身特点、符合所在区域特点的群众交流沟通平台。实行政务公开制度，保证群众的知情权，强化对基层干部的民主监督，从根本制度上保证人民群众当家作主的权力，改变干部只对上负责不对下负责的状况。

人民群众是我们党的力量之源，执政之基，发展之本，奋斗之根。基层党组织同人民群众的联系更为直接，是密切联系群众的桥梁和纽带。基层党组织的形象会直接影响到群众感情，其不良作风会直接损害群众利益。基层党组织最为贴近群众，处于改革发展稳定工作的第一线，其能随时倾听群众心声，可以发挥服务群众凝聚人心的作用。因此，基层党组织的工作必须以服务群众为核心，以“为群众服务”为基本原则，提高服务能力，为人民群众提供满意的服务。

（四）创新党的基层组织改革

创新基层党组织建设的改革，是保持党先进性的基础，是社会管理创新的保障。改善党员队伍的组织管理，优化党的基层组织格局是创新基层党组织的重中之重。当前党员队伍大规模的流动给基层党组织建设带来了难题，除了造成部分党员流失，党组织资源配置失衡外，还降低了党的组织化水平。流失的党员主要集中在农民党员和工人党员之中，也有一些知识分子党员，随着市场经济的进一步发展，党员的流动与重组还将继续，其归属感和组织观念直接取决于基层党组织的建设，取决于党的威信和公信力。传统的单位体制逐渐瓦解，单位中的党员流向社会各个领域，新型社会组织和经济组织建立起来，而党组织却没有随之发展，使得社区党组织力量薄弱、农村党组织出现萎缩，社会组织中的空白点增多，一些领域出现了批发党员的情况，严重打破了以往的组织平衡，直接削弱了党对社会管理的影响力和号召力。为适应民主政治和市场经济大发展，基层党组织重组过程应理性选择非行政化的定位模式，以扩大基层党组织的社会影响、增强党组织的活力。并积极发展基层党组织间的横向联系，按照区位功能和产业布局重新整合党组织资源，加强对流动党员的管理。另外，基层党组织的活力不高，出现一大批素质不高的党员，原因在于基层党组织中没有形成正常的退出通道，使得一批素质不高、能力不强的人员留在党的队伍当中。所以，要建设基层党组织的开放式格局，分离出一些不适合或者不愿意继续留在党内的人，优化党组织状况。

此外，基层党组织还需要坚定党员的共产主义理想，坚持社会主义的民主、法制、公平和秩序，处理好理想与现实、长远目标与近期目标的关系，努力纠正理论与实践之间的偏差。在党员管理工作中，要尊重党员的主体地位，创新对流动党员的管理办法，如利用互联网实行网上管理，建立党的社会管理网络信息平台等。

社会管理的完善创新，是一项系统工程，需要全社会各个方面统一思想行动起来相互配合，才能真正构建起适应新时期发展要求的新型社会管理体制，党的威信和公信力能够凝聚各方力量参与到社会管理工作中来，社会管理工作必须坚持党的领导。新形势下的社会管理创新要以全面实现小康社会,实现中华民族伟大复兴的中国梦这一宏伟目标为导向,充分发挥党的领导作用,不断提高社会管理的科学化水平,坚持以人为本,服务群众的行动准则,最终真正构建起适应新形势发展要求的社会管理体制。

[注释与参考文献]

[1] 杨宜勇,《全面加强创新社会管理》,《人民日报》2011 年 3 月 29 日。

[2] 阿克顿,《自由与权力》,商务印书馆,2001 年。

[3] 孟德斯鸠,《论法的精神》,商务印书馆,1982 年。

[4]《中共中央政治局召开会议研究部署在全党深入开展党的群众路线教育实践活动工作》,《人民日报》2013 年 4 月 20 日。

[5] 江泽民,《在全国宣传思想工作会议上的讲话》,《十四大以来重要文献选编·上》,人民出版社,1996 年。

论军地海洋危机联合管理机制的建立

陈仕平　陈万平*

当前，我国正实施海洋强国战略。我国正处于海洋事业迅速发展时期。要把我国建设成海洋经济发达、海洋综合能力强大、在国际海洋事务中发挥重大作用的海洋强国，一个重要的前提和保障就是要采取多种有效措施切实加强海洋管理。我们在进行这种常态的海洋管理的同时，也要关注那些非常态的海洋危机管理。简单地说，海洋危机管理就是海洋管理机构通过建立危机预案和应对机制，采取一系列措施消减、防范、化解各类危机，保障人们正常生产和生活，维护海洋经济和社会稳定的活动。海洋危机所具有的复合性、不确定性和影响涉及面广等特点决定了海洋危机管理仅靠一个部门的力量远远不够，需要军地相关部门通力合作、协调行动。

一、健全军地联动机制

国家进行海洋危机管理，必须根据需要来调配资源和力量，并非每次都需要军队参加。军队参与国家海洋危机管理仅仅是其全部职能中的一项，而且不是最重要的职能。危机管理涉及到许多部门、诸多环节，军地双方联合、统一指挥是基本要求和重要经验。我军进行非战争军事行动，涉及到组织指挥、装备武器的使用、任务区分、后勤保障等问题。《军队参加抢险救灾条例》已经“对指挥机关、指挥关系、职责分工、协调配合等问题作了具体规

* 作者简介：陈仕平，(湖北武汉)海军工程大学理学院人文社会科学系教授；陈万平，海军工程大学理学院人文社会科学系讲师。

范”[1](pp.26-29)。因此，要优化我军参与海洋危机管理的效果，首先必须健全军地联动机制。必须围绕联合行动这一要求，构建联合指挥机关，制定工作规则，以便统一军地各种力量、协调军地之间的各种关系。为此，要继续做好以下工作：

（一）完善军地会商协调机制

《军队参加抢险救灾条例》中明确规定“省军区（卫戍区、警备区）、军分区（警备区）、县（市、市辖区）人民武装部应当及时掌握当地有关险情、灾情信息，办理当地人民政府提出的军队参加抢险救灾事宜，做好人民政府与执行抢险救灾任务的部队之间的协调工作”。如 2005 年 7 月 7 日，我国在东海举行了由交通部和上海市主办的以反恐为主题的大规模搜救演习，由海军东海舰队、海事、边防、海关、救捞、渔政、公安、港务、气象、卫生等 24 个单位共同参演，演练了海上遇难人员搜救、船舶火灾施救、海面泊污清除、船舶保安等内容。此次演习以地方部门为主组织实施，由交通部海事局具体负责总协调，事前军地双方进行了充分的会商沟通。由于协调工作十分出色，才确保了参演各方圆满顺利地完成了演习任务。[2](pp.59-62)这一经验值得全面推广。

（二）完善军地情报互通制度

在应对非传统海洋安全威胁方面，无论军队还是地方的情报力量过去基本上都是自成系统、独立行动的。此外，还存在着软件标准不统一、数据库格式不相同等问题，使情报资源无法共享。要解决这方面的问题，迫切需要完善军地信息互通制度，将国内各种收集处理突发事件的情报互通有无。

（三）建立军地一体的应急值班制度

应急值班的主要任务是加强对突发事件的预测，及时准确地掌握重点海区、重点人群的情况动态。建立军地一体的应急值班制度，可以保证部队在第一时间了解突发事件情况，地方的处置意向以及对部队的行动需求，为部队采取有效措施争取时间上的主动。特殊情况下，部队主要首长要亲自参加应急值班，必要时与地方有关部门领导联合值班，确保一旦需要能够指挥部队立即行动。突发事件发生后，若需部队参与应急管理，相关部队就必须迅速将作战值班扩展为包含应急值班，以便与地方有关部门保持不间断的联络，必要时可以与地方相关应急管理值班部门合署办公。

二、完备军地联合处置海洋危机法规以实现依法办事

我国是法治国家。我军作为党领导下的人民军队，参与海洋危机管理是应尽的职责，在参与的过程中必须坚持依法办事。无论是兵力使用的时机、方式，还是行动所涉及的目标、范围、手段和强度等，都必须符合法律规定，严格遵守党和国家的各项政策规定。这包括：

（一）坚决执行国家的法律法规

军队参与海洋危机管理具有很强的政治敏感性。我军履行非战争军事行动，依据是国家已经制定相关法律法规和政策规定。我国的《宪法》、《国家安全法》等法律、法规，对处置突发事件都有明确的原则和要求；《国防法》、《国家突发公共事件总体应急预案》、《军队参加抢险救灾条例》等专门法律、法规，对军队参加处置各类突发事件也作了明确规定。我军在参与国家应急管理时，要想发挥好独特的作用，就必须认真学习掌握这些法律法规和政策规定，做到有法必依，令行禁止。同时，国家有关部门也要不断总结经验教训，进一步完善相应的法律法规。

（二）补充完善部队的相应法规制度

党和政府对我军参与海洋危机管理非常重视，为此，已专门制定了一些法规，如参加抢险救灾条例、海空情处置规定等。随着我军履行非战争军事行动频度的增加，实践经验的不断丰富，要在满足国家需要的前提下，不断充实完善。特别是要结合具体任务的实际，完善相关条令条例，理顺指挥关系，明确队伍建设、装备建设、后勤保障、军人保险、奖惩抚恤等各项工作要求，使部队参与国家应急管理时自身的管理工作规范化、制度化和法制化，以便使国家利益、群众利益和军人权益都能依法得到充分保护。

（三）坚持依法行使指挥权限

完善法律法规，加强规章制度建设，目的都是为了有效规范我军参与海洋危机管理时的行动。对我军各级指挥员来说，就是要坚决做到依法行使指挥权限，并将其切实落实到参与危机管理的全过程中。在行动的过程中，凡是涉及到处理当事人的，必须正确区分两类不同性质的矛盾，要尽量化解矛盾，而不要激化矛盾，不授人以柄，不给地方政府造成处理上的困难，

不侵犯和损害公民的合法权益。涉及外交领域的要严格执行上级的命令指示,及时请示汇报,不给上级工作造成被动,以确保圆满实现上级的决心意图。

三、加强危机处理力量的队伍建设

我军参与海洋危机管理行动涉及面很广,具体的任务也较多。从近几场海洋抢险救灾可以看出,军地危机处置力量在执行非战争应急行动任务过程中作用十分突出,要大力加强我军应急力量建设,确保高标准、高质量、高效率地完成任务。

(一) 合理配置,科学组编应急指挥机构

海上应急突发事件种类多、涉及面广,要针对不同突发事件的性质、情况特点和任务需求,必须采取模块组合方式,科学、灵活组编不同规模和功能的指挥机构,遇有突发情况,能够迅速转入应急指挥状态,及时、果断、快速、有效地控制局势。要深入研究应对各类非传统安全威胁的力量需求,在部队现行体制编制下,积极调整优化军事力量结构。可结合担负的任务和所处的地域,考虑非传统安全威胁的实际情况,部署一部分专业力量,适当增加海上民兵专业应急分队编制,结合地域情况,调整专业分队的总体布局,充分发挥后备力量在执行非战争应急行动任务中的作用。在实际工作中,还要根据相关的方案措施,视情况而定建立组织协调机构,负责控制和指挥。当海上的突发事件发生时,就需组建前线指挥所,由军政首长各一名、司政后装 4 大部出一名副职,吸纳部队和地方政府相关人员参加构成,下设指挥组、协调组、政工组、保障组等相应机构,负责指挥控制、组织筹划、后勤保障等任务,必要时可与地方协调配合建立联合指挥组织。

(二) 分类指挥,努力提高危机处置能力

指挥控制能力是部队处置突发事件成功与否的重要因素,而组织指挥机制是指挥控制能力建设的根本保证。按照应急突发事件的性质,军队参与处置的应急突发事件大体上有多种,与之相对应的控制和协调也有多种形式,要根据实际情况机动灵活地处理,要坚决贯彻党中央、中央军委的指示,执行相关政策,坚持按级汇报请示,集中指挥管理,把握行动重点。

（三）注重培训，完善应急专业队伍体系

应力争经过几年努力，建立起一支规模适度、编制科学、结构合理、人员精干、装备精良、作战能力强、反应速度快、作战效率高，集现役部队、预备役部队和民兵于一体的新型非战争军事行动的专业力量。要针对可能面临的威胁，调整完善体制编制，有针对性地区分任务，把应急队伍建设成专兼结合、多兵种合成、多专业融合、能履行多样化任务的复合型力量。完成多样化任务，需要多样化人才，必须加强培训工作。一方面要注重超前性。人才培养工作的周期较长而效应滞后，这些特点要求人才培养要立足长远，提前筹划。要抛弃自我封闭的模式，探索并建立起军地共建协作培养的新途径。要根据突发事件多样化的特性，侧重于在联演、联训、联战的层次上，加强联合意识，坚持军地互补，提升人才的联合作战素质。

四、军地高度重视海洋危机应对预案的编修

危机处置预案是针对可能发生的突发事件，为快速、有效地进行危机处置而先制定的行动方案或计划。海洋危机处置预案是军队参与处置突发事件的行动指南，对及时有效处置突发事件有关键作用。官兵只有理解和熟悉处置预案，能够有效提高对突发事件的处置能力。编修应急预案包括编撰、修改、完善与组织学习、演练等。为搞好应急预案的编修，必须做好以下工作：

（一）方案思考必须具体周全

编撰应急预案的目的是指导应急行动，应急预案必须针对具体工作，要素齐全、体系完善、可操作性强，假如对海上紧急情况考虑不周，救助预案严重不足，致使准备不充分，就会行动不迅速，处理效果不佳。由此看来，应急预案不是可有可无，必须高度重视。我军要参与好海洋危机管理，也必须高度重视对各种情况下的应急的编写工作。可以由一名副职领导负总责，组织人员，全方位多角度地探讨本部队可能参与的海上紧急行动。

（二）构建长效培训机制

部队一般要在以下一些时间节点进行应急预案培训。①在与地方进行联合应急演练前；②在重大节日或活动前；③在敏感特殊时期前；④在部队

参加重大演习任务前。在培训过程中可以灵活运用分组训练、课堂讲座和观摩演示等方式，使官兵熟知本职岗位要求、执行任务程序，熟练掌握应急技能、知识，树立团队协作意识，提高自救互救的能力。

（三）不断进行调整完善应急方案

要针对近些年来我军使命任务的变化，应对突发事件频度增加等实际情况，对已经制定好的各种应急预案加以修订完善。在季节转变、部队任务转换、重大节日活动等时机，尤其是在应急演练活动或处置应急突发事件后，都要根据实际情况，及时对应急预案进行调整。

五、下力气提高综合保障能力

加大对保障能力建设的投入，是保证应急管理工作正常开展的前提之一，对军队参与国家危机管理来说，也举足轻重。我军目前的应急保障能力绝大部分依赖现有的战备保障体系，危机管理工作所需要的情报保障、指挥通信保障、运力保障、物资保障等都不能完全适应形势和任务的要求。因此，要优化我军参与国家危机管理工作，还必须下气力加强综合保障能力建设。

（一）不断完善情报信息保障

取得可靠及时的情报信息，是部队开展应急处置工作的重要保证。要提升我军处理应急突发事件的能力，就必须构建整体联动、军地一体的情报信息保障体制，为首脑机关的指挥决策提供及时准确的情报。

（二）优化应急通信保障

通信保障好比是指挥系统的中枢神经。一方面，突发事件本身的破坏性极易导致通信受阻，甚至瘫痪中断，给危机管理带来困难；另一方面，突发事件的突然性也对通信提出了更高的要求，必须保障在各种特殊恶劣条件下都能通信畅通。要优化通信保障，必须在以下几方面努力。①建立无线电网络通信指挥机构。整合军地通信网络资源，在实践中可以通过开通网间互联设备，建立直达、迂回路由等手段，实现军地通信网络的优化共享，保障范围覆盖地方党政部门，车站、码头、机场、电力、供水、燃气等重点单位和军队、武警、公安等强力部门，提供快速、简便的通信手段，达成最低限度的指挥通信。②采用机动卫星通信设施建立卫星通信网络。要着眼最复杂、最困难的情况，应用移动通信基站、大气激光通信等，有条件时可编入机动通信装备维修专用船舶，便于机动时的通信装备维修保障。为党政军首长和要害部门提供紧急情况下的应急通信保障。③建立通信网络机动抢修分队。在力量编成上，要充分利用地方预备役部队的通信力量，发挥电信、移动、联通、电力等特殊行业通信部门人员业务精素质强，能灵活运用网络组织、熟悉技术体制的优势。在人员组成上，充分考虑对有线、无线、卫星等不同专业人员的需求。要通过储备必要的通信设备整机、易损机盘、耗材、线缆、机架等，为通信网络出现局部瘫痪时进行抢修抢通创造条件。

（三）提高后勤保障能力

首先，要有针对性地加强后勤部门的训练。与平时部队危机处突课题的演练相结合，侧重于强化对群船加油、装备快速抢修、海上救护快速展开与撤收等后勤保障科目的演练，进一步提高后勤分队综合能力素质。一方面，要通过扎实训练，打牢专业兵的专业基础。重点抓好炊事班餐饮、卫生员战救术、船舶驾驶技术、修理工快速抢修设备等训练，练好应急保障的基本功。另一方面，营连要成立战勤编组，根据分队战术的训练要求，不断强化后勤保障演练。其次，要盘活社会化保障力量，做到有备无患。部队执行处置突发事件任务，物资器材损耗多、需求量大，这就要求可供使用的物资装备数量要充足，供给补充要及时。通过与地方单位密切配合来做后勤保障工作，使军地双方的物资资源共享互补，就可以最大限度利用军地资源，实现精确化、集约化保障。最后，要健全物资储备制度。要结合不同的使命任务，制定从师一级到单兵的多级物资储备标准。

（四）强化装备保障水平

要提高部队参与危机管理的装备保障能力，就必须通过建立军民融合的装备保障机制、加强科技研发力量、开展模拟训练等活动，逐步建立起以装备操作分队为先导、修理援救分队为中坚、社会保障力量为后盾的装备维修保障机制。必须开拓装备技术保障的思路，积极与新装备生产厂家、相关院校和科研实验单位加强联系，设置“服务保障热线”或“专家咨询热线”，组织军地双方进行装备保障维修的联合训演练，推行“军地一体化”的装备维修保障，形成“人装合一”的装备使用保障体制。要充分调动官兵的积极性，努力将装备训练的各要素进行配套融合。要侧重于新装备保障能力建设，缩短适应周期，使新装备尽快形成战斗力。要加快维修保障分队的调整改革，通过按纲施训、模拟训练和综合演练等多种形式，不断提高操作维护装备器材的技能，提高对应急行动的保障水平。

[注释与参考文献]

[1] 张洪瑞，《推进国防动员应急机制与国家应急管理机制的有效衔接》，《中国国防报》，2009 年第 1 期。

[2] 戚平、黄涛，《关于加强军地应急联动指挥机制建设的几点思考》，《中国应急管理》，2010 年第 4 期。

《了凡四训》中的“改过”思想及其现代价值

刘 坤*

《了凡四训》是明代社会上广泛流行的一本劝善书，该书糅合了儒释道三家的思想学说，运用因果报应、福善祸淫之理，阐明忠孝仁义，诸善奉行以及立身处世之学。全书共分为四部分，分别是“立命之学”、“改过之法”、“积善之方”和“谦德之效”，谓之四训。其中“改过之法”，主要论述在行善积德之前，须先端正自己的心念，将自身过错改正。具体方法是要“见贤思齐”，以古之圣贤为榜样；敬畏天地，不起丝毫邪念；立定决心，勇于改过。其关键在于永存善心，只此一点，则邪念不生。

一、中国伦理思想中的“改过”

作者袁黄（袁了凡）在确立了“命自我作，福自己求”的立命之学后，进而提出了具体的修身立命步骤，即“今欲获福而远祸，未论行善，先须改过”，就是说在行善积德之前，需要先进行改过。因为若不能先行彻底改过，到最后纵使行善，也难以纯粹，善恶相杂。改过为修身立命的第一个步骤，为积善的先决条件，地位至关重要。

（一）过不可免，贵在能改

人一生的成长进步显然是一个曲折的过程，由于社会实践不断出现新

* 作者简介：刘坤，山东大学（威海）马克思主义教学部2012级马克思主义中国化方向硕士生。

的内容，以及社会环境的复杂性，任何人都不可能一生不犯任何过错，正如《左传·宣公二年》中所说"人谁无过"，即使是圣贤，也不可能无过，关键在于能改。《教条示龙场诸生·改过》中"夫过者，自大贤所不免，然不害其卒为大贤者，为其能改也。故不贵于无过，而贵于能改过"，过而能改是为修身工夫的关键所在。

（二）耻于文过，喜于闻过

改过的前提是不文过，文过是为大过。孔子认为文过饰非为小人行径，他认为对待过的态度应该是勇敢地正视，因为"君子之过也，如日月之食焉：过也，人皆见之；更也，人皆仰之。"（《论语·子张》）人们在改过的过程中往往容易去掩饰、隐瞒自己的错误或过失，导致自己的过错不能被及时地改正，从而出现过上加过的情况，要成为君子，应耻于文过。耻于文过的另一面，则是喜于闻过。陆九渊认为"闻过则喜，知过不畏，改过不惮"（《陆九渊集》卷六《傅全美》二），对于别人指出我们的过错，不仅不应拒绝，我们还要以积极乐观的态度虚心接受，并感谢这些给予我们指正的人。人之所以会有过错，很大程度上是由于自身认识的局限性，而别人则往往具有一个旁观者的眼光和一个更为冷静清醒的头脑，他们对我们所提出的批评、规劝，则具有很大的价值。[1]喜于闻过，是为改过过程中一个更为积极、明智的态度。

（三）勇于改过，不可贰过

《了凡四训》中的伦理思想及《陆九渊集》卷六《傅全美》二中的"改过不惮"，都是要求我们对自己的过错不要姑息，应该消除自身对于过错的畏惧心理，勇敢地面对，从速地改过。再一个方面，就是要做到"不贰过"，不去犯同样的错误。正所谓前事不忘后事之师，我们改过之后，更应该反思这一过错产生的原因、带来的后果，以及我们从中积累哪些方面的经验，以在后面的修身过程中减少相同错误的出现，做到"过于前者不复于后"。

二、袁黄"改过"思想分析

袁黄的"改过"思想，是对伦理思想史上先哲"改过"思想的继承和发扬，譬如在对"心"和"耻"的强调等方面，汲取了先哲的思想精髓，但是袁黄的"改过"思想也有自己的独到之处，他形成了一个完备的改过体系，在这个体系中，他认为改过者应首先具备“耻”、“畏”、“勇”三心，之后才可以从“事”、“理”“心”三个层面进行改过。

（一）“耻、畏、勇”三心

第一，改过者应发“耻”心。袁黄首先将自己与古时候的圣贤作对比：同为七尺丈夫，古时候的圣贤，不仅在学识上有深厚造诣，而且在个人修养上达到了圣贤的标准，成为了万世所敬仰的师范；而自己，却“一身瓦裂”。在对比中，袁黄看到了与古之圣贤的差距，再联想到自身的不堪，遂产生了深深的羞耻之心。有了这个“羞耻之心”后，袁黄才有了动力去改过，才能去思考导致自己“一身瓦裂”的原因。袁黄认为，“耽染尘情，私行不义，谓人不知，傲然无愧，将日沦于禽兽而不自知矣”，是自己一事无成的原因。[2]一个人若沉溺于世俗感情和私下做出不义之事，尚可原谅，但是若以为这样别人不知道，还傲然面无愧色，丧失了自身的羞耻之心，则不可原谅。他认为，世上最让人羞耻的事莫过于丧失自身的羞耻心，不能知耻。羞耻心对于一个人来说是至关重要的，有了这个羞耻心，才可能通过道德修养，希圣希贤；丢失了羞耻心，人将与禽兽无异，人将失去为人的资格。羞耻心对于我们这一章的改过同样关键，有了羞耻心，才能为自己所作的过错愧疚；只有知耻，才能知过，才有动力去改过。

一方面，袁黄认为羞耻心是人之为人的基本道德标准，我们深究袁黄的羞耻之心，则是来源于《孟子·公孙丑上》中“恻隐之心，仁之端也；羞恶之心，义之端也；辞让之心，礼之端也；是非之心，智之端也”。所讲的“羞恶之心”，即他所讲的羞耻心。袁黄在此处讲，改过要发“耻”心，其用意在于使人、羞耻心、道德三者联系起来，建立一个人之为人的道德标准。正如朱熹所说：“耻者，吾所固有羞恶之心也。存之则进于圣贤，失之则入于禽兽，故所系为甚大。”（《四书章句集注·孟子集注》卷十三）另一方面，袁黄认为，知耻为改过的基础，知耻有利于改过。知耻，是人在自身做了道德上不当的事情之后，意识到实际中的“我”与社会道德及个人内心道德所要求的那个“我”发生了偏离，或者说他们中间出现了紧张关系导致了个人内心的平衡感丧失；并意识到由外在社会道德约束和自身道德自律而带来的羞耻、自责和愧疚。由此，袁黄认为，发耻心，乃改过之要机。知耻之后，由此产生《孟子·尽心上》中“不耻不若人何若人有”的内在的道德动力。

第二，改过者应发“畏”心。袁黄此处主要讲人在改过之时，要发“畏”心。袁黄认为，首先，有天地在上，有鬼神监督，即使你所犯的过错隐蔽而不显露，也逃不过天地鬼神明察，所犯过错严重者会遭受各种祸殃，轻微者则会减损现世的福报；其次，就是在个人独处之时，不管你怎样掩盖和文饰过错，也逃不过天地鬼神的监督和别人的识破，最终难违背自己的良心，即“肺肝早露，终难自欺”；最后，在“明则千百年担负恶名，虽孝子慈孙，不能洗涤；幽则千百劫沉沦狱报，虽圣贤佛菩萨，不能援引”的强大压力下，不论你过错的大小和远近，都不应松懈，唯有心存善念，持续改过才是最珍贵的。

袁黄此处之畏，有两层意蕴：第一，畏即是有恐惧，害怕之意。袁黄糅合了民众的民间信仰和佛道两教的宗教信仰，认为“举头三尺有神明”，在人之外，有天地鬼神，有地狱果报。你若是失去了对这些外在、超自然的力量的畏惧之后，肆无忌惮，多行不义，不知悔改，意图欺瞒天地，最终必将受到天地鬼神的惩罚和地狱轮回的报应，自吞苦果。[3]第二，袁黄的畏显然不仅仅是一种单纯的恐惧，还有一层恭敬的意思，即敬畏。在《切韵》中有“畏，心服也”。天地鬼神在自己所能左右的能力之外，在道德上有一种至上性，使人类能够心服之，自然对其恭敬。孔子曾在《论语·季氏》中说“君子三畏，畏天命，畏大人，畏圣人之言。”作为理想的道德人格“君子”，需要敬畏“天命”、“大人”、“圣人之言”，这些一定意义上讲等同于袁黄的“天地鬼神”。袁黄认为在修身立命的过程中，不仅仅是停留在对“天地鬼神”强大力量的恐惧中，而是要进一步敬畏“天地鬼神”的道德至上性，改过向善，明确自身在“天地鬼神”监督下的一种道德担当，以使天赐福。

第三，改过者应发“勇”心。袁黄认为人之所以不能改过，很大程度上是因为人缺少一颗勇心，在面对过错时，多数会“因循退缩”，或迟疑，或等待，不能够勇于承认自身的错误和正视自己的缺点。换句话说，在袁黄的修身立命过程中，他特别重视“勇德”的培养，“勇德”在改过之时给其内心注入了无穷的道德力量，使得他在面对诸如“芒刺在肉”之类的小过错和“毒蛇啮指”之类的大过错之时，能够无丝毫片刻间的凝滞，以风雷之势迅速改过。

什么样的“勇”才是我们在改过之时所应具备的呢？首先，勇德须以义为导向；其次，勇德须以礼为规范；再次，勇德应以智为支撑；最后，勇德应以仁为最终归宿。[4]总之，我们所应具备的勇应是在道德实践中与仁、义、礼、智相结合的勇，往往表现为义理之勇和大勇等。袁黄此处之勇，其侧重面不在于面对他人和社会所表现出的勇，而在于自身在道德修养中所体现的勇。这种勇体现在勇于知过，正如《礼记·中庸》中“好学近乎知，力行近乎仁，知耻近乎勇”所言，面对自身的过错，应勇于承认和担当，不是一味的怯懦、逃避和退缩。

（二）“事、理、心”三路

袁黄在改过之路上具备“耻畏勇”三心之后，道德意志和心念已属完备。但当他开始具体改过时，又把改过分为三个层次：第一，从事上改者，即针对所犯过错的这件事情本身；第二，从理上改者，即以所犯过错中所蕴含的道理为对象；第三，从心上改者，即指向于使人产生过错的内心。这三个层次可以说是层层深入，环环相扣。袁黄认为这三个层次并不是并列的，难度和重要性也不相同，最为根本也是难度最大的，就是“治心”以改之；次之，就是“明理”以遣之，最后，则是“随事”以禁之。

首先，从事情本身进行改过，即“前日杀生，今戒不杀；前日怒詈，今戒不怒”。一方面，这种改过方式多采用外在的强制性措施，他律多过于自律，道德主体缺乏自觉性，存在一定的难度；另一方面，此一过错即改，彼一过错又生，正如袁黄所说“东灭西生”，这种方法治标不治本，过错的根源仍在。因此，从事情上改，并非改过的根本之道。

其次，从事情背后所蕴含的“理”进行改过，即“善改过者，未禁其事，先明其理……此理即明，过将自止”。这里的理，指的是伦理道德的准则和原理，即二程所说的“在理为幽，成象为明，‘知幽明之故’，知理与物之所以然也”（《河南程氏经说》卷第一）的“理”。这告诉我们在做每次道德选择时背后都有相对应的道德准则或原理为依据，袁黄所说的杀生和易怒都违背相应的道德原则，杀生显然有违佛教所主张反对杀生的伦理原则，易怒又是自身道德修养未到位的表现。“视听言动，非理不为，即是礼，礼即是理也。”（《河南程氏遗书》卷第十五）不管是视、听，还是言、动，凡是不合于“理”（礼），我们都不能去践行；同样杀生和易怒不合于“理”，亦是我们所不为的。所以，我们在面对这些过错之时，需要的是根据情理平心静气地思考其后的“理”，“理”一旦明白开悟，身上的过错自然随之改掉。

最后，从使我们产生过错的内心上进行改过，即“过由心造，亦由心改”。

这里的心是主体道德精神，是一切伦理道德规范的终极根源。陆九渊说：“‘人之所以异于禽兽者几希。庶民去之，君子存之。’去之者，去此心也。故曰：‘此之谓失其本心’。存之者，存此心也。故曰：‘大人者，不失其赤子之心’。四端者，即此心也；天之所以与我者，即此心也。”（《陆九渊集》卷十一的《与李宰（二）》）就是说天赋予我们这一本心，这个心包含有恻隐、羞恶、是非、辞让四端，同时也包括主体的良知。然而，为什么有的人“心明”而有的“心不明”呢？原因在于我们是否保有本心，是否保有“固有的良知”，而不为物欲所牵累。袁黄所列举诸种过错，如好色、好名、好货、好怒，则是由于我们的本心为“外物”所引诱，从而产生“物欲”，并损害和蒙蔽了我们所固有的“良知”。我们要改过，则要存心，去欲，让我们的本心不为外物所转移，不受邪念的污染，一心为善。另外，从心上改过处于一个根本的地位，正如《大学》中所言：“所谓修身在正其心者：身有所忿懥，则不得其正；有所恐惧，则不得其正；有所好乐，则不得其正；有所忧患，则不得其正。心不在焉，视而不见，听而不闻，食而不知其味。此谓修身在正其心。”修身必先修心或正心，修心或治心在乎根本。

三、《了凡四训》中“改过”思想的现代价值

《了凡四训》一书自出现，距今已有数百年的历史，但其传阅热潮在当今社会中仍未消退，人们以不同的媒介形式和语言传播着其思想，其思想的价值未曾随着历史而消逝，现将其伦理思想的现代价值分析如下：

（一）《了凡四训》“改过”思想展示一种积极的人生态度

人生态度是个人人生观的核心内容，一个人持有什么样的人生态度对于其自身的命运具有极其重要的作用，积极的、向上的、进取的人生态度，显然有利于个人和社会价值的实现。[5]“训过之法”是向上进取的、具体的道德修养的彰显：行善之前须改过，袁黄通过对改过所应具备的“耻心”、“畏心”、“勇心”三心和改过的“事、理、心”三路的分析，在自己的道德生活中表现出极强的主体性，能够自觉地知过改过，肩负起道德责任和使命。总之，袁黄的《了凡四训》中的伦理思想，在人生态度上给予我们这样的启示：一个人的命运与其对待人生的态度有着密切关系。人的生命有着他定性、前定性的

一面，人的生老病死总要受到一定自然规律的支配，人的荣辱得失总要受到社会环境的制约，无人能例外。然而人也存在自主性的一面，这主要表现在人在道德生活中主体性和自主性，人的道德命运并非“一切全是命，半点不由人”，它完全由自己所掌握，你可以选择修身立命，成圣致贤，当然你也可选择反面，这完全取决于你自身的人生态度。

（二）《了凡四训》“改过”思想对伦理学研究的启示

我们如今的伦理学研究和道德建设，存在着这样的一个现象，正如中国人民大学的肖群忠教授所说的“上不着天，下不落地，中无保障机制”[6]。其中，“下不落地”是指我们的道德规范往往容易形式化，一些美德的强调往往教条化，这样一来，我们对这些美德观念和道德规范的理解则变得空泛，它们也不适宜用于具体的道德实践生活当中去。而袁黄的《了凡四训》中的“训过”、“积善”伦理思想则克服了这个缺点，袁黄的“立命之学”的思想来自于个人的亲身经历，而“改过之法”、“积善之方”中思想的论证则是通过一个个具体的实例，由此可知，其中的伦理思想是具体的，可以为人们所认同和接受的；另外，袁黄在“改过之法”和“积善之方”中分别给出了细致的“三心三路”的改过方法和为善的十种纲要，使得我们在改过积善的修身过程中有了实践性和操作性强的理论指导。

（三）《了凡四训》“改过”思想对社会风气的端正作用

当前阶段，我国社会风气总体上呈现良好之势，但一些不良的社会风气也时有出现，而这一不良的社会风气则突出表现在我们这个时代一系列道德问题，如耻感的丧失、敬畏之心的丢弃……我国几千年积淀下来的可贵的传统道德规范，诸如“仁义礼智信”，日渐被淡忘，人们一次次突破这个社会的伦理底线，道德失范的现象频频出现。而袁黄的《了凡四训》作为晚明时期极为重要的一本劝善书，不仅对当时的社会秩序维护和民风人情的净化起到重要作用，而且于我们今天的社会风气的端正和道德的建设也具有借鉴意义。《了凡四训》的伦理思想中有着德福一致的修身立命思想，有在改过之时要存有羞耻之心和敬畏之心的思想，更有与人为善和劝人为善的思想和成人之美、救人危急、兴建大利、敬重尊长的社会和家庭伦理思想，还有爱惜物命的生态伦理思想，等等。这些伦理思想对于我们今天的不良社会风气整治，给出了许多具有建设性的指导，例如德福一致和奖善罚恶的思想会在一定程度上影响人们的观念和行为，使人们不至于无所顾忌；羞耻之心和敬畏之心，有利于人们树立正确的荣辱观；而救人危急和兴建大利的善行，又会使人增强社会责任感。总之，这些思想对于端正社会风气起到了积极作用。

[注释与参考文献]

[1] 杨均尊，《安身立命之道——〈了凡四训〉之义蕴与生命实践》，嘉义南华大学，2006年。

[2] （明）袁了凡撰，尚荣、徐敏评注，《了凡四训》，中华书局，2008年。

[3] 余卫国，《敬畏之心的存有与和谐社会的建构——“君子三畏”及其现代意义》，《湖北社会科学》，2011年第6期。

[4] 赵清文，《论作为美德的勇》，《理论学刊》，2005年第7期。

[5] 贺宾，《伦理文化研究不能忽视民间“小传统”》，《湖北民族学院学报》，2005年第6期。

[6] 肖群忠，《〈了凡四训〉的民间伦理思想研究》，《云南民族大学学报》，2004年第1期。

由《楢山小调考》谈日本人的忠孝观

刘 芹*

中日两国隔海相望，一衣带水，得天独厚的地理条件使两国在各个领域的交流颇为广泛。日本是个善于吸收外来文化的民族，自古以来便接受中国的汉字、律令制度、科技工艺及以儒学为主体的中国文化。公元5世纪左右，中国儒家孝文化已传入日本，但最初并未引起重视，反而一些本土的弃老传说在民间广为流传。在当时的古中国偏远区域也有弃老习俗的存在，但“忠孝为立身之本”已成为大部分中国人的基本信条。两国共处于东亚文化圈，为何在日本弃老之说流传如此广泛？儒家孝养观在传入之初为何不受重视？之后在日本又经历了怎样的一种历史演变？其内容与最初传入相比发生了怎样的变异？本文将从弃老传说出发，围绕这几个问题进行一一探究。

一、弃老传说

《楢山小调考》是日本近现代文学作家深泽七郎的代表作，他曾凭借该作品获得了“中央公论新人奖”。小说也先后两次被改编成了电影，广受好评，并在1983年第36届华纳电影节获得金棕榈大奖。小说取材于日本民间传说，讲述了在日本信州深山一个偏僻的村落里，村后的楢山连绵不断、终年积雪，将村庄与外面的世界隔绝开来，由于环境恶劣，不宜进行农业生产，

* 作者简介：刘芹，山东大学（威海）马克思主义教学部2012级思想政治教育专业硕士研究生。

村民生活极端贫困。村里有个习俗：所有活到 70 岁的老人，无论身体状况如何，都要被背到楢山上“祭奠”山神，所谓“祭奠”，不过是遗弃山顶，任其自生自灭。虽然只是一部文学作品，但在日本史记中，《楢山小调考》所记述的事情也并非完全无据可考。

在日本长野县长野市与松本市之间确实有一座“姨舍山”，“姨舍”在日语中的意思是“将家中上了年纪的老人丢弃”，据说，“姨舍山”就是因古代日本长野附近的民众将自己家中上了年纪的老人丢弃于此山而得名。在日本的古诗歌、和歌中也有与之相关的故事。通观日本最早一部文学著作兼历史著作《古事记》(成熟于 712 年)和日本第一部正史《日本书记》(成书于 720 年)，几乎看不到表现孝道的记录，反而有许多体现“不孝”的故事、传说。在儒家孝观念传入之前，日本并不存在真正意义上关于“孝”的道德观念。

在日本《古今和歌集》中有一首关于“弃老山”的故事，说的是老人已经六十岁，儿子很孝顺，想赡养老人至终。但是，他妻子一直让他抛弃老人，终有一天，儿子把老人骗到了山上去，想丢弃老人。那天晚上月光皎洁，儿子不禁吟了一首和歌，“私が心なぐさめかねつ更級やをばすて山に照る月を見て(我的心难以平静，眼看这更级的弃老山，在月色笼罩下)，最后把老人给背回去了。之后，这首和歌在《大和物语》中被故事化，后又在《今昔物语集》第三十卷中以“信浓国姨母弃山语”为名被广泛流传。

实际上，“弃老”、“贵壮贱老”的观念及习俗在世界的许多国家许多民族中都存在过，在我国古代北方少数民族的习俗中也曾存在过。但总体来看，我国只存在于偏僻地区少数民族中，无论是从传播范围、影响力等各个方面来看，都远不及日本，在日本甚至有“六十一过，糟蹋粮食货”这样的说法。

二、弃老原因之探究

弃老作为一种习俗，属于文化的范畴，是一定历史时期地理环境、生产力水平、生产方式、社会发展程度等方面的产物。从根本上说，恶劣的物质生活条件是导致弃老习俗形成的根本原因。

日本属于列岛国家，四面环海，岛内气象变化多端，台风季节狂风暴雨无情地袭击列岛；寒冬季节，降雪不断，火山、海啸、地震等自然灾害频繁发生，自然资源相对匮乏。中国的匈奴、鲜卑、丁零等曾有弃老习俗的几个少数民族所居之地均为生存条件残酷恶劣的大漠地区。在这种恶劣的物质生活条件下，人们时刻面临食物短缺的威胁，老人在丧失了向大自然索取食物的健壮体魄后便成了家庭、集体的累赘。再加上当时日本人朴素神道观的影响，认为天地自然、风雨雷电都是由神来主宰，顺从自然、优胜劣汰这一自然规律是要绝对遵守的。所以人们从不把"贱老""弃老"这类行为看成是违反道德责任的，反而认为是基于氏族发展的集体利益，是最符合生物发展规律的一种不成文的社会契约。在《楢山小调考》中的弃老便被冠以"祭奠山神"这样的理由，其实不过是找个借口欺人欺己而已。

和鲜卑、匈奴等少数民族生存的地区相比，我国广大平原地区，环境宜人、物产丰足，再加上中国传统文化的影响，社会文明程度较高。公元5世纪左右，儒家思想传入日本之时，已在我国确立了统治地位，儒家的孝义已普遍被中国国民所接受，所以，"弃老"之说在我国流传范围极为有限。由此可见，同处一个文化圈的两国，孝习俗差异如此之大，同两国的物质发展水平和社会文明程度是息息相关的。

三、不重视儒家孝养观的原因

在儒家孝观念传入之前，日本并不存在真正意义上关于"孝"的道德观念。除了日本古文学著作《古事记》和第一部正史《日本书记》中记载的神话传说中有所反映。从日语汉字"孝"只有音读而没有训读也可以看出。

儒家孝养观虽在公元5世纪左右就已传入日本，但在其大众化、日本化之前，有过一段"孝"的真空期，在此期间人们心中并无明确的"孝"观念，究其原因很复杂，但仍可探其一二。

首先，从生产力水平角度来看，任何一种道德思想的产生发展、普及都会受到物质生活条件和社会条件的制约。公元5世纪的日本生产力水平比较低，冶金、纺织等先进技术刚刚传入日本，尚未转化成生产力。生产力低下导致社会资源短缺，如前文所述，一个物质资源匮乏的社会信奉的是物竞天择、优胜劣汰、强者生存，自然无法为孝养观提供发展空间。

其次，与当时日本的社会组织和家庭结构有关。

大化革新以前，日本处于氏族贵族奴隶主统治平民和“部民”的奴隶社会阶段。“部”是皇室或氏姓贵族占有的人民集团，奴隶主贵族和平民还组成称作“氏”的社会集团。皇室除了直接统治直属土地上的部民外，无法直接统治全国，只能通过氏姓贵族“氏”这一模拟血缘共同体组织，间接统治“氏人”和“部民”。这种按照族制原理组成的模拟血缘共同体“氏”的内部家族制度尚未形成中国那种重视父系单系的父家长制。当时构成“氏”“部”的成员中，父系亲族与母系亲族共存，在家族中，尚未确立父系的嫡长子继承制；婚姻则盛行“妻访制”，即结婚后住在娘家，丈夫不时回妻子家与妻子团聚。而当时的中国已形成以父权为中心的社会家族体系，儒家孝养观也成了维护中国父家长制宗法社会的基本道德力量，进而成为一个伦理政治规范。社会形态的不同以及制度的差异直接影响着思想道德文化的传播。封建社会制度的本质是阶级等级制，对一个尚未完成封建阶级等级身份化的社会、组织和家族来说，当然不会形成表现这种片面义务的类似中国之“孝”的道德观念。

此外，日本社会普通民众受教育程度比较低。儒家孝养观传入日本后，主要供日本上层社会学习，普通民众并没机会接触中国儒家思想理论。孝观念只是在上层社会中的贵族中传播，并未被广大民众所知。而贵族学习的也只是当时从中国照搬过去的、未结合日本民族特色的、未经改造的“孝道”。这种靠单方面输入的非本土文化，在不结合社会自身状况的情况下，想要迅速地被大众接受是不可能的。再加上日本人根深蒂固的传统神道观念等等，使得儒家孝观念在初入日本之时，没能立即被社会接受，成为日本人民普遍接受的社会伦理道德观念。

四、日本孝养观的历史演变

公元5世纪初，儒家孝观念传入日本，但直至6世纪中期，才开始在宫廷内部对皇室贵族以及地位较高的人，以个人讲授的方式传播，影响范围相当有限。

公元7世纪初，圣德太子推行“推古朝改革”，积极摄取大陆文化，直接向中国派遣留学生。603年他制定《官位十二阶》，用大德、小德、大仁、小仁、大礼、小礼、大信、小信、大义、小义、大智、小智来表示官位等级高低，这些德目皆来自儒家，却未提及“孝”。604 年颁布了作为各级官吏道德训诫的《十七条宪法》，宪法内容多出自中国儒、法、道诸子百家及佛教思想，儒家思想尤多。《宪法》第 6 条提出“其如此人，皆我忠于君，无仁于民。是大乱之本也”一段，虽源自中国《孝经・五刑》“要君者无上，非圣人者无法，非孝者无亲。此大乱之道也”，但却无一字涉及“孝”。但另一方面，这次改革为日本日后的文明与进步奠定了基础。

7 世纪中期日本进行了“大化革新”，标志着日本进入封建制社会。大化革新的主要推动者中臣镰足和中大兄皇子等人，以中国儒学的政治理念和唐朝范例为依据，自上而下地推行改革。经济上废除了氏姓贵族奴隶主私有土地和“部民制”，实行“公地公民”的“班田制”；政治上废除氏姓世袭制，实行以天皇为首的中央集权官僚制度，文化上极力宣扬中国儒家的“天命”思想，企图用“德治”“仁政”“王土王民”等思想为民众树立一种新的信仰，为社会确立“君”“臣”“民”的新秩序。但由于改革未有效波及社会底部的家族制度，统治者虽然开始积极推广儒家政治理念却很少提及孝道，此时日本的孝养观虽有从上层贵族向民众传播的趋势，但内容仍是照搬中国儒家“孝”，并未与日本本土文明相结合。

统治者开始积极倡导“孝”、孝养观真正融入日本社会是在公元 8 世纪的奈良时代。奈良时代天皇重视生产力的发展，建立了较为完整的学校体系，出现了日本政治文化繁荣的局面。作为当时国家基本法律的律令（701 年制定的《大宝律令》已失散，718 年制定的《养老律令》尚存，两者内容相似），有许多条目用以倡导“孝”。在《学令》和《赋役令》中就有一些积极劝导官吏和一般民众遵行“孝”道的条文。甚至“律”中还有不少惩戒“不孝”的规定。第一篇《名例律》之卷首有“八虐（8 种不得赦免的重罪）”条目，“不孝”便是其一。经过大力的倡导宣扬，孝道似乎已被日本人广泛接受，成为公认的道德规范。孝谦天皇（749—757 年）在位时，效仿唐制，“宣令天下，家藏孝经一本，精勤诵习，备加教授”，主张“孝为百行之先”。此外，统治者在宣扬儒家“孝”观念的同时，对其进行了改造。奈良时代佛教盛行，日本“孝道”中掺入了大量的佛教色彩，更多的宣扬“恩”的作用，即尽孝就是报恩。

在进入中世之前，经过中央和地方各级统治者的大力宣扬、倡导，“孝”

道似乎已成为日本人公认的道德规范，即使贵为天皇也应践行“孝”礼。850年正月，仁明天皇前往冷然院朝觐太皇太后。本应“南面而听天下”的天皇，此时也“北面而跪”。左右观者纷纷感叹道：“天子之尊，背面跪地。孝敬之道，自天子达庶人。”当时，上至皇室贵族，下至平民百姓，皆奉行“孝”道亦成美谈。甚至还出现了一些知识分子开始从理论上讨论“孝”之意义。827年编成的汉诗文集《经国集》中就有围绕“孝”与“忠”的关系问题写的对策文。

在日本平安时代由于公地公民制的崩溃社会较为混乱。进入中世，国内战事连绵、政局的不稳定使得武士集团迅速发展并崛起。作为武士精神核心内容的“忠”的思想被当权者大力宣扬，而与“忠”不可分割的孝养观也被广泛传播。

1868年明治维新后，欧美等西方文化大量涌入日本，日本政府废黜百家，独尊国家神道，并全面学习欧美文明，发展现代教育，培养科技人才。封建时代信奉的对天皇和父母的“绝对义务”观念逐渐开化。二战前期，以武士道精神为核心的日本孝养观，被军国主义分子利用、大肆鼓吹，提出用生命守卫君王，此时的孝养观已极端化。至此，孝养观在一系列的演进后成为以日本武士道精神为核心的日本社会道德伦理行为的规范。

五、日本忠孝观之特点

作为伦理道德观念的“孝”于日本社会并非原发性概念，而是从中国传入的。这就必然导致对此概念认识和吸收的偏差。作为一种外来文化，想要在另一种文化土壤里生根发芽，势必要逐渐改变自己的内在含义，最终嬗变为日本独有的社会道德观念。

(一)“恩”

从“亲”与“子”的关系来看，在中国似乎更强调“父慈子孝”，即孝、慈并举，既要有子女对父母的孝，也要有父母的慈。而在日本，“父慈子孝”则被改造成只片面强调子女对父母服从的“孝道”。

日本的“孝”道包含了大量佛教的思想，更多的宣扬“恩”的作用。他们认为子女对父母尽“孝”就是报父母的“恩”，“恩”是“孝”的前提。江藤树在《翁问答》中说：“欲明孝德，宜先思父母之恩”，这便是日本式孝的伦理。这种对恩的等量偿还被称为“义理”。而亲子间终生的恩孝关系则形成了家族内永久性的恩义关系。在家报父母之恩，在外报社会之恩。一个日本人从出生之日起，其一生都活在“恩”的世界中，无时无刻不受到“义理”的约束。

所以，如果说中国“孝”道的核心是“仁”，那么日本“孝”道的核心就是“恩”。

（二）“忠”

在中国，孝之所以可以移于忠，一是因为家国一体，内外朝未分的现实基础；另一原因则是二者都要求人们对父母、君主持恭顺、顺从的态度。孔子也曾提出“孝”治国的理论，认为“君子之事亲孝，故忠可移于君”，以“仁”为价值体系的核心，推“孝”广布而成“忠”，发挥孝的社会作用。在日本移忠于孝是封建统治者想通过利用这种绝对忠诚和从属的关系来控制各阶层，建立并巩固了天皇对全国的统治。中日两国都强调“忠”、“孝”，但此“忠孝”非彼“忠孝”。日本渡边秀方著《中国国民性论》一书，曾指出中国人计君恩之轻重而报之以忠义，不同乎日本武士为忠义的忠义。

中国的“忠”是有条件的，是一种臣下对君主的感情回报。《论语·八佾》篇中，孔子讲：“君使臣以礼，臣事君以忠。”臣下要对君主以忠，但它是有前提的，即“君使臣以礼”。换言之，如果君主不对臣下以“礼”，那么臣下对君主也就无须尽忠。《孟子·离娄》篇中，“子告齐宣王曰：‘君之视臣如手足，则臣视君如腹心；君之视臣如犬马，则臣视君如国人；君之视臣如土芥，则臣视君如寇雠。”君臣的关系是对等的，而绝非无条件的服从。

日本的忠是强制性的，是自上而下的要求、规定，是下对上的单方面的义务。尽忠的对象则是自己所直属的主君，从平安时代起，对天皇的忠诚便转化为对自己直接隶属的主君的忠。即便在现代社会集团中，每个小团体的个人直接“尽忠”的对象也是该团体的领导者。对武士阶层来说，“忠”便是“从一而终”，除了自己的主人以外，不承认任何法律。他效忠的只有主人，而非天皇。

（三）“忠孝”

孝是忠的起点，忠是孝推之于国家的思想理念，与孝相比是属于第二层次的内容，这就大大抵消了历代统治者竭力提倡忠的实际效果。中国人虽然在理论上重孝也重忠，但在实际上表现出的则是“忠孝不能两全”。《论语·子路》篇中有"吾党有直躬者,其父攘羊,而子证之"的提问,孔子的回答是"吾党之直者异于是。父为子隐,子为父隐。直在其中矣。"所以,在中国历史上,虽然强调忠君,但不能与孝相比;纵使忠孝并列,在多数场合,中国人仍将孝放首位。在孝与忠发生矛盾的时候,也多是舍忠取孝的。

与中国的"百行孝为先"不同的是,日本人却是舍孝保忠。日本脍炙人口的《四十七浪人》故事中的大石等家臣,为给主君报仇雪恨,不惜抛弃家庭、卖妻子为娼、杀死同胞妹妹和岳父的"舍家全忠"的"壮举",使得这四十七个武士成为日本人敬仰的英雄。在中国儒家观念里,"身体发肤,受之父母,不敢毁伤"是孝的内容。而对日本武士来说,舍身取忠才是天经地义的事情。

中国儒家思想以仁为核心,移"孝"于"忠",爱己及人,是一种从内而外的道德体系。固以"孝"为先,为"孝忠"。而日本则偏重于"忠",通过报恩来约束个人。这是一种由外而内的道德体系,其核心是"恩",即"忠孝"。

在比较研究两国传统文化的过程中,理清上述问题,对于正确认识中日两国意识形态的差异,有重要的现实意义。

[注释与参考文献]

[1] 王家骅,《儒学思想与古代日本人的孝道》,《日本学刊》,1992 年第 2 期。

[2] 李卓,《中日家族制度比较研究》,人民出版社,2004 年。

[3] 崔世广、李含,《中日两国忠孝观的比较》,《东北亚论坛》,2010 年第 3 期。

[4] 李贵鑫,《试论日本孝养观的历史演变——以〈楢山节考〉为视角》,《学术交流》,2011 年 9 月。

基于《弟子规》视角的大学生伦理道德建设探析

田彤彤*

《弟子规》又称《训蒙文》，是中华文化精髓之一，清朝康熙年间秀才李毓秀根据经典巨作《论语》中"学而篇"得到灵感，以三字一句，两句一韵编写成书。《论语》"学而篇"中"弟子入则孝，出则悌，谨而信，泛爱众，而亲仁，行有余力，则以学文"就是《弟子规》开篇六句的原型，概括了子弟在家、出外、待人接物及求学时应有的礼仪与规范。其语言浅白、精练，读起来朗朗上口，作为一部阐述儒家思想的经典作品，蕴涵着我国的传统美德，对于提高个人修养，促进社会和谐有着重大意义，值得我们去学习、研读。

一、《弟子规》成文背景

中华文化源远流长，博大精深，从孔孟之道到程朱理学。上至天子，下至庶民，无不遵从着先师、圣人的教诲与传统。自古以来，中国流传下来的文献数不胜数，其中关于家教的文章，《弟子规》当属其集大成者。《弟子规》的作者李毓秀是清朝康熙年间的一个秀才，因考试屡次不第而放弃对仕途的幻想，转而跟随老师游历四方，潜心学问，结合自身实际，完成著作《训蒙文》，后经清朝贾存仁修改，改名为《弟子规》。此后，《弟子规》辗转翻印，流传南北，清朝中叶以来，妇孺皆知，风靡一时，一度作为私塾的必读课本。

* 作者简介：田彤彤，山东大学（威海）马克思主义教学部2012级硕士研究生，研究方向为思想政治教育。

《弟子规》是李毓秀参考了《论语·学而》、《礼记·曲礼》等文章,《童蒙须知》等书记,并结合自身生活实践创作而成。

开篇六句借鉴《论语·学而》篇,之后有部分内容借鉴于《礼记·曲礼》,如:《弟子规》中“冬则温,夏则凊,晨则省,昏则定”借鉴于《曲礼》中的“凡为人子之礼,冬温而夏凊。昏定而晨省,在丑夷不争”。《曲礼》中“将上堂,声必扬”则是《弟子规》“将上堂,声必扬”的来源。还有《曲礼》“君有疾饮药,臣先尝之,亲有疾饮药,子先尝之”与《弟子规》中的“亲有疾,药先尝”。

除此之外,《弟子规》还有借鉴《童蒙须知》一书。《童蒙须知》是南宋著名教育家朱熹所编,对儿童的衣食住行、容貌形态、读书写字等都做了明确的,条文式的规范。借鉴内容如下:《童蒙须知》中的“若父母长上有所召唤,却当疾走而前,不可舒缓”与《弟子规》中“父母呼,应勿缓,父母命,行勿懒”,以及《童蒙须知》中“凡为人子弟,须是常低声下气,语言祥缓”与《弟子规》中“尊长前,声要低”,这些都是后者对前者的借鉴。

二、《弟子规》思想精髓

《弟子规》主要围绕孝悌、谨信、泛爱众、亲仁、余力学文五个方面展开。

(一) 首孝悌

儒家思想以孝为先,自古以来,“孝”在人们价值观中占有着十分重要的地位,“百善孝为先”,《弟子规》将孝道置于首位,充分体现了李毓秀对孝道的重视,同时也可以体现出中国传统文化对孝道的重视。《弟子规》中关于孝的教导有:“父母呼,应勿缓,父母命,行勿懒。”作为子女,应体悟父母的良苦用心,对父母心存孝心与恭敬心,父母叫自己与吩咐自己做什么事情时,一定要赶快执行,不可推迟或偷懒。“父母教,须敬听,父母责,须顺承。”父母总是真心为子女着想,在子女犯错误时批评指正,或许有时候对自己很严厉,但出发点是为子女好,因此,对于父母的教诲与指责,一定要用心聆听,虚心接受,改正错误,不断提高自己。“亲有疾,药先尝,昼夜侍,不离床。”父母辛辛苦苦抚养子女长大,在父母生病的时候,作为子女,一定要悉心照料,尽心尽力,在父母服药时,准备好药与水,并且保证温度适宜,还要一直服侍在床前,父母有什么需要,尽力去做,保证照顾好父母。“兄道友,弟道恭,兄弟睦，孝在中。”作为兄长，应友爱弟、妹，作为弟、妹，应尊敬兄长，兄弟姐妹之间和睦相处，一家人和乐融融，父母也就欢喜，孝道自在其中。

（二）次谨信

细节可以决定成败，习惯可以决定命运，从小养成谨慎、低调、自我约束、诚实守信的好习惯，有利于我们在以后的为人处世中少犯错误，与人为善，受人尊敬与信任，从而更有利于自己取得成功。《弟子规》为人们提供了为人处世的规范，值得我们学习。其中有“朝起早，夜眠迟，老易至，惜此时。”时间就是生命，这一句教导我们要珍惜时间，早晨要早起，晚上要适当晚睡，一定要珍惜每时每刻，把握光阴，及时努力，莫等老大时空伤悲年少时的不努力。“衣贵洁，不贵华，上循分，下称家。”衣服一定要讲究干净整洁，但不必讲究昂贵，是不是名牌，穿着要考虑自己的身份与场合，还考虑到自己的家庭状况，切不可盲目攀比，为父母增加负担。“年方少，勿饮酒，饮酒醉，最为丑。”青少年不可以饮酒，饮酒不仅不利于身体健康，醉酒后还会丑态百出，甚至会招致祸患，成人后也一定要注意适度饮酒，切勿因醉酒而危害到自己与他人的生命财产安全。“凡出言，信为先，诈与妄，奚可焉。”“事非宜，勿轻诺，苟轻诺，进退错。”这教导我们一定要守诚信，讲实话，对于自己能做到和可以做的事情，如果答应了就一定要做到，对于自己做不到和不可以做的事情，就绝不能答应，以免失信于人。“见人善，即思齐，纵去远，以渐跻；见人恶，即内省，有则改，无加警。”看到他人做好事，或者其优点，要心存敬仰，并思考自己的言行，努力向他人学习，即使与他人相差甚远，也要以其为目标，不断努力，改进自己。对于别人的缺点或不良行为，要反省自身，检讨自己是否也有这样的缺点与过失，如果有的话，立即改正，没有的话要警示自己，不要犯同样的错误。

（三）泛爱众而亲仁

《弟子规》“泛爱众”一篇首句“凡是人，皆需爱：天同覆，地同载”，这体现了一种博爱的精神：首先要从尊重孝敬自己的父母开始，关心敬爱自己周围的亲戚朋友进而扩展到对其他人的尊敬，还要关心爱护社会上的弱势群体，为他们献出自己的爱心；热爱自己的祖国，再进一步延伸到对世界万物的热爱，爱护动物、植物，珍惜、节约资源。作为大学生，应懂得感恩，感恩一切，对天地万物都要怀有一颗仁爱之心。“己有能，勿自私，人所能，勿轻訾。”所有人都活在一个大集体中，相互依赖，自己有才华、能力的时候不能自私，只要自己能帮得上别人，就一定要尽力帮助，伸出援手，有舍才有得，只有帮助了别人才能换来别人的尊重，同时自身经验也可以得到丰富，得到更多机会，赢得人和。当我们看到别人有才能时，也不可心生嫉恨，肆意诋毁，这样会使自己心胸狭隘，阻碍自己的进步，同时也不利于团结，甚至会给团体或社会带来巨大损失。我们应保持开阔的胸怀，积极向他人学习，并协助有才华的人，共同将事情办好，既成全别人，又可以提高自身，两全其美。“能亲仁，无限好，德日进，过日少；不亲仁，无限害，小人进，百事坏。”俗话说：近朱者赤，近墨者黑，我们应亲近有仁德的人，亲近道德高尚的人，这样才会受到圣贤的教诲熏陶，提高自身道德涵养，否则就会受品德低下的人的影响，从而沾染一些不良风气与习惯，日积月累，不能有所成就，甚至导致整个人生的失败。

（四）余力学文

书籍是人类进步的阶梯，现代社会发展迅速，只有不断汲取新的知识，获取新的能力才能跟得上社会进步的步伐。而且只读书，不实践也是远远不够的，必须“力行”加“学文”，将理论知识运用到实践中去，继而知不足，进而再去学习新的知识，从而不断进步。“读书法，有三到，心眼口，信皆要。”“聪”字可以体现出这三到，除此之外，还有耳，这也体现了古人的智慧，将耳、眼、口、心放入一个字，来表现聪明，只有将四者并用，最起码得有三者，才能成为一个聪慧的人。“非圣书，屏勿视，蔽聪明，坏心志；勿自暴，勿自弃，圣与贤，可驯致。”现代信息社会，信息繁杂，尤其是网络空间，不良信息充斥着网页，如果不做出合理的选择，很容易受各种不良书籍、网页的影响，使身心受到污染，败坏了心智。

三、大学生伦理道德中存在的问题

社会主义市场经济发展迅速，我国社会经济结构、社会分层、就业方式、利益分配方式、信息获取途径日益多元化。同时当代大学生思想也受到不同思潮，包括西方文化思潮和价值观的影响，其思想活动呈现出自主性、多元性和差异性发展的趋势，这不可避免地引发出部分大学生思想道德、伦理建设方面存在诸多问题，如：虚荣心强、不理解父母、拜金主义、个人主义、诚信意识缺失、生命意识淡薄等一系列的问题。

首先，《弟子规》将孝道放在首位，但现在很多大学生并不能体会父母的辛苦，在学校虚荣心强，盲目与别人攀比，购买名牌手机、衣服等，完全不顾自己家庭收入与父母的辛酸。经中华全国学生联合会及相关监测机构统计报告显示：大学生每学期的人均消费支出高达4819元，意味着大学生人均年消费超过城镇居民人均年收入（8472.2元）。[3]令人触目惊心的是不断发生的一桩桩大学生自杀事件，原因千奇百怪，有因减肥失败的，有因论文不过的，有因学习困难的，有因就业压力大的，更有甚者因不能忍受饭菜不合口这种生活而自杀。总之，自杀的原因都不是特别大的事情，挺一挺就能坚持下来的，但他们却走上了绝路。身体发肤，受之父母，子女受伤都会牵动父母的心，更何况自杀，这会给父母带来多大的伤痛，这就是最大的不孝。

其次，诚信意识的缺失不仅是个人素质的低下，还会危害到其他人，甚至整个社会。古人云："一信字是立身之本，所以人不可无也；一恕字是接物之要，所以终身可行也"。可见古代对诚信的重视。现代大学生大学生普遍存在着诚信意识缺乏的现象，其原因众多：社会大环境原因，社会主流道德体系出现了相对滞后的现象，继而产生了大学生的诚信危机；教育原因，现代大学生很多都是独生子女，长期受家庭的溺爱，常常以自我为中心，而且所接受教育中，只重视成绩的提高，不注重对人格、人品的培养，这样的成长学习过程使得很多大学生不重视诚信，比较随心所欲。诚信缺失的表现有：考试作弊、不守信用、恶意贷款、简历注水、伪造证件等。

最后，社会主义市场经济的快速发展，当代大学生生活环境的改善，家庭的溺爱等各种原因不可避免地导致了拜金主义与个人主义的盛行。无论做什么事情，"利"字当先，没有利益的事情不做。为了加分、奖学金而加入学生会，加入社团；没有加分的活动概不参加，这种现象在大学里普遍存在。在家庭中，所有人都围着自己转，导致了个人主义，进入大集体后，在校居住同样以自我为中心，不顾舍友感受，导致宿舍关系不和谐。这一系列的问题都需要我们学习《弟子规》，从古人的智慧中去寻找解决办法。"将加人，先问己，己不欲，即速已。"这一项规则对改变个人中心主义，改善舍友关系有极大的功效。

四、《弟子规》与大学生伦理道德建设结合的意义

当代大学生存在各种问题，但高校中对传统文化的重视并不够，反而是西方文化对大学生影响巨大，这必须引起我们的重视。大学生，即将步入社会，施展自己的才华与能力，建设祖国。作为中国特色社会主义建设者，大学生必须要提高自身素质，做一位德才兼备的合格接班人，因为大学生的伦理道德素质如何将直接影响到我国现代化建设的进程与质量，关系到中国特色社会主义的方向与建设。为了提高大学生思想道德素质，必须要加强对大学生的传统文化教育，《弟子规》作为传统文化经典古籍之一，是圣学的根基，圣学的骨干，其中的思想结合伦理道德教育，可以为这些问题的解决提供一些新的解决途径。

《弟子规》首先注重对孝道的培养，其中对孝悌二字的论述很多，孝悌是整个儒家文化的精髓，也是《弟子规》精华所在。只有做到孝悌，家庭才会幸福，才更有利于自己与家人的和睦相处，以及性格、人格的健康发展，人际关系才能更加和谐，社会更加稳定。《论语》中有一句话，“其为人也孝悌，而好犯上作乱者，鲜矣。”这句话充分显示了“百善孝为先”，对大学生孝悌思想的培养可以让他们做到爱父母，爱护兄弟姐妹，培养良好的心态与处理人际关系的能力，从而促进同学之间的和睦相处，在将来步入社会之后，更好地适应社会生活，发挥自己的才能。

《大学》里讲“修身、齐家、治国、平天下”，要想在以后有所作为，首要条件就是修身，而《弟子规》恰恰为我们修身提供了一剂良药，不仅为我们提供了道德培养的良方，如谨信，泛爱众，而亲仁，而且为我们提高思想文化水平提供了指导思想，教导我们知行合一，如何学习。其中对大学生诚信道德的培养尤为重要。现代社会诚信普遍缺失，毒奶粉、地沟油、老鼠肉、黑作坊等食品安全问题令人毛骨悚然，见死不救、医德缺失、贪污腐败等社会现象令人心寒。大学生是社会建设的接班人，只有提高大学生思想道德水平，才可以改善现在的恶劣风气，为社会不断注入新鲜血液，逐步让社会焕发新的生命力，实现我们的“中国梦”。

总之，《弟子规》是破解学校德育困境的一剂良方，将《弟子规》纳入大学

教育十分必要。《弟子规》教育重在力行，贵在长期践行，学校应培养一种践行《弟子规》的氛围，并且长期执行，让大学生们养成良好的习惯，并影响终生，做社会主义建设合格接班人。

结　语

《弟子规》是我国优秀传统文化的集结，对《弟子规》的弘扬、学习与践行对于提高大学生思想道德水平有着显著的积极作用，其不仅对于大学生有着重要意义，对于社会其他成员同样具有显著效果，因此，应将《弟子规》同时推向家庭、中小学、政府、企业、团体。近年来，社会上也掀起了学习《弟子规》的风潮，并取得了一定的成效，但现在的规模与效应是远远不够的，全体社会成员都应积极学习、践行《弟子规》，努力提高自身素质，为社会主义和谐社会的建设添砖加瓦。

[注释与参考文献]

[1]《弟子规》，中州古籍出版社，2010年。

[2]《论语》，上海辞书出版社，2003年。

[3] 杨轶，《大学生思想政治教育视角下〈弟子规〉的现代意义》，南京航空航天大学，2012年。

从儒家思想视角看母亲在现代家庭教育中的作用

刘 芹*

近几年中小学生离家出走、打架斗殴、逃学、早恋、迷恋网络游戏不能自拔……诸如此类的现象日益增多,青少年偷盗、抢劫、杀人等犯罪事件屡见不鲜。未成年人教育问题困扰着无数的家庭,也困扰着社会。德国教育家福禄贝尔曾说过:“推动世界的手是摇摇篮的手,国家的命运与其说掌握在当权者的手里,不如说掌握在每个母亲的手里”。当下,很多母亲奔波在家庭和社会两者之间,母亲教育责任转让现象颇为普遍,女性的母亲意识薄弱,社会对母亲在家庭教育中的重要作用认识不够。中国儒家思想文化中把女性最高的价值和道德规范定位为贤妻良母。“良母”是对母亲角色的界定规范和塑造,衡量标准之一即“善养”,发挥母亲的教育作用,使孩子成栋梁之才。对此,从儒家思想文化视角下探讨母亲在家庭教育中的重要性及当下所面临的困境、出路,对增强母亲意识、提高社会大众对母亲家庭教育重要性的认识具有一定意义。

一、母亲在家庭教育中的重要性分析

1. “母子感通”的生理特殊性

因特殊的生理构造,怀孕、生育和哺乳功能天生为女性所独有,而教养

* 作者简介:刘芹,山东大学(威海)马克思主义教学部2012级硕士生,研究方向为思想政治教育。

子女的这一功能,似乎是女性生育以及哺乳功能的延伸。虽然在观念上,我们会认为教养子女是约定俗成的社会义务,而不是生物性的指派行为,但事实上这一行为却几乎固定不变地指派给了母亲。

子女接受母亲的教育是从怀孕就开始了,在生物学上有个“母子感通”的概念,目前医学界认为,母子感通大约在出生前三个月就已形成。在母子精神交流频繁时期,即出生后数日内,特别是出生后的数小时内最终建立。新生儿能够对母亲的偎抱、爱抚、表情以及其他做法做出反应,是因为新生儿在出生前就和母亲有过长期“交往”的缘故。

在我国古代,儒家思想也特别重视“母子感通”,其独具特色的胎教思想也是良母“善养”的一个重要方面。《大戴礼记》云:“太任有妊,目不视恶色,耳不听淫声,口不起恶言,故君子谓太任为能胎教者也。”周成王的胎教也很讲究,据《大戴礼记》载:“周后妃妊成王于身,立而不跛,坐而不差,独处而不倨,虽怒而不詈,胎教之谓也。”孟子的母亲也继承了传统胎教的理念,据《韩诗外传》记载:“吾怀妊是子,席不正不坐,割不正不食,胎教之也。”意思是在怀孕时,席子不正不坐,肉切不方正不吃,借此对孩子实行胎教。在儒家看来,母亲的思想品德和行为都会直接影响到孩子的聪颖和贤明,女子作为母亲,是孩子心中天道的最早培养,是最可靠、天然的早期教育专家。母亲对孩子的这种构造性影响在孩子出生之前就已经开始[1](p.253)。

母子感通,是母亲与子女之间的一种天然感应,这种感应是父亲及其他家庭成员所不能具备的,这是大自然赋予女性的特质。“母子感通”虽然是一种天然感应,但它却同母亲感情的强烈程度成正比,它是摇篮里建立起来的感应频道,是子女成长的心理支撑,是人生依赖的感情基础,是和谐人际关系建立的根本。母子感通的建立,使教育变得简单而有效,从而规避了许多社会问题。目前面临的许多教育问题,如中小学生离家出走,逃学,网恋,自杀等都可以从母子之间沟通通道的屏蔽找到原因。

母亲是孩子来到世上所接触的第一个人,是孩子通往社会生活的桥梁。由于孩子与生俱来的对母亲的那种依赖,使得母亲几乎是孩子的全部世界。这种“母子感通”的特殊纽带使得母亲在进行家庭教育时占据了家族其他人所无法替代的位置。母亲如何对待孩子、教育孩子,影响着孩子日后看待世界的方式,而一个人的看待世界的方式决定了其性格。

2. 中国社会历史传统影响的遗存

早在远古时代，由于生理特点的差异，男性肌肉发达、力气大，负责外出打猎、采集食物，担任公共角色；女性则承担起家庭角色。随着历史的变迁，形成了“男主外、女主内”的分工，女性在家庭中承担“相夫教子”的重要任务。在封建社会制度下，女性表面上没有正式受教育的权利，但社会从来没有放松过对女性的教育，只不过男女所接受的教育内容不同而已。男子所学的是“修身、齐家、治国、平天下”的大学问，而女子在传统道德规范的要求下，在接受“三纲五常、三从四德”的前提下，接受的多为家庭伦理教育，修“德、言、容、功”，学习处事做人、恪守妇道、相夫教子的道理和技能，把其所有聪明才智应用到家庭里面。《周礼·天官》曾提出女子应修“四德”，即“妇德、妇言、妇容、妇功”。东汉班昭的《女诫》又对“四德”进一步阐释，提出更加具体的要求。在我国历史上出现了许多伟大的母亲，如“周室三母”太姜、太任、太姒，春秋战国时的孔母、孟母，晋时的陶母，唐时的柳母，宋时的欧母，刺字的岳母等等。

近代以来国道衰微，但不少有识之士仍在呼唤母教不可失。梁启超在《在倡设女学堂后》中开宗明义：“上可相夫，下可教子，近可宜家，远可善种，妇道既昌，千室良善，岂不然哉？”郑观应也曾写道：“襁褓之婴、孩提之童，亲母之日多，亲父之日少，亲母之性多，亲父之性少。由六七岁有知识，以迄十二三岁，天性未漓，私欲未开，母教之如种花莳果，灌溉栽培，先养其根本。教子女亦然，凡衣服、饮食、嬉戏、步趋，皆母得而引导焉、指授焉、勉励焉、节制焉……使母之教而善，则其成立也易，母之教而不善，则其成立也难。孟母三迁厥居，以训其子，孟子遂成大贤。欧阳文忠公一代文章大家，始其母以画荻教之，求之古人是其明证。”由此可见，我国是个有着“母教”传统的国家。[2](p.8)

直至现代，母亲对孩子一生产生的影响也是深远持久的。中国首位诺贝尔文学奖获得者莫言在致辞中提到自己的母亲：“此时此刻，我有一个最想念的人，我的母亲，你们永远无法看到了。我获奖后，很多人分享了我的光荣，但我的母亲却无法分享了……”之后，《中国青年》杂志刊登的莫言致辞纸质版本，跟随他一同回顾了少时与母亲相处的点点滴滴。莫言从记忆中最早，到最痛苦、最深刻，再到最后悔各讲了一个故事，一个自尊自强、善良宽厚、温柔有爱的母亲跃然在眼前。母亲正直淳朴的人格、日渐点滴的熏陶和无意识的影响，在童年莫言及少年莫言的心里种下了希望和成功的种子。或许小脚的莫言母亲目不识丁，但正是这些平常生活中的点点滴滴，给了莫言最初的人生启蒙，让其幼小的心里，有了是非善恶、荣辱美丑。正是这枚善的种子，帮助日后的莫言无论是创作还是做人，都走得更远。莫言在致辞时语调是伤感的，但正如他后来说的那样，我感到母亲是大地的一部分，我站在大地上的诉说，就是对母亲的诉说。

母亲与家庭、孩子的羁绊远大于父亲，有着悠久的历史渊源。时至今日，对绝大多数女性而言，家庭和孩子在生命中所占的比重是无法估量的。除了生理上的特殊优势，中国社会传统的影响及历史的文化积淀，都使母亲角色在家庭教育中处于一个重要且特殊的位置。

二、母亲在当代家庭教育中面临的主要困境

家庭教育复制着现实的社会关系，孕育着未来的社会风貌。拿破仑曾经说："孩子的命运是由母亲造就的。"因此，在一定意义上说，家庭教育是母亲教育，一个称职的母亲，是子女一生读不完的大学。但不知何时起，母亲角色开始在家庭教育的舞台上中淡出视线。

新中国成立后，随着"人"的意识的觉醒，中国女性尤其是知识女性越来越强烈的感觉到自身社会属性和家庭属性的统一性，越来越明显意识到自我实现的完整性。因此，力争在社会和家庭两方面都有所作为的愿望日益增强。但理想和现实的矛盾和冲突常常困扰着女性，在实际生活中，做到事业家庭两者兼顾并非易事。她们参加社会劳动，凭努力获得了经济上的独立，她们和男性在同一个竞技场搏击、竞争，回家后仍然要扮演好"贤妻良母"的角色，她们承受着比男性更大的劳动负担，拼命奔波挣扎在家庭和社会工作之间。尽管国家法律已明文规定男女平等，但由于传统文化、生理特征、家庭生活等因素，实际上在参与社会竞争方面是不平等的。因此，大部分女性生活在忐忑不安中。

近几年来，许多在经济领域和社会职场中挥洒自如的成功女性，在家庭教育里却成为永远的失败者。经媒体报道的很多问题少年、未成年犯罪者

很多来自经济条件好，却没有母亲生活在身边的孩子。当然不乏职场、家庭两不误的成功女性。但有一些女性却是用孩子换来了来自职场的勋章。还有很多母亲，或者迫于生存压力，或者力求实现个人价值，不得已“推卸”母亲的职责。把小小年纪的孩子送往读寄宿学校，把孩子推给年迈的父母……据调查，母亲被迫放弃教育责任现象非常严重，隔代教育及“代理家长”现象很普遍。全国有一半的孩了在接受隔代教育，还有不少孩子被甩给亲戚或保姆抚养，接受代理家长的教育。对于孩子，母亲和家庭所带给他的影响是学校和他人所不及的。学校教育的内容偏重知识和技能的传授，有其不可避免的局限性；他人代理教育怎样都比不过母亲的用心；而家庭更是对孩子性格和情感进行培养的专属基地。

家庭教育是伴随着孩子一生的最早最基础的教育，家庭教育的重要性是不争的事实。在中国现代社会家庭中，母亲一般承担较多教育子女的义务，她们在家庭中对孩子的良好教育能使家庭教育、学校教育和社会教育更加紧密地结合起来，对孩子未来的发展产生极其重要的影响。

三、儒家思想对“良母”的定位

在漫长的封建社会，虽然在“男主外、女主内”、“女子无才便是德”等思想观念的灌输下，女性在社会生活中一再遭到男权文化的排挤，自主权严重缺失，但当其为人妻妇生儿育女成为母亲后却受到极大的敬重和孝顺。儒家却有着悠久、深厚的爱母、敬母、尊母的历史传统和礼俗积淀。在儒家宗法家族体制中，在思想观念上贬黜女性，在生活中却肯定母性；作为女性的整体在社会上没有女权，作为个体的女性在家族或家庭中却拥有母权。

同时，儒家特别重视母亲对孩子的教育功能，重视母亲对孩子的影响。在儒家看来，母亲对孩子的构造性影响在孩子出生之前就开始了，如前文所述的善胎教便是其中一方面，出生后对乳母的选择等也是如此，《礼记·内侧》中这样记载：“凡生子，择于诸母与可者，必求其宽裕慈惠，温良恭敬，慎而寡言者，使为子师。”

儒家普遍认同衡量女性成就的真正标准是看她们怎样很好地把孩子抚

养大，即“能育善养、相夫教子”。孔子很小时候就不喜嬉闹而愿意玩祭祖的游戏，他的母亲颜徵在就顺势利导让他学习“礼”，并用音乐熏陶他办事的节奏感，让他懂得有节律地行事。刘向编撰的《列女传》作为我国最早的一部妇女专史与通史、第一部女性名人传记，书中母亲大多是女中圣贤智者，言行举止中义合度，为人表率；善于生养子孙，推行教化，以种种美德助儿孙建功立业。如鲁国季孙氏文伯之母静姜，以“正曲枉”、“均服”教导文伯相鲁之道，家居生活也处处以礼行事，匡正儿孙过失，同代的孔子盛赞她的贤德慈惠；还有能洞察几微、规劝儿子和家人趋福避祸的“仁智”母亲如密康公母隗氏，她劝儿子献出投奔而来的三位美女给周王，不可自己享用，儿不听终招致周天子征讨而亡国。[3](p.67)

北宋思想家程颢、程颐的母亲侯氏便是儒家眼中良母的典范，她身体力行地教导孩子要宽厚仁慈，体谅他人；她“爱之深而教之严”，对孩子不纵容放任，不娇生惯养，并且还善于激发、督促孩子勤奋学习、求取功名。

《朱熹文集·尚书史部员外郎朱君孺人祝氏塘池》中“先妣性仁厚端淑、和气待人、治家宽而有法。抚媵御有恩意，无纤毫嫌忌之意。”描述朱熹母亲祝氏温良敦厚，治家有方。朱熹文集中总共保存了64篇墓志铭，其中为女性而作的有14篇，大多是因她们教导有方，另孩子日后学有所成而受到的颂扬。真正的儒家传统价值一代一代地传下来，不是大儒，也不是知识分子，而是靠母亲的教育，母亲耳提面命地把儒学价值教给下一代。这个传统，大都不是通过书写文字，而是通过口授，通过言传身教。对于女儿，母亲则教授其养蚕、织布、女红等与家庭职责有关的种种技能，培养她们柔顺、谦卑、忍耐的品性，教导她们自如地是适应这个父权制的社会。甚至还有母亲著书立说来训诫女儿，如汉代班昭的《女诫》便开母亲著书训诫之先河。

由此可见，儒家充分认识到了女性在社会、国家和家庭发展中力量的存在和所起到的作用。“虽在匹妇，国犹赖之”，母亲的言传身教对孩子的成长有着巨大的影响。

四、当代启示

在古代，贤妻良母是女性最高的价值和道德规范。在儒家文化重重塑造下的“良母”只需承担一种家庭角色，其个人价值和社会价值是统一的，实现方式即“相夫教子”。相比之下，当代女性承担更多的生活和经济压力，同时还要面临心理上的矛盾和冲突。当下有不少经济学者提倡“女性回家论”，主张女性回到家中相夫教子可以缓解就业压力，营造和谐家庭氛围，是社会进步的表现。传统儒家文化严格规定男女内外之别，家庭是女性的活动范围和人生职责。“女性回家”的诉求明显具有向传统女性回归的倾向。但“男主外，女主内”的论调在当代并非唯一。现代社会的一个基本信条是每个人在不妨碍他人的情况下有权选择自己的生活方式，哪一种选择都应该得到尊重，把相夫教子作为衡量女性成就的标准之一也未尝不可。儒家对母亲教育功能的重视、言传身教的教育方法和耐心细致的教育态度仍值得我们借鉴和学习。

教育从发生过程来看是个人的，但从其最终影响来看是社会的，教育的结果最终将由社会来承担。母亲在家庭教育中的作用是独一无二的，且具有得天独厚的性格和心理优势，这一责任是无可推卸的。作为教育环节中最重要的一环——家庭教育的主要承担者——母亲应增强母亲意识，提高教育责任感和是使命感。家庭角色和社会角色并非完全对立无法调和的，所以，母亲角色的强调和教育意识的提高是开启家庭教育大门的第一步。

其次，母亲的家庭教育工作可以说是千秋伟业，需要政府部门和社会的关注。我们的邻国——日本，在1945年侵华战争结束后，重建的文部省社会局就在短短不到一个月的时间里向各地当局发出了五次通知，指出“家庭是教育的场所，父母的自觉教育是确立国民道义的源泉”。提醒国民们注意，幼儿期的家庭教育非常重要，而母亲具有最大的教育力量，并通过大量举办“母亲班”、“双亲班”，设立几百所短期母亲大学，来弥补这方面的不足。直到现在，日本母亲对于教育子女所倾注的精力是世界上任何一个国家的母亲都难以相比的，在日本甚至都有一个专门的名词——教育母亲。

最后，国家还可通过建立奖励机制等措施回报母亲，采取物质补偿来调试母亲家庭和工作的矛盾冲突，缓解双重角色的压力。优秀的母教来自优秀的母亲，优秀的母亲来自社会对母亲的尊重，提高社会对母亲职责的认可也是不可或缺的，社会和大众的肯定能鼓励母亲们尽心尽职、为社会再生产奉献自己的教育智慧。据调查显示，母亲的文化修养水平，对形成不同的家庭气氛有不同的影响，母亲的文化修养越高，比之父亲，更容易营造起民主、平等、和谐的家庭气氛。提高母亲个人文化修养，在“重教育”的基础上“会教育”，这是子女良好个性形成的必不可少的家庭教育因素。

人类目前的教育都是“显教育”，对于更本质更重要的“潜教育”却不够关注。道德、勇气、责任等不是通过教育者的“教”就起作用的，而是要通过教育者的“做”。而母亲在家庭教育中的言传身教更能体现出一种天然的和谐。综观世界历史发展史，有优秀文明的时代、民族，就有优秀的家庭教育，就有优秀的儿童教育，母亲是家庭教育的重要保证，是国家教育事业的奠基人！

[注释与参考文献]

[1] 彭华，《儒家女性观研究》，中国社会科学出版社，2010年。
[2] 张晓宁，《家庭教育中母亲角色意义及制约因素的初步探讨》，2006年。
[3] 陈丽平，《刘向〈列女传〉研究》，中国社会科学出版社，2010年。

孔子婚姻观的当代省思

武晓玮　郭　娟*

进入80年代末期以来，急速变化的社会经济环境，使当代中国婚姻家庭无论是在实体方面还是在观念方面都处在巨大的变化之中，婚姻家庭领域里出现了新的问题。例如离婚率逐年上升，“闪婚闪离”现象突出；“包二奶”现象严重；择偶过程中过分重视经济因素等等，这些都在极大地冲击着我国现实的婚姻家庭关系。

孔子的学说内涵深刻，影响深远，但学术界对他的婚姻观，很少有全面而系统的论述，有的论著偶尔涉及大都将其与种种束缚婚姻的封建礼教混为一谈，然而这是远远不能揭示其本质的。并且，面对当代社会的婚姻乱象，发掘孔子婚姻观中合理的、积极的思想文化资源，并对之进行现代价值的再创造，显得格外急迫且重要。孔子所处的时代，虽然中国已进入文明社会，在婚姻制度上实行一夫一妻的父系家长制，但对偶婚仍有严重的遗存。男女关系还是比较随便和自由，性规范相当松弛，女子能够随意离开原来的家室，投奔他人或自由择偶，更存在一种上、下辈之间通婚的婚姻形态。正由于邪淫之事违逆天理，坏乱人伦，春秋以来，不少思想家、政治家都批判、反对对偶婚残存以及各种淫乱现象，以维护、巩固一夫一妻制。在这种背景下，孔子遵循“士无邪行，女无淫事”的思想路线，形成了自己的婚姻观。

* 作者简介：武晓玮，山东大学（威海）思想政治教育专业硕士研究生；郭娟，山东大学（威海）马克思主义中国化研究专业硕士研究生。

一、重视夫妇关系

《易·序卦》中说:“有天地,然后有万物;有万物,然后有男女;有男女,然后有夫妇;有夫妇,然后有父子;有父子,然后有君臣;有君臣,然后有上下;有上下,然后礼义有所措。”《易传》虽非全是孔子所作,但与《论语》一样作为孔门后学记述孔子思想言论的书则是可信的。《孔子家语·大婚解第四》中,鲁哀公问:“敢问为政如之何?”孔子回答说:“夫妇别,男女亲,君臣信。三者正,则庶物从之。”由此可看出孔子将“夫妇别”看作治国为政的首要问题。《礼记·昏义》中也说“男女有别,而后夫妇有义;夫妇有义,而后父子有亲;父子有亲,而后君臣有正。故曰:昏礼者,礼之本也。”可见,孔子认为男女的结合、婚姻的结缔、夫妇的形成,乃是社会关系形成发展的第一步,是位于父子、君臣之上的。所以他的高足子夏也说:“贤贤易色;事父母能竭其力;事君能致其身;与朋友交,言而有信。”(《论语·学而》)子夏把“夫妇之伦”置于事父母和事君之前,显然是继承了孔子的思想。《中庸》中说“君子之道,造端乎夫妇”,保存了孔子把“夫妇”视为人伦之始的思想。

孔子重视婚姻,并把婚姻放到国家、政治的高度,认为婚姻是治国的根本,这是有一定道理的。当代社会,和谐的婚姻在促进社会稳定发展,构建和谐社会方面具有重大意义。首先和谐的婚姻有助于夫妻双方身心健康发展。身心健康发展,才会正确对待生活、社会、国家,才能树立正确的世界观、价值观,才能更好地处理个人与社会的关系,进而更好地为社会发展建设贡献自己的力量,促进社会稳定发展。其次,和谐的婚姻是夫妻双方事业顺利成功的保证。有些人通常认为“事业第一,家庭第二”,认为婚姻、家庭没有事业重要,其实不然,事业成功需要一个坚实的后盾,那就是和谐的婚姻家庭;婚姻家庭不和谐,将直接影响个人的工作效率、社会交际,即使获得成功事业,也面临无人分享陪伴的落寞。所以只有建立和谐的婚姻,才能保证夫妻事业顺利,为社会发展建设贡献力量。第三,和谐的婚姻是建立和谐家庭的前提。家庭是社会的细胞,建设和谐家庭是建设和谐社会的基础工程,只有家庭和谐健康,才能保证社会安定有序。因此,婚姻问题从古至今都是一个非常重要的问题,大到国家的强盛、社会的祥和;小到个人生活的幸福、事业的兴旺、身体的健康。我们也应像孔子一样,重视婚姻问题,发挥和谐婚姻的积极作用。

二、强调择偶以才德为重

《论语·公冶长》记有两条关于孔子选婿的资料。一条是为自己的女儿择偶的。“子谓公冶长:‘可妻也,虽在缧绁之中,非其罪也。’以其子妻之。”即是说,孔子谈到公冶长时说:“可以把女儿嫁给他,他虽然曾经被关在监狱里,但那不是他的罪过。”于是把自己的女儿嫁给了他。公冶长是孔子三千弟子中的七十二贤者之一,曾因为受诬陷而进过监狱,但孔子在为其女儿选择配偶时,并没有因为公冶长进过监狱而对其有不良看法,而是因其品德高尚将他选为女婿。另一条是代为侄女择偶的。“子谓南容:‘邦有道不废;邦无道免于刑戮。’以其兄之子妻之。”即是说,孔子谈到南容时说:“国家政治上轨道时,他不会没有官位;政治不上轨道时,他也不至于受到祸害。”于是就把自己的侄女嫁给了他。南容也是孔子三千弟子中的七十二贤者之一,《论语·先进》中说:“南容三复白圭,孔子以其兄之子妻之。”《白圭》是告诫人们要谨言慎行的诗,南容把“白圭之玷,尚可磨也。斯言之玷,不可为也。”几句诗再三吟诵,可见他对谨言之道深有体会。孔子看到南容反复诵读《白圭》一诗,告诫自己谨言慎行,于是就把自己的侄女嫁给了他。《论语·宪问》篇还记载孔子盛赞南容:“君子哉若人!尚德哉若人!”可见孔子把南容选为侄婿,完全是看重他的德行。

高尚的品质是成功的婚姻所必不可少的,它可以提供稳定的关系,为相互的忠诚、理解体恤和尊重,以及共同建设和谐而又美好的前景奠定良好的基础。这就要求年轻人在择偶时不能只看重经济状况、外表俊美、家庭背景等外部条件,而要重视道德品质等内在条件。坚实的感情是获得美满长久婚姻的前提,只有物质基础而没有感情基础的婚姻是不牢固的,经不起风浪的。在孔子所处的时代,智者和有德者在择偶、婚姻问题上尚能如此重视德,重视男女间的感情;那么,在婚姻完全自主自由的今天,人们在选择配偶这一问题上,为了婚姻的幸福,为了家庭的和睦美满,就更应该重视道德品质和感情了。

三、重视婚礼的作用

《礼记・昏义》中说“夫礼,始于冠,本于昏,重于丧、祭,尊于朝、聘,和于射、乡,此礼之大体也。”婚礼在众礼之中,处于根本地位。提倡克己复礼的孔子也特别强调了婚礼的重要作用。鲁哀公在问到如何做到“夫妇别,男女亲,君臣信”时,孔子回答:“古之政,爱人为大;所以治爱人,礼为大;所以治礼,敬为大;敬之至矣,大婚为大。大婚至矣,冕而亲迎者,敬之也。……爱与敬,其政之本与?”(《孔子家语・大婚解第四》)孔子认为重视天子的婚礼和婚姻,才能做到爱人与尊敬,才是治国的根本。当鲁哀公疑问“然冕而亲迎,不已重乎?”时,“孔子愀然作色而对曰:‘合二姓之好,以继先圣之后,以为天下宗庙社稷之主,君何谓已重乎?’”孔子再次强调了婚礼和婚姻的重要性,认为“大婚,万世之嗣也”。《礼记・昏义》中的“敬慎重正而后亲之,礼之大体,而所以成男女有别,而立夫妇之义也。”也说明了婚礼的重要作用,即通过庄敬、谨慎、隆重、堂堂正正的婚礼而后夫妇相亲相爱,这是婚礼的基本准则,从而确立了“夫妇”之间有别于一般男女关系的特殊关系,并使夫妻双方以“义”自律。《礼记・经解》中进一步说明了婚礼的作用:“昏姻之礼,所以明男女之别也。……故昏姻之礼废,则夫妇之道苦,而淫辟之罪多矣。”即婚礼有助于减少奸淫邪僻的事件发生。

在当代社会,不少人诟病婚礼仪式的繁琐与形式主义,并将矛头直指孔子,认为是孔子推行的礼约束了人们的创造性,并给实行传统婚礼仪式的行为贴上了封建迷信的标签。然而,当我们了解了孔子婚姻思想以后,不难发现,孔子推崇婚礼,是为了发挥婚礼在明确夫妻责任,维系婚姻、家庭的稳定,继承和发扬孝敬父母等传统,维持传宗接代延续子嗣,维护社会稳定、促进国家政治等方面的重要作用。而我们现代人在铺张浪费大办婚礼时,没有认真思考过婚礼对婚姻、家庭、社会的意义,以至于出现婚礼风风光光,婚后生活却乱七八糟毫无质量的现象。所以,我们应当关注的是婚礼背后的文化内涵与意义。婚礼不是向他人炫耀,作秀的表演,不是相互攀比和争面子的工具,婚礼的实际意义在于帮助新婚夫妇适应新的社会角色和要求,准备承担在新的家庭中的责任与社会责任。充分发挥婚礼在明确责任方面的作用,有助于夫妻双方更好地经营婚姻,减少背叛婚姻的现象。

四、强调"夫妇之义"和敬妻

《礼记·昏义》中说"妇至,婿揖妇以入。共牢而食,合卺而酳,所以合体,同尊卑,以亲之也。敬慎重正而后亲之,礼之大体,而所以成男女有别,而立夫妇之义也。"表示夫妇二位一体,不分尊卑,相亲相爱,婚礼后确立了一般男女之间的区别,建立起夫妇之间的道义。即是说,举行婚礼是为了确立"夫妇"之间有别于一般男女关系的特殊关系;而这种特殊关系一经确立之后,夫妻双方都应以"义"自律。而这种"夫妇之义"是对夫妻双方的共同要求,要求夫妻双方做到"夫义妇顺"。(在夫主妻从的父权制社会,"夫义妇顺"不可能是双方平等的相互尊重,它在强调妻对夫的尊重与顺从时,主张夫在礼义的范围内给妻子应有的尊重。妻顺是礼,夫顺则是义;妻尊夫是礼法,是依礼而尊,以礼而尊,以顺为尊;夫尊妻是道德自觉,是以义而尊,以义为尊。)同时,孔子十分重视家庭和女性的作用,特别强调敬妻,他说:"昔三代明王,必敬妻子也,盖有道焉。妻也者,亲之主也。子也者,亲之后也。敢不敬与?是故君子无不敬。"(《孔子家语·大婚解第四》),孔子将"敬妻"提到十分重要的地位,"不能敬妻"则"伤其亲;伤其亲,是伤其本也;伤其本,则枝从之而亡。""敬妻"关乎"忾乎天下"、"太王之道"及"国家顺"。在平民的生活中,孔子也强调敬妻,以妻子在家中育子女、主中馈、相夫教子的地位和作用而言,丈夫应该依礼尊敬妻子,而不应持夫之尊凌辱妻子。

在孔子所处的父权制社会,孔子尚能提出夫妻二人要"合体,同尊卑,以亲之也",讲求"夫妇之义",主张敬妻。在男女平权意识高度普及的今天,夫妻更应该做到平等相待,互敬互爱,互相忠贞。在我国离婚问题上,80%以上的离婚原因是第三者的介入;60%以上的已婚人士遭遇过不同程度的身体出轨或精神出轨。现在越来越多的夫妻问题争议点集中在"婚外情何去何从"这一问题上,而且相对于之前的夫妻遭遇婚外情通常都是男性出轨,现在已婚女性的出轨率似乎越来越高,并且婚前性行为增多与小龄化趋势已成为公开事实。在这一点上,似乎同孔子所处的社会情况相类似,孔子正是针对社会中的淫乱之事提出以礼仪规范行为的思想。在当代社会,我国在婚姻制度、法制规范方面取得了重大成绩，夫妻互相忠实已被列入《婚姻法》当中，但现实情况却不尽人意，离婚率升高、大量“婚外恋”导致婚姻破裂的事例已成为不可忽视、不容回避的社会现实。所以说，解决这一问题的根本方法还是要靠道德约束。

五、认肯男主外女主内的分工模式

孔子重视夫妇之伦，提出夫妇合体同尊卑，强调“夫妇之义”，主张“敬妻”。但他也没有超越他所处的时代，孔子对周礼所构建的父权制社会性别制度是持肯定与维护态度的，对已存在的男尊女卑意识没有任何的批判、否定。男尊女卑的意识也体现在孔子对男女德行要求不同上：孔子所述的仁义忠智信等德行要求大都是针对男性，以男性的经验与体验建立起来的；就女性而言，孔子理想的女性形象无外乎知礼、守礼的贤妻、良母、贞妇。即是说孔子认为君子只能指男性，而女性只需做好家庭中的角色即可。这种观念反映到其婚姻观上，便是他认肯婚姻中男主女从、男主外女主内的模式，并对女性的贞顺约束不近人情。

孔子有弟子三千，但从文字记载来看，当中没有一位女性，由此看出孔子认同女子应终日留在家中，禁止外出接受教育。《论语・泰伯》中：“舜有臣五人而天下治。武王曰：‘予有乱臣十人。’孔子曰：‘才难，不其然乎？唐虞之际，于斯为胜。有妇人焉，九人而已。’”孔子在这里将武王的十位辅臣中除掉了武王之妻邑姜（另说乃文母太姒）这一女性，可见孔子是反对女性参与朝政的。孔子主张实行男女回避隔绝的礼制，他在鲁国当司寇时，推行这种严男女之大防的礼治，实现了：“男女行者别其涂，道不拾遗。男尚忠信，女尚贞顺。”（《孔子家语・相鲁第一》）这对防止男女两性之间的淫乱现象有一定的积极作用。但由于对这种礼制的过分推崇，使得出现了一些反人道主义，与其仁者爱人思想相左的事件。如，在《春秋》中详细记载的伯姬之事：伯姬“因妇人之义，保母不在，宵不下堂”不肯避火而惨死。孔子评论的是“妇人之贞为行者也，伯姬之妇道尽矣！详其事，贤伯姬也。”这表明在孔子看来，“舍生存而取妇道者也”始为正道，他希望女性都效法伯姬，当贞女节妇，以维护礼教。

在孔子所处的父权制社会，推行男主女从、男尊女卑、夫尊妻卑的伦理规范，妻子并没有自己的独立人格，只需在家中做好自己的本分，成为一个知礼、守礼的贤妻、良母、贞妇。在当代社会，妇女也走出了家门，参加社会劳动，她们用自己的劳动和智慧证实了自己的价值，过去的男权夫权思想逐步让位于男女平权意识。因此，在家庭分工模式这一问题上，丈夫不能仍以原来的思想，剥夺妻子外出工作的权利，或对妻子的工作不认同、不支持；在家庭中继续要求妻子承担全部家务，为其提供各种服务，这势必会造成夫妻之间的冲突。因此，在这一问题上需要夫妻二人共同商量、探讨，选择有利于家庭稳定发展的分工模式。研究表明，"当代中国家庭的权力模式正从父系家长制转变为民主平等制，家庭分工正从传统'男主外，女主内'模式转变为无差异分工模式"，这一转变能够更好地促进婚姻的和谐发展。

综上所述，孔子的婚姻观既有进步方面也存在局限方面，我们应全面研究孔子的婚姻观，对之进行现代价值的再创造，做到为我所用。婚姻是人类生活中的一件大事，它不仅关系到个人、家庭、子女的幸福，关系到一个人事业的成败，而且关系到社会、国家的稳定发展。在婚姻自由自主的今天，如何择偶、如何处理夫妻关系，如何经营婚姻都是每一个人需要认真思考、践行的事情。我们不能轻率地处理婚恋问题，在观念多元化指导下失去判断准则时，不妨求诸传统文化中的积极资源，从孔子婚姻观中借鉴有助于处理婚恋问题的合理的、积极的思想文化资源，重塑健康婚恋观，更好地恋爱、结婚、生活。

[注释与参考文献]

[1] 钱穆，《论语新解》，三联书店，2012 年。

[2] 傅佩荣，《解读论语》，上海三联书店，2007 年。

[3] 王国轩、王秀梅译注，《孔子家语》，中华书局，2011 年。

[4] 贾德永译注，《礼记·孝经》，上海三联书店，2013 年。

[5] 刘海鸥，《从传统到启蒙：中国传统家庭伦理的近代嬗变》，中国社会科学出版社，2005 年。

[6] 李桂梅,《冲突与融合:中国传统家庭伦理的现代转向及现代价值》,中南大学出版社,2002年。
[7] 彭华,《儒家女性观研究》,中国社会科学出版社,2010年。
[8] 徐儒宗,《孔子婚姻思想的进步性》,《河北大学学报》,1993年第4期。
[9] 王林,《〈论语〉中孔子的择偶标准及其对当代人的启示》,《辽宁教育行政学院学报》,2012年第4期。

网络公德缺失的原因分析及对策研究

常林杰*

2013年3—4月间,14岁的童星林妙可微博晒照片意外受辱事件,在网上掀起了一阵关于网络公德问题的讨论,许多网友表达了对未成年人的同情,同时呼吁抵制网络上的污言秽语。随着互联网的普及,网络公德缺失成为越来越凸显的问题,网络语言暴力、网络色情、垃圾邮件、病毒木马、网络诈骗等充斥着虚拟网络世界,严重干扰并影响着网络社会的正常秩序,对人们正常的网络生存构成了严重的威胁。本文欲对网络公德缺失和对策做一探讨,以期对弥补网络公德缺失有所助益。

一、网络公德缺失的原因分析

(一) 网络技术的不完善为网络公德的缺失提供了先决条件

网络社会肇始于美国和前苏联军事竞争的需要,在网络产生之前,并没有进行充分的论证,更没有涉及到网络所产生的伦理问题和法律问题。另外,“在科技发展的历程中,科技工作者和管理决策层往往有意无意把伦理因素视为无关宏旨的因素而略去,由此引发了诸多伦理、法律等社会问题。”[1](pp.79-83)因此,虚拟网络世界所产生的各种公德的缺失在网络产生之初就埋下了伏笔。并且网络技术具有结构开放性、空间虚拟性、技术共享性的

* 作者简介:常林杰,山东大学(威海)马克思主义教学部2012级思想政治教育专业硕士研究生。

特点，也为网络社会的一些不规范、不道德、不和谐，甚至犯罪行为提供了便捷。首先，从信息传播的方式看，网络行为具有"数字化"或虚拟化的特点，我们看到的和听到的形象、图像、文字和声音变成了数字的终端显现，甚至人也是以一个"符号"身份在活动，彼此不再熟悉，而就目前的网络技术而言，很难对网民的身份、行为加以确认、监管，这就无形中助长了践踏网络公德行为的发生。其次，因特网是由世界上许多国家的很多局域网所构成的，它采用离散结构，不设置拥有最高权力的中央控制设备或机构。它既没有中心，也没有明确的国界或地区界限。作为一个自发的信息网络，它没有所有者，它不从属于任何人、任何机构、甚至任何国家，因而也就没有任何人、任何机构、任何国家可以左右它、控制它。况且网络连接面广泛，传输速度快，搜集、处理信息效率高，人们的活动受时间空间的约束大大缩小，因而现实社会中那种分地域设卡、设点管辖的管理方式往往作用不大。而在网络社会中，对网络主体的行为缺乏有效的监督，也没有对网络不道德行为和违法行为形成一套行之有效的预防机制和惩罚措施，同时，互联网没有同时态的审计和记录功能，从技术上讲不能有效地对整个互联网进行管理。网络管理的滞后性，又导致了网络公德缺失的随意性。

（二）网络社会的特征是诱发网络公德缺失的内在根源

网络社会具有虚拟性、隐蔽性、开放性和共享性的特征，网络交往者的虚拟身份为交往者隐瞒真实信息提供了条件，而网络的开放性和共享性则为不良信息的传播拓展了空间。首先，网络中的人际交往是以"符号"为中介形式的交往，而这种"符号化"、"数字化"的交往导致了网络世界的虚拟性，网络主体也具有了隐蔽性的特点。在这种隐蔽状态下，由于没有现实世界中的身份、等级、地域等的限制，相互之间分不清对方的真假虚实，缺少相应的责任和义务的约束，网络主体的行为自由度和随意性增强，于是相当一部分人违背现实社会的道德规范，肆意编造虚假信息，传播电脑病毒和不健康信息，故意隐瞒真实情况，有的还采取欺诈的手段骗取对方信任，从中获取非法利益。其次，网络社会的开放性和共享性为虚拟信息的传播拓展了空间。网络社会的离散结构，是开放的、松散的，也是无中心的，每个个体可以自由选择自己的行为模式。在这里，谁都没有绝对发言权，但同时，谁又都有发言权。这样，互联网成了一个容许真正言论"自由"的地方，一个彻底

“民主”的地方，任何人可以按照自己的原则说任何话，做任何事。这种结构使得对网络主体行为的管理和控制变得异常艰难，在一定程度上助长了人们网络不道德思想和行为的泛滥。例如，网络诈骗、身份欺骗等现象与计算机网络结构的非中心性、开放性等具有某种程度的吻合，网络为其提供了生长繁衍的温床。又如网络对责任主体的控制先天不足，人们可以随意在网上撒谎、谩骂和进行人身攻击，而不需要负任何责任。处于网络社会的人们再也无法十分安全地保存自己的隐私秘密；再也无法躲避信息轰炸、信息污染所带来的身心影响；再也无法保留传统的道德观、价值观、人生观和世界观的纯洁性，面对网络社会道德、文化的多元化，人们无法逃避多元化的道德观和文化对我们传统的冲击，也无法回避多元化对人们道德判断产生的严重影响。

（三）网络社会法律规范的缺失使网络公德缺失有机可乘

在网络社会中，网络主体的行为具有隐蔽性、自主性以及网络空间的虚拟性，传统社会法律的适用对象是现实社会中的实实在在的人或组织，而在网络社会中，所显示的只是现实中的人的各种虚拟的化身，是“数字化”和“符号化”的。传统的法律和道德规范赖以存在的社会体系和物质基础在网络社会中不复存在，这使现实社会一整套的法律体系、道德规范在网络社会中陷入了尴尬境地。也就是说，网络社会存在“无法可依”、“道德真空”的局面。另外，网络的全球开放性，也使得传统的法律适用范围遭遇尴尬。在现实社会中，法律、道德规范都具有阶级性、民族性、地区性，并体现国家的意志，而在网络社会中，国家的疆域、界限被打破，法律规定和道德规范又姗姗来迟，事实上也难以制定出一套在网络社会中能体现各民族、各国家意志的法律规范和道德规范。这必然导致许多失德甚至违法犯罪行为。最后，由于在网络社会中的法律主体和法律责任难以界定，为网络公德的缺失提供了可乘之机。如，一个人利用网络上的黑客工具，窃取了有价值的信息，那么提供黑客软件的网站是否应当承担相关责任？如果有人通过 QQ 或者 BBS 散布谣言或恶意诽谤他人，那么 QQ 网站或 BBS 网站的老总应承担什么样的责任？在网络社会中很多情况下，很难断定到底谁是过错责任的承担者。如当一个电子商务网站在不知情的时候受到不明黑客攻击，算不算是不可抗力？客户因此而受到的损失和伤害又由谁来承担？这些问题都是有关互联网的法制建设中出现的难题。

（四）网络社会对经济利益的追求是网络公德缺失的直接诱因

价值规律决定了在网络社会中也存在着最大限度地追求商业利益的现象，这种追求就会使网络社会卷入网络经济的大潮之中。央视名嘴崔永元曾经说过“收视率是万恶之源”，片面追求收视率对电视节目有害无益。同样，访问量也是网站编辑的重要“指挥棒”，有的网络媒体甚至把编辑的收入、职位晋升等都与访问量挂钩，为了获得更多的收入，使自己的频道（节目、栏目）保持较高的访问量，想尽一切办法吸引网民的眼球。于是，他们报道低俗新闻或者放行未经证实、核实的新闻并推荐到网站的重要位置。除此之外，网页上的浮动广告、垃圾邮件广告、收费陷阱、短信陷阱、网络欺诈等等也屡见不鲜。网络主体对经济利益最大限度的追求，导致了网络公德的进一步缺失。

（五）网络行为主体自律性差是网络公德缺失的重要原因

网络行为的主体是人，网络公德的缺失最终要归因到人身上。缺乏自律性主体的人在网络社会这种自由环境下，极易迷失自己，盲目追求个人的感官快乐，极大降低了对自我的观察和评价意识，尤其是降低了对社会评价的关注，因而通常的内疚、羞愧、恐惧和承诺等行为控制力量都被削弱，这最终导致了网络公德的缺失。

二、解决网络公德缺失的对策

治理当前的网络公德缺失现象，必须结合网络社会的本质特征，从网络社会是现实社会在网络中延伸这一观点出发，遵循现实与虚拟相结合的原则，一方面要从技术与管理制度等方面完善网络自身，另一方面也要从现实社会中道德体系的完善出发，培养网络主体的自律性，从而达到缓解网络公德缺失的目的。

（一）完善网络技术，建立网络防伪监控体系

“解铃还须系铃人”。由于网络技术的不完善为网络公德的缺失留下了隐患，因此，这就需要我们去关注其技术基础，并且在技术上有所改进和创新，从而依靠技术措施保证网络社会的正常秩序，维护网络社会的安全。这

也是当前缓解网络公德缺失现象的重要手段，本文以为，以下两个方面最为重要。

其一，推行网络实名制，做到有迹可循。实名制的实施是网络规范由软约束向硬约束，“前台”管理向“后台”管理，群体责任向个人责任的转变。自由和纪律是相辅相成不可分割的，网民要想享受自由带来的乐趣，就离不开一个规范的网络秩序，而秩序的维护来源于对自由的合理约束。实名制对匿名性做出了一种适度的良性抵制，作为一种“后台”控制，保持了虚拟网络的传播特征和网络世界的魅力特征。作为虚拟化的公共领域，实名制利于建设文明和谐的网络，其完整与规范就是某种程度上的“熟人社会”，而网上ID就是网民的网上身份证。网民在其中可以塑造自己的声望、信誉，而这种软力量是一种很强大的“他律”，因此实名制是对虚拟网络的良性重塑。

其二，建立网络道德管理监督中心。运用先进技术开发出模糊防火墙或者基于智能安全评价体系的防火墙，进而开发一套网络公共道德规范评价体系软件，来监督和管理网络公共道德的规范情况，保证网络公共道德的健康发展。对内部有完全管理权限的网络可以采用监控与审计的方式加强管理，比如网址访问管理、局域网安全管理等；对于外部，基于互联网是自己无法控制的，防护是首要的安全需求，因此对外部不可控制的网络要增加防护。防护不仅是“大门”的防护，还是对自己内部重要的服务区域、数据资源的防护。利用安全区域的概念可以有效地区分某些重要区域，并提供相应安全级别的保护。通过网络道德监督管理中心平台可以使用户规定和控制有关自己的信息流向，并可保障享受到信息交换的真正好处。

（二）建立健全网络法规，完善网上“问责制”

虚拟社会提供给人们的极大自由度，已经超出了现实社会道德和法律水准所能适应的范围，由此带来的公共道德问题层出不穷。对于网络社会中出现的诸如诬陷、诽谤、谣言、欺诈等网络公德缺失现象，还要有相应的法制手段予以打击，才能取得更好的效果。具体而言，中国还没有规范网络的专门法律，我国目前的网络安全法规主要由国务院或有关部委发布，虽然大多冠名为“管理办法”、“实施办法”，但仍有过于原则之嫌。[2]因此要坚持把立法重点放在网络行业准则、信息安全、网络行为等方面，尽快建立适合我国实情的网络法律体系，界定网络违法行为、违法程度的标准，完善网络违法行为诉讼和取证程序、处罚措施以及执法依据。建立健全网络注册制、网络记者资格审批制度，建立网上信息安全责任追究制度、不良信息快速处理机制、完善通知删除机制，规范系统软件、互联网设备和网络安全生产商的行为，保证互联网"源头"的"卫生"。一旦发生传播虚假消息、盗窃他人隐私或者欺诈等行为，网络主体就无法逃避应有的责任。[3](p.144)

（三）构筑网络化管理工作机制，优化网络公德

网络管理是复杂的系统工程，为使其按照科学决策和正确规划所设定的目标和任务有序、协调发展，在运行中保持正确方向，需要健全网络评价机制和创新网络激励机制以适时对系统运行过程加以调控。

健全网络评价机制，对网络运行情况进行全面考察，通过网络道德现状与实施教育前的初始状态以及预期的网络道德教育目标进行比较检查。可以有效运用道德评价的奖罚机制，评选网络道德教育优秀网站，既评价网络用户道德状况，也评价网络建设及管理水平，既注重终极性评价，也重视过程性评价，尤其对曾经有劣迹的网络用户的道德增益予以鼓励和奖赏。同时在网络公德建设中注意把握网络规律"因网制宜"，对某些不守网络道德规范的用户通过适度惩罚、长效惩罚和重点惩罚等多种方式健全网络公共道德。

创新网络激励机制，建设"美德网络银行"[4]，就是通过模仿银行的操作模式与运行方式，以协会制度的形式，规范和保障网络志愿服务者可以获得网络社会志愿服务回报。"美德网络银行"一般由德高望重的人士组成道德委员会或监事会，以更好地发挥评价作用，通过规范化的保障措施使具有良好道德操守的人获得现实的政治、物质以及其他方面的实际利益。通过"美德网络银行"的形式，健全评价—保障—反馈的激励机制，规范道德主体的行为，构建一个公正、公平、有序的网络社会，营造一种有利于弃恶扬善的网络道德氛围。

（四）强化网络主体公德意识，提高网络主体"慎独"修养

网络中没有统一的严格的中央控制与管理中心，人们在网络上打交道的只是一个个站点和信息中心，人们的网络行为具有"数字化"或"虚拟化"的特点，传统的道德管理方式在网络世界中起不到效果。因此，人们在网络这个自主自愿建立起来的虚拟社会中必须要做到"慎独"，这就意味着网民

在独处时，在没有任何外在的监督和控制下，也能遵守道德规范，恪守道德准则；网民作为网络主体，要把道德权利与道德责任、道德义务统一起来，严以律己；涉及他人，要把对方的道德权利与道德责任、道德义务统一起来，给予应有的理解、尊重和宽容，并给予必要的配合和支持。任何网络成员必须认识到个人既是网络信息和服务的使用者和享受者，也是网络信息的生产者和提供者，在享有网络交往的一切权利的时候，也应该承担网络社会对成员要求的责任，形成一种有尊严的网络道德人格。这样，就更好地体现了网络道德“己所不欲，勿施于人”的底线，秉持以人为本，把他人视为和自己同样有尊严的人。

[注释与参考文献]

[1] 宋建国，《生命的哲学》，《世界科技与发展》，1999 年第 5 期。
[2] 信息网络安全监察法规概述，http://www.docin.com/p-224570595.html。
[3] 史南飞，《互联网公德原理》，湘潭大学出版社，2008 年。
[4] 武凌竹，《网络社会的公共道德建设》，上海交通大学硕士生论文，2009 年。

浅论研究生网络道德教育的内容与意义

张孟琪*

在社会网络化的背景下，研究生的思想道德方面出现了不同程度的道德滑坡，给社会带来了危害，也影响了自身的道德品格锤炼和学业发展。因此，对研究生进行网络道德教育具有非常重要的理论意义和现实意义，当下，各方需要在研究生网络道德教育内容与途径上不断创新，力求富有实效。

目前，高校可以说是我国信息化程度最高的领域，随着信息技术的飞速发展与广泛应用，互联网越来越成为研究生获取知识和各种信息的重要渠道。研究生作为社会的一个特殊群体，他们对新技术有极强的兴趣度与接受力，他们运用网络的能力非常高，是当今网络世界的主力军。因此，深入研究高校研究生网络道德教育的规律，充分认识和把握研究生网络道德教育的重大意义和重要内容，无疑成为高校思想政治教育面临的一个十分紧迫的重要任务。

一、研究生网络道德教育的主要内容

网络不是脱离现实社会而存在的，因而网络道德教育的内容也不可能离开社会发展的客观要求，但同时网络道德教育的内容也必然反映网络世界的特定要求。具体来说，当前研究生网络道德教育的主要内容包括以下

* 作者简介：张孟琪，法学硕士，山东大学（威海）马列部2012级硕士研究生，研究方向为马克思主义中国化。

几个方面：

第一，网络道德意识教育。

毛主席讲过："不论做什么事，不懂得那件事的情形，它的性质，它和它以外的事情的关联，就不知道那件事的规律，就不知道如何去做，就不能做好那件事"。在道德领域也是这样，要培养学生良好的道德品质，首先必须增强道德意识，能够区分对与错，明辨善与恶，然后他们才能有一个正确的道德取向，进行道德践履。在网络道德教育问题上同样如此。目前，随着互联网的飞速发展，网络道德教育已经成为西方一些国家高校的主干课程，特别重视对学生进行网络道德教育。目前，在国内高校中专门开设网络道德教育方面课程的凤毛麟角，主要还是以"两课"为主渠道，在对学生进行思想政治教育的过程中，也包括些许网络道德方面的教育。今后，高校应该设立专门的网络道德教育课程，对学生进行系统、科学的引导和教育，尤其要引导他们增强网络道德意识，让他们在这个虚拟世界里也要遵守基本的道德准则和规范，做一名网络道德人，认识到网络道德是网络世界正常运转不可或缺的调节器。在这里，研究生应记住并实施一句古训：勿以善小而不为，勿以恶小而为之。

第二，网络道德规范教育。

网络具有隐秘性和匿名性的特点，很多时候，外在的道德规范和法律规范对网络主体而言并不具有很强的约束力和强制力。但是，虚拟世界中的各种活动与现实社会的活动在本质上是一致的。网络主体在虚拟世界中的言行应该是理性的，即便是在缺少外在监督和规范的情况下，也应该加强自律，做到不逾。作为研究生来说，必须具有较强道德意识，不能认为隐秘、匿名的网络行为就可以随意侮辱、诽谤他人，或是进行网络欺诈等不文明行为，这必将受到社会舆论的谴责与自我良心的拷问。面对着纷繁复杂的网络环境，热衷于在网上冲浪的研究生们必须遵守基本的网络道德规范。严格按照网络道德规范的基本要求来规范自己的言行。根据《全国青少年网络文明公约》和《文明上网自律公约》当中的相关规定，研究生应当遵守以下网络道德规范：(1)要善于网上学习，不浏览不良信息；(2)要诚实友好交流，不辱骂欺诈他人；(3)要增强自护意识，不随意约会网友；(4)要维护网络安全，不破坏网络秩序；(5)要有益身心健康，不沉溺虚拟时空；(6)要树立良好榜样，不违反行为准则。

第三，道德判断和道德选择能力教育。

研究生由于在认知水平、辨别能力以及社会阅历等方面还不是很成熟，而虚拟的网络世界里充满了好与坏、真与假、对与错、美与丑、精华与糟粕等并存的形形色色的网络信息，在很多时候，他们面对着各种诱惑，各种思想和价值观点碰撞，在没有他人帮助的状况下，仅仅依靠自己独立的分析、思考，是很难做出正确的判断和选择的。根据本课题组进行的问卷调查，结果显示，目前研究生面对网络的一大苦恼就是辨别信息真伪的能力不足或是根本无法辨别信息的真伪。因此，研究生网络道德教育的目的再也不是仅仅要求他们了解和掌握一些网络道德基本规范，而是必须面对研究生接触的网络世界里复杂的信息环境，培养、提高研究生的道德判断和选择能力，让他们能够明辨真善美与假恶丑的界限，理性地看待各种问题，不断提高自身的网络道德素养与品德修养。

第四，网络价值观教育。

网络是一个虚拟的世界，有相当一部分内容是由网民提供的，网络是一个实现资源共享与信息交流的自由平台，在这里会有很多观点的激荡，思想的交流，价值观的碰撞。在这个虚拟的世界里，任何网民所提出的观点、主张都有可能成为众人关注的焦点，并在网络里自由传播。网络是一个开放、民主、自由、和平等的系统，从而形成了与现实社会相适应的网络价值观。研究生作为网络的受益者，在享受网络带来的种种便利与乐趣的同时，网络文化对研究生的价值观又产生了消极影响，网络很大程度地影响着研究生如何看待他人、社会，如何看待自己与他人、社会相互间的关系，给他们的身心健康、人际交流和社会沟通方面带来很大影响和危害。要教育研究生合理使用网络资源，遵守网络规范，严格约束自己的言行，不侵害他人名誉以及其他权利和自由。同时，由于网络具有广延性和复杂性的特点，不同的思想、文化在此交融互动，不同的信仰、风俗、价值观念等相互交织，更需要研究生在批判、鉴别的同时学会尊重他人，让现实社会中的人类优秀道德传统和科学价值观在虚拟的世界里得到进一步提升。

第五，网络礼仪教育。

中华民族自古以来一直有“礼仪之邦”之美誉。不论是在现实社会中，还是在虚拟的网络世界，礼仪都是不可缺少的。尤其是在网络空间里，更需要网民时刻注意自己的言行，在交往和互动过程中，要多使用文明用语，知礼节，讲礼貌。就现状而言，目前的网络礼仪主要包括：(1)招呼礼仪，指研究生在网络交往的开始环节，打招呼和称呼对方时应遵守的礼仪。如目前网络礼仪要求大写对方姓名的字母就是表示你对对方的一种尊重，小写则意味着一种不礼貌的行为。可以说，招呼礼仪，是研究生网络行为礼仪的起始环节和关键环节。(2)交流礼仪，指研究生在网络交往中语言交流互动应遵循的礼仪，如许多网络就“规定”发信者要写明信件“主题”等，这就是一种交流格式“礼仪”，这些礼仪往往带有一定的情感和意愿。(3)表达礼仪，指研究生在网络交往中采取某种表达方式时应遵守的礼仪。如在网络上，表达微笑可以用两个符号——冒号和右括号，组合起来表示成——:)或者也可以用^_^，这实际上是一个“礼仪”，一种约定俗成的“规矩”，在表达你的情感态度的同时，也是对对方的尊重。网络礼仪是网络主体在虚拟世界交往过程中所形成的，与网络环境的特点相适应，网络礼仪也有自己的特点，比如普遍公认性、技术可行性、可理解性、弱强制性等。总之，网络礼仪是网络行为主体文明程度的“试金石”。一个研究生如果连最起码的网德礼仪要求都做不到或者做不好，那么就很难遵循更严格、更高层次的网络道德准则。网络是一把双刃剑，利用好了，将使我们终生受益。因此，在我们使用网络的过程中，要严格遵守网络礼仪的基本规范，从点滴做起，做一个文明的上网者。

二、加强研究生网络道德教育的重要意义

第一，加强研究生网络道德教育，有利于增强高校思想政治教育的实效性。

在社会网络化的背景下，打破了人与人之间交流和联系的传统方式，人们可以通过互联网即时、便捷地进行沟通和交流，网络极大程度地变革着人类社会的生活方式与工作方式。同时，也使得高校德育工作面临着巨大的机遇与挑战。传统的道德教育，侧重于向研究生传递现有的道德和法律，用这些道德准则来规范他们的语言和行为，往往很少涉及到如何引导研究生

开展道德和法律的建设问题。对于当今研究生群体来说，他们虽然经历了大学阶段的思想政治教育，但仍处于探索人生真谛、实现人生价值和进行人生选择和判断的重要阶段，他们通过网络可以暂时地脱离现实生活的喧嚣与浮躁，自由地抒发自己对人生的向往与想象，浏览他们感兴趣的内容。其中对于一部分研究生而言，或者由于现实生活中的无奈、或者是由于寻求心灵的释放与依靠，他们对这个现实的世界充满了恐惧与敌意，对网络充满了渴望与疯狂，逐渐沉溺于虚幻的网络世界之中，而无法自拔。为了更大程度地避免网络对研究生思想、情感、品质、心理的负面影响，我们只有继续加强对研究生的网络道德教育，才能筑起一堵思想上的"防火墙"。

第二，加强研究生网络道德教育，有利于创建和谐校园。

当前我们所要创建的和谐校园，既包括现实校园的和谐，也应当包括虚拟网络世界的和谐。加强研究生网络道德教育是创建和谐校园的必然要求，同时也是研究生全面发展，成长为高素质创新型人才的迫切需要。因此，创建和谐校园，离不开研究生群体，更离不开他们所具备的较高的道德素养与品德。创建和谐校园与研究生网络道德教育是相互影响、相互促进的有机统一体。研究生网络道德教育是和谐校园建设不可或缺的重要内容，仅仅关注于对研究生进行现实世界的思想道德教育是远远不够的，还应加强研究生网络道德教育，将二者紧密结合在一起，才能推进思想政治教育工作取得实效。

第三，加强研究生网络道德教育，有利于改变研究生网络道德的不良状况。

自古以来，道德都是维持社会良序运转的主要动力之一，道德的存在是任何一个人类社会存在和发展所必备的条件。研究生网络道德意识的淡化和网络道德品德的缺失，不仅损害网络世界的和谐稳定与健康发展，而且还可能会将网络世界中形成的不良性格与行为习惯延伸到现实社会中，从而损害现实社会的人际交往和社会和谐，削弱人与人之间的互信度，增强陌生感，淡化社会责任感，最终影响社会的和谐与稳定以及研究生的健康成长。当前，多数在校研究生的网络道德素养还是比较高的，他们在虚拟的网络世界中能够很好地遵守相应的道德准则与规范，文明、健康地进行网络交往与互动。但是，仍然有一部分研究生在网络道德方面存在一些问题，比如网络欺诈行为，传播谣言、散布虚假信息，盗用他人网络账号，聊天室侮辱、谩骂他人等等不文明行为，因此，要想从整体上扭转研究生网络道德的现状，加强研究生网络道德教育显得尤为紧要和迫切，并且势在必行，同时也是最佳选择。

[注释与参考文献]

[1] 陈春萍，《当前大学生网络道德教育的内容和方法》，《广西社会科学》，2002 年第 1 期。

[2] 刘新奇，《切实加强对大学生的网络道德教育》，《教育理论与实践》，2005 年第 11 期。

[3] 王贤卿，《道德是否可以虚拟——大学生网络行为的道德研究》，复旦大学出版社，2011 年。

[4] 赵玉华，《论社会主义和谐社会下的大学生网络道德教育》，《教育战线》，2008 年第 2 期。

[5] 张彦，《大学生网络道德教育现状探析》，载《西南农业大学学报》(社会科学版)，2008 年第 4 期。

柳永研究

张银堂*

柳永出生在一个官僚士大夫家庭，远祖柳奥于唐代中期"从季父冕廉问闽川，因奏署福州司马，改建州长史，遂家焉"——家族自远祖起从北方的山西迁移到南方的福建，成为当地的大族。祖父柳崇虽然没有做官，但在当地有很高的威望。王禹偁为柳崇撰写的《建溪处士赠大理评事柳府君墓碣铭并序》称："王审知据福州，以公补沙县丞，时审知残民自奉，人多衣白纸，公曰：'此岂有道之彀耶？'即以就养引去，御布衣称处士而已"。"以行义著于州里，以兢严治于闺门"，"乡人有小忿争，不诣官府，决其曲直，取公一言"。"诸子诸妇，勤修礼法，虽从宦千里，若公在旁，其身训子有如此者"[1]。柳崇有子六人，柳宜、柳宣、柳寘、柳宏、柳寀、柳察。六子包括柳永的父亲柳宜在内都做了官，成绩也不错。柳宜，仕南唐，官监察御史，入宋为沂州费县令。出生在这样的家庭，依常理，柳永自小应该接受过严格的书本教育，从而养成了出众的才华。但从柳永的表现看，不少人怀疑他仅具文学创作才华，并不具备科举所要求的学识。真相到底如何，学界一直存在很大的争议。原因在于柳永进入首都参加科举考试之前的人生经历，完全是空白。

不管实际情况如何，二十岁左右，年轻的柳永循着宋代多数知识分子的人生路径，进入首都汴京参加科举考试。由于他有很高的才华，大量的剩余时间就用来和歌楼的歌女交往。柳永擅长写词作曲，所以歌楼的歌女特别喜欢他。南宋有一个叫叶梦得的文人在《避暑录话》卷下说："柳永字耆卿，

* 作者简介：张银堂，山东大学（威海）中文系教授。

为举子时，多游狭邪，善为歌辞。教坊乐工每得新腔，必求永为辞，始行于世，于是声传一时。”[2]南宋王灼《碧鸡漫志》卷二在提及柳永词时曾说：“惟是浅近卑俗，自成一体，不知书者尤好之”。[3]“慢词盖起宋仁宗朝，中原息兵，汴京繁庶，歌台舞席，竞赌新声。耆卿……流连坊曲，遂尽收俚俗语言编入词中，以便伎人传习，一时动听，散播四方。”[4]——清代宋翔凤在《乐府余论》中的评价，堪称柳永人生与文学的注脚。结果，柳永因为歌写得好，流行得特别快，最后到了有人的地方就有唱柳永歌的程度，即“凡有井水饮处，即能歌柳词”[5]。柳永在市井社会为自己赢得了空前的荣耀，也给他的人生埋下了巨大的隐患。柳永此后所以遭到正统社会的长期排斥，一个重要的原因就是他的个体行为严重偏离了王朝对候补官员——士子们的道德要求。

不过柳永对这一问题似乎没有多少的认识。从柳永科举考试被黜落的反应看，柳永对这样的结果并无准备——柳永在落榜以后曾经写过一首叫《鹤冲天》的词：“黄金榜上，偶失龙头望。明代暂遗贤，如何向？未遂风云便，争不恣狂荡。何须论得丧。才子词人，自是白衣卿相。烟花巷陌，依约丹青屏障。幸有意中人，堪寻访。且恁偎红倚翠，风流事、平生畅。青春都一饷。忍把浮名，换了浅斟低唱。”应该说柳永在做人方面出现了问题，所以主持考试的官员才不录取他。但柳永似乎不明白这一点。那么，柳永的问题到底出在哪里？柳永的错误在于混淆了文人和歌女交往的界限。唐宋时代士子与歌女交往，非常常见，封建王朝对此也并不绝对禁止。田汝成《西湖游览志余》“委巷丛谈”云：“宋时阃帅、郡守等官，虽得以官妓歌舞佐酒，然不得私侍枕席。”[6]又据罗烨《醉翁谈录·卷七·平康巷陌记》“平康总序”载：“凡举子及新进士、三司幕府，但未通朝籍，未直馆殿者，咸可就游。”[7]既然在职官员都可以与歌女交往，那么作为科考士子，柳永与歌女的交往当然不在禁止的范围。但文人与歌女的交往限于逢场作戏，不得越界。否则，在职官员涉嫌“逾滥”，没有进入官场的士子，就属于道德缺损。柳永不仅和歌女生活在一起，甚至还想娶歌女为妻。柳永曾在《征部乐·雅欢幽会》一词中对他所钟爱的虫娘做过这样的表白：“但愿我虫虫心下，把人看待，长以初相识。况渐逢春色，便是有、举场消息，待这回、好好怜伊，更不轻离拆。”这就大大超出了封建伦理道德信条所允许的范围，主持科举考试的官员对他不予录取也是可以想象的。当然，柳永对歌女好并不全错。古代歌女地位低，生活悲惨，柳永喜欢她们、给她们温暖，这是值得肯定的。问题是我们可以这样想，但主持工作的官员不这样想，这就麻烦了。结果柳永由于和歌女的非正常交往，考官连续几次将他黜落。据说连皇帝都出面干预。南宋吴曾《能改斋漫录》卷十六云："仁宗留意儒雅，务本理道，深斥浮艳虚薄之文。初，进士柳三变好为淫冶讴歌之曲，传播四方。尝有《鹤冲天词》云：忍把浮名，换了浅斟低唱。及临轩放榜，特落之，曰：且去浅斟低唱，何要浮名！"[8]柳永一怒之下索性放弃科举考试，打出"奉圣旨填词柳三变"的旗号，完全成为歌楼酒馆中的一员。北宋末年严有翼的《艺苑雌黄》云："柳三变……喜作小词，然薄于操行。当时有荐其才者，上曰：'得非填词柳三变乎？'曰：'然。'上曰：'且去填词'！由是不得志，日与儇子纵游娼馆酒楼间，无复检约，自称云：'奉圣旨填词柳三变'。"[9]从此一直到五十岁中举做官为止，柳永有近三十年的时间是在市井社会的歌楼酒馆中度过的。

由于柳永走的不是一般士子所走的人生道路，人们都歧视他，所以有关他的消息没有人重视，也不愿意记录，结果就导致我们对他一生包括沦落市井歌楼酒馆期间的实际状况几乎一无所知。流传至今的东西多数是传说，哪些是真实的，哪些是不真实的，很难判断。柳永虽然有很多带有自我表达成分的俗词，写到他这一时期的生活，但不外是和歌女的感情如何好，具体的人生过程并没有记录。所以柳永这一时期的人生经历我们只能根据传说，结合柳永作品进行推测。柳永最初放弃科举和歌女生活在一起，生活可能不错。首先，柳永有很高的音乐、文学才华，他写的歌特别流行。唱他的歌的歌女容易走红，收入也高，柳永的生活也就有了保障。加上这个时期柳永还年轻，思想负担少，所以他的生活或许不错，心情也可能并不很坏。"耆卿居京华，暇日遍游妓馆，所至，妓者爱其词名，能移宫换羽，一经品题，声价十倍。妓者多以金物资给之"。[10]这种状况应该持续了不短的时间。不过随着时间的推移，柳永的心情开始发生改变。首先古代的歌女地位很低，生活不稳定。一旦她们的收入出现问题就有可能牵连到柳永。更重要的是柳永是儒家思想熏陶下成长起来的知识分子，儒家讲究对家国、社会的责任，知识分子只有承担起家国、社会的责任，才能算实现了自己的人生价值，否则他的人生将没有意义。柳永不仅有很高的音乐、文学才华，对社会也有很高的期望，他当初所以选择放弃科举和歌女生活，更多的是基于对社会不公正的抗议,并不是真的不想有所作为。所以一段时间以后,柳永不再感觉到痛快,他离开首都汴京,到中原以外的地方,包括长江以南的苏州、杭州等地漫游。漫游的目的是想通过文学才华获得当地的官员的认可,进而获得进入官场的通行证。柳永有很高的文学才华,以他的才华吸引地方官员的注意,为切入政治领域打开通道,应该说完全是有可能的。柳永为此写下很多带有干谒痕迹的词作,最著名的当推《望海潮》,即"东南形胜,江吴都会,钱塘自古繁华。烟柳画桥,风帘翠幕,参差十万人家。云树绕堤沙,怒涛卷霜雪,天堑无涯。市列珠玑,户盈罗绮,竞豪奢。重湖叠巘清嘉,有三秋桂子,十里荷花。羌管弄晴,菱歌泛夜,嬉嬉钓叟莲娃。千骑拥高牙,乘醉听箫鼓,吟赏烟霞。异日图将好景,归去凤池夸。"据罗大经《鹤林玉露》卷十三记载:"孙何帅钱塘,柳耆卿作《望海潮》词赠之"[11]。但不知是什么原因,柳永的这些努力并没有产生应有的作用,他依旧一无所有。这期间,柳永在王朝的一些重要时刻还写过一些颂圣类的作品,希望引起最高统治阶级的注意,进而结束自己的痛苦生活,可惜这些行动同样没有结果。

后来,柳永终于醒悟了,他开始和歌女们拉开距离,重新开始准备科举考试。需要说明的是柳永并不是冷酷无情,对那些曾经给过他真心关爱的歌女,他发自内心地感激。例如在《蝶恋花·伫倚危楼风细细》一词中,柳永就表现出对过去这段生活近乎无怨无悔的心情:"伫倚危楼风细细,望极春愁,黯黯生天际。草色烟光残照里,无言谁会凭阑意。拟把疏狂图一醉,对酒当歌,强乐还无味。衣带渐宽终不悔,为伊消得人憔悴。"但柳永毕竟是传统时代的知识分子,他需要通过为家国尽责来证明自己的价值。结果,五十岁那年,柳永进士及第,这次考官没有为难他。在经历了几十年的蹉跎岁月之后,柳永最终回归体制。

经过半生的坎坷,柳永终于回到他曾经渴望的人生轨道。令人意外的是做官以后的柳永,忠于职守、勤奋上进,表现出一个一般官员难有的水平。由于表现优异,他在进入官场三个月后就获得了上司睦州知州吕蔚的举荐。由于他任职时间短,还没有达到宋代官员升迁的时间要求,只能作罢。但柳永的政治热情和才能也就可以想见了。对此,叶梦得在《石林燕语》曾有记载:"景佑中,柳三变为睦州推官,以歌词为人所称,到官才月余,吕蔚知州事,即荐之。郭劝为侍御史,因言释褐到官始逾月,善状安在,而遽为论"[12]。

做官期间柳永地位低下，历史上有政府部门不准他升迁、调动的说法。有的专家经过研究发现这不是事实。宋代对官员的升迁有严格规定，达不到时间要求的不能升迁。柳永地位低是因为他进入官场的时间短，并不是政府部门故意为难他。结果做官后的柳永人生同样艰难，距自己当初的梦想距离不小。

关于柳永的结局，各种记载差异很大，可信度不高。葛胜仲《丹阳集》"陈朝请墓志"云："近岁水军统制羊滋命军兵凿土，得柳墓志铭并一玉蓖。及搜访摩本，铭乃其侄所作。篆额曰：宋故郎中柳公墓志。铭文皆磨灭，止百余字可读，云：叔父讳永，博学，善属文，尤精于音律。为泗州判官，改著作郎。既至阙下，召见仁庙，宠进于庭，授西京灵台令，为太常博士"[13]。而叶梦得《避暑录话》卷下则说："永终屯田员外郎，死旅，殡润州僧寺。王和甫为守时，求其后不得，乃为出钱葬之"[14]。追逐柳永京中为官路径，无任何关于"既至阙下，召见仁庙，宠进于庭"的迹象，而"久困选调"、"不放改官"的传说倒是不绝于耳，所以这种说法的可靠性不难想见。后一种说法问题也非常明显，假如这种说法能够成立，那就意味着理想的仕途愿景没有出现，柳永被迫放弃辛苦得来的官职，再度展开求索，终至沦落民间。综观柳永曾经的人生经历以及思想变化过程，除非迫不得已，柳永当不至于采用这样的冒险之举。

在民间，"众名姬春风吊柳七"[15]的故事盛传不衰，实际上这仅仅是小说家言，无任何现实的可能性，原因也不难想见，这里就不再赘述。

[注释与参考文献]

[1] 姚学贤、龙建国，《柳永词详注及集评》，中州古籍出版社1991年。

[2][5][12][14] 叶梦得，《石林燕语》、《避暑录话》，上海古籍出版社，2012年12月。

[3] 王灼，《碧鸡漫志》，中华书局，1992。

[4] 唐圭璋，《词话丛编》，中华书局，2005年。

[6] 田汝成著，陈志明校，《西湖游览志余》，东方出版社，2012年3月。

[7][10] 罗烨，《醉翁谈录》，古典文学出版社，1957年。

[8] 吴曾,《能改斋漫录》,上海古籍出版社,1979 年。
[9] 严有翼,《艺苑雌黄》,《宋诗话全编》,江苏古籍出版社,1998 年。
[11] 罗大经著,王瑞来点校,《鹤林玉露》,中华书局,1983 年 8 月。
[13] 葛胜仲,《丹阳集》,《影印文渊阁四库全书》。
[15] 冯梦龙,《喻世明言》,人民文学出版社,1987 年 4 月。

原乡与原伤：童伟格的零余世界

——评《无伤时代》与《西北雨》

郭全照*

从短篇杰作《王考》到长篇小说《无伤时代》和《西北雨》，童伟格奠定了其作为台湾“新乡土文学作家”佼佼者的地位。论者或以魔幻风格、意识流视之，或将其归诸台湾现代主义文学以来的“抒情小说”系谱，也有的从中挖掘出“无用哲学”或“废人哲学”。本文则发现戏剧对童伟格的两部长篇《无伤时代》和《西北雨》的深刻影响，既表现在叙事的结构、人称、时间的折叠上，也表现在阿尔托式的世界观，甚至语言上。以此为背景来关照童伟格小说中那种氤氲难言的存在状态和质地，庶几可以得到更加明晰的理解。

初读童伟格，那些充满哀悼、伤颓情绪又时空颠倒、指称纷乱的琐话絮语如隔着毛玻璃的迷濛细雨，让人像中了乙醚被麻醉在手术台上，陷入失智、失忆、失语；忽然冒出的一个貌似诗意哲理，实则晦涩难明、逻辑不清的“仿格言”更又把人带入迷离恍惚。如同一个现实世界的梦魇复像，踏入者也许会被催眠到有气无力而半途而废。而在文学的多元宇宙中，自可容纳一个不断褪除意义与目的、生而伤废的零余世界。这是一场“退却与剥离”之旅，自历史、乡土、田园、理想里不断抽身；同时也是一种“辩证”的运作：一切刚刚开始就已经结束，终局在起始处即已显现，记住了生命中最微末的瞬间却遗忘了整个命运。那原初的伤与痛早已发生，已经完成，无法消除，却不容遗忘，因为记得的终会在书写的储藏与抚慰中得到救赎，回到最后与最

* 作者简介：郭全照，南京大学文学院比较文学与世界文学专业博士，山东大学（威海）翻译学院讲师，研究方向为比较文学与世界文学。

初，因为最终的就包含在最初的之中。童伟格的“文字幻术”，剥蚀掉生活坚固而粗糙的外壳，一意触摸生命中不能承受之“伤”，那是精神的“原乡”与“原伤”，让伤疤袒露，让文字吹拂。

一、叙事的戏剧

《无伤时代》和《西北雨》集中了童伟格小说的诸多原型及基础场景：荒败冷寂的山村、潮湿凝滞的天气、静静的通往村外的大马路和带着复杂世故视角的敏感少年、常年病瘫的祖母、报废的男性年长亲人、死去的亲友，以及一群“静静地疯癫”的人……然而小说并不搬弄传奇、诡异的故事性情节，而是更多浸透在对日常瞬间、生老病死的抒情性描述上，看似散射漫漶，全无重点，然而复察之，其实是隐含着一种具有固定的“舞台坐标”的剧场结构。童伟格深研戏剧理论与创作（他是戏剧学硕士、博士），其小说创作可看出来自戏剧的深刻影响，这也是他小说写作的一大独特性所在。

（一）剧场式结构

传统戏剧的特点是要在非常有限的舞台上，把各种冲突、各色人等都集中在一起出现；也就是说，事件、人物不管如何繁杂，总要有一个可以涵括、贯通的框架、主轴，以便在舞台这个固定且有限的时空内得到展演。《无伤时代》里，序章的母亲去医院看耳后肿瘤和儿子坐守家中写作，就构成了整部小说搬演的舞台框架，其后展开的儿子（江）的高中生活、母亲的失业就业再失业、外公外婆、母亲讲的游万忠与鬼伯的故事、瘸腿狗与盲猫、儿子的小学生活、父亲死于矿难、母亲的童年与出嫁……一干枝枝蔓蔓的人与事都系缚于这两个坐标之上，不断重复与回返[1]，成为小说组织叙事的“最后与最初”（末章标题）。

到了《西北雨》，这种作为“舞台坐标”的“指示”就更为明显了，一个是“我”的十岁生日事件（父亲开车带一家人出城去海边玩）[2]，另一个是“我”被父亲弃置在回山村祖父家过暑假的公路尽头[3]。通过不断回到这两个坐标原点，一个家族四代人的故事被统摄在一起，加之以其他重复的元素：西北雨、父亲的大榕树、“我”的朋友们（小王、阿发、阿南）、食妻者、运补船、祖父的图书室、海王神谕……一个“你方唱罢我登场”、“螺蛳壳里做道场”的舞台剧场被锚定了，时间和空间由此散发出去，最终又流溯回来。由于两个坐标的吸力，小说也不再单纯流于家族史的故事(论者黄锦树持此观点)，也是个人的成长史。

（二）人称的戏剧

从《无伤时代》到《西北雨》，小说文本都频频转换叙事者，在“我”、“他”、“她”，甚至“你”之间跳接、更替，然而更复杂的是，经常这几个人称并不处于同一个平面上，而是在某一人称视角之内的再次衍化，甚而三次衍化。如：《无伤时代》第四章(“大于等待的”)写到，等待煞车皮厂经理闲下来给自己说话求职机会的母亲，想象这个经理励志的“发迹史”时，开始时叙事用“他”指代年轻时的经理，那时的“他”从学徒起步、渐渐发达，然而一句之内，“他”就转换为代指村里那些“发愣”、“失魂落魄”、不求“上进”的年轻人，而经理变作了“你”，“你”眼里的“他”和“他们”是“野蛮人”、“枯尸”。[4]《西北雨》由于牵涉了四代人，在对“我”父亲和“我”祖父的指称上更增加了一些理解上的难度，如上卷中“他”一直指代“我”父亲，下卷中“他”却指代“我”祖父，当讲述“我”祖父的父亲时，“他”这个指称到底指谁就要费点思量了，“我”视角之内的“他”有了三重“重影”或“复像”。在童伟格这里，人称的转换、渗透、重叠、映射不仅是一种叙事的游戏，还是一种主体的戏剧化，很像舞台上演员在独白时的情景化扮演，另一种“伪人生”的展示，“我”变成了“他”，“他”说着“你”的事，“他”又变成“我”，当起了主角……自我在他者化的过程中不断分身，这是主体的幻术。每一小人物如细胞分裂般无性繁殖，生成一朵巨大的艳异的复瓣花朵。

（三）折叠的时间

在戏剧的有限空间里要呈现时间的广度，则必须使时间浓缩，如《雷雨》把所有的冲突集中在一天，中间采用回叙追溯、融合过往。童伟格熟谙这种戏剧的结构手法，将其用于小说时更为自由、从容，因小说在时空上有更大的余地。《无伤时代》从江的母亲发现耳后有肿瘤到送她去医院手术之间，穿插进许多此前发生的江和母亲身上或身边的人事片段，叙事时间中的“现在”江的母亲59岁，江36岁，而后故事时间中依次出现江的高中时代、童年、高中、童年、青年，江的母亲在故事时间中则走过了45岁、出生、43岁、56岁，最后回到“现在”(59岁)。这中间的穿插似乎可以无止尽地填充进去，而时间时不时的折返、暂停、倒退:江的母亲刚给江讲着她的小学同学游万忠的故事,游万忠的父亲摔死后来了两个警察,话头就转到了两个警察身上,随后又转到了查验尸体的师公许老师身上,继而又转到了村里停电的故事,最后转到成年后来村里卖棉被的游万忠;[5]正说着江(念高中)的几个朋友在打篮球,江和母亲从旁观看,忽又说到众人不见了,江独坐河边,走回宿舍,坐在书桌前,太阳西升东落,季节倒退着。[6]

这两处例子,前者呈现江母讲故事的方式:类似于故事接龙,由一个线头出发,散点辐射式分叉、蔓延,最后再回到线索开头,不知不觉间同一主人公已从小孩变作了大人;后者类似于蒙太奇剪辑,淡入淡出之间时空已经轮换。两者同样都让时间浓缩、压扁,把立体折成一个平面。这种时间折叠术的极限状态是通过颠倒、翻转时间,达至首尾相连成一个点。如《无伤时代》的最后,江想象中童年的母亲遇到了长大后的江,明白到最后最老的自己也就是最初最年轻的自己。《西北雨》里"海王神谕"造成的诅咒(海王预言,"我"祖父死时,将比他的父母,离家更近),连缀起了一家四代人的命运:第一代"我"的曾祖父为消解诅咒用尽各种方法让海王改口,以致最后落海溺死,曾祖母则死后进不了冥界,魂魄无依;第二代"我"祖父为逃避诅咒,远走他乡到海上当水手,但终究落脚山村,结婚生子,此即"我"的父亲许丰年,诅咒被继承、延续,他是士官、出租车司机、流浪汉,在城里辗转迁徙,抛妻弃子,最后竟犯下"弑父"的罪行;而"我"最后觉醒,记起自己就是"海王",因一时多嘴而造成一个家族被诅咒的命运。这样,通过倒果为因,家族的百年悲剧被叠放进了一个首尾相接的圆环里。这种折叠术实际上隐含了一种"存在的辩证法",童伟格乐此不疲。

二、主体的存在

有论者认为,童伟格小说中的主人公观点背后有个"抒情主体",是和作者最为接近的一个存在,慈悲善感,多愁易伤。[7]这诚然不错,但只是一个外在的描述,并没有进入这个抒情主体背后的哲学运思,有人说是种"无用哲学"或"废人哲学"[8](骆以军、杨照等持此观点),但其实还有某种更为根本的世界观或宇宙论。童伟格小说充斥着大量的伤、废、畸、老、孤、寡、死亡、败毁的形象和意象，人一出生面对的就是一个已然苍老、崩塌、败毁的世界，并且人本身也似已历经沧海，太阳底下再无新事，青春的年龄中包裹着一颗老灵魂，但何以至此？自传式、心理学/精神分析式的解释将其归之于童伟格个人的童年创伤（七岁丧父），对于当代的创作来说，这过于轻易也太过老套了。

（一）残余生命

《无伤时代》里，沉默的江、瘫痪且神志不清的祖母、说故事“漫无方向”的母亲，灰色影子般曳行于一个“苍老”、“待死”的世界。他们不关心别人从中看到什么道理或者意义，“无法对任何人说明任何事情”，只是赤裸裸地面对破碎的生活之流，疲乏、悠缓、无声无息，一如动物或植物般的生存，是以江自况为“蕨类植物”[9]，宁愿与猫狗对话；江的外公外婆晚年分居，互不说话，“一个愈来愈像鸟，一个愈来愈像兽”[10]。世界、时间和人似都逐渐被掏空了内容，直到“巨大的沉默会突然占满一切”[11]。生命似乎被什么剥夺了，只剩下愈来愈生物性的存在，类似于意大利思想家吉奥乔·阿甘本（Giorgio Agamben）称谓的“赤裸生命”（bare life）、“没有内容的人”（man without content），这是当代艺术景观中人之主体的存在状态，意义和目的都被耗尽了。《西北雨》中不断衰败的祖父、老年痴呆的祖母、漂泊不定的父亲，在“我”生命中经常不在场的母亲如同“死人”、偶尔“复活”，主人公“我”也正在朝着不再能说话、走路的方向退化，记忆渐渐模糊、混乱，写下“好像每句话都是遗言”，“我”清楚自己只是个“幸存者”，生活在“剩余的时间”里。童伟格小说呈现了一个近似没有意义、没有安慰、不断败毁的世界，其中人的生命不断坍塌、退缩直至植物、动物性状态，一切都是剩余的了。

（二）末世景观

《无伤时代》里，江执意怀想的是婴儿初生时“那个未曾下过一场雨、什么也未曾生长，连形状都没有的空荡世界”[12]，一切清零，藉此他可以“重新开启时间”[13]。《西北雨》里，“我”和“祖父”上山到溪头放水，以给山下的家居供水，我却将之想象为“大水泛滥”，这是“我对这世界的，最后的想象”[14]，这显然是一个世界终结的意象。终结之前，所有时间变成了“剩余的时间”，面对家族诅咒和自身命运谜题的“我”（能力不断退化，不能说话、不能走路）只能计数着生命剩余的时间，用写作抵御那个终将沉默的自己，用记忆尝试去穿透终局[15]。为此，母亲给“我”一本笔记本，将记得的一切都写下来，即使不明白有何意义，也不要错失任何一个瞬间，因为记得的事物会在多年后思维打开时，向我们昭显出其意义，“时间最终会将意义返还给你”。[16]

《无伤时代》中，江追悔于不记得在未学会走路时，自己如何感知世界，也不记得在学会说话前，如何向别人说明自己的需要，这意味着“他一开始就迟到了”。[17]世界流逝不止，众人穷途一生，无罪无恶，死后即被人遗忘，无声无息。这是一种大量的生命时刻、生活瞬间被耗费、被遗漏、被忽略的恐怖，因为生命就是由这些细小如尘埃的时间构成的。难道这不令人惊讶吗？吉奥乔·阿甘本深深地感喟：“尽管历史学家、抄写员和各种档案管理员做出了努力，但社会历史和个体历史中无可挽回的损失量仍然无限地超过可以在记忆存档中保留的数量。在每一瞬间，忘却和损毁的测度，我们自身的本体论上的浪费，都远远超越了我们记忆与良知的虔敬。”[18]因此，《西北雨》中“我”对被父亲丢弃在回山村祖父家的公路尽头一直耿耿于怀，在记忆里徘徊不去，最后终于记起是因为上山的路泥泞成河，父亲开计程车无法前行。但这一“发现”并不能使得“我”在记忆里爬梳时记得的那一时刻的大榕树、“鲜活的令人难以承受的”山景（瀑布、大岩块、山风、蝉鸣）、路边蓄水池浮萍上一只咬自己尾梢的蜻蜓……成为多余，因为“失落的事物之迫切性并不蕴含着需要什么纪念的意思；反之，它蕴含的意思是，那些东西持留在我们之中并以被遗忘的方式和我们待在一起，以且仅以此方式，成为始终不可遗忘的事物。”[19]正是这些几近零意义、看似多余的事物为我们撑起了生活的整体，并且构成了我们永远独一的存在。世界每一次在每个人那里都是独一的在场，因而每个人的死亡都是“独一一次世界的终结”。

在遍布亡灵的童伟格小说里，世界已终结了无数次，直到它变成了一种量子物理学上的真实[20]，虚构现实化了，这是可能和可以发生的，这也检证了童的末世论书写的普世意义和追求，而不是那种自我耽溺的“私小说”。“世界末日”的垂直临在打断了直线前进的世俗时间并使之归零，于是因果倒转，时间逆行，那“将来”的其实早已经发生，生活的形式从衰老走向终结，只留下一种剥离，人们由之过渡到另一种形式的虚空，并在虚空和剩余中把握无意义的真理。

（三）存在之伤

《无伤时代》里江不会种田，只会写作，希望母亲把他当成“无伤无碍的废人”，藉写作安置自己的年轻岁月、无法“说明清楚”的悲伤与沉默，然而，更重要的是藉写作记住那些平凡普通的亡灵[21]，并接近在矿难中早丧的父亲，在故事中父亲会对他讲述，因而写故事是他能靠近父亲的唯一方法[22]。《西北雨》中的许希逢拿着母亲给的一本笔记本[23]，用瘟疫样的文字记下被命运驱赶、打败的父亲、祖父、祖父的父亲，和自己身边朋友们的“轻易的死亡”，最后不期然与自己的命运相逢，在言辞和记忆里“不断退缩、隐遁”：“在这注定谁都无法活着离开的世界里，记忆力也许是最终的赎还”[24]。在末世论留下的空间里，哀伤、苍老、畸零、颓败、虚无的主体喃喃独语着逝者之歌，“透过我的眼睛，世界成槁成灰”[25]，仿佛写下的都是遗言，这是一种接近瘫痪状态下的绝境书写，看似后现代的解构游戏，其实针对的是“真实的稀薄、个人哀伤的退位”[26]。写作者和他故事里的人物一样，总在追寻安然地活着，却怎么也不得，一切就像永远都醒不来的梦，直到记忆的潮水将他打捞上岸，那是一个闪着沉默光泽的零余之地，好像一无所有，又好像一切都在着，等待末日或创世将一切重新唤醒。或者，等待也不必，他只是如卡夫卡一样，被赋予了这命运：“无论什么人，只要你活着的时候应付不了生活，就应该用一只手挡开点笼罩着你的命运的绝望……但同时，你可以用另一只手草草记下你在废墟中看到的一切，因为你和别人看到的不同，而且更多；总之，你在自己的有生之年就已经死了，但你却是真正的获救者。”[27]

三、原初的复象及其辩证

我们认为，童伟格作为戏剧学的专门研究者，其小说深受法国先锋戏剧理论家安托南·阿尔托（台译：阿铎）的影响。这种影响不仅仅是概念名词的借用，而且还深入到童小说世界观的设定和语言形式的运作上。

《西北雨》上卷伊始讲到，“我父亲”许丰年顿悟到他自幼成长的山村是“真正生活的复象”，“不该存在的影子”，“在那里出生、成长的人，会觉得生活本身是一场漫长的瘟疫”。[28]这一处就集中了阿尔托（阿铎）的几个关键词，如复象、影子、瘟疫。其他地方，如《无伤时代》第一章母亲送江去城里上学，江宿命而悲哀地意识到成长即是湮没与遗忘，“在他人的故事里没有了自己的故事”[29]，而《西北雨》里的许希逢不想成为他人生命的复制品、赝品[30]。《西北雨》下卷中“我”(许希逢)身边的好友、亲人不断死去,“我”觉得自己像种“瘟疫”,带给熟悉的人灾难[31]。

复象,也称重影、影子。一般认为戏剧为人生的复象,但阿尔托(阿铎)认为人生是真正戏剧的复象,艺术不是人生的模仿,戏剧也不是日常现实的直接翻版,而是另一种危险的“原型”的真实的复象。这种超越性的、更高层次的“原型”是一种以残酷为生命真义、以“恶”为中心的自然论,生命与毁灭同在,世界是残酷而无意义的。童的小说地景是终年潮湿、空漠荒败的山村,失去生存意志、生活目标的村人在冻结、僵滞的时间里成为心灵耗竭、漫无目的的存在,这对应着一个外部走向终结和末日的虚无宇宙,在那里“一切事景,既不是生、也不是死地那样存在,像是一切都毫无问题、也永远不会感到疲累。”[32]。死亡、衰败、没有意义却又显得一切都毫无问题,时空荒漫无稽地流逝,多少生命中无以言传的时刻堕入遗忘的黑洞,这种微细感觉累积的巨量、无事发生的死寂的恐怖,正是以其无感、无伤而震撼我们的心灵。如果说在童伟格那里有一种宇宙虚无论的话,那不是体现为阿尔托式的暴烈与狂热,而是在一声“嘘”中告终那样似的无声无息。[33]

阿尔托认为,现代文明的问题是由于理性主义使一切变得清清澈澈而缺少“影子”,故而推行“残酷戏剧”,致力于寻找理性秩序建立之前的迷疑恍惚。“事物在沙沙流走,在变幻,在交融。他们坐在他们生活的地方,像是坐在他们惟一会那样坐着的地方。”[34]阅读童伟格,经常会碰到一些类似这样让人迷眩、困惑的漂亮句子,思之再三,却又不得其意,就那样坐在“惟一会那样坐着的”地方陷入失语。童伟格藉着自称的“真实人生的对立面”——如复象或倒影所展演的“伪人生”,故意抹平欲言之物,形成一种迷濛如下细雨的状态。他在采访中也强调过,他真正想写的并不是“乡土”,而是企图捕捉那不可表现的,比如死亡。

阿尔托把戏剧带到瘟疫和死亡的极限情景中进行思考,瘟疫所造成的“全面危机”带来的不是病亡就是彻底的净化,可以说,瘟疫既是灾祸也是拯救:“戏剧就像瘟疫,是一种危机,其结果不是死亡,就是痊愈”[35]。在童伟格小说里,由死亡和末日视点所产生的悖论状态,表现在语言上,就是辩证性或反义性词语的反复使用。台湾研究者所谓反义词概念的回环往复:晴与雨、离与返、生与死、忘与记、童稚与苍老、梦境与现实、陌生与熟悉、流逝与逆转、涉入与抽离等等，其原因在于以反义词为思考核心，可以使文字与内容更有张力，看似清淡却内涵锋芒。[36]而其中最大的辩证发生在生与死之间：山村中的生者活着却不具生命力，亡者却常以鬼魂形式重返，交织出耐人寻味的生命思索。《西北雨》的最后，海王一梦，“我”变成了死去的祖父、父亲，生存和死亡的分界不再存在。江明白只有藉着他们的死亡，“才能在日后记明白了他们。”[37]

对于童伟格来说，他的小说并不是要摹写生活的复象，而是用一双来自世界末日的终结之眼，把人生可能的戏剧带到冻结、冷寂、荒败的边缘。那里剥除了一切意义与目的之伪饰的赤裸生命，将重新学习如何看待生存、死亡与命运，就像亿万年前的草履虫一样，无伤而无辜地守着自己的一瞬，也许只有“小小的不同”，却造就了历史。[38]当终结的时刻与最初的叠合，意义终将返还给你。童伟格用他的“伪上帝”式手笔记下了他在废墟中看到的一切，并且看到了那“小小的不同”，这就是他展现给我们的零余世界。

[注释与参考文献]

[1][4][5][6][9][10][11][12][13][14][15][16][17][21][22][29][37][38] 童伟格，《无伤时代》，台北印刻文学生活杂志出版有限公司，2005年2月，第165—166、211—213页；第132—133页；第65—81页；第106—107页；第22页；第143页；第210页；第209页；第161页；第25—26页；第53—54页；第51—52页；第43页；第44页；第226页；第43—44页；第44页；第162页。

[2][3][19][23][24][25][28][30][31][32][34] 童伟格：《西北雨》，台北印刻文学生活杂志出版有限公司，2010年3月，第7—8、34—35、215—227页；第32—33、133—134、149—151、204页；第51页；第51—52页；第51—52页；第195页；第27页；第52—53页；第204—207页；第13页；第135页。

[7] 黄锦树：《剩余的时间——论童伟格的抒情写作》，《文艺争鸣》2012年第6期，第29—30页。

[8] 杨照，《“废人”存有论——读童伟格的〈无伤时代〉》，《无伤时代》序，第5页；骆以军，《赎回最初依偎的时光》，《西北雨》代跋，第234页。

[18][19] [意]吉奥乔·阿甘本，《剩余的时间》，吉林出版集团，2011年1月，第50页。

[20] 比如在童伟格的短篇小说《泪的方向》里,载《小说界》2012 年第 4 期,第 49—58 页。

[26] 罗利娜,《童伟格:以魔幻风格梳理对台湾乡土的困惑》,时代周报 2011 年 3 月 3 日,http://www.time-weekly.com/story/2011-03-03/112019.html。

[27] 转引自张旭东,《批评的踪迹——文化理论与文化批评(1985—2002)》,生活·读书·新知三联书店,2003 年 8 月,第 53 页。

[33] "世界就是这样告终,不是嘭的一响,而是嘘的一声。"出自 T.S.艾略特诗"空心人",载[英]艾略特,《四个四重奏》,裘小龙译,沈阳出版社,1999 年 9 月,第 102 页。

[35] [法]翁托南·阿铎,《剧场及其复象》,刘俐译,浙江大学出版社,2010 年 8 月,第 32 页。

[36] 吴绍微,《台湾新世代作家甘耀明、童伟格乡土小说研究》,中兴大学台湾文学研究所硕士学位论文,2009 年,第 76 页。

《雪花与秘扇》与"女书文化"
——评美国新锐女作家邝丽莎

黄秀国*

最近由著名导演王颖(《喜福会》的导演)执导的电影《雪花与秘扇》汇集了世界各国的顶级当红影星,既有中国的著名影星李冰冰、姜武,也有韩国的一线女影星全智贤和美国的当红男影星休·杰克曼等。在今年的戛纳电影节上大放异彩,吸引了全球的目光。这部电影成为了当今中国热的又一个例证。电影改编自欧美通俗小说作家邝丽莎(Lisa See,又译:冯丽莎)的畅销小说《雪花与秘扇》(Snow Flower and the Seceret Fan)。

邝丽莎是新近蜚声欧美文坛的一位出众的美籍华裔女作家,她同时也是纽约《时代》杂志畅销书作家。邝丽莎本人于1955年2月18号出生于巴黎。父亲一方的祖辈来自中国的广东,19世纪初到美国做铁路劳工。邝丽莎身上有1/8的中国血统,并且长期生活在洛杉矶的唐人街,对在美生活的华人生活很熟悉。邝丽莎于1979年毕业于洛约拉马利蒙特大学(Loyola Marymount University)。在1983—1996年间她做过记者,也曾为杂志撰稿。她还做过音乐剧改编,曾将自己的第一部作品《在金山》改变成音乐剧。2001年邝丽莎被中美妇女协会授予"年度女性"的称号。

邝丽莎现已出版的主要作品有《上海女孩》(Shanghai Girls, 2009),《恋爱中的牡丹》(Peony in Love, 2007),《雪花与秘扇》(Snow Flower and the Seceret Fan, 2005),侦探三部曲:《龙骨》(Dragon Bones, 2003),《内部》

* 作者简介:黄秀国,复旦大学外国语言文学学院英美文学博士生,山东大学(威海)翻译学院讲师。

(Interior, 1999),《花网》(Flower Net, 1997)(“埃德加”奖提名作品)。另著有家族回忆录《在金山——我美籍华人家族的百年历险》(On Gold Mountain: the 100 Year Odyssey of My Chinese—American Family, 1995)。

邝丽莎从小就时常听到家里人讲过去的故事,对自己留在遥远的、神秘的东方的亲戚特别感兴趣。她曾在被采访的时候讲到,儿时的假期里,时常会呆在唐人街自家的店铺凉爽的房间里,听奶奶或姑奶等人讲家族的移民经历和奇特的中国风情。成长环境里的这些讲故事的女性亲属,使得邝丽莎对中国传统女性的命运、生活经历、情感等问题日渐关注。她的作品多以描写女性为主。她的代表作,《雪花与秘扇》,讲述的是清朝末年湖南省江永县(古称永明)两个女孩的一生:幼时结拜为“老同”、少女时的友谊和爱恋、中年时的嫌隙和误会、老年时的和解与互相扶持。主人公百合七岁时和她的朋友雪花结拜为“老同”,这是一种类似于结拜姐妹的亲密关系,这种同性之间的友谊比夫妻更亲密。“老同”要求互相忠诚、一生一世。小说里这样把“老同”和婚姻进行了比较:“老同是为了情感相伴和永恒的忠诚而自愿结成的一种关系。婚姻不是自由的选择,它只有一个目的——生儿子。”两个女孩互相在扇子上用女书写信交流。女书是在湖南江永县附近的妇女中间流传的一种特殊文字,据说是妇女为了规避男人的影响,而特创的一种独特的语言。女书是世界上唯一以性别为基础的文字,是由汉字的偏旁部首或者汉字变形而成的。由女性创造、女性使用、传女不传男。女书文献以及相关的文化具有社会学、民俗学、历史学、文学等多学科价值。作者将事实和虚构编织在一起,创造出了一部关于友谊、爱情和遗憾的故事。

小说里的百合尽管出身低微,但还是凭借漂亮的三寸金莲成功嫁入了当地最有权势的一户人家,成了至高无上的陆太太。她儿女双全,生了五个健康的孩子。与之相比,尽管雪花的家族曾经煊赫一时,但是却在父亲手里一败涂地。她的命运也很不幸,嫁给了一个屠夫,生活贫困而艰难。她生的几个孩子也多夭折,还要忍受她丈夫的毒打和婆婆的谩骂。但生活境遇的变化并没有影响到两人的友谊。百合和雪花在寂寞的时候就会在扇子上用女书传递消息,在手绢上创作诗歌,分享彼此的心情。她们一起经历了裹脚的痛苦,思索她们的包办婚姻,分享彼此的寂寞和做母亲的快乐与悲伤。她们互相安慰,建立了让她们的精神充满活力的一种纽带。但是一个偶然的误会使得百合认为雪花对自己不忠。因爱生恨,百合利用自己的地位到处散播雪花的流言,诋毁雪花的名誉。但当雪花临死之时,百合被叫到她的床边,两个朋友之间的误会澄清,彼此和解。

作者的文笔清新、简约,故事脉络分明,娓娓道来。小说里没有跌宕起伏的情节,只有寻常人家女儿们细水长流的平凡日子:裹脚、饮茶、织布、做女工、写唱女书、下聘、哭嫁、生子,还有一丝若有若无的同性暧昧。邝丽莎通过百合和雪花的命运展现了中国古代偏远地区的生活习俗,是一幅生动的人情风俗画。小说中关于"老同"和女书这一独特而神秘的文化现象的描写,引起了国内外读者极大的兴趣。在写作前,为了更好地展现这一独特的文化,邝丽莎还曾特意几次亲赴湖南当地,采访尚在人世的女书艺人,收集素材。在保留和传播中国的女书文化方面,华裔女作家邝丽莎做出了自己的努力和尝试。但不可否认,小说中也有为了满足西方读者猎奇心理而大肆渲染中国的一些遗风陋俗。比如小说中专门拿出一章来详细描写缠足以及中国男人对三寸金莲这一变态现象的欣赏。百合和三妹以及美月缠足时的血腥、残忍、哭号、腐臭、丧命,在一定程度上仍然是西方文化中对于中国野蛮、落后、神秘的文化定式的再现。另外小说中也有一些明显的错误。例如,小说描写的是湖南苗族人家的女儿,但实际上苗族女儿并无裹脚这一习俗。女子缠足的风俗是汉族儒家文化的产物。

邝丽莎的另一力作《恋爱中的牡丹》(也译作《牡丹还魂记》)。以中国经典大戏《牡丹亭》为主线和框架,虚实结合,勾勒出一幅反映中国古代女性追求婚姻幸福的艰难和因此经历的痛苦。小说不拘泥于历史,充满了魔幻色彩。小说中的牡丹是一个生长在深闺中的大富人家的少女。尽管从小乖巧,但是她有自己独立的思想。与同时代的其他女子一样,牡丹的婚姻也由父母做主,被许配给了一个她素未谋面的男人。在大宅的花园里,牡丹的父亲,一个富有的高官正邀请戏班在自己宅邸的花园里演出《牡丹亭》。很多人认为这是一部少女不宜的戏,因为它会让少女思春,模仿杜丽娘。不幸的是,牡丹的命运正是如此。在姜茶、绿茶和茉莉花茶的香气中,牡丹的爱情、宿命、欲望和悲伤拉开了序幕。牡丹喜欢上了一个举止高雅、面容英俊的陌生男子。四次夜会之后,牡丹不可自拔地陷入了爱河,同时也陷入了绝望之中。已有婚约的她，注定要与意中人劳燕分飞。绝望之中，她开始绝食，进行无声的抗议，最终香消玉殒。在奄奄一息之际她却得知父亲为她选的丈夫，正是她朝思暮想的爱人，吴仁。但是一切都无可挽回了。

《恋爱中的牡丹》的另有一大半的故事发生在牡丹死后。邝丽莎在小说中添加了神秘的东方异教风情，挪用了中国的灵魂不灭的传说。牡丹的葬礼仪式举行得不恰当，使得她不能进天堂，只能在人间继续流浪，变成了"一个饿鬼"。她走出困了她一生的闺房，在四处游荡的过程中接触到了其他的女性。她见到了一些女作家的亡魂，聆听她们对自己在男性主导的世界里无法发出自己声音的悲叹。牡丹还从死去的祖母那里得知了明清朝代更迭之际，自己家族的另外一些痛苦遭遇，进一步了解了家族的历史。牡丹因为对吴仁割舍不下的情感，对他后娶的两任妻子作法，使得她们也变成了游魂。在小说的结尾，在举行了合适的葬礼之后，牡丹由一个"饿鬼"变成了一个神仙，欢欣地期待着和丈夫在来生相会。

邝丽莎在接受采访时说，在她的成长过程中，经常听家人讲过去的故事。每当此时，她就不由得想起自己家族历史上那些留在中国和嫁到美国的女性亲属，她们都在男权的压迫之下沦为生儿育女的工具，失去了声音。"当我想到这些女人，想到自己的家族时，我就想起了中国历史上的那些女性。为什么不追溯历史，找寻这些遗失的女性的声音，让她们重新发声，让我们今天的人能够听到呢?"所以她将传统的文学故事进行重写，赋予它奇幻、现代的文学气质，使这些被湮没的女性重新发出了声音。《恋爱中的牡丹》也正在筹拍之中。

和其他的华裔美国作家如汤亭亭、谭恩美等人不同，邝丽莎的中国印象来自于家族的传说和故事，她从小的生活和教育都是地地道道的西方式的。她没有亲身感受过其他在美华人经受的异域文化冲击、身份危机、文化认同等。她的思想建构完全是西式的，家族里的中国因素对她而言只是一个遥远的记忆和符号。所以她笔下的中国，是西方的视角下，带着新奇的眼光看待中国文化时得出的印象，能看到我们中国人熟视无睹的生活细节。所以在她的作品《上海女孩》中读者会看到对于中国的餐饮、属相、缠脚、马桶文化、上海的十里洋场和地理风貌的详细介绍。读者在小说前半部分中随处都可以看到虹口区(Hongkew district)、苏州河(Suzhou Creek)、黄浦江

(Whangpoo River)等上海标志性地点的描写。中国人消暑的花茶、酸梅汤、绿豆汤等也受到了关注。但是，也正是这种不能置身其中的视角限制了作品的深度，读者会觉得这些都是浮于表面的琐碎印象，成为了中国风情画的点缀。《上海女孩》中的人物普遍缺乏深度，脸谱化、思想肤浅，如面具一般浮在文字表面。这些都降低了小说的艺术价值。不过，不可否认小说对30年代上海和洛杉矶唐人街的风俗描写非常成功，所以作品更多地像是一幅世俗风情画而不是严肃的文学作品。

此外，邝丽莎的成功在很大程度上应当归功于当今世界的"中国热"现象。伴随着中国经济实力的崛起，世界开始更多地关注这个古老、神秘的东方国度。邝丽莎的华裔作家身份和她作品里的中国元素无疑为她增色不少。邝丽莎也在有意识地利用这一点。她的侦探小说三部曲：《花网》、《内部》和《龙骨》描写中国女侦探刘胡兰和美国律师大卫·斯塔克跨国组合，从中国繁华的大都市辗转到举世瞩目的三峡大坝建设现场再到贫穷落后的农村侦破一个个有关谋杀、文物盗窃以及偷渡的大案。这些小说本质上都是由当下热门的中国元素点缀的典型的美国通俗侦探小说。几部以中国古代和近代历史为背景的女性主题小说《恋爱中的牡丹》、《雪花与秘扇》，更多的是对中国某些独特的文化现象和文学经典的挪用和介绍。

对于像邝丽莎这样作家的身份定位，国内学术界尚无统一的认识。是华裔美国文学？故事都发生在中国(《上海女孩》部分情节发生在美国)，和美国的社会文化并无必然联系。称不上是美国文学。那么是华裔中国文学吗？小说的语言是英语，目标读者是欧美读者，这也似乎无法归类到中国文学之中。尽管学术界尚存在各种分歧，但不可否认作家一直相对客观的视角，用一种热爱和欣赏的态度对待神秘、古老、异域的中国文化，并努力传播中国文化。

从美国总统竞选析政治语言的修辞艺术

崔莹辉*

本文从引人瞩目的美国总统竞选这一表象出发，选取竞选活动中使用的政治语言为研究对象，在理论上逐一探讨政治和语言的关系，政治语言的特征以及政治语言和修辞的密切关系，并以修辞作为政治语言的研究视角，实例剖析修辞艺术服务于语言的政治功能。

每逢美国总统竞选年，竞争之激烈、声势之浩大，都会引起世界各大媒体的持续关注。全美上下更是弥漫着很浓的政治气息，CNN，FOX，MSNBC等电视新闻频道全天候直播政治新闻，一些报刊头版头条刊登总统候选人的大幅照片，相关媒体争相报道总统候选人的一举一动，倒计时期盼各州的初选结果。选民汽车上粘贴着候选人的名字、宣传竞选的邮件广告、路旁的小旗标语以及大学校园和社区的筹款台等随处可见。竞选新闻更是成为美国人茶余饭后的谈资。总统竞选运动已经深入到美国社会的各个角落，竞选信息铺天盖地，席卷而来。其中，候选人在全美各地的政治演说，民主党与共和党总统候选人的电视直播大辩论，职业政客评论，政治新闻记者的现场报道以及报纸杂志有关竞选的评论文章等，这些在美国总统竞选中体现的政治语言尤其给人留下深刻印象。它是以语言形式展现出来的政治竞技场：通过语言，候选人要阐明自己令人信服的独特立场，说服、迎合来争取选民的支持；通过语言，既要暗示出政治家权威，又要表现出亲和力；通过语言，要传达出候选人的自信，暴露在公众面前，经受无数批评家和选民挑

* 作者简介：崔莹辉，博士，山东大学(威海)翻译学院副教授，研究方向为翻译研究。

刎的耳朵……同时,语言的运用折射出候选人之间的明争暗斗、暂时合作、唇枪舌剑。在美国总统竞选运动中,政治和语言紧密联系在一起。

一、政治语言

语言在权力之争的政治过程中起着举足轻重的作用。关于语言与政治的密切关系,古希腊哲学家亚里士多德在《政治学》中提出"人本性上乃政治动物……世间万物皆有其因,唯赋予人语言天赋"(Aristotle, 1992:1253)。中国古代的《易经:系辞上》早有记载:"鼓天下之动者,存乎辞",意为利用言辞能发动天下,打败政治上的强有力对手,指明语言在政治中的强大功能。汉语成语中有"一言兴邦,一言丧邦",意指语言与政治的利益关系。Chilton(2004:6)认为,"不使用语言,也就不存在政治行为。"事实上,任何政治行为都离不开语言,伴随有语言准备,以语言为导向,且受语言控制和影响。Lakoff(1990:13)明确指出:"政治即语言,同时语言也是政治"。在美国总统竞选中,语言不仅仅作为竞选工具,本身已经成为政治事件的一部分,如不同党派或者同一党派内部由于利益之争而频繁发生的"口水战",语言表达对竞选活动有着重要影响。

那么,何谓政治语言?从语言学角度来看,政治语言指在政治语境下使用的语言,也就是说,为了取得受政治动机驱使的特殊目的而使用的一种特殊语言。根据环境和参与对象的不同,政治语言有多种形式,既可以指国家内部以及国与国之间的话语,如双边或者多边之间的正式协定,竞选活动的政治演说,议会辩论,外交辞令,报刊社论,记者招待会以及政治家回忆录等;又指在政治机构内部或与其相关话语,如政府机关、党派或者其他组织讨论政治主张,信仰,社会惯例等;还可以指公众(非政治家)对政治活动的评说。政治语言包含书面话语和口语两种表现形式(Schäffner, 1997:2)。

政治语言和其他语言相比,以目的性为总体特征。所有的政治语言都有明确目的性,Gardenfors(2002:5)认为"一个善于雄辩的政治人物能够描绘出诱人的目标,说服支持者为之奉献,即使那个遥远的目标虚无缥缈"。如在竞选活动中,候选人只有一个目的:说服公众采取行动——投票支持。此外,Raluca Octavia Zglobiu(2007:220)总结了政治话语具有以下特征:有意模糊性(the intended ambiguity);隐蔽性(the concealed nature);迫切性(the imperative nature)。政治话语并非只是信息交流,而主要用来有效控制言语使用的语境,对话语接受者有一种意识形态导向,有意模糊性体现在政治人物在传达信息时,提供接受者很多选择余地,允许有不同立场的主观诠释,而不单单要求"赞成"或者"反对";政治人物在接受媒体采访时,极少明确回答"Yes"和"No",而总是用一些解释性话语暗示出其观点,需要话语接受者的解读才能完成真正含义。电子时代每一段政治言论都有可能被录音、保留下来。有意模糊性的好处在于防患于未然,为政治话语本身留下再解释的余地。隐蔽性体现在政治人物对演说接受者(听众)不可能绝对坦诚告白,他的立场是在具体政治动机的驱使下,受一定的意识形态决定的。政治语言中的"真相"一词只是相对而言、具有主观性质的。况且,政治话语不以诚实作为追求目标,关键在于是否有说服力。Constantin Salavastru (2006:85)认为决定政治语言隐蔽性的因素在于:政治演说者永远企图说服接受者;政治人物的党派性取决于演说者永远都为自己或为自己的党派争取权益,不可能使用中立性的客观语言。政治的迫切性旨在激励接受方采取行动,使用所有手段影响听众采取最符合政治演说者自身或代表党派利益的行动,体现了政治语言的目的性。根据不同的政治场景,政治语言还显示出独特的领域特征,美国竞选活动中的语言除了具有政治语言的一般特征之外,突出斗争性。这里的语言真正成为胡克斯所说的"斗争之场",美国竞选活动的激烈程度如同进行战争,这样,语言就成为总统候选人熟练运用的武器。

二、修辞艺术与政治语言

政治语言离不开语言的修辞艺术。西方古典修辞学的诞生是古希腊民主政治体制和言论自由发展的结果,古希腊的演讲术是为了解决公众事务,被视为最早的修辞艺术在政治行为中的运用。在以柏拉图、亚里士多德、西塞罗(Cicero)和昆体廉(Quintillian)等为代表的古典修辞学认为,修辞是一种使表达更为精彩的、说服的艺术。中国文艺理论家刘勰在《文心雕龙·论说第十八》中提到"一人之辩,重于九鼎之宝;三寸之舌,强于百万之师",可以看出修辞论辩蕴含的巨大力量。修辞理论的发展从古至今经过不同的演变。现代修辞学以修辞大师肯尼思·柏克(Kenneth Burk)为代表,他的典型观点是"认同"(identification),并且认为"修辞的最明显特征就是为了政治目的而对人们信念的操纵……最基本功能是利用修辞促使他人改变态度或者采取行动"。维基(Wikipedia)百科的定义与此类似,修辞就是"提供充分理由、运用情感和权威,以语言手段来说服听众的艺术,通过使听众信服并形成评价,认同既定的价值而采取行动"。也就是说,现代修辞学更倾向于一种心理认同的目标,说服手段建立在价值认可的基础上,政治人物和接受方达到情感上的共鸣,被说服的听众采取行动,由此达到修辞服务于政治语言的目的。

政治语言是话语的一种加密类型,反映某种意识形态立场,具体体现在政治人物为了达到政治目的,往往寻求各种手段修饰话语。英国作家奥维尔认为,"政治语言……就是使谎言听起来真实,使谋杀行为变得高尚,使流动的风成为固态的一种语言"(Orwell, 1974:111),含义是政治语言运用修辞手段为无辩护余地的事情而辩护。仔细研究政治语言的表达方式,就会发现修辞手段在其中的运用范围之广,这些修辞艺术并非是随意出现的,而是根据不同类型的政治话语(如宣传语言,选举语言和公共事务语言),为了履行一定的功能,每一种修辞的运用都有特殊的政治目的。修辞艺术在政治语言中有多种表现形式,Raluca O. Zglobiu(2007:226)认为政治语言中最常运用的修辞艺术有四种:词汇修辞(双关语、韵律、头韵、首字重复,遁词);意义修辞(隐喻、借代、矛盾修辞法、夸张、明喻、提喻、移就);结构修辞(重复、对偶、排比、错格);推理修辞(讽刺、寓言、拟人、推断、假设、假定)。

Hague 等人(Hague *et al*, 1998:3-4)认为,"政治通过谈判和说服来消解差异",而有说服的地方就有修辞。美国总统竞选中的政治语言本身已经成为一种艺术,候选人为了赢得潜在的最多选民的支持,调动语言的各种修辞手段,精心设计的语言蕴含的巨大力量吸引公众。候选人为寻求选民的心理和价值认同,往往声音嘶哑,苦口婆心,声情并茂,许下无数诺言,让选民从内心感动,影响选民的态度。选举中所熟知的一个典故就是政客为了笼络人心而成为"baby kisser",但是2008年的美国总统竞选异常激烈,电视主持人戏称那些候选人成为“voter kisser”。通过对选民的信念说服，形成个人权威体系的正当与合法性，被说服的选民对候选人心悦诚服，不但捐款、投票支持候选人，而且主动参与宣传竞选，由此达到政治语言运用修辞艺术服务于政治目的的最佳效果。政治语言正是使用了修辞艺术才具有如此威力，修辞手段的运用同时保证政治目的的实现，可以说，修辞是研究政治语言最适合的方法之一。以下解读 2008 年美国总统竞选中政治语言的一些实例，分析最常见的修辞手段在政治语言中的功能体现。

（一）隐喻（metaphor）

隐喻是政治语言中最频繁使用的一种修辞手段，指抓住两种不同性质事物的相似点，用一事物比拟另一事物，关键在于二者本质不同但必须有类似点。竞选中政治语言的隐喻一般有两个来源：战争和体育竞赛，以此表现竞争的战斗性和竞技性。竞选活动（campaign）词源取自军事术语，指在一场战争中，为取得一个大的军事目标而采取的一系列举措。在 2008 年美国总统竞选活动中出现频率最高的一个词就是“战役”（battle），总统候选人视自己为“武士”（warrior），信誓旦旦地要为选民的利益而进行“战斗”（fight），初选的各州则成为各方角逐的战场（battleground），而总统候选人的目标就是成为“国家总司令”（Commander in Chief）。当民主党候选人奥巴马（Barack Obama）和共和党候选人哈克比（Mike Huckabee）1 月 3 日在艾奥瓦州（Iowa）初战告捷，翌日《纽约时报》的头版头条新闻题为“大量选民助奥巴马拿下艾奥瓦，动摇克林顿（领先地位），哈克比胜出”（Obama Takes Iowa in a Big Turnout as Clinton Falters; Huckabee Victor）。希拉里首场失利后，把目光瞄准下一个预选目标新罕布什尔州（New Hampshire），结果反败为胜，在 1 月 9 日《纽约时报》题为“克林顿获胜，挫败奥巴马；麦凯恩胜出”（Clinton Is Victor, Turning Back Obama; McCain Also Triumphs）。位居第二的奥巴马在鼓舞士气的讲话（pep talk）中首先祝贺希拉里经一番苦战取得的胜利（hard-fought victory），并声称：“我们知道战斗还将持久进行下去”（We know the battle ahead will be long）。在预选中有实力却两次“屈居亚军”的共和党候选人罗姆尼（Mitt Romney）“发誓要继续作战”（He vowed to fight on）。在超级星期二（Super Tuesday）之后，两党候选人大多退出竞选战事，而筛选后的民主党竞选却硝烟弥漫。非裔奥巴马和前第一夫人希拉里两人一直势均力敌(neck and neck),两人都想创造历史(make history)。民主党候选人奥巴马一连攻下十二州,接下来的局面对于希拉里等于决一死战(do or die)。希拉里的女儿切尔西(Chelsea Clinton)在为母亲拉票时说,“接下来的十二场比赛,每一场都是难分难解的酣战”(The race has become a pitched battle for each of the remaining 12 contests)。为了攻击竞争对手,互掷恶语中伤的丑陋言辞,如FOX新闻报道“希拉里在周一对奥巴马发起新一轮的进攻,质问他对参议院发起的伊朗决议既不投票赞成又不否决的态度,抨击他在伊利诺斯州任职期间(为了逃避责任)跳越投票的严重倾向”(Hillary Clinton launched a new line of attack on Barack Obama on Monday, assailing his failure to vote up or down on the Senate's Iran resolution and slamming his penchant for skipping votes during his tenure in the Illinois Legislature)。职业政客评论时担心,竞争已经进入白热化程度,在双方“口水战”(war of words)之后,是否会出现肉搏战(a knife fight)。

其次,政治语言的隐喻来自体育竞赛,因为竞技类比赛惊险刺激、扣人心弦。MSNBC专门报道竞选新闻的节目叫做棒球(hardball),其另一层意思指利用任何(无情的)手段来达到一种目的。人们常用(arena)来比作政治舞台,而它的原意则是“竞技场”,指古罗马圆形露天竞技场的中心区域,在此进行比赛的场所。在美国各州初选之前,民主党候选人的一场辩论中,希拉里提到“别人攻击她,并非由于我是女人,而由于我是竞选中跑在前面的人”。(People criticize me not because I am a woman, but because I am a front-runner in this campaign)共和党候选人罗姆尼在艾奥瓦和新罕布什尔州初选都是第二名,他出口便说“又是一块银牌”(another silver)。在精彩的电视直播候选人大辩论就要开始之时,电视台就会打出face-off字样,“face-off”来自冰球、曲棍球等球类开球前比赛双方队员的对峙状态。辩论前,如同体育场上竞赛的双方,人们屏住呼吸。辩论中,各方争取阐明自己令人信服的观点(weigh in),而“weigh in”来自体育术语,指比赛前运动员称量体重。辩论进行到高潮阶段,候选人之间相互攻击,顾不得留情面(take gloves off),说明不仅是拳击比赛,而且到了赤手空拳搏斗(bare-knuckle fight)的局面。在这场你死我活的激烈角逐中,民主党内候选人奥巴马和希拉里难分上下(dead heat),“dead heat”用于赛马比赛中指不分胜负、打成平局。

使用隐喻的政治语言能够在听众头脑中形成生动鲜明的效果,化深奥为浅显,抽象为具体。Gibbs(1994)指出,来自体育和战争的隐喻不仅成为政治的修辞方式,也以实例表明人们通常是怎样看待政治的。Trosborg(1999:130)认为,“隐喻使表达更有吸引力,能够更好地强调所传达信息的重要性”。政治语言中的隐喻已经引起众多学者的关注,并且进行了卓有成效的探索。

(二) 转喻(metonymy)

在竞选语言中,转喻是一种普遍使用的修辞方法,不直接说出所要表达的人或事物,而借用与它有密切相关的人或事物来代替,引人联想,具体生动。Lakoff 等人(Lakoff & Johnson, 1980)认为转喻不是随意运用的,而是有其系统性,表明使用者的思想、行为以及态度,请看下面的例子:

1. “But always remember that no matter what obstacles stand in our way, nothing can stand in the way of the power of **millions of voices** calling for change.” (Barack Obama)

2. “It's time for me to step aside so that history can blaze its path. We did not know who will take the final steps to **1600 Pennsylvania Avenue**, but we do know is that our Democratic Party will make history.” (John Edwards)

3. “**Washington** is badly broken. I think we recognize that. **Washington** has not dealt with the problems that we have in this nation.” (Mitt Romney)

4. “The number-one issue for Americans of both parties is the economy, and today the news is simply not good. Markets around the world are in a tailspin because of fears of a U.S. recession. So far this year, **the Dow** has lost nearly 9 percent.” (Joe Johns)

这里,“millions of voices”指代美国大众,听众的脑海中很容易联想起数百万人呐喊着要变革的形象。“希望”和“变革”成为奥巴马的招牌口号,他打着新人的旗帜,摧毁布什形成已久的不得人心的老一套政治体制。

“1600 Pennsylvania Avenue”是白宫所在地，也就是位于首都华盛顿特区的美国总统官邸所在的具体地理位置。爱德华兹是一位有实力有见识的受人爱戴的前三名民主党候选人，主张为美国的中下阶层而奋斗。在退选之时，他形容竞选过程如同万里长征，能够走到“1600 Pennsylvania Avenue”就等于到达胜利终点，暗示出竞选之艰难。“Washington”用美国首都华盛顿哥伦比亚特区指代美国联邦政府。“the Dow”是道琼斯指数，道琼斯指数下降暗指美国经济萧条对股票市场的冲击。在政治语言中，转喻这种修辞方法使用比较灵活，西方媒体多用“Beijing”指代中国政府，“Westminster”代表英国议会，“Downing Strcct”代表英国首相及其内阁成员，用“the Pentagon”代替美国国防部，“Wall Street”代替美国金融市场等。

作为语言的一种修辞手段，转喻使语言形象生动，而且了解所指代的事物，有助于加深理解政治语言的内涵意义以及所反映的社会文化背景。

（三）重复（repetition）和排比（parallelism）

在政治语言中，重复是一种十分常见的积极的修辞表达手段，指有意识地连续两次以上重复使用某些句子或者语段，可以达到强化感情，强调某种信息的目的。

西方政治家往往是出色的演说家，这在美国总统竞选的政治演说中体现尤为突出。《南方周末》一篇报道题为“奥巴马的胜利就是修辞学的胜利”。修辞，不仅仅是语言文字的运用技巧问题，也是一个人的文化修养、个性、气质、风度的外在表现形式。奥巴马在新罕布什尔州初选虽位居第二，却发表了有震撼力的著名政治演说“Yes, we can”。目前这几个字已经成为奥巴马的招牌口号，娱乐界歌手受此启发，专门编写了一首歌曲“Yes, we can”。希拉里看到“Yes, we can”的巨大作用，在另一场演说中利用“Yes, we will”，结果被奥巴马的支持者取笑为“拙劣的模仿”。奥巴马之所以能够在民主党候选人中脱颖而出，部分是因为他的激情四射的演说让人难以忘怀。他的演说可以和马丁·路德·金、罗斯福、肯尼迪相媲美，铿锵有力，极富于感染性，让人有一种向上的力量在涌动，激荡内心，热血沸腾，几万人的会场呼声彼此起伏，气氛热烈，大有“振臂一呼，应者云集”之势。就连强劲的竞争对手希拉里也不得不承认他的演说才能。下面选取“Yes, we can”的一部分来赏析其中的修辞手段。

"…Yes, we can. Yes, we can. Yes, we can.

It was a creed written into the founding documents that declared the destiny of a nation. Yes, we can.

It was whispered by slaves and abolitionists as they blazed a trail toward freedom through the darkest of nights. Yes, we can.

It was sung by immigrants as they struck out from distant shores and pioneers who pushed westward against an unforgiving wilderness. Yes, we can.

It was the call of workers who organized; women who reached for the ballot; a President who chose the moon as our new frontier; and a King who took us to the mountaintop and pointed the way to the Promised Land.

Yes we can to justice and equality.

Yes we can to opportunity and prosperity.

Yes we can heal this nation.

Yes we can repair this world." (Barack Obama, New Hampshire, January 8, 2008)

重复在政治演说中普遍运用,关键在于它能表达强烈感情,具有感染性的一种有效手段。政治家抓住这一点,为了达到和听众之间的热烈互动,传达一种力量,使得反复成为政治语言不可缺少的修辞艺术。而且,为了表达情感的需要,重复和排比经常结合在一起使用,这样使得演说者的感情更加充沛。排比的结构相同或相似,侧重点不在相同的词语上。如上文所示,"workers who", "women who", "a President who", "a King who"。排比能够使演说感情充沛,气势磅礴。

不能忽视的一点是奥巴马在运用重复修辞时,同时结合其他的手段以达到最佳互动效果,如伴随着手势,语调的抑扬顿挫、声音的高低、语速的缓急。除此之外,以上选取的这一段中还运用了其他修辞手段,诸如隐喻"blazed a trail toward freedom through the darkest of nights","the mountaintop","the Promised Land"以及并列结构的大量运用,如"justice and equality", “opportunity and prosperity”,“heal this nation”与“repair this world”。奥巴马的这篇政治演说充满了大量修辞,使得演说更加雄浑有力。

三、结 语

由于多媒体的传播,学术界对政治语言研究的兴趣与日俱增。Schäffner(1997:3)认为,政治语言研究可以从几个方面入手:语用学(尤指演说者和听者的互动);语义学(专业词汇的意义和结构);句法(句子的内部结构)以及语音学(音调、重音、停顿),修辞属于语用学研究范畴。Trosborg(1999:121-126)从政治语言的功能——交际功能(代表、表达、裁定、导向和使命功能、宣言和诗学功能)和修辞角度研究政治语言。Chilton(2004:x)探讨从修辞、生成语言学、批评理论和认知语言学来分析政治语言,主要研究政治和语言学的深层联系,着手一种理论的建立。无论哪一种研究方法,修辞艺术都是政治语言研究不可忽视的一部分。

政治语言运用修辞才能有效地服务政治目的,而修辞在政治语言中充分展示其功能,从而形成完美互动作用。从修辞艺术角度研究政治语言有助于理解政治人物是怎样运用语言获得权利、运用权力以及保持权利的,并且把这种研究放在政治话语产生的更广阔语境——社会和文化框架之中,这种政治语言分析才能成为“真正的社会、政治或者文化分析”(van Dijk,1994:164)。这种研究使语言学、政治学和修辞学紧密联系在一起,形成具有跨学科性质的政治语言修辞研究。目前西方学术界对政治语言的研究方兴未艾,而在中国这方面研究只是零星出现,远没有形成研究气候。

[注释与参考文献]

[1] http://www.americanrhetoric.com/rhetoricdefinitions.htm。

[2] http://en.wikipedia.org/wiki/Rhetoric。

[3] 梁文道,《南方周末》,2008年。

[4]《纽约时报》,2008年。

[5] Aristotle. The Politics [M]. Translated by T. A. Sinclair. Harmondsworth: Penguin, 1992.

[6] Beard, Adrian. The Language of Politics [M]. London & NewYork: Routledge, 2000.

[7] Chilton, Paul. Analysing Political Discourse: Theory and Practice [M]. London & New York: Routledge, 2004.

[8] Gärdenfors, P.. Cooperation and the Evolution of Symbolic Communication [J]. Lund University Cognitive Studies 91. 2002.

[9] Gibbs, R. W.. The Poetics of Mind [M]. Cambridge: Cambridge University Press, 1994.

[10] Hague, R., M. Harrop, and S. Breslin. Comparative Government and Politics: An Introduction [M]. Basingstoke: Macmillan, 1998.

[11] Lakoff, R. T.. Talking Power: the Politics of Language in Our Lives [M]. New York: Basic Books, 1990.

[12] Lakoff, G. and Johnson, M.. Metaphors We Live by [M]. Chicago: University of Chicago Press, 1980.

[13] Orwell, George. Politics and the English Language [A]. In J. Somer & J. F. Hoy (eds.), The Language Experience [C]. New York: Dell Publishing Co., 1974.

[14] Salavastru, C.. Discursul Puterii [M], Lasi: Institutul European, 2006.

[15] Schäffner, Christina. Editorial: Political Speeches and Discourse Analysis [A]. In Schäffner, Christina (eds.), Analysing Political Speeches [C]. Multilingual Matters Ltd., 1997.

[16] Trosborg, Anna. The Inaugural Address [A]. In Ann Trosborg (eds.), Analysing Professional Genres [C]. Amsterdam / Philadelphia: John Benjamins Publishing Company, 1999.

[17] van Dijk, T. A.. Discourse Analysis and Social analysis [J]. Discourse & Society 5, 1994:164.

[18] Zglobiu, Raluca O.. The Function of Stylistic Features in Political Discourse [J]. Studia Universitatis Babe? -Bolyai, Philologia, LII (2), 2007:220-226.

韩国作家崔暑海与中国体验小说

李永男　包锡婷*

一、绪　文

一个民族的文学史很大程度上会受到本民族经历的历史事件的影响，并随着时代的演变向前发展。韩国现代文学，特别是20世纪20年代的韩国现代文学同样受到了当代社会背景的影响。1910年韩日合并之后，为了生存，很多韩国人背井离乡移居到中国的东北三省。在这样的历史背景下，出现了很多以中国的生活为素材的移民文学作品。可以说，反映移民生活的小说作品的出现是20世纪20年代韩国文学的一大特点。暑海崔学松[1]的以异国体验和异国风情为内容的小说作品，不仅在韩国的现代文学史上留下了光辉的一页，而且对韩国移民文学的形成起到了奠基作用，为后人留下了宝贵的经验和文学遗产。

本文从比较形象学的角度出发，对崔暑海的中国体验和"中国体验小说"进行分析，尝试解释"一国文学中对异国形象的塑造或描述"[2]的文学创作规律，从比较文学的角度阐明移民文学的文化形象和本质。论文的具体内容由作家的中国体验和小说人物形象的中国体验两个部分组成。前者主要揭示作为"我"的作家和作为"他者"的移居社会背景（中国的东北地区）之间的互动关系，后者则是通过研究崔学松小说作品的主体、人物形象的中国

* 作者简介：李永男，广西师范大学外国语学院朝鲜语系教授；包锡婷，广西师范大学翻译专业（MTI）2013级硕士研究生。

体验以及作品艺术特征，剖析殖民地统治下的移民文学的“文化形象”[3]。

二、作家的中国体验

暑海崔学松在 1924 年末开始小说创作，他以“千万人寻西月时，独去觅东梅之人”[4]自居，在韩国现代文坛掀起了体验文学之风。崔暑海从小在父亲的熏陶下学习汉文，但由于家境中落而过早地终止学业。他一直梦想成为一名作家，年仅 14 岁就在《学志光》上发表了散文诗，对当时的感想，他是这样表述的：“我用母亲本无多少的钱买了《学志光》。走路时、吃饭时、做家务时，翻开《学志光》读一读我的文章就高兴。而且百看不厌。”[5]童年时就痴迷于文学、抱有远大文学梦的崔暑海在 1917 年与母亲一同前往间岛[6]。1920 年前后，携妻子、女儿和母亲一起生活在现在的吉林省东部地区。在那儿他尝尽了生活的苦涩，时常感叹自己的无能，并陷入对生存的苦恼与矛盾之中。朴成焕在《暑海与他的戏剧性生涯》中对崔暑海的生活境况做了如下叙述：“做过力工、装修木离；去山上伐木被人抓住，死里逃生；卖过豆腐；在工地当过十人长；有时跟着××团背着枪往返于积雪的冰面，熬夜守卫中弹牺牲的同志的尸体等等。仅从这几项事例就可以看出暑海的人生体验坎坷离奇，为他的小说创作提供了题材。”[7]

崔暑海在间岛为了生存苦苦挣扎，因极度的贫穷感到无比彷徨和绝望，最终于 1923 年春携妻子回国。此后不久，他的家人就天各一方，母亲与女儿在故乡，妻子在平安道，自己则成为了四处流浪的游子。崔暑海亲身经历了最底层人民的生活，这种经验成为他日后的创作主流——中国体验小说的素材。《出逃记》中主人公朴君的境遇就是他自己真实生活状态的缩影。

崔暑海的《出逃记》可以称为“叛逆和体验为主题”的代表作，并且作家从此以“新倾向派作家”的身份活跃于文坛。他的大部分作品都是以贫苦阶层的生活为题材。在 1926 年发表的《血魂》创作集序文中，他将自己的生活信条昭示如下：“我不想平凡地活着。要么背负压弯脊梁的重担；要么行万里路；或者跑上使我心跳加快的高山；或者在旷野撕心裂肺地吼叫；或者倒于烈酒之下；或者被拥于爱的怀抱。我渴望这样活着。”[8]崔暑海渴望把自己的人生献给无限的爱和热烈的追求。

从作家的人生体验中可以看得出，“文学中的异国形象不再是对现实的复制和描写，而是被放在‘自我’与‘他者’，‘本土’与‘异域’的互动关系中进行研究”[9]。观察崔暑海的作品世界可以发现，他的作品主要分为以中国体验为主要题材的作品和其他作品。相对来说，中国体验小说更好地体现了作品所塑造人物形象的斗争性与果断性，因为只有被称为“自我”的个人主体意识和“他者”的中国社会背景、在韩国的生活体验和在中国的人生体验产生互动效果时，作者才能刻画韩国文学中的异国形象——中国形象。所以崔暑海在小说作品中塑造的人物形象具有极强生命力，而且起到了文学中人物典型化的效果。

三、小说人物形象中的中国体验

可以说崔暑海的曲折人生与异国的生活背景之间的互动关系形成了其作品世界中“中国体验”这一独特的部分。我们可以通过对主题、人物形象及艺术特征的分析，探究所谓“比较文学中的文化形象（中国）”的形成过程及其文学价值。

（一）在主题、思想方面的中国体验

崔暑海的作品多达六十余篇，他的创作高峰是在1926年，著有短篇小说集《血魂》、《红焰》。他的小说作品可分为中国背景小说和其他小说。以中国为背景的小说，在主题、思想特征方面如实展现了生活在社会最底层的韩国人民悲惨的生活状况，明确表达了摆脱这种社会现实的意图与努力。

崔暑海的众多作品中，从1924年发表的处女作《吐血》到1925年7月发表的《宝石戒指》可划分为初期作品，其中以中国为背景的小说共有7篇。就主题而言，这些作品描述了异国生活的苦闷与家庭的贫苦生活状况等间岛移居民的凄惨生活及对此的控诉，体现了要挣脱这种社会矛盾的努力及对这种社会矛盾的抗争等殖民时代民众的反抗与悲哀。

以对间岛移居民悲惨的生活状况进行控诉为主题的作品有《吐血》、《故国》、《十三元》、《乡愁》等，以对社会矛盾的抗争为主题的作品有《出逃记》等。此外，处于崔暑海创作高峰期的《暴君》、《异域冤魂》、《红焰》等以中国为背景的作品也极大地体现了上述倾向。

以小故事为题材的《十三元》的结局是这样的:“刘元去邮局给母亲寄去十三元钱的那晚,住在S村的刘元的母亲做了一个奇怪的梦:棉商来收织棉布赊欠的棉款,刘元却来信告知不能汇款。因其不交棉款,棉商烧了家中唯一的财产织布机,母亲拽着着火的棉布机哭泣着,醒来后却发现是一场梦。”[10]结局虽然没有详细描述他们在中国的悲惨生活状态,但仍使读者感到无比同情。

相对于《十三元》,作品《吐血》对悲惨的生活做了真实的描写,并采用了叙述作者自身人生体验的自传手法,使读者在同情主人公命运的同时与主人公一起感受了他们对生活的悲愤。主人公对自己的处境感到绝望,渴望摧毁一切。难以割舍骨肉亲情的主人公再也无法容忍药店老板和剥削阶级的兽性,他在母亲被中国当地地主家的狗咬死的瞬间感到“胸闷窝火、见到什么都想毁掉、狂躁不安、突然头晕目眩、喘不上气”,最终“吐出一块儿鲜血”后作罢。在主人公仅仅是悲愤但没有采取进一步行动的状态下作品就结束了。不论是作品《红焰》中文先生一家的悲惨命运,还是《异域冤魂》中寡妇受到当地地主蹂躏的凄惨生活,都可以视为中韩两国劳动人民悲惨生活的真实再现。

《出逃记》同样是再现间岛移居民悲惨生活状况的作品,它以对社会矛盾的抗争与对自身悲惨命运的挑战为主题,被称为崔暑海的代表作。作品中,作者根据自身的生活体验,将他自身的形象映射于朴君的形象中。“进入天赋金汤的间岛,建设理想村”的愿望在移居间岛没多久就成了泡影,朴君与他的家人就只剩下疲惫的身躯。但即使在这样恶劣的生活环境下,为养活妻儿和年迈的母亲,他仍然以坚韧的毅力东奔西走。他租了房子,有时做修炕的,有时做挖坑的,还卖过豆腐,还有好几次去山上伐木被人抓住死里逃生。然而,朴君的这种对生的热爱与忠实并没有被当时的社会认可,他的各种努力换来的只是无情的冷眼相待与遗弃。朴君并不只是默默地忍受这种苦难与侮辱,而是逐渐认清社会的本质并进行深刻地自我反省,希望能够自由地活着。“我至今为止对这个世界都是忠实的,不论何时都希望自己能够坚守这份忠实。……但这个世界欺骗了我们,没有接受我们的忠实,反而对忠实的我们进行侮辱、蔑视、践踏。我们一直活在欺骗当中,不知道这是一个接纳和拥护残暴、虚伪、奸邪之徒的世界,不仅是我们,世人都没有意识到这一点。他们已被这个世界所迷惑。"[11]，"金君！我真的无法忍受了，我要先把自己救活。我一直都是被催眠的行尸走肉，本身就是僵尸又怎能救活别人(家人)呢！我要向企图催眠我的家伙们反抗，要将这种险恶的氛围打破。"[12]作者如是反省了自己的顺从与诚实，否定了当时社会，逐渐坚定了冲破殖民地社会矛盾的志向，开始进行强烈的抵抗。

崔暑海的作品不仅在主题、思想方面尖锐地揭示了底层人民和富人阶层的矛盾、剥削者与被剥削者的矛盾，在金钱主宰一切的黑暗现实中，还隐约体现了勤劳人民用自己的努力平等地生活在新社会的憧憬。

以上作品都是作者在"自我"的人生经验和"他者"的社会背景发生互动的情况下创作的，主题和思想方面所体现的中国体验既是中国的主题，又是韩国的主题，因为经历着相同的悲惨命运时，劳动人民的感受没有国界、民族的划分。这种体验小说足以在当时的韩国文坛引起一场轩然大波，而且这一主题的确立过程可以称为"本国文学中的异国形象的塑造过程"。

(二) 人物形象塑造中表现的中国体验

崔暑海的作品中，大部分主人公都是生活在社会最底层的劳动者，他们对生活的要求仅仅是维持最基本的生存，但就算是如此卑微的要求也不被当时的社会所接纳。这些人物形象可以归纳为以下两种类型，一类是身份不同的主人公，另一类是对不合理的社会现实持不同态度的主人公。

1. 身份不同的主人公

作品的主人公大多数是劳动者、农民、无职业者等身份低下的人。此类作品大部分是作者在归国初期依据自己的中国体验创作的，情感丰富的作者在众多作品中以幻想和乡愁为主题展开描写。

刚开始，作者以无产阶级或穷苦人为主人公，后来逐渐变为以斗争性相对薄弱的知识分子为主人公。这种变化说明了作者开始厌倦疲惫不堪的生活，倾向于寻找回避的方式和机会，同时也反映了作者孤独的斗争精神和主张在当时的殖民统治下找不到生存空间这一严峻的现实，这也是作者的局限性。

由此可以看得出，通过身份不同的主人公的中国形象，可以揭示韩国的新倾向派文学过渡到无产阶级革命文学的文学现象，可以证明韩国小说文学思潮的一个过渡。正是因为有了作者在小说文学中创作的中国形象，而且这种形象又肩负着社会性、历史性的课题，并体现创作主体的思想演变过程，所以韩国的现代文学乃至小说文学在殖民地社会的现实环境下同外国文化的交流和渗透中得以延续和发展。

2. 对不合理的社会现实持不同态度的主人公

他的 14 篇以中国为背景的小说中，主人公都是生活在连最起码的生存要求都得不到满足的艰难环境中，但他们对社会矛盾所持的态度却不同。作品中，主人公们为了生存而付出的努力和奋斗成为泡影，但陷入最悲惨境地的他们对不公的社会现实与剥削阶级的反抗与斗争，在方法、内容、理念、志向、表现等方面各不相同。

可以说《出逃记》中的主人公朴君是崔曙海的中国背景小说中刻画得最成功的主人公，因为朴君采取的斗争态度就是作者想要表达的与现实发生碰撞所感悟到的真理。此外，《红焰》的主人公文先生（这一类人）不是被动地接受失去亲人的痛苦，而是对社会的不合理与矛盾进行了猛烈报复。虽说他们的反抗与斗争只是自然而然发生的个人反抗，但这说明挣扎在社会最底层的被压迫人民已经开始觉醒，这一点是进步、先进的。

中国背景小说中人物形象的特点是，移居民主人公大部分认识到了社会的矛盾，但对待矛盾的态度却不同。有的人对社会进行果断的反抗，甚至进行近似暴力的抗击；有的人希望能够积极地斗争，但由于没有统一的领导，这些构想都没能发挥很大的社会价值。主人公的无知和非理智的反抗最终带来悲惨结局，这成为了初期无产阶级文学创作的典型手法，进而对无产阶级革命文学的形成做出较大贡献。

小说主人公形象的刻画，如果没有中国文化作背景，其深刻程度和丰富多彩性就逊色多了。正是有了异国他乡的悲惨遭遇和类似的半殖民地社会背景，主人公形象的独特性才得以强化。作者刻画主人公时对中国形象的塑造和描述，体现了巴柔在比较文学形象学方面主张的“形象创造层面上对‘我’及其空间的补充和延长”这一文学创作规律。

（三）作品的创作特征与中国体验

崔曙海的中国背景作品在结构上拥有区别于同时期其他作品的特点。特别是在人物之间的关系处理、小说的结尾处理以及小说背景的处理方面更加突显了崔曙海小说独特的结构特点。

1. 人物之间的关系处理

崔暑海的作品中人物结构以主人公为中心形成，主人公大都是承担着家庭重担的男人。有时作品中还出现袒露心事、倾诉自身苦难的对象，即（可以写信联系的）朋友。这样的人物设定与作者的生活体验密不可分。在继母膝下长大的崔暑海几乎没有多少对父爱的记忆，移居间岛时他的家人只有母亲、妻子和女儿。他时常将这种家庭关系应用于作品的人物结构当中，接近于自传的《出逃记》就是典型例子。作品中出现的人物冲突可分为两个阵营：一是主人公与他的家庭为中心的被压迫阵营，二是剥削阵营。这两个阵营的冲突中被压迫阵营总是以失败而告终，虽说这是当时社会环境所造成的必然结果，但这与作者在间岛经历的苦难、一生的挫折与不幸有着密不可分的关系。

崔暑海独特的创作手法下产生了一朋友身份登场的人物，在中国背景小说中只出现了一次。他们以书函形式倾听作者内心的矛盾、自身主张，代表着倾听作者主张的社会舆论，也代表了自觉的民众。

这样的人物设定充分说明了作者及流离他乡的移民群体在异国他乡所遭遇的孤独和凄惨生活。这种创作技法同样符合巴柔“在形象创造层面上，‘他者’形象都无可避免地表现为对‘他者’的否定”[13]的主张。作者通过自己的主人公在中国的悲惨遭遇（即“他者”的否定）来充实了主人公的人物形象、主题及思想。

2. 结尾及背景的独特处理

崔暑海中国背景小说的又一个特点就是结尾的独特处理。他的作品几乎都以悲剧为结局，不是死亡就是漫无目的地浪迹天涯。这种悲剧性的结局既是小说描述的悲惨生活与社会矛盾的必然结果，也是连生存权利都被剥夺的主人公的宿命，同时是对生活在最底层人民的命运的预言。安排这样的结局与崔暑海直接经历了同时代的社会现实有密切联系。

《吐血》中的母亲以及《异域冤魂》中的寡妇迎来死亡这一悲惨的命运，作为凶手的剥削阶级的无知与愚昧令人发指；《出逃记》、《疯子》的主人公最终抛弃妻儿与家庭，选择远走他乡；《红焰》中的文先生最后做出了“暴力性”的反抗……这些作品结局的处理都有异曲同工的效果。

崔暑海的中国背景小说中的背景是极度贫困的生活现实，崔暑海在作品中反复强调和强化这种背景，体现了要打破时代矛盾的斗争意图。当时韩国社会本身就处在极度的贫乏与绝望之中，因此这种背景设定十分符合时代要求。

和人物关系的设定一样，这种独特的结尾和背景处理，对刻画移居民文学中的中国形象以及在作家体验与异国背景的互动下进行文学创作方面起到积极作用。

四、结　　论

作为殖民时代的文学，崔暑海的体验小说吸收了周边文化，通过结合对周边社会的所见所感进行创作，为 20 世纪 20 年代的韩国文坛注入了生机。并且作者把异国的经验和“自我”意识、“本土”与“异域”结合在自己的小说创作中，刻画出对韩国的初期无产阶级小说文学和中国朝鲜族小说文学的发展起到积极作用的中国形象。通过上述的作品分析，可以作出如下结论。

第一，崔暑海的中国体验小说对 20 世纪 20 年代初流行于文坛的所谓为了艺术的艺术颓废性与自然主义抱有厌恶感的同时，又创作出基于个人体验和中国背景的中国形象。这对当时的小说创作来说是一种挑战，也是一种崭新的尝试。

第二，崔暑海的中国背景小说所体现的主题、思想特征中对社会矛盾的反映与抗争占了很大比例。

因为这种主题的形成背景不是在韩国，而是在异域的中国，所以这种主题不仅仅是韩国的，也可以是包括中国在内的当时世界上所有被压迫民众的共同主题。这为当时刚刚出现的有目的、有计划的无产阶级斗争为主题的 20 世纪 20 年代韩国革命文学的形成奠定了基础。

第三，在艺术技巧方面，作者充分地描述了黑暗社会中主人公的反抗意识，这种反抗随着作者的思想感情的变化以不同形式表现出来。这种人物描写手法更加巩固了作家在 20 世纪 20 年代韩国文学中的“体验文学作家”的地位。这与“作家对人生体验的表现可以说是作者对生命存在意义的审美评价，作品是作者基于自身体验、根据自己的想象力或价值观体现出来的产物”[14]的观点一致。

总之，作为中韩比较文学的研究领域，崔暑海中国体验小说的研究价值毋庸置疑，它对正确、科学地阐明20世纪20年代的韩国小说文学具有重大意义，而且为移民文学、流浪民文学的研究提供了宝贵的研究经验。所以，相关的研究不能停止，反而有必要进一步地加深和扩大。

[注释与参考文献]

[1] 崔学松(1901—1932)出生于朝鲜咸镜北道城津市，号为暑海。

[2] 孟华主编，《比较文学形象学》，北京大学出版社，2001年，第4页。

[3] 同上书，引用巴柔的论著“比较文学的一种研究视角：文化形象”的观点。

[4] 金容成，《韩国现代文学史探访》，韩国国民书馆出版，1979年，第178—183页。

[5] 同上书，第179—183页。

[6] 间岛地区是现在的中国吉林省延边朝鲜族自治州州地区。

[7][8] 金容成，《韩国现代文学史探访》，韩国国民书馆出版，1979年，第178—183页再引用。

[9] 孟华主编，《比较文学形象学》，北京大学出版社，2001年，第5页。

[10]《崔暑海短篇小说集》，朝鲜平壤文艺出版社，1991年，第25页。

[11]《崔暑海短篇小说集》，朝鲜平壤文艺出版社，1991年，第56页。

[12][13]《崔暑海短篇小说集》，朝鲜平壤文艺出版社，1991年，第57页。

[14] 王克俭，《文学创作心理学》，中央民族大学出版社，1997年，第110页。

[15] 孟华，《比较文学形象学》，北京大学出版社，2001年。

[16] 金容成，《韩国现代文学史探访》，韩国国民书馆出版，1979年。

[17]《崔暑海短篇小说集》，朝鲜平壤文艺出版社，1991年。

[18] 申玄云，《暑海崔学松小说研究》，韩国中央大学教育大学院，1991年。

[19] 尹弘老，《韩国近代小说研究》，韩国图书出版一潮阁，1990。

[20] 王克俭，《文学创作心理学》，中央民族大学出版社，1997年。

中国古典诗词的"现代性"迷障(上)

王 赫*

半个世纪以来,在海外华裔传统词章学者的启发下,以西方文论为试纸重新检测中国古典诗词成分的研究方法,引起了广泛的关注与论争。《古典诗的现代性》(三联书店,2010 年)一书的作者江弱水更进一步发掘中国诗歌的"现代性写作"传统,以期对古典诗词作出再解释并为现代新诗正名。引入"现代性"概念,固然能为古典文学意义的考量打开新的空间。然而这种抽去了时间意识与历史语境的"现代性",究竟能在多大程度上揭示古典诗词的本质精神,是值得审度的。以端正的态度应对当下文化身份认同的焦虑,探究古典诗词现代阐释的正确方法,亦是题中应有之义。

一、一个名词:"现代性"——钥匙与迷障

20 世纪以来的几代中国学人都在试图摆脱一种焦虑,即对于西方学术话语大量充斥中国学界的不满与担忧。诚然,与异质文化碰撞更易生发新的视点。要推进古典文学的现代阐释与复述工作,在中西对话与汇流中进行审视乃不可或缺的环节。叶嘉莹先生自觉运用中西比较的方法阐发中国古典诗词,胜义纷披,但她对梦窗词之现代化特色的解读却招致了小说家高阳的质疑:"用一把欧美名牌的钥匙,怎能开得中国描金箱子上的白铜锁?"[1](p.133)确有部分古典诗词将惯常的说教目的悬置,在反映与模仿的功

* 作者简介:王赫,山东大学(威海)汉语言文学专业本科生。

能之外另辟蹊径，迥异于大部分内涵有确切指向且语意连贯的古典文本。若为了给中国新诗正名，而将这种新异冠以“现代性”之名，甚至生硬地拼凑出“现代性写作”传统，则属身处文化焦虑中的一种“失度”表现。

（一）概念：不可复制的时间意识与无法架空的历史语境

现代性因汇集了现代世界各方面的问题而成为文化界的讨论热点，在社会转型期尤为突出。在西方，仅文学方面的“现代性”概念就错综复杂，但其基本前提——时间意识与历史语境是不可回避的。江弱水等诸多探讨古典诗词现代性的论者都特意将前提抛掷，以求摆脱时间问题的干扰，只提取其艺术品质方面的内涵。殊不知这样处理依然不足以避免逻辑的混沌，因为即使仅从美学层面考虑，此词内涵也绝非如此单纯。

波德莱尔首次提出“现代性”概念：“现代性就是过渡、短暂、偶然，就是艺术的一半，另一半是永恒和不变。每个古代画家都有一种现代性，古代留下来的大部分美丽的肖像都穿着当时的衣服。他们是完全协调的，因为服装、发型、举止、目光和微笑（每个时代都有自己的仪态、眼神和微笑）构成了全部生命力的整体。这种过渡的、短暂的、其变化如此频繁的成分，你们没有权利蔑视和忽略。”[2](p.485)该理论的独特之处在于它包含一种时间上的悖论。“每个古代画家都有一种现代性”，并非指古代画家也具有当今人们所谓美学现代性，而是指每个时代的画家各自具有其所处时代、所经历生活的“新颖性”——“现代性广义地意味着成为现代（being modern），也就是适应现时及其无可置疑的‘新颖性’（newness）。”[3](p.337)时代不可复制，“现代性”并非一个内涵永恒不变的抽象概念，各个历史时期的艺术家在他们所经历的独一无二的时代中表达其现时感受。这种种现时感受承载着特定的思想，以特定的言说方式表现出来，各具特色而变化频繁，但都能够协调于时代环境，是美的，因而具有长久不衰的生命力。当19世纪欧洲文学挣脱了古典主义的清规戒律走向浪漫主义时，对自由的执着追求与对感情的热烈表现就成为最新鲜的风景，由此才可以说浪漫主义具有现代性，“是美的最新近、最现时的表现”[2](p.218)。江弱水引用波德莱尔的说法来支撑他的去时间化、去历史化的现代性观点，是误解。

“只有在一种特定时间意识，即线性不可逆的、无法阻止地流逝的历史性时间意识的框架中，现代性这个概念才能被构想出来。在一个不需要时间连续型历史概念,并依据神话和重现模式来组织其时间范畴的社会中,现代性作为一个概念将是毫无意义的。”[3](p.18) 中国传统农耕文化影响下的时间观呈稳定封闭形态,天人合一与因果轮回理念,将宇宙万物置于周而复始的可逆周期内,历史事件被视为可重复上演,尊古的历史观由此形成。而海洋文化影响下的西方性格则更为精进、敏锐,犹太教—基督教生成连绵有序且包含无限可能性的直线矢量时间观,并为启蒙主义所承袭。波德莱尔正是如此沉浸于“现在”,用创造性的想象表现现代性。速度是现代性时间观念的一个显著特征,波德莱尔就强调了这种变动频繁的瞬时性。

在试图摆脱时间意识的同时,历史语境也被搁置。不同历史背景下必然产生不同的文学,那些“超越时代”的杰作也具有继承性与局限性,无法脱离历史语境而架空,甚或就是因为它们强烈渴望跳脱那历史环境的窒息,而具有伟大的存在意义。从 19 世纪开始,文明史阶段的现代性与美学的现代性之间产生了长久的分裂——前者推崇理性和进步,是工业革命与资本主义引起的社会巨变的产物;后者则拒斥激情,以反叛姿态出现——“但在它们欲置对方于死地的狂热中,未尝不容许甚至是激发了种种相互影响。”[3](p.48) 现代性使人们从窒息的空间中解放出来,置身于更开放的,但同时也具有空前复杂性与不确定性的境地,失去精神容器而无法重建信仰体系的人们,遭遇从未有过的扭曲甚至破碎感。

澄清现代性的概念之后,本文就结合一些作品的比照,从精神气质、艺术理念、语言形式三个方向分析,以印证中国古典诗词并不具备“现代性写作”传统。

(二) 比参:精神气候与理念外壳下的语言编码之因革

1. 精神气质。滞留夔州时期,杜甫历经的人生艰辛在心中蓄势已久,孤独漂泊的老病之身更催化了内心的沉郁悲怆,诗歌呈现内转倾向。江弱水认为《秋兴八首》的深寂独语的冥想气质与西方现代主义诗歌相通。其实这种内省的视角、冥想的气质在中国古典诗词中并不罕见。唐代山水田园诗及大历诗歌,深受以老庄佛释之学为依托的审美主义文论的影响,处于价值真空的自由精神状态,冥想特质更为显著。如王维诗“雨中山果落,灯下草虫鸣”(《秋夜独坐》),“跳波自相溅,白鹭惊复下”(《栾家濑》),“涧户寂无人,纷纷开且落”(《辛夷坞》),抽象思想寓于饱满意象,声色动静暗含通灵质感,景致犹在眼前，思致沉潜绵远。

与冥想的气质相伴而生的是独语的姿态，江弱水认为《秋兴》中“请看石上藤萝月，已映洲前芦荻花”的祈使语“请看”，并非对他人而发，而是提醒自己时光流逝的内倾化声音。这一分析精密得当。但亦应指出，独语式的描写不是证明诗词具有现代性的指标。同晚年杜甫一样，创作《离骚》时的屈原也已从外在世界的动荡返回内心深处的大寂寞，在过去经验的回响中复活记忆再埋葬之，诗思浸淫于幽幻的冥想。诗人在絮絮独语中挣脱内心的纠葛，与灵氛的问答实际上是诗人与内心分化出来的声音对话，最后以“已矣哉”的喟叹作为尾声。T. S. 艾略特指出：“在一首既非说教，亦非叙述，而且也不由任何社会目的激活的诗中，诗人……烦了那么多神，不是为了与什么人交流，而是要从极度的难受中摆脱出来……”[4](p. 117)《离骚》正是这样的作品。

颓废（decadence）是诗歌现代性的另一种精神气质。波德莱尔的现代颓废美学认为历史会由颓废、衰微走向终点，这仍然基于典型的线性时间观。基督教的末世论带来颓废意识，它对历史终结与末日审判抱有信仰。“同古代人更为消极的态度相比（无论这些古代人是赞成斯多噶派的遁世和冷漠，还是培育了享乐主义的“及时行乐”哲学），基督教颓废观中新的东西是一种敏锐而不安的紧迫感。……从世界的终结正在迅速临近的观点来看，每一个单独的瞬间都是决定性的。”[3](pp. 164-165)持循环时间观的中国传统文学之颓废与此有本质不同。汉末诗歌所表现的及时行乐思想，主要源于朝不保夕的战乱现实。李贺诗虽有“世界的终结”的意味——“彭祖巫咸几回死”（《浩歌》），“七星贯断嫦娥死”（《章和二年中》）——却是因他作为没落贵族子弟，与生而来的颓废气质几成病态，又对社会人生缺乏理性认识，耽于幻想，苦吟成性，诗风不免幽奇怪诞；且自小体弱时有早夭预感，故内心常纠缠于死亡，生发出时不我待、未老先衰的幻灭感：“长安有男儿，二十心已朽”（《赠陈商》）。由自我身心之破败遥感宇宙万物之衰亡，这确与一般古典诗人的历史兴亡感很不相同，但也非现代性的。李商隐的颓废来自对唐王朝命运的忧思，由自身遭际触发的哀感，以及时代绮靡审美趣味与佛道思想的影响。周邦彦的颓荡，则是由于北宋城市繁荣，文人士大夫生活多优裕潇洒，声色熏染下的京师文化更助长了他本就风流的秉性。张新颖强调，要将沉湎于感官享乐的颓废与包含了时间焦虑的现代主义的颓废加以区分。

2. 艺术理念。“新”是文学现代性的首要特征，波德莱尔推崇新世界里新鲜事物的美，卡林内斯库也强调现代性的一副重要面孔即“先锋”。

在文学自觉的时代，实验意识大放光彩，南朝文人多反对征圣宗经，纷纷露才扬己，追新逐巧。在江弱水看来，南朝文学及唐代杜甫、李贺、李商隐、温庭筠与宋代周邦彦、姜夔、吴文英作品中的新变是现代性的体现。其实文学艺术的重心就在于创新，而复古与创新，故常与新异，往往是相对的。《文心雕龙》讲继承与革新，遵循的是“望今制奇，参古定法”[5](p.274)的标准；钟嵘《诗品》也是将南朝文学“同祖风骚”的观点具体化，沿流溯源地考察诗歌嬗变的轨迹。“复古”未必是陈旧品质的重申，而是为了给新时代的文学张本。譬如初唐陈子昂借以提倡“风骨”与“兴寄”的正是汉魏建安的优良传统。江弱水认为韩孟只是崇尚奇崛险怪，元白只在风格上转为浅近平易，技巧上并未求新，且韩、白之诗有浓厚的说教意味。事实上韩诗“以丑为美”，与波德莱尔的《恶之花》同是在野蛮的恶中发掘美，在解构的破坏中开创恣肆雄奇的新境界，其惊心动魄的全新审美感受，迥异于传统的典雅圆融；韩愈或偏于焦躁，下笔放纵，但这也恰与传统的中正平和相抵牾。若说李贺相信“语言再造世界的魔力”[4](p.102)，“笔补造化天无功”(《高轩过》)，那么韩愈也同样重视心力胆识的能量，“规模背时利，文字觑天巧”(《答孟郊》)，用创造性的诗思对外物进行主观化裁夺。至于白居易诗歌力避书面语，解放格律，未始不是技巧上刻意的求新，重建了语言与真实世界的联系。从宋初诸体对唐诗的师法，到宋诗以思理气骨见胜的独特范式的形成，从明末公安派对七子复古的反拨，到竟陵派对公安派的纠偏，以至五四以来新诗流派的发展演变，无不表明在不断因革的诗歌史进程中，新旧并非对立的两极。

文学需要不断打破原有秩序，拆解既定结构，才能向前发展；当新的样态出现问题后，又需要补偏救弊以更新完善，文学由此获得进一步发展，并体现出时代审美风气的演变及诗人修养与偏好的差异。现代作品有古典性，古典作品有现代性，但是就严格意义上的“现代性”来说，我们无法“在一切时代的公约数上来概括出现代性的本质来”[4](p.308)。

3. 语言形式。竞新逐异的艺术理念使语言形式创新成为必然。语言形式最直观地体现审美风格，其新异现象最易使论者堕入“现代性”的迷雾。

本文从句法、章法与意象三个层面说明古典诗词在语言形式上与现代派的貌合神离。

句法的断裂是文学现代性最显著的语言特质，语义关系的隐藏直接导致文本晦涩。其实切断词与词、能指与所指间的惯常联系，代之以意象聚集的现象，是文学创作的常态，不为现代性文本所专属。造成古典诗词句法断裂的因素之一即倒装。叶嘉莹举“香稻啄余鹦鹉粒，碧梧栖老凤凰枝”来说明杜诗开拓了超越传统的新境界[6](pp.40-41)。然而这种手法并非杜甫首创。“效奇之法，必颠倒文句，上字而抑下，中辞而出外，回互不常，则新色耳。”[5](p.280)南朝骈文中已出现错置技巧，如“孤臣危涕，孽子坠心”（江淹《恨赋》），“草绿衫同，花红面似”（庾信《行雨山铭》）。为了符合声律要求或增加诗味，诗人往往自觉倒装语序，使诗句呼吸起来。“竹喧归浣女，莲动下渔舟”（王维《山居秋暝》），画面感增强；“行宫见月伤心色，夜雨闻铃肠断声”（白居易《长恨歌》），节奏感增强；“香生帐里雾，书积枕边山”（陆游《昼卧》），在叶韵的基础上化平庸为生动。汉语语法不讲究语态等变化，富有弹性。诗的破格（poetic license）使诗人得以更圆满地遵循心理的逻辑。其二，省略具体叙述与描写，使字词呈现静态的聚集，而非动态的流线。如“桃李春风一杯酒，江湖夜雨十年灯”（黄庭坚《寄黄几复》），“楼船夜雪瓜洲渡，铁马秋风大散关”（陆游《书愤》），拈出最富于暗示意味的意象来营造意境。在注重意会传神的古典诗词中，语言的准确性常让位于美学性。其三，对偶也是中国式思维的产物，如清真词《水龙吟·梨花》足有五处。强行将看似无关的意象放在一起，势必造成诗句的断裂与凝滞，而能产生统一和谐的效果。

现代性文本章法的一大特色即理脉不清晰。江弱水认为，李贺“漫步式的写作”“是现代主义者的‘自由联想’”[4](p.171)。这种貌似“蒙太奇”的剪辑手法，与李贺过分专注于细节而忽视整体的思维习惯有关。俞平伯认为，因条理不清而为人所讥的飞卿词“每截取可以调和的诸印象而杂置一处，听其自然融合，在读者心眼中，仁者见仁，智者见智，不必问其脉络神理如何如何，而脉络神理按之则俨然自在”[7](p.15)。可见诗词表层逻辑的暧昧并未妨碍读者的认知，读者可借助个人体验与诗词常识进行感性把握与理性判断，这与现代派文学有显著的不同。

最后来看意象。江弱水认为白石词多用私立象征（private symbol）来追忆客居合肥的情事,如“杨柳”这一具有公约性内涵的文化符号在其笔下就指向个人经验(合肥巷陌多柳)。“对于象征主义诗人而言,现代生活的丰富性与复杂性使得公共象征已经不足以反映个人的隐秘经验,其惯用的意象每每具有个人特定的思想与情感内涵,并通过不断的重复积累起力量。”[4](p.239)与现代派不同,古典词人写隐衷往往会在常见意象中投注自我情绪,不是时代生活的丰富性与复杂性使然,而是个人经历的曲折性与心理活动的戏剧性使然。例如原型意象“雁”,作为公共意象它暗喻孤独无依或鸿雁传书,如易安前期词:“草绿阶前,暮天雁断。楼上远信谁传。”(《怨王孙》)经历了北人南渡的漂泊之苦后,“雁”被易安赋予了私人化内涵:“雁过也,正伤心,却是旧时相识”(《声声慢》),往日曾传书的鸿雁也无法为词人带来已故夫君的消息,它从故乡北方迁徙而来,国破家亡的词人却无计可归;“归鸿声断残云碧,背窗雪落炉烟直”(《菩萨蛮》),避难江宁的词人在人日节的归鸿声里听到绝望的乡愁。这类意象的言外之意来自作者私人化的生活经验,与现代派的心理机制并不对等。

诗词作法遵循想象与情感的逻辑,其固有的跳跃性以跨越时空、互为主客等多种形式展现出来,表层语义的断裂之下,动作没有持续性,而以幽微的思想线索加以维系,具有冥想与独语性质的内倾化作品尤为如此。当我们看到古典诗词那内省的气质、新异的主张、非理性的语言秩序时,我们走入的是古典时代里隐秘的个人世界,而非现代性的城堡。

二、两个典型:祛魅——图像与路线

历来人们对义山诗猜想不断,对梦窗词褒贬不一,在当代关于古典诗词现代性的研究中,二者也备受关注。本文以下部分分别就义山诗的意象运用与梦窗词的脉络架构这两个关键问题进行探究,以祛除附着其上的魅惑假相,将作品还原于古典世界与古典心灵。

(一) 义山诗:梦魇下的幻象

继韩孟与元白诗派之后,李贺开启了晚唐注重主观心灵与自我释放的诗歌新趋向。唐诗发展至李商隐,对心灵世界的开掘更为深入,其诗瑰妍夺目,又能摆脱诡谲的措辞与激烈的韵调,归于温润纯熟。因过重的心理负荷长久以来不断施压，具有内倾气质的义山那敏感纤柔的心中，幻化出形形色色的心像，投注诗中就变为不相连贯的种种意象，它们在咏物意义之外更有寄兴与暗示意味，甚至不实指一时一事，而是多种感知的复合。《燕台诗四首》就是这样一组意绪纷纭的梦魇之诗（按：原诗四首之后分别标以“右春”、“右夏”、“右秋”、“右冬”，今为叙述之便，加小题于各诗之前）：

《春》：

风光冉冉东西陌，几日娇魂寻不得。蜜房羽客类芳心，冶叶倡条遍相识。

暖蔼辉迟桃树西，高鬟立共桃鬟齐。雄龙雌凤杳何许？絮乱丝繁天亦迷。

醉起微阳若初曙，映帘梦断闻残语。愁将铁网罥珊瑚，海阔天宽迷处所。

衣带无情有宽窄，春烟自碧秋霜白。研丹擘石天不知，愿得天牢锁冤魄。

夹罗委箧单绡起，香肌冷衬琤琤佩。今日东风自不胜，化作幽光入西海。

《夏》：

前阁雨帘愁不卷，后堂芳树阴阴见。石城景物类黄泉，夜半行郎空柘弹。

绫扇唤风阊阖天，轻帏翠幕波洄旋。蜀魂寂寞有伴未？几夜瘴花开木棉。

桂宫流影光难取，嫣薰兰破轻轻语。直教银汉堕怀中，未遣星妃镇来去。

浊水清波何异源，济河水清黄河浑。安得薄雾起缃裙，手接云軿呼太君。

《秋》：

月浪衡天天宇湿，凉蟾落尽疏星入。云屏不动掩孤嚬，西楼一夜风筝急。

欲织相思花寄远，终日相思却相怨。但闻北斗声回环，不见长河水清浅。

金鱼锁断红桂春，古时尘满鸳鸯茵。堪悲小苑作长道，玉树未怜亡国人。

瑶琴愔愔藏楚弄，越罗冷薄金泥重。帘钩鹦鹉夜惊霜，唤起南云绕云梦。

双璫丁丁联尺素，内记湘川相识处。歌唇一世衔雨看，可惜馨香手中故。

《冬》：

天东日出天西下，雌凤孤飞女龙寡。青溪白石不相望，堂上远甚苍梧野。

冻壁霜华交隐起，芳根中断香心死。浪乘画舸忆蟾蜍，月娥未必婵娟子。

楚管蛮弦愁一概，空城罢舞腰支在。当时欢向掌中销，桃叶桃根双姊妹。

破鬟倭堕凌朝寒，白玉燕钗黄金蝉。风车雨马不持去，蜡烛啼红怨天曙。

诗的本事难以考证，许多推测实属牵强附会。本文认为“燕台”所指即地方军政长官的幕府(燕昭王曾筑黄金台招揽贤士，“燕台”由此代指招募人才之地)，义山自己的诗(《梓州罢吟寄同舍》：“长吟远下燕台去”)使用过这一含义；而非女子名字或居所。这组诗并非实写某段恋情，至多只是渗透了往日恋情幻化出的心绪，但也不能作为单纯的政治诗来理解。由义山《柳枝五首》的序，可知这组诗作于义山应试前。有注诗者将《柳枝五首》编年为开成元年，此前的太和九年发生了“甘露之变”，唐文宗谋求政治改革消灭宦官专权的计划失败。朝政混乱，又有藩镇之患，义山对唐王朝的忧虑与日俱增，写了《有感二首》和《重有感》，忠愤激烈。作于这种境况下的《燕台诗》，自然饱含了义山仕宦不得意的失落、仍然追求理想的执着与终于不能达成的悲哀。

义山以敏锐的感觉、细致的观察打造了一些图像，来表现那梦幻般隐微的内在生活。“风光冉冉东西陌”，一切风物都在日渐和煦的春风里摇荡，勾起了诗人的追求之心。他在柔美繁茂的柳枝间反复穿梭，痴情之心有如蜜蜂般殷切，如蜂房般密密匝匝。隔着繁盛如云鬟的桃花，诗人望见那个“娇魂”立于桃树之西，这幅图景如此动人，然而“雄龙雌凤杳何许？絮乱丝繁天亦迷”。原来那只是由于苦苦期盼而于恍惚间产生的幻象，是回忆的映照，真实的她已杳不可寻。借酒浇灌如飞絮般迷乱的心绪，梦中女子零星的话语犹在耳畔。义山频繁地写梦：“神女生涯元是梦”（《无题二首其二》），“梦为远别啼难唤”（《无题四首其一》），“我是梦中传彩笔”（《牡丹》），或荒凉或绮丽，都笼罩着梦魇般的心魄。因为有梦，还要追寻。诗人下定决心竭力搜寻，可叹上天入海，茫茫何处？在无可解脱的失落与悲哀中憔悴消瘦，大好春光反如秋霜，生命销蚀，无人关心。坚贞赤诚之心亦无人可解，诗人祈愿天牢星将其冤魂安顿。痛苦的追求从未放弃，直到东风不堪愁怨而终于远去，化作微茫的幽光归入深海。

现代主义大师艾略特反对浪漫主义的一味抒情，主张隐藏个性，寻找“客观对应物”来表现情绪。义山也将情感寄于客观物象，但他继承的是汉魏古风的比兴传统，笔下的意象是客观之物与主观之心默契融合的结晶。中国古典诗歌注重外物感发志意的作用：“气之动物，物之感人，故摇荡性情，形诸舞咏。”[8](p. 107)《燕台诗》自冉冉春风引起的心灵律动写起，以一系列四季景物构图，文字自然地随物宛转，与心徘徊。独特之处在于，其思路并非一般的由物及心，而是由心及物，先有义山心中深曲的情感，后有想象中敷衍出的相关物象，由此，梦境般的心灵幻象得以一一展现，心事绵延流淌，其意义也就不再简明，因为它们属于最私人的领域。义山诗难解的原因正在于此。

春已逝，《夏》如何？一幅阴雨连绵的图景，美好的“芳树”藏于阴暗，整个石城的景物都仿佛“黄泉”。年轻的贵族公子在这夜半时分空有好的弹弓，无法弹鸟，也无人瞧见，好比诗人空有满腹才华，却不被赏识。摇动绫扇呼唤天门的风，吹动翠色帷幕如波纹回旋；然而望帝的魂魄化成的杜鹃鸟还在孤独地啼血，它那“不如归去”的呼唤从未得到过理解的回响。风的清凉只在片刻,炎暑季节红如血染的木棉花仍然繁茂而孤绝地开在瘴疠之地。摇扇的女子寂寞,他的理想凄苦。月的流光无法看清和把握,但是她似乎就在那里,那个女子,那个理想,美丽清芬如兰绽放,仿佛在亲切地私语。诗人听到了那遥远的召唤和自己心灵的呼唤,他还要追寻,让那银河都堕入怀中,留住织女,不让她再匆匆来去。然而现实残酷,清浊异源而殊途,究竟怎样才能迎接天仙般美好却飘渺的她呢……

时时萦绕心头的落寞,如炎夏郁郁的阴沉,但在这幅幻景中义山犹能看到那一点微薄的月光,在心中越发清澄,照亮整个银河。他的诗中总有追寻与失败的失落,更有失落后继续追寻的执着。义山自小“佣书贩舂”(《祭裴氏姊文》),艰难度日。他有才有志,关心朝政与民生,可一生所见是王朝年复一年的衰微,而自己一生奔走于各地幕府,为人记室,壮志难申,在牛李党争的夹缝中又倍感政治苦闷而无法倾诉。身世之感与唐王朝衰落时期文人普遍的没落情绪相交加,塑成了才命相妨的义山那脆弱的神经。拘泥于字面会限制联想,但是解读古典诗的自由有限,因此“知人论世”是必要的。与表现时代性的荒诞与空虚的西方现代派作品不同,中国古典诗歌标志着诗人的选择,诗人不仅表现他在古典世界的所见所感,也常据此作出行动。年轻的义山还未尝到更多的辛酸,不过我们也不妨结合其一世的悲苦来感悟此诗的情怀。义山诗本就具有气质的一贯性,因他一生襟抱未开,为梦魇所困。

[注释与参考文献]

[1] 高阳,《高阳说诗》,辽宁教育出版社,1988年。
[2] 波德莱尔,《波德莱尔美学论文选》,郭宏安译,人民文学出版社,1987年。
[3] 马泰·卡林内斯库,《现代性的五副面孔》,顾爱彬、李瑞华译,商务印书馆,2002年。
[4] 江弱水,《古典诗的现代性》,三联书店,2010年。
[5] 周振甫,《文心雕龙今译》,中华书局,1986年。
[6] 叶嘉莹,《杜甫秋兴八首集说》,河北教育出版社,2000年。
[7] 俞平伯,《俞平伯全集》(第四卷),花山文艺出版社,1997年。
[8] 郭绍虞,《中国历代文论选》(一卷本),上海古籍出版社,2001年。

论刘震云的反"宏大叙事"策略
——以《故乡天下黄花》为例

张　栋*

《故乡天下黄花》是中国新时期文学伴随新历史主义思潮出现的一部典型之作，其既是顺应新兴文学思潮的应时之作，又是对新历史主义文学创作特征的一种注解。这种注解也体现于叙述策略上的选择。刘震云采用的是一种反"宏大叙事"策略，他通过对传统的"宏大叙事"背后历史本质的探讨，以及对历史多元化景观的呈现，展现出自己对历史的独特把握，而这种把握，可以归结于"解构"的运用。

一、共时性历史叙事

"宏大叙事"的概念，源自法国后现代思潮理论家利奥塔，依他的理解，宏大叙事是一种"元叙事"，是通过与主流意识形态的合作而获得的一种合法性存在。但"作为文学艺术上的一种叙事方式，并非后现代思潮之后才出现的，而是早已有之"。[1]曾有学者对"宏大叙事"做了一个定义，即"所谓'宏大叙事'是指以其宏大的建制表现宏大的历史、现实内容，由此给定历史与现实存在的形式和内在意义，是一种追求完整性和目的性的现代性叙述方式"。[2]用这种定义去定位50至70年代的中国文学似乎再合适不过，这一阶段的文学创作普遍采用了宏大叙事手法，用宏大的建构，力图还原一种整体

* 作者简介：张栋，兰州大学文学院中国现当代文学硕士研究生。

的、前后相继的历史，比如“写社会主义制度的诞生”的《创业史》、梳理“红色——革命的谱系”的《红旗谱》。写作者创造了各种英雄史诗、战争神话，背后是有着意识形态的推动作用，这种叙事方法可以称为“历时性的历史叙事方式”，但是与以上的创作不同的是，刘震云采用的是一种可以称为“共时性历史叙事方式”的创作方法。

谈及共时性历史，那历时性历史便是一个绕不开的话题。何谓历时性历史？按照一个时间轴，从前至后顺叙事件的演进，这是一种传统意义上的历史叙事。我们在初读《故乡天下黄花》时，也会有似曾相识的感受，因为作品是按时间先后排列组合的，用四个时间段串联起故事，与十七年文学的书写并无二致，但是读完之后，会产生一种不一样的感觉。这种异样感便是对“解构”的运用。一提到“解构”，可能一种最常见的理解便是颠覆与破坏，但这是对解构的误解。解构理论由 J. 德里达于 1967 年发起，因与 1968 年在欧洲出现的广泛的学生运动的时间相契合，因此解构理论便成为了许多人口中的激进主义。但事实并非如此，表现之一便是解构对于传统的观点。激进主义对传统是一种决绝的反抗姿态，而解构理论则注重对传统的继承，但在继承之外尤为重视创新，其阐释的是一个不断“出走与回归”的过程，用一句话来概括便是“解构并非一种消极的行动，它并不是旨在消灭什么结构，而是要在理解其结构后，给以擦抹，并重建”[3]。刘震云的共时性历史叙事方式是完成了继承的，同时又表现出创新的特色。

《故乡天下黄花》中的四个时间段的标记，并没有脱离古已有之的创作模式。毋庸置疑的是，这种用不断演进的时间段来组织演说的方式是许多伟大的现实主义作品普遍采用的，在十七年文学中这种模式的自觉运用是成熟的，当然这是就外在的形式而言。所以刘震云的继承可以说是自然的，甚至是受到了这种成熟模式的潜移默化的影响，但是他的创新之处在于，作品中的时代环境更多时候只是一个背景的作用，作者不再意图探讨某个时代的宏大意义或是时代给予人物的特殊影响，他想要找寻的，是在不断演进的历史空间中那不曾改变的东西，正如蒙特鲁斯所说的，它是“用一种文化系统的共时性文本来代替一种独立存在的文学史的历时性文本……”[4](p.502) 即使在历史的不同阶段，背景有所转变，人物有所更替，但总有某种根本性的东西不曾变更，改变的只是人们追求这种根本性事物的方式、手段不同而已，这就自然而然地引出了整部作品的核心主题。而为表现这个主题，刘震云更是利用一种独特的方式来展现共时性历史叙事方式的特质，即循环手法。《故乡天下黄花》中的场景是特定的（即马村），作者赋予其中不同时代的人物以血缘关系，这是循环手法的一个方面，另一方面便是通过作品中人物行为的相似性体现出来的。

小说选取了四个在中国历史上具有转折性意义的历史时期，分别是民国初年、抗日战争时期、土改时期与“文革”时期。在不同的时期，有血缘关系的人物依次登场，发生了不同的故事，比如在民国初年孙、李两家为争夺村长之职发生的仇杀，抗战时期孙屎根、李小武、孙毛旦三方势力为争夺统治的权力而发生的厮杀，土改时期赵刺猬、赖和尚为能充一把“人物头”对孙、李两家的掠夺以及李小武、路小秃更为血腥的报复，及“文革”时期赵刺猬、赖和尚、李葫芦代表的三个战斗队将夺权斗争推向白热化，以至于发生村民械斗。在小说最后，作者有意布置了一个颇有意味的结局：

> 一年之后，村里死五人，伤一百零三人，赖和尚下台，卫东卫彪上台。卫东任支书，卫彪任革委会主任。李葫芦任革委会副主任，但不准经常吃“夜草”。
>
> 两年之后，卫东和卫彪闹矛盾。
>
> 一年之后，卫东下台。卫彪上台，任支书兼革委会主任。李葫芦任副主任。文化大革命结束，卫彪、李葫芦下台，作为“造反派”抓起来，被公安局老贾关进监狱……一个叫秦正文的人上台。
>
> 五年之后，群众闹事，死二人，伤五十五人，秦正文下台，赵互助（赵刺猬儿子）上台。[5](p.316)

由此不难发现，在四个不同的历史阶段，虽然有诸多不同，但有一点是始终不变的，那就是根深蒂固的“人物头”情结，即毫不掩饰的对权力的狂热欲望。这种情结也不只在马村出现，不同历史阶段中的不同代人之间的血缘关系表明这种情结有着历史的因袭，因此马村并不单纯地指代一个乡村，而是更广泛意义上的中国农村。可见，刘震云的解构在继承的基础上，是完成了一种创新的，这种创新使得我们即使在传统的历史模式之下，也仍旧有可以阐释的空间，可以用我们新开掘的东西去填充。

二、多元化历史景观

历史因其多元而丰富，重现一个多元的历史，这是刘震云反“宏大叙事”策略的另一个关注点，而这亦是解构手法的题中之义。我们仍是以十七年文学为例，虽然十七年作家都在追求一种“史诗”品格，但是历史观上的单薄使他们对历史的复杂性视而不见，他们创作的多是一种二元对抗的历史，而且最终以绝对的一元结束。解构在这里便显示出一种战斗的姿态，它宣扬的是一种“无中心论”，强调的是多元共生，曾经有学者就解构说的多元与一元・二元对抗进行比较，以得出“解构说与一元说及二元对抗——统一——再对抗——再统一的之一元渐进说水火不容”[6]，从而实现对宏大叙事的反拨。而这种多元的呈现，表现在作品中便是叙事材料的选择上。

选取有重大意义的社会历史事件，塑造有典型意义的人物，展现异常激烈的斗争生活，在此基础上揭示社会历史发展的规律，这是十七年宏大叙事文学作品中最经典的“路线”。但以刘震云《故乡天下黄花》为代表的新历史主义小说，却无意于展示如此繁复的社会历史内容，刘震云不把重点放在那些被赋予正统历史意义的事件上面，而把那些曾被宏大叙事置于边缘的内容暴露在聚光灯下，意在取得“中心消解，边缘耀目”的效果，这种创作思路亦反映出新历史主义创作的一种共性特征，如专家所言，“新历史主义向那些游离于正史之外的历史裂隙聚光，试图摄照历史的废墟和边界上蕴藏着的异样的历史景观”。[7](p.292)

《故乡天下黄花》中虽然涉及了四个有重大意义的历史阶段，且每个阶段都有可以以宏大叙事手法来进行讲述的可能，但作者似乎并不想用严肃的语言重述这几段历史，他采用的是用另一种眼光去探寻在浓雾背后的真实本相，展现在人们眼前的是与正统不一样的历史。心理世界、荒谬逸闻，是刘震云叙事材料选择的重点。

农民的内心世界，是以往以宏大叙事方式讲述的作品很少关注到的地方，十七年文学中虽然有不少针对农民的作品出现，但其中农民心理语言的匮乏，是这些作品一直为批评界所诟病的主要原因，没有心理因素的融会，人物就如同提线木偶，只是对作者创作意图的注解，而无自己的神韵，作品也会因之成为意识形态宣传的附属品。有研究者说道，“必须意识到‘宏大’、‘意识形态’并非只是冷冰冰的政治符号的表达专利，它还有人的理想、情感体验等寓于其中”。[8]在《故乡天下黄花》中，作者对农民内心世界的揭示是深入而富有洞见的，通过对人物内心世界的发掘，显露出在特定历史阶段他们内心真实所想，同时通过由普通人命运串联成的历史，向所谓正史投出质疑的目光，在某种程度上对正统历史的意义进行了消解。以小说中提到的抗日战争为例，按宏大叙事的视角，抗日战争的历史，是中华民族浴血奋战、痛击外敌的历史，但刘震云甚至对抗敌者主观上的正义性产生了怀疑。孙屎根、李小武分别加入八路军与中央军，虽衣着不同军服，但他们的骨子里仍存有上一辈遗传下来的对权力强烈渴望的基因。孙屎根在跟政委说了要在村里伏击日本人的计划之后，小说中这样写道：

> 孙屎根考虑打仗这个计划，还有三点没有给政委谈出来，一来是他刚到县大队，想打一个漂亮仗露露脸；二来这个大队没有大队长，只有一个大队副，又是病秧子，他想借这一个胜仗，升到大队长；三来这仗是在家门口，如果打胜了，自己也在家门口显显威风。[9](p.120)

冠冕堂皇的口号背后，却是对权力追逐欲望的深藏，这种揭露发人深省，亦耐人寻味。

逸闻之类，一直难登大雅之堂，更不用说为宏大叙事手法所采用。逸闻一直是用戏谑、嘲讽的态度来对待历史，虽然在很大程度上其并不代表真正的历史，但透过它，仍是能看到历史的一部分面影，这种并不被认可的讲述历史的方式却一直为新历史主义作家垂青。在《故乡天下黄花》中所讲述的“文革”阶段，有一个较有意思的片段，赵刺猬手下的黄瓜嘴为迎合公社养“忠”字猪的号召，突发奇想，想养“忠”字驴、“忠”字马，往牲口头上烙“忠”字，但因为牲口不老实，便在它们屁股上烙了字。正是因为这个举动，黄瓜嘴便成了“反革命”，以“恶毒攻击伟大领袖”的罪名被判了十五年徒刑。又如三个战斗队之间因为一个鸡蛋和一只猪的归属问题就发生了大规模的械斗，这与刘震云在《故乡相处流传》中所写的曹操、袁绍因为一个沈姓小寡妇就挑起了战争如出一辙，这些近乎荒谬的插曲带来的却是血的结果，表现出的是作者对历史的批判与反思。对历史中主人公内心世界的体察与民间视角的注入，一种众声喧哗的多元历史开始创建起来。

三、叙述主体与被叙述者的历史定位

历史变动不居，永远是在一种变化中向前推进，而这亦是解构理论所坚持的一点。解构理论认为历史没有恒常不变的东西，“运动”与“变”才是一切，这是一种对历史本质有所探求的观点。这与宏大叙事手法是不同的，也就是刘震云反“宏大叙事”策略的另一方面。虽然以宏大叙事手法进行写作的作品给人一种历史感，但展示的却是一种已经凝固的历史，它们似乎是一个模具做出来的一样，恶劣环境相同，斗争路线相同，结局也相同。刘震云通过叙述视角的转换以及对叙述对象的重新阐释，对传统进行了突破，总结说来，便是叙述主体与被叙述者的历史定位的转变。

采用宏大叙事手法进行写作的作者，以“十七年文学”中的作家为例，他们普遍拥有一种强烈的社会责任感，希望通过自己的写作来还原历史，向读者灌输某种历史意识，达到历史真实与艺术真实的统一，究其根本，这仍然是属于一种知识分子的精英立场。他们的全知视角，试图对社会生活各个方面的把握，都显示出他们想要驾驭一切的创作态度。这一方面确实使他们的作品拥有了一种厚实的气度，但作者个人意识的过分掺入，却使得笔下的一切都披上了浓厚的意识形态色彩。如《红岩》，作者展示了当时白色统治的恐怖及革命者不屈不挠的斗争，有着较重的历史分量，但“作者不时情不自禁地站到前台来对人物事件加以多余的褒贬”[10](p.1026)，读者还未来得及回味，便被作者的意识影响，接受的仍是一种一元化的思维模式。

早在《温故一九四二》时，刘震云就将自己讲述者的身份定位为一个“慌乱下贱的灾民的后裔”[11](p.431)，这种写作的视角延伸到了《故乡天下黄花》。阅读《故乡天下黄花》时给人一个强烈的感受是，作者始终以一个普通村民的身份奔走于大街小巷，他本人并不参与其中，只是记录下不断发生的故事。当然这将近六十年的历史作者并未亲历，更多的事是对历史的观照与反思，他并不做出任何评判，而是与读者一起当旁观者，而正是这种“旁观者清”的视角使刘震云不像当时的亲历者那样以政治视角写下满含感激的文字，而是以一个冷静的知识者的身份拨开历史的迷雾。当民国时期的孙、李两家为村长之职而你来我往地仇杀，当抗日时期的孙屎根、李小武面对日本人的报复性掠夺而仓皇逃窜，当土改时期对地主的暴力掠夺引发了李小武对村庄的血腥报复，当“文革”时期的残酷械斗让鲜血洇湿了村庄的土地，孰是孰非，不言自明。这是对叙述者自身的解构，因为对自己旁观者的身份有着清醒的认识，历史才因此没有意识形态成分的渗入，历史本身才能得到最大程度的还原。

与叙述主体相对应的是被叙述者的身份。历史由人物演绎，是构成历史多元的最重要的部分。但是翻开一部“十七年文学”时期的作品，我们会毫不费力地发现其中谁是专政者，谁是被专政的对象。反映革命战争的作品，里面定会有英勇无畏的战士与穷凶极恶的敌人；反映土地改革的作品，其中定会有英勇无畏的工作员与穷凶极恶的地主恶霸……这些作品中的人绝大多数不是有血有肉的人，而是经过按照阶级成分划分过的人，他们嘴里说着分属不同阶级的语言，做着不是英勇无畏便是穷凶极恶的事。壁垒分明，非好即坏，这是作者给予被叙述者的性质定位。如果说“十七年文学”中还出现了像梁三老汉这样少数的因其矛盾性格而成为典型形象的话，那后来“文革”文学中的像浩然的《金光大道》、陈登科的《风雷》中则是把人极端化处理，甚至为了配合政治斗争而有意杜撰情节，以突出敌人的穷凶极恶。这种对作品中人物的处理方式是粗暴的、简单的，忽略了人自身的复杂性与丰富性，这种写作方式在当时因借助被政治力量首肯的宏大叙事方式而愈演愈烈，其失败也是必然的。

在作品中展示丰富的人性，不以意识形态方面的因素去约束人、束缚人，这是一部有良知的作品所应有的素质。在《故乡天下黄花》中，刘震云正是尊重了人性的多种可能，才塑造了诸多给人印象深刻的人物形象。这些人物可以用几个字概括，即亦正亦邪，难以定性，而这亦是人性复杂的一种表现。举一个人物的例子——孙屎根。孙屎根是唯一一个贯穿整部小说的人物，对其的定位也最为复杂，民国时期他的父亲被害，复仇的种子经过爷爷孙老元之手在他心中埋下，小说中写到：

八岁的孙屎根头上仍勒着白布，身上仍穿着孝衣，被一个丫头领进来，见孙老元叫了一声“爷爷”，就站在那里不动。孙老元问：

“屎根，你爹呢?”

孙屎根哭了几天，嗓子已经哭哑了，他哑着嗓子说：

“我爹死了!”

孙老元问：

“你爹怎么死的?”

孙屎根说：

“我爹被人勒死了!”[12](p.8)

孙屎根性格极端的一方面在童年时期便埋下了。抗战时期，他一方面为了复仇，一方面为了满足对权力的渴望，与李小武展开了权力斗争。但当行动失利，日军报复时，他眼见村中泛出火光，仍然选择了逃跑，八路军中出现这样的战士，在正统的革命战争作品中怕是如何也出现不了的。土改与“文革”时期的孙屎根显然已经厌倦了权力斗争，而是想平静地过日子，但仍改不了被批斗的命运，当被自己村里的人批来批去后，他说了一句“看来这村子是回不得了!”至此时，一个起初狂热于权力，最终厌倦权力，但仍沦为权力牺牲品的形象出现在众人面前。对于他，是痛恨，还是惋惜，没人说得清，但这正是人物的魅力所在。正是由于有这样性格复杂的人物，一段复杂历史的脉络才逐渐清晰，历史的多元才会得到最大程度的再现，这便是解构的力量。

结　语

与以往历时性历史叙事文本将视角设置得宏阔，更多关注社会历史等更加外在的东西相比，刘震云的《故乡天下黄花》所采用的共时性历史叙事视角不再以讲述某个时代发生的故事为重点，而是更加注重在变换的时代背景中那些始终不变的内在的东西。他的解构在对传统的叙述模式进行借鉴的同时，也做出了极有突破的创新。同时，在叙事时将视角转向农民的内心世界，并加以逸闻材料的辅助，叙述主体向民间立场的倾斜，被叙述者身份的多样性，这些因素所构成的解构式的叙事手法对正统的历史意义进行了消解，这也帮助完成了刘震云的反“宏大叙事”策略。在他的“故乡系列小说”[13]中，其实是一直存在着这样的一种策略，只不过荒诞的意味越来越浓，解构的程度也越来越强，有学者就分析，“这部宏大的作品（《故乡面和花朵》）是对宏大叙事进行自虐式的解构，传统小说叙事的基本叙事策略——虚构，在这里面临根本的挑战。”[14]

夏志清主张“文学是应当探索的，不过，不仅要探索社会问题，而且要探索政治和形而上的问题；不仅要关注社会公正，而且要关心人的终极命运的公正”。[15](p.325)刘震云反“宏大叙事”策略的运用，其实也是在探究一个历史的本质问题，他秉着一位知识分子的良知，把特权思想在农村的巨大力量与农民对权力或追逐或服从的心理描画得淋漓尽致。他对这种权力斗争的历史是深刻了解的，并始终用一种批判的眼光来解读因权力追逐而造成的历史的荒谬。他在理解的基础上对历史采取的是一种悲观的态度，因为在广大农村，这种权力欲望由萌生、稚嫩，继而茁壮，其生命力有愈来愈旺盛的趋势。刘震云眼见一个个曾经强壮的面影渐渐逝去，但又悲哀地看到一个个更加强壮的生命扑面而来，其中透露着一种无奈。不论是对农民权力观念的剖析，还是由此基础上的对“红色官史”的解构，这些都体现出刘震云超乎常人的敏感，在他身上透露出的是一种悖于政治意识形态的“传统民间历史观的恢复”，正如张清华所说的，是中国传统历史叙事观念在经历一系列的扭曲后的“自然复位”，[16]这也是刘震云对中国新历史主义文学的独特贡献。

[注释与参考文献]

[1][8] 池笑琳，《宏大叙事在当下文学艺术中的价值和意义》，《文艺理论与批评》，2009年第6期。

[2] 邵燕君，《“宏大叙事”解体后如何进行“宏大的叙事”》，《南方文坛》，2006年第6期。

[3][6] 郑敏，《解构主义在今天》，《文学评论》，2000年第4期。

[4] 蒙特鲁斯语，王逢振、李自修、盛宁主编《最新西方文论选》，漓江出版社，1991年。

[5][9][12] 刘震云，《故乡天下黄花》，作家出版社，2009年。

[7] 张进,《新历史主义与历史诗学》,中国社会科学出版社,2004年。
[10] 孔范今,《二十世纪中国文学史》,山东文艺出版社,2008年。
[11] 刘震云,《温故一九四二》,人民文学出版社,2012年。
[13] 即《故乡天下黄花》《故乡相处流传》《故乡面和花朵》。
[14] 陈晓明,《“历史终结”之后:九十年代文学虚构的危机》,《文学评论》,1999年第9期。
[15] 夏志清,《中国现代小说史》,复旦大学出版社,2005年。
[16] 张清华,《十年新历史主义文学思潮回顾》,《钟山》,1998年第4期。

论杨炼《叙事诗》的音乐性创造

李小凡*

20世纪70年代末，杨炼开始写诗，在朦胧诗运动中所作的长诗《诺日朗》成为日后文学史重点宣讲的篇章。而在80年代末他却选择了人生漂泊，与此同时，他的诗歌也漂移出了大陆读者的阅读视野。直到1998年底，随着诗集《大海停止之处》的出版，杨炼的诗歌才又浮出大陆诗坛的水面。旅居境外多年，大陆汉语诗歌处境早已变化，而他却始终执着和坚守于“开创中文古典传统和当代写作间的创造性联系，强调对人生思考之‘深’与创作形式之‘新’间的必要性”。[1](p.2)

2011年由华夏出版社出版的《叙事诗》是杨炼历时四年完成的自传体长诗，这部诗作是他自出国后第一部在国内出版的诗作单行本。“我给这部长诗定的标准，一言以蔽之，是极端‘形式主义的’。……基于诗意的深化推进，而‘持续地赋予形式’。形式就是思想。”[1](p.8)从诗序《家风》杨炼的自我评价中不难看出这部长诗展现了作者无与伦比的结构创造力。研读长诗，似一曲幽深迂回、一唱三叹的旋律，呈现出新的诗歌音乐性创造现象。

一、诗体构思：多乐章共鸣

“渗透自传因素的《叙事诗》里，我爸爸是一个重要的人物。”[1](p.2)杨炼受父亲的影响不仅仅在思想之深，为人之纯，在音乐上也受到潜移默化熏陶，

* 作者简介：李小凡，山东大学（威海）硕士研究生，研究方向为中国现当代文学。

对艺术和音乐有着独特的理解。长诗《叙事诗》的结构灵感便是来自于英国现代作曲家本杰明·布列顿的三首大提琴组曲。

杨炼以本杰明·布列顿三首《无伴奏大提琴组曲》(Suite No. 1 for Cello, op. 72, Suite No. 2 for Cello, Op. 80, Suite No. 3 for Cello, Op. 87)建构了长诗的整体音乐构思和每部诗篇结构。《叙事诗》分为三部,第一部照相册:有时间的梦(不太快的快板);第二部水薄荷哀歌:无时间的现实(极慢的慢板);第三部哲人之墟:共时·无梦(小快板)。汉语诗篇以多乐章组曲的形式构建是杨炼的新尝试,从标题中对节奏的强调可见此长诗与音乐的密切关系。《叙事诗》第一部以不同时间段的照相册来定格过往的结构形似《第一大提琴组曲》。《第一大提琴组曲》把多乐章分为三组,分别以三个主题引领乐章,并在第三组的最后以《无穷动与第四次主题》(Moto perpetuo e Canto quarto)作为结尾。而长诗第一部的结构以"照相册之一:1955.2.22—1955.5.4.瑞士,伯尔尼"、"照相册之二:1955.7.23—1974.4.中国,北京"、"照相片之三:1974.5.4—1976.1.7.中国北京"为标题分成三组,每组以《诗章之一:鬼魂作曲家》《诗章之二:鬼魂作曲家》《诗章之三:鬼魂作曲家》为引领诗,并且在第三组最后以回应第一部总标题的《照相册——有时间的梦》作为结束。长诗第二部是以古代与当下、梦与现实交织的五首哀歌组成,它们独立而又相容,其跌宕幽深的结构恰如《第二大提琴组曲》。正如罗纳德·克莱顿评论《第二大提琴组曲》一样:"是一首特色鲜明,令人神魂颠倒的赋格曲,似蜘蛛网一样格式精致鲜明,强劲有力,令人回味无穷。"(《音乐时代》,1968.08)[2]长诗第三部情感随诗歌深入而逐渐充沛,从"墟"到"思想面具"再到"一次叙述"、"一种颜色"等的建构尝试,推动着结尾诗《空书——火中满溢之书》情感的高潮。结构深入的特点也与《第三大提琴组曲》结构有着某种意蕴上的相似性。"在依次于组曲最后一个乐章《帕萨卡利亚》结尾表现这些俄罗斯曲调之前,布里顿就很神秘的将这些调子通过共鸣,变奏,分散贯穿在了整个作品里。"[2]

长诗的多乐章结构并不是零散独立的,而是以"家风"精神超越古今中外,贯通音乐与诗歌,形成复调共鸣。杨炼的父亲热爱音乐,尤其是西方古典音乐,更是全心倾慕于卡萨尔斯的演奏。巴勃罗·卡萨尔斯作为 20 世纪最伟大的大提琴演奏家之一，演奏巴赫大提琴组曲十二年，曾因为拒绝到纳粹、独裁的国家演奏，而封琴十八年之久。杨炼的父亲始终坚持音乐的人性之美，即使在“文革”批判的艰难抉择下仍坚定承认“资产阶级文化的代表”贝多芬的音乐之美。对音乐中和平、人性之美理解的重合，对巴赫大提琴组曲深刻哲思、乐观超脱境界的赞赏，使杨炼的父亲与远在西方的卡萨尔斯跨越国界、冥冥相应。长诗《叙事诗》结构灵感来自于本杰明·布列顿的大提琴组曲，而这些乐曲正是为应和巴赫而作，虽为现代所作但在精神上却旨归于古典时期的巴赫。布列顿遥应巴赫，恰如杨炼对父亲精神的传承，正因如此杨炼才感叹道：“他（卡萨尔斯）、我父亲、我自己，哪有区别？古今中外艺术家的宿命精灵，哪有区别？这才是我们浑然如一的‘家风’，如今，又叠加进布列顿和从他获得灵感的《叙事诗》，这全书三部，倘若真得神助，能穿透时空，抵达那些‘鬼魂作曲家’云端的听觉，该多好。”[1](p.5)巴赫、卡萨尔斯、父亲、布列顿、杨炼、《叙事诗》多个因素结构成繁复精致的关系网，以“家风”贯穿其中，形成多乐章共鸣。

二、诗语声音：多韵律诗思

音乐性是一切诗歌的共性，在海外漂泊多年的杨炼更是深有体会。他常在外国朗诵中文诗歌，但他发现西方听众尽管听不懂中文，但是却能在朗诵中感受到诗歌的能量和语言的质感。“应该承认汉语这种音乐的可能性是打通世界的。因为汉字的音乐层次不是简单的音响，它是声音和音调两个层次组成的，因此写诗本身就包括给语言作曲这样一个层次。如果一首诗没有作曲构成的音乐能量的话，它是不能够真正存在的。”[3]其实对于汉语诗歌自身从来都不缺乏对声音的重视。“诗言志，歌永言，声依永，律和声”的古典诗歌传统中形成了系统的格律体系。虽然白话新诗试图完全抛弃传统格律，但是在诗歌的发展中对“声音”的争论一直没有停止。尤其是到了80年代以后，对声音复杂性重新重视起来，不仅探讨新诗在外部诗律音响的音乐性，还探讨内化为诗歌语感节奏的“声音”。

读长诗《叙事诗》可见杨炼对诗律的精心锤炼，以统计学来统计长诗，共有74首标题短诗组成，其中每节行数相同即结构相对整齐的诗共有50首，有38首(76%)是规律押韵的。长诗押韵形式多样、声响跌宕,既有中国传统诗歌一韵到底、偶句押韵的方式,也有西方诗歌抱韵(abba)、随韵(aabb)、交韵(abcb)形式。长诗第一部短诗组押韵最多且最整齐,除去每诗章开头一首自由诗外全部押韵,并采取了三种不同的押韵方式统摄诗篇:诗章之一采用 aba bcb cdc ded efe faf 循环往返式,是交韵的一种特殊形式;诗章之二采用 * 8aaaaaaaa 一韵到底式;诗章之三采用 * 5abcb 交韵形式。在长诗第二部和第三部中也不乏用韵整齐精美者,如《雪,另一个夏天的挽歌》、《银之墟》(一)(二)(三)所用的随韵等。

诗歌中圆熟的韵律应用仿佛成为杨炼一种自然而然的习性,更有在声音的韵律中巧妙强调"韵"字:"唉　换韵把镜片后结冰的德语/变成京剧中烫人的大红大绿"[1](p.15)"从东华门出去　梅兰芳窈窕的尾音/甩着他　前朝的海棠花和柏树林/沿着红砖墙的平行线为倾圮押韵"[1](p.17)"还拉着一盏小灯　穿过满村狗吠/还守着田野的绿意　押错午夜的韵/一粒琥珀小小的恋情还向一次遗失/成熟　辞句的听觉热热封存"[1](p.38)"卡珊德拉美狄亚克里斯塔/血淋淋押韵"[1](p.84);"烛照一根琴弦上俯身的韵脚/向日葵金黄撕碎的语言/毁得美一点　唯一的必要"[1](p.161)。

"在现代诗歌中,声音的含义突破了那种僵化在词语躯壳里的格律概念,而变成了一种既建基于普通音律,又超越后者的意义方式,一种情绪的旋律和源于个人趣味的语感,一种渗透于诗歌整体、弥漫在字里行间的'氛围'。"[4]长诗《叙事诗》正是将语言韵律特性和诗人自我经历、历史沉思相结合的典范之作,在宏大叙事下以个人的感受网织非时间、跨时空的节奏。如在长诗第一部诗章之一中的《母亲的手迹》:

她的手抚摸　死后还抚摸
深海里一枝枝白珊瑚
被层层动荡的蓝折射

冷如精选的字　给儿子写第一封家书
亲笔的　声声耳语中海水冲刷
海流翻阅一张小脸的插图

跟随笔划　一页页长大
一滴血被称为爱　从开端起
就稔熟每天粘稠一点的语法

儿子的回信只能逆着时间投递
儿子的目光修改阅读的方向
读到　一场病抖着捧不住一个字

她的手断了　她的海悬在纸上
隔开一寸远　墨迹的蓝更耀眼
体温凝进这个没有风能翻动的地方

珊瑚灯　衬着血丝编织的傍晚
淡淡照出一首诗分娩的时刻
当所有语言响应一句梗在心里的遗言

诗中“摸”、“射”与最后一节的“刻”，“瑚”与“书”、“图”，“起”与“递”、“字”，“向”、与“上”、“方”，“眼”与“晚”、“言”互相押韵，也即首段第一行和第三行押韵，第二行和下段第一第三两行押韵，由此类推，最后一段第二行与首段第一第三行押韵。整首诗每一节可成为一个声响的圆环，如此环环相扣，最后一环又与开头相扣，使整首诗成为一个大的声音之圆，回环反复，精致圆融。以西洋记韵法可记作 aba bcb cdc ded efe faf ，这种押韵形式类似于语言学家王力所讲“在西洋诗里，另有一种每段三行的交韵，叫做 terza-rima。这是但丁《神曲》所用的韵式。……就是 aba bcb cdc ded ee。”[5]杨炼诗与但丁《神曲》诗韵应用的相似性不仅表现在诗句表层，剥开层层声响，进入声音的内质，更表现在对生命感悟的律动与思考。“《叙事诗》可以概括为，第一句话，大历史如何深刻地卷入到一个人的生活之内，第二个句子，因此一个人的内心如何构成了历史的深度。”[3]“《神曲》的三界漫游，核心在以一个人裁判全部历史。”[6]个人命运与大历史的纠结，正是两者于语言深处所结构的深刻思考与最根本的诗意。这个深刻的内核使长诗如一座向下修建的塔，以此建构起讲究的局部，也即精致绝伦的韵律。杨炼诗歌之“生”始自于母亲之死，在个人与历史的缠结中，“母亲”是杨炼个人历史中的转折点。“死”“病”“手断了”“血丝”“遗言”等词所营造出一种母亲去世的沉重、阴冷色调，但却被“家书”“耳语”“小脸”“长大”“爱”以轻快、温暖的节奏消除着，在深层回响的是徘徊于死与生的默默低音。“当所有语言响应一句梗在心里的遗言”，从此作者只能“用自己重与母亲诀别的年龄”，于是最终“他只剩双倍的生命和美丽”。[1](p.42)

在长诗中韵律似一张编织精致而富有弹性的网，网住诗歌语言，随诗思整体律动；又似呼吸，应和着生命的吹息，使之紧张、松弛，使之起伏或平静，形成一种多律动的诗思。

三、诗篇结构：多声部对话

新时期以来，诗人们纷纷回到“自我”，一时间诗坛百家争鸣，各说各话。然而过度强调自我诗歌身份，强调个人的呓语带来的并不是多样性，而是单一性。相比较而言，杨炼的《叙事诗》则呈现出多声部的对话，形成复调之美。

长诗第一部由定格的照相册为主题，诗歌随着照片的人物展开对话体叙述。如《姐姐》“他的花棉袄是你穿旧的　紫竹院的小湖/停进春雨　你春雨似的胳膊搂住/弟弟　莲叶间孤零零的亭子在驶出”[1](p.23)。作者回忆曾经与姐姐的往事，将过去的自己以第三人称“他”或者“弟弟”来指代，而姐姐直接采用第二人称“你”，作者跨越了时间，以此刻的自己直接与彼时的姐姐对话交流，一种超脱时间的温馨亲情自然流露于诗行之间。作者不仅跨越时空进行对话，还和动物直接对话，如《“虎子”》“猫的阶级遭遇猫的斗争通缉逼近/他的手也背叛了　你被抱出门的一瞬/眼神是人的　眼底有个模糊的母亲”[1](p.27)。作者以第二人称“你”来称呼名叫“虎子”的猫，与猫展开平等无障碍的对话，并深知猫“被抱出门”时那像人一样的眼神。长诗第二部是作者对现实的抒写，其二“爱情哀歌，赠友友”是作者与友友的直接对话，是写给友友的情话。如“我们走　而两个酷似你我的小家伙/不耐烦被领着　纵身越过栏杆”[1](p.57)，“他和我混合的那撮灰亮晶晶递给你/才发现忍受一个诗人比忍受一首诗难多了"[1](p.61)，"黎明像个最后剩下的　最炫目的理由/值得交换我脸颊上浅浅的凹陷/当你醒了　在那儿停泊你的额头"等，诗意的对话传达在作者"我"和爱人友友"你"之间。其三"历史哀歌"则是作者跨越时代、国界和古今中外的诗学知音对话，与"屈原"、与"巴勃罗·卡萨尔斯"、与"严文井"等等。超越时空的对话忽略了时间，扩展了诗歌的空间，这正是杨炼所主张的"取消时间性"的现代汉语诗歌。其四"故乡哀歌"主要是作者与父亲的对话，长诗所秉承的"家风"便来自于父亲，父亲对作者来说就是家，是故乡，是祖国。有作者对父亲敬佩的话语"从过去到过去　这城市晚霞斑斓/爸　那是你　酿就时间的厚度"[1](p.93)，有作者向父亲询问人生疑惑的对话"爸　人生怎能有许多路？脚下/这条　或海面上秘密关掉的那些条？"[1](p.101)其五"哀歌，和李商隐"这组短诗采用的结构则是围绕李商隐的古诗句而展开的现代汉语写作，这使古代汉语和现代汉语形成一种有意味的对话，在割裂的历史中用这种独特的形式来构造诗歌不仅呈现出复调的对话，更体现了作者对于传统诗歌的重视。长诗的第五部是哲学层面的诗歌叙述，作者与自身形而上的哲学思考形成深度对话。"一边坍塌在无情地构思/一边堆积尖叫　石质的神经/在崩裂就成了无声的你"[1](p.142)，"满房间失重的瓷器　尾随/你胸前甜蜜摇荡的导航仪/一路碎裂声正是谢幕的艺术"[1](p.144)。诗中第二人称"你"不是具体指某个人，或者是实物，而是指向建立或崩裂的思想，诗歌对话是在作者外置与自身后和自己的思想展开的。

长诗中的对话层叠交织，形成多层次、跨时空的语言交响乐。如《我的历史场景之一：屈原，楚顷襄王十五年》正是一曲汇集着多层对话的宏大乐章，第一层是现代语境中杨炼对屈原"清自清浊自浊""小自小　大自大"众人皆醉而独醒的赞赏；第二层是古今汉语诗歌的对话，在现代汉语诗中插入唐朝柳宗元"南州之美莫如澧"的诗句，但这也令人想起屈原"沅有澧兮澧有兰"对澧水赞美的相似诗句，这便使战国诗、唐朝诗、现代诗在同一个诗歌空间形成对话；第三个层面是作者与曾经自己的对话，"五十二岁时我重读被你拣回的/二十九岁　自恋像只萤火虫/睡着的火山怀着暗红的年号/——"树根缓慢地扎进心里"/——"它学会对自己无情"[1](p.70)，其中引用的诗句正是来自诗人旧作《人与火组诗》中的《休眠火山》一诗。作者在52岁写作此诗时回想起自己曾经的 29 岁，那时正是杨炼开始写诗的年龄。整首诗将屈原、柳宗元、澧水、作者及曾经的自己呈现在一个共时的时空之中，从历史的在场人物到历史的评说及当下评论，以内在的相似性层层叠叠、步步深入地表现出来。

“一种音乐才华，以音乐在想象中构筑空间的能力，统御每一部分的形式、各形式之间的关系。它的张力，来自词语的向外爆破，和结构的向内压缩之间。”[6]杨炼在《叙事诗》对音乐形式的追求可谓极致，“形式就是思想”，在长诗整体音乐性构思、诗歌韵律、复调对话体的形式中蕴含的是杨炼个人与历史、与学哲的深度思考。

[注释与参考文献]

[1] 杨炼，《叙事诗》，华夏出版社，2011 年。

[2] Tim Hugh. *Britten Colle Suites Nos. 1-3*. NAXOS. DDD. 8.553663. Recorded at the St. Andrew's Church, Glasgow. in May. 1994.

[3]《诗人杨炼：个人构成史诗 神在我们之内》，《凤凰网·年代访》http://culture.ifeng.com/niandaifang/special/yanglian/interview/detail_2014_02/27/34259249_0.shtml。

[4] 张桃洲，《现代汉语的诗性空间——新诗话语研究》，北京大学出版社，2005 年，第 270 页。

[5] 王力，《现代诗律学》，中国人民大学出版社，2004 年，第 85 页。

[6] 杨炼，《长诗之极端——天铎奖感思》http://blog.sina.com.cn/s/blog_48ecc3b70102ep7b.html。

古希腊神话与英语语言学习

赵 薇*

古希腊神话是世界文化宝库中的一颗明珠，它不仅是产生古希腊哲学的温床，而且对西方的文学艺术和语言产生了深远的影响。英语深受欧洲传统及历史文化的熏陶，同古希腊神话紧密联系在一起。本文从源于古希腊神话的英语词汇、古希腊神话与英美文学、英美文化、修辞以及语言本质的探讨等五个方面入手，分析古希腊神话对英语语言学习的影响。

作为西方文化宝库里的璀璨明珠，古希腊神话对西方国家社会生活的各个方面产生了极其深远的影响（王媛媛，2010）。它不仅直接为哲学的理性思维敞开了广阔的空间，西方的诗歌、戏剧、雕刻、绘画以及风俗习惯都与古希腊神话有着密切关系。语言是人类用来表达思想、传递感情的交际工具，语言反映社会文化，同时又受到社会文化的制约（平洪、张国扬，1999）。英语是印欧语系中的主要语言之一，深受欧洲历史文化传统的熏陶和影响，与反映古希腊社会生活全貌，赞颂其人民智慧和创造的古希腊神话更是有着紧密的联系。如果不了解这方面的知识，常常会遇到很多难以理解的问题，因此，作为英语学习者，要想加强对英美文学的学习和英语文化背景的掌握，就需要了解古希腊神话对英语语言学习的影响。本文将从源于古希腊神话的英语词汇、古希腊神话与英美文学、英美文化、修辞以及语言本质的探讨等五个角度来分析它对英语语言学习的影响。

* 作者简介：赵薇，博士在读，山东大学（威海）翻译学院讲师，研究方向为应用语言学。

一、源于古希腊神话的英语词汇

大量源于古希腊神话的词语，特别是一些典故、成语成为英美人思维的一部分，进入英美社会生活的各个领域，王媛媛(2010)从地理名称、科学名称和术语、动植物名称、直接转化、派生词以及成语或习语等六个方面分析了来源于古希腊神话的英语词汇，有助于英语学习者对词汇的理解和掌握。

(一) 世界上许多地名都源于希腊神话。欧洲(Europe)的名字来源于古希腊神话中的农神欧罗巴(Europa)被化作白牛的宙斯劫到克里特岛的故事。西方一些城市也以希腊神名来命名，据考证，以“Athens”(智慧女神)命名的城市在美国就有15个之多，而以“Aurora”(曙光之神)命名的城市，在全世界共有26个。

(二) 在自然科学中，古典神话中的人和物也常被用作科学名称和术语。人的脚跟腱 the tendon of Achilles 就是根据希腊神话英雄阿基里斯(Achilles)命名的，“Achilles' heel”指的是某人唯一致命的弱点。化学元素表上许多金属元素都是以希腊神话中的神的名字命名的，比如 titanium(钛)源自古巨人 Titan(泰坦)，promethium(钷)源自因盗取天火给人类而遭惩罚的神 Prometheus(普罗米修斯)，水银(mercury)来自商业与科学之神墨丘利(Mercury)的名字。

(三) 水仙花的故事是希腊神话中著名的传说。仙女厄科(Echo)因单恋美少年那喀索斯(Narcissus)终日抑郁，孤独地在山林间发出清脆的叹息，这就是回声(echo)。爱神为了惩罚那喀索斯的无情，让他爱上了自己在水中的倒影，最终憔悴而死，变成了美丽的水仙花(narcissus)，由他的名字派生的单词 narcissist 意为“自我陶醉者、自恋者”。

(四) 古希腊神话中许多神祇的名字被直接转化为普通名词，而这些词的词义与神的特性或经历密切相关。太阳神阿波罗在众神之中仪表最为优美，在英文中是美男子的代称，此外，美少年阿多尼斯(Adonis)和青春永驻的恩底弥翁(Endymion)也是“美男子”的代名词。再如，普赛克(Psyche)在希腊神话中是以少女形象出现的，是人类灵魂的化身，在英语中转化为普通名词 psyche 后，指灵魂、心灵、精神。前缀“psych-”还与其他词语成分构成许多与精神和心理有关的英语单词，如 psychology（心理学），psychoanalysis（心理分析）等。某些物质名词或地名则直接转化为普通名词，如 Labyrinth 是代达罗斯为米诺斯国王囚禁吃人牛怪米诺陶洛斯而建造的一座迂回复杂的建筑，后来就成了英语里“迷宫”的意思。

（五）英语中以希腊神名或物名作词根而派生出来的词数不胜数。music（音乐）一词就源出诗神缪斯（Muse），据说古代埃及人建立的第一个收藏文物的博物馆也是以 Muse 命名的，后来许多欧洲语言（包括英语）中“博物馆”都称作 museum。由 Titan 派生出 titanic，意思是“巨大的”。派生词 herculean 意思是“力大无比的”，来源于力大无穷的宙斯之子赫克里斯（Hercules）的名字。

（六）潘多拉的盒子（Pandora's Box）和特洛伊木马（Trojan Horse）是众所周知的典故，分别用来比喻“灾祸之根源”和“内部颠覆者”。心理学中的恋母情结（Oedipus Complex）概念来源于 Oedipus 杀父娶母的故事，迈锡尼公主 Electra 杀死了母亲及其奸夫为父报仇，恋父情结便是“Electra Complex”。

古希腊神话中的许多典故以成语或习语的形式进入英语，给英语语言增添了无穷的魅力，蕴藏着极其深厚的文化内涵。了解英语词汇中的神话来源，不仅能帮助我们开拓视野、扩大知识面和提高文学修养，而且有利于深入地了解英语语言和文学的起源和发展。

二、古希腊神话与英美文学

古希腊文学是欧洲文学的源头之一，孕育了后世欧洲文学发展的各种因素，古希腊神话作为古希腊文学的最高成就，在世界文学史尤其是欧美文学史中具有深远的影响。文艺复兴时期和古典主义时期，希腊神话知识形成一股潮流得到了普遍重视（唐霞，2008）。以古希腊神话为基础，许多文学家创作了流传千古的杰作，但这同时也为英语学习者设置了语言和文化障碍，使之在欣赏英美文学作品时，始终有一种余味未尽的感觉和艺术效果缺失的遗憾。因此，要很好地理解和欣赏英美文学，深刻了解英语语言和文化，就应当了解希腊神话，追根溯源，才能深刻理解特定文化背景下的文学作品。

唐霞(2008)从古希腊神话中的人文精神对英美文学的影响、古希腊神话为英美文学提供创作素材、对英美文学创作思潮和风格的影响,以及对英美文学语言和价值观的影响等四个角度出发,论述了古希腊神话对英美文学的影响。

(一) 古希腊神话中的神和人都具有自由奔放、独立不羁、狂欢取乐、享受人生的个体本位意识,自然的变换也培养了他们的自我意识和个体精神,这种自我意识体现在其对人的本质和价值的探究上。人文主义是文艺复兴运动的中心思想,承袭了古希腊神话中的人本思想和理性精神,利用文学艺术形式颂扬人的理性和力量、价值和尊严。例如,英国文艺复兴运动先驱乔叟的爱情故事长诗《特洛勒斯与克丽西德》以特洛伊战争为背景,宣扬追求爱情和幸福是人的权利和天性的思想。莎士比亚的长诗《维纳斯与阿多尼斯》描写爱神维纳斯追求美貌猎手阿多尼斯的故事,表现了"爱情不可抗拒"的自然法则。

(二) 英美文学家和诗人用神话题材创作了大量的传世之作。除了乔叟和莎士比亚,弥尔顿也曾多次引用神话典故,他的《失乐园》虽取材于圣经,但其中神话典故多得随处可见,这也是我们不能欣赏弥尔顿的原因之一。浪漫主义诗人雪莱以神话为题材创作了《解放了的普罗米修斯》、《阿多尼斯》、《普洛瑟平之歌》、《阿波罗颂》和姊妹篇《潘之歌》。拜伦创作了《哀希腊》、《普罗米修斯》。济慈从古希腊神话中获得美和欢乐的哲学精神,创作了《恩狄弥恩》、《夜莺颂》、《致普赛克》、《希腊古瓮》及未完成的长诗《赫坡里昂》。20 世纪英美作家如叶芝、梅斯菲尔德、福斯特、王尔德、厄普代克、庞德等也都用神话题材进行创作,最著名的是艾略特的《荒原》,利用了大量神话传说。

(三) 古希腊神话对英美文学创作思潮和风格的影响。太阳神阿波罗是古希腊神话中最受人崇拜的一位天神,精明、坚定、安详、端庄和自豪,是理性、稳重和庄严的象征。与此相对的是酒神,也是葡萄酒之神、狂欢之神和艺术之神的狄俄尼索斯,代表着非理性精神。纵观欧美文学史,注重情感与注重理性两大文艺思潮和创作风格呈交替和螺旋上升的趋势。

(四) 古希腊神话已成为英美人神话思维的一部分,影响了欧美人的人生观和价值观。它所沉淀下来的个人主义价值观(individualism)是美国人的价值观和人生观的核心,强调充分发挥个人的自由、权利以及独立思考与行动的能力。在美国,人们对独立人格和行为自由看得很重,个人尊严是高于一切的人生目标,个人奋斗是最宝贵的行为准则,所以英美文学作品中有许多个人英雄主义形象,如绿林好汉罗宾逊、拜伦式英雄杰克等。

古希腊神话是英美文学最重要的“三源泉”之一,同罗马神话和《圣经》一起,它们对英美文学文化的影响非常深远,不了解希腊罗马神话传说和《圣经》知识,就根本谈不上理解和欣赏英美文学作品和文化现象(王艳文,2009)。可以说,古希腊神话是我们打开欣赏英美文学中价值观和艺术大门的钥匙。

三、古希腊神话与英美文化

语言具有明显的文化特征,而西方的文化传统,归根结底是由两种古老的文化源泉汇合而成的,其一就是古希腊的光辉灿烂的文化遗产。

我们需要通过希腊神话的起源、演变和发展的漫长过程,在语言中发现古希腊罗马神话,在语言中品味希腊神话人物,在语言中深度诠释神话故事(毕鹏晖、侯羽,2006)。

(一) 希腊神话已渗透到英语文化的各个领域。在近代文化史上,英语作家经常从希腊神话中汲取素材。太阳系的九大行星的命名大都是拉丁语所表述的希腊主要天神名:水星 Mercury(传令官赫尔墨斯)、金星 Venus(美神阿佛洛狄忒)、火星 Mars(战神阿瑞斯)、木星 Jupiter(主神宙斯)、海王星 Neptune(海神波塞冬)、冥王星 Pluto(冥王哈得斯)。一些科技发展的命名如我们常听说的“三叉戟飞机”、“阿波罗计划”、“波塞冬潜水艇”等都取于古希腊神话,甚至一些日常词汇,如 music、panic、echo、atlas 以及地名 Paris 等等,都可以在古希腊神话中寻到出处。

(二) 古希腊人赋予诸神各异的名字,但随着时间的久远,最初的语言符号(神的命名)和指代的事物(神)的任意联系,在长期的社会集体中固定下来,在现代英语中,许多神话中人物的名字抽象成为具有特定形象、行为和性格的代名词。例如,古希腊人仰望给世界带来生命和光明的太阳,头脑中就摹画出一个年轻英俊的太阳神，将其取名为 Apollo（阿波罗），望见夜空高悬的明月，头脑中就浮现出一位婀娜多姿、娇柔秀丽的月亮女神 Artemis（阿耳忒弥斯）。赫尔墨斯（Hermes）是众神的信使，即罗马神话中的墨丘利（Mercury），掌管商业、交通、畜牧、演说以至欺诈，他行走如飞，多才多艺。古罗马有句谚语“You cannot make a Mercury of every log”，意思就是，并非每个人都能成为学者。英语中的习语“as fair as Helen”则使人联想到古希腊神话中最美丽的女子海伦。

（三）古希腊神话故事常以具有一定历史真实性的人或事件为基础，这些故事之所以能流传至今，主要是因为它们深刻地反映了人的本性、处事原则以及判断善恶的标准等。比如古希腊神话里皮格马利翁（Pygmalion）的故事，雕塑家爱上自己雕刻的肖像，真挚的感情感动了爱神，爱神让雕像变成真人，雕塑家如愿以偿。正所谓精诚所至，金石为开，由此神话产生了我们所熟悉的 Pygmalion Effect（皮格马利翁效应）。现在我们常从教育心理学的角度来理解它，在教育教学中，如果教师相信某个学生有过人的禀赋，并不断地给予正面的赞扬和鼓励，那么这个学生就能发挥出自己的自信与潜能，最终会有过人的表现和成就。

四、古希腊神话与修辞

现在人们在写作乃至在日常谈话中仍然常常引用古代希腊神话中的故事和词语，或者直接用神话故事中性格特点较为突出的某人的名字来代指具有类似特征的某类人。在英语中，从修辞上来说，我们称前者为典故（Allusion），后者为换称（Antonomasia）。

闻礼华（2001）从表示人物的品性、表示人物的主要特征、由人物的职务引申而来、由神话故事演化而来等四个角度分析古希腊神话对英语语言修辞的影响。

例如，Penelope（蓓娜洛甫）是史诗“奥德赛”（Odyssey）中大英雄尤里西斯（Ulysses）的妻子，在丈夫外出征战的十年里，她巧计骗走了众多的求婚者，对丈夫忠贞不渝，现常换称为“忠贞不变，始终如一的妻子”。其典故 Penelope’s faith 指“对爱情忠诚不二，坚贞不渝”，Penelope’s web 指永远完不成的工作。再比如，Melampus（墨兰浦斯），希腊神话中的药圣神农，既未卜先知，又能听懂人和动物的语言，常常指“神医”，而 Melampus' herb 则引申为“能治百病的神丹妙药”。Sphinx（斯芬克斯）是希腊神话中的狮身女怪，她常叫过路人猜谜，猜不出者即被杀害，现在常指“神秘的人”，成语典故 Sphinx riddle 指“难题”。

五、古希腊神话与语言本质的探讨

上古时期人类对语言本质的理解与认识，我们今天可以从一些神话传说中觅到某些踪迹。在古希腊的一个神话中，“言论”曾作为一个女神米娣司（Metis）而出现，米娣司就是“言论”，君王久辟特娶了米娣司为妻，显示了帝王或君权与言论的一体。这就把语言的涌生归结为超出常人的能力之外的神或上帝，或某种神秘力量，甚至由此而导致出现把语言作为一种具有某种神力、能够显灵的咒语来使用。这种明显地带有在科学不发达的远古时代人类所特有的“万物有灵”观念意识的拜物教式的神秘语言观，显然还谈不上是什么真正的、科学意义上的对语言本质观念的认识与理解（于全有，2009）。

真正意义上的古人对于语言本质问题认识的开启，往往与哲学意义上的古人对世界的认识与思索密切相联。古希腊是西方文明的摇篮，也是西方哲学与西方语言学的发源地，古希腊人“有一种善于对旁人认为当然的事，加以怀疑的才能”，我们“在希腊哲学的多种多样的形式中，几乎可以发现以后的所有观点的胚胎、萌芽”。古希腊的许多哲学家们早就在自己的实际研究中，不同程度地涉及到了语言问题。

古希腊人走上语言分析的道路，本是由哲学家们研究思想与词的关系、研究事物与名称的关系而引起的。他们对语言问题探讨的兴趣，主要集中在两个有一定联系的、比较接近于对语言本质问题的思考与论争上：一是事物的名称同事物本身之间的关系（即名与物的关系）到底是按本质（physei）形成的还是按习惯或规约（thései）形成的，二是语言本身到底是有规则的现象还是无规则的现象。

古希腊神话作为世界文学宝库中的宝贵遗产，不仅是产生古希腊哲学的基础，而且对西方的诗歌、戏剧、雕刻、绘画以及风俗习惯等等各个方面产生了极大的影响，作为印欧语系的主要语言之一，英语深受欧洲历史文化传统的熏陶，汲取了赞颂古希腊人民智慧和创造的古希腊神话的丰富营养，从源于古希腊神话的英语词汇之丰富，古希腊神话对英美文学、英美文化、修辞以及语言本质的探讨等等方面的深远影响可见一斑，这表明，要想学好英语这门语言，更好地掌握英语词汇，理解并欣赏英美文学作品，并且掌握更多的英美文化背景知识，学习者就不能忽视对古希腊神话知识的了解。

[注释与参考文献]

[1] 毕鹏晖、侯羽，《英语语言文化中的古希腊罗马神话》，《吉林师范大学学报》，2006 年第 4 期，第 77—80 页。

[2] 廖莉、张竹怡，《英语背景知识中古希腊罗马神话的重要性》，《四川经济管理学院学报》2003 年第 4 期，第 41—45 页。

[3] 平洪、张国扬，《英语习语与英美文化》，外语教学与研究出版社。

[4] 孙雷、韩敏、刘卓媛，《古希腊罗马神话对英语词汇影响的研究与探讨》，《内蒙古工业大学学报(社会科学版)》，2008 年第 2 期，第 55—58 页。

[5] 唐霞，《希腊神话与英美文学教学》，《长春理工大学学报》，2008 年第 4 期，第 38—40 页。

[6] 王颉、王秉钦，《漫话宗教神话与翻译》，《上海翻译》，第 1 期，第 57—60 页。

[7] 王艳文，《构建英美文学文化三源泉语料库改进文学教学》，《教学研究》，2009 年第 4 期，第 43—56 页。

[8] 王媛媛，《浅析希腊神话对英语词汇的影响》，《知识经济》，2010 年第 3 期，第 169 页。

[9] 闻礼华，《古希腊罗马神话人物名称的两种修辞效果》，长沙铁道学院学报，2001 年第 1 期，第 30—31 页。

[10] 于全有，《上古时期人类有关语言本质问题的探索历程》，《沈阳师范大学学报》，2004 年第 2 期，第 47—54 页。

利用英法双外语新型教学模式快速拓展学生语言技能实验研究

蔡　谨　邢路威*

一、研究意义

近年来，为适应全球化背景下国际国内市场对人才的需求，各高校在外语专业教学目标、内容、理念及模式等方面都做了很大调整。培养多学科交叉复合型人才已经成为高校本科人才的培养方向。部分高校相继开设了双语专业。该专业基本培养模式为英语＋X语；如我校的英德、英法、英西、英俄等专业方向均属该类别。

本文将以我校英法双语专业中的法语教学为研究基点，对于已经具有英语语言背景知识的法语学习者采用"英法双外语"新型教学模式，使其充分发挥第二语言——英语的桥梁作用。利用语言迁移规律，以英语辅助理解法语中与之类似的各种语言现象，在比较中加深理解和记忆，减轻法语学习阻力，使两种语言学习融会贯通、相互促进。同时，通过对法语课堂不同媒介语的使用效果对比，研究双语习得期间各语言间的相互作用，探讨其对当前双语专业教学的影响，并利用该教学模式妥善处理好传授知识与培养

* 作者简介：蔡谨，山东大学（威海）翻译学院副教授。研究方向为英法对比语言学、法语语言与文学。邢路威，山东大学（威海）翻译学院讲师，硕士，研究方向为外语教育。
本文为山东大学（威海）教改项目"利用英法双语新型教学模式拓展学生总体知识结构与语言技能研究"的最终成果[B2012015]。

能力之间的关系，使学生在学完该课程后，有效地提高自主获取知识、独立分析问题、解决问题以及逻辑推理能力，最终成为“精英语、通法语”，既有多元国际文化背景知识又有双外语技能的人才。本文希冀该实验研究在促进英法双语教学外，能为其他双语教学提供一定的借鉴与参考。

二、国内英法双语教学研究现状

目前，我国所谓的双语教育主要指学校中使用第二语言或外语（如使用英语）传授数学、物理、化学、商科、历史、地理等学科内容的教育。如：藏区使用汉语讲授其他学科，内陆使用英语授数学课等。也就是说，我国的双语教学模式主要应用于非语言类学科。而英法双语专业与上述双语教育界定有很大不同，该专业学生母语为汉语，英语及法语为第一和第二门外国语。因而本文中的英法双语专业实际为“双外语”。

由于国内英法双语专业是近年才出现的培养模式，大部分高校仍然沿袭传统的教学模式——以汉语为媒介语进行法语教学。目前我国针对英法双语的教学与研究尚处于初级阶段。虽然国内语言学家以及外语教师就外语教学媒介语的使用也做过一些研究，但基本集中在双语教学而并非双外语教学中。在英法双语教学中究竟使用哪种媒介语效果最佳，不同媒介语会对目的语的习得产生怎样的影响，到目前为止，有关这方面的理论及实证研究几乎为空白。

三、双外语作为媒介语的理论依据
——对比语言学及语言迁移

对比语言学是现代语言学的一个分支，属于应用语言学的一个学科，它重点强调研究两种语言的差异。为了解决教学或翻译问题而对比两种语言的异同，对比可以在语音、语法、词汇、语义、语用等层面进行，也可以从语言的文化、心理、民族角度进行对比研究。

语言迁移概念是在 20 世纪四五十年代兴起的对比分析理论中提出的。“迁移是一个心理学术语，指先前的学习对后继学习的影响。起促进作用的影响，其效果是正向的，被称为正迁移；起干扰作用的影响，其效果是负向的，被称作负迁移”。

著名语言学家和外语教育家桂诗春指出：“在第二语言的习得过程中，学习者会自觉或不自觉地把目的语中的词汇、语法规则及语用规则同母语这方面的图式进行对比，以‘自下而上’的方式对其进行处理。如果母语和第二语言大致相似，如英语和法语，那么学习母语时的策略和经验就有助于‘假设’的成立和成功，第二语言的学习就可能迅速而有效。可是如果母语和第二语言差别太大，如英语和汉语，那么学习母语的策略和经验不但不能帮助学习者进行正确的‘假设’，反而会干扰学习者的学习过程和学习效果”。这段论述通俗地解释了对比语言学及语言迁移规律的基本内涵。

在我国传统的二外法语教学中，汉语长期以来居于主要媒介语地位。从语系上来说，汉语属于汉藏语系，文字为象形文字，是一种孤立语，与属于印欧语系的英语及法语具有曲折变化的语言差别很大。这种差别，使汉语在法语学习中的负迁移作用明显。而英语和法语均属于印欧语系，即属于相同的语言类型和谱系。由于历史原因，两种语言在语音、书写符号、词形、词汇、句法结构、动词时态、语法、语义、成语、谚语、语用规律以及社会文化背景等诸方面都有密切联系及可相互渗透的特点。因此，从课堂媒介语角度分析，英语较之于汉语与法语有更大的相似性和共通性。如果法语习得者本身为英语专业学生，英语对法语习得所产生的正迁移无疑远远大于汉语。

四、实验过程

（一）实验设计

将2010级英语本科两个自然班作为对比研究对象，在本文中简称为A班和B班。为保持对比的准确性，严格控制影响实验结果的其他因素，A、B两班在班级规模、法语程度起点、使用教材、师资配备等诸方面均相同。其中A班采用英法“双外语”新型教学模式：初期阶段以英语为媒介语，中级阶段英法两种语言交叉使用，后期完全使用法语。B班则采用传统教学法，以汉语为主要媒介语。实验期限为两学年，从大二下学期开课初始到大四上学期该课程结束。

（二）实验目的

通过使用英法及汉语三种不同媒介语，对法语课堂教学效果进行对比，检验不同媒介语对法语习得者的影响和作用。

（三）实验假设

以英法为媒介语的法语课堂教学效果优于以汉语为媒介语的课堂。

（四）数据分析工具

SPSS 软件

（五）实验步骤

1）初期阶段：

（1）A 班采用英法“双外语”新型教学模式，由于学生为法语初学者，教师在初期阶段采用以英语为主要媒介语的教学模式，引导学生进行英法比对学习，培养学生对比学习的意识和习惯。课后书面作业要求使用法语。

（2）B 班采用传统教学法，即以汉语为媒介语。课后书面作业同样要求使用法语。

2）中期阶段：

（1）A 班随着法语知识的增加和积累，教师所用媒介语将逐渐过渡到英法双语，对学生的要求也相继提高。在该阶段要求学生尽量用法语参加小组讨论、发言等。课后作文全部使用法语。此阶段鼓励部分学生报考大学法语四级考试。

（2）B 班继续采用以汉语为媒介语的传统教学法。在该阶段同样要求学生尽量用法语参加小组讨论、发言等。课后作文全部使用法语。此阶段鼓励部分学生报考大学法语四级考试。

3）最后阶段：

（1）A 班，法语作为主要媒介语贯穿整个教学过程，教师利用浸入式教学方法不断拓展学生的语言知识范畴，提高他们语言运用能力的深度和广度。在该阶段要求学生必须用法语参加小组讨论、发言等。课后作文全部使用法语。此阶段鼓励所有学生参加大学法语四级考试。

（2）B 班，仍然采用汉语为课堂媒介语，其他要求同上。

（六）实验方法

本实验的自变量为法语课堂媒介语：汉语、英语及法语，因变量为法语教学效果。

1）每学年期末考试结束后，对英法“双外语”新型教学模式班及“汉法”

模式班试卷进行比对分析，通过数据了解学习效果差异。

2）对学生进行问卷调查，以了解学生对英法双外语授课接受程度。旨在从学生角度了解并掌握以汉语及英法语为媒介语进行法语教学的不同效果。

（七）实验结果

1. 学生成绩

表1 为第一学年学生法语考试成绩统计分析表

Class		N	Mean	Std Deviation	Sig
Score	A	30	80.1667	7.70617	0.317
	B	30	81.8333	8.95615	

根据表1统计数据，A、B两个班的平均成绩差别不大，标准差也无显著差异，Sig值为0.317>0.05，两个班的成绩差异不明显。

表2 为第二学年学生法语成绩统计分析表

Class		N	Mean	Std Deviation	Sig
Score	A	30	84.0000	9.09339	0.015
	B	30	81.0333	5.92181	

表2数据显示，A、B两个班的法语平均成绩有了明显变化。Sig值为0.015<0.05，说明使用不同媒介语对教学效果产生了显著的影响。使用英法语为媒介语的班级成绩明显高于使用汉语为媒介语的班级。但是值得注意的是，A班学生成绩的标准差高于B班学生成绩的标准差，说明A班学生成绩两级分化比B班明显。此外，学生大学法语四级（2013年6月）通过率也佐证了这种差异：A班一次性通过率为83%，B班为54%。

2. 问卷调查

（1）问题

1. 你最希望接受以哪种语言为媒介语的法语授课 A. 汉语　　B. 英语　　C. 法语
2. 在法语起步阶段，你是否愿意接受以英语为媒介语的法语授课 A. 愿意　　B. 不愿意　　C. 无所谓

3. 完全用英法双语授课是否对你理解语料造成一定困难 A. 有很大的理解困难　B. 偶尔有一定的理解困难　C. 完全没有理解困难
4. 用英语进行法语授课是否对你的英语和法语造成混淆 A. 有很大混淆　B. 偶尔有混淆　C. 没有混淆，反而增进了对英法语异同点的理解
5. 通过将近两年的学习，你觉得英法双语教学模式在加速提高法语水平方面是否 A. 有很大帮助　B. 有一定帮助　C. 没有帮助　D. 没有体验过，不了解

(2) 样本概况

受访者为A、B班在校本科学生，同时学习英法两门语言，其中英语作为专业学习，对于英语和法语有一定的语言学习基础。样本的抽取合理。

(3) 问卷数据分析与结果呈现

本次问卷调查随堂进行。发放试卷60份，共收回有效问卷60份。通过对问卷的定性、定量分析，我们发现，由于两班使用了不同的教学媒介语，A、B两班的问卷结果存在较大差异。

A班89.7%的同学表示愿意接受以法语为媒介语的法语授课。91.34%认为在法语学习起步阶段，用英语辅助授课对理解法语有很大帮助。85.53%的同学表示英法词汇的相似性会促进对法语词汇的记忆，降低法语阅读的难度。100%的同学认为双语教学模式对提高法语水平有很大帮助。

B班仅有30%表示愿意接受英语辅助授课。65%的同学认为在法语起步阶段借助英语辅助授课对理解法语帮助不大。81.64%的同学认为英法两门语言在词汇方面的相似性容易导致单词记忆的混淆，影响英语词汇的正确拼写。对于最后一个问题，97.53%的同学表示不了解。

(4) 问卷结果差异原因

造成问卷结果差异明显的原因与教师授课所使用的不同媒介语有直接关系。使用英法双语授课，学生始终在两种语言环境中交替学习，逐渐养成了对比学习意识。同时，教师有意识地延伸讲解英法的异同点，总结规律，帮助学生理解造成混淆的差异。这种系统的英法双语对比学习方式在法语初学阶段对学生帮助很大。由于学生的大学法语通过率非常高，这种教学模式因而受到A班学生的认可。但是，小部分学生英语基础相对薄弱，教师使用英语为媒介语使之增加了理解难度，有些学生对此多少有些不适应，这也是班级学生成绩差距拉大的主要原因。而对于使用汉语为媒介语的班级，由于学生对母语产生了很强的依赖性，对于纯外语教学有不愿接受或抵触情绪，这种情绪在问卷上多有体现。

根据调查问卷结果分析，笔者认为学生对英法双语教学普遍持肯定态度。不同语言之间并不是相互孤立而是各有联系的。美国著名语言教育家、语言学家Stephen D. Krashen认为，“在人类学习或习得语言的实践中，吸收总是领先于表达，也可以说输入总是领先于输出”。由于英语和法语在语言体系特征上的共通性，通过英语作为主要媒介语的课堂教学，能够明显增大学生的课堂可理解性语言输入。另外，在双语学习方面，动机和态度也是两个非常重要的影响因素；双语学习不仅需要某种认知能力，而且需要一种积极的态度；态度关系到动机。调查中大部分英法双语专业学生对双语模式持欢迎和肯定的态度，从而极大地降低了其语言习得过程中的情感过滤，增强了学习动机，有效促进了语言输入的吸收和转换。[3]

五、结　语

通过实验研究，我们可以肯定地说：教师课堂使用英法双外语为媒介语，对加快学生掌握法语速度以及提高法语水平效果显著。但是，该教学模式亟待解决的问题也不容忽视；用英法语进行教学，对教师的双外语水平要求很高，担任该课程的教师应该能同时熟练驾驭英法两种语言，才能够给与学生更多的有效语言的输入。另外，由于目前国内没有以英语编撰的二外法语教材，教师只能以法语教材为蓝本，自己翻译上课需要使用的所有媒介语。这些工作无疑给法语教师带来了超额的工作负担。最后，教师应该对英语水平相对较差的学生给予更多的关注，防止班级学生成绩两极分化的加剧。总而言之，英法双外语教学作为新兴的教学模式，有很大的领域值得广大教师去实践和研究。

[注释与参考文献]

[1] Fouser, R., Problems and Prespects in Third Languagc Acquisition Research [J]. Language Research, 1995,(387-415).

[2] Cenoz, J., The Effec of Linguistic Distance, L2 Status and Age on Cross-Lingustic Influence [M]. 2001,(171-203).

[3] Krashen, S. and Scarece lla, R.. On rutions and patterns in language acqu isition and performance [J]. Language Learn ing, 1978,(28):283-300.

[4] 桂诗春,《新编心理语言学》,上海外语教育出版社,2000 年。

[5] 金艳妮,《探究法语习得过程中汉语英语的角色》,《大连理工大学学报》,2008 年第 6 期。

[6] 许余龙,《对比语言学概论》,上海外语教育出版社,1992 年。

[7] 朱效惠,《多语际迁移认知研究与双外语教学》,《四川外语学院学报》,2008 年第 3 期

[8] 王斌华,《双语教育与双语教学》,上海教育出版社,2003 年。

[9] 袁庆玲,《三语习得国内外研究综述》,《广东外语外贸大学学报》,2010 年第 21 期。

浅析税收政策对我国居民收入差距的影响

王晓晔*

一、我国现行收入分配制度改革势在必行

(一)我国居民收入差距有进一步扩大的趋势

衡量一个国家或地区居民收入差距大小的通用指标是基尼系数。按照国际标准:一个国家或地区基尼系数的合理变动区间为0.30到0.40。基尼系数一旦超过0.40的国际警戒线,则表明该国或地区的社会财富已高度集中于少数人手中,收入不均现象已达到严重的程度。它不仅会妨碍经济的协调与社会的可持续发展,而且有可能引发一系列的社会矛盾,甚至引发一定程度的社会动荡。收入分配不均是世界各国普遍存在的问题,也是世界各国政府最棘手而又无法回避的问题。

根据世界银行的最新报告:美国5%的人口占有全部财富的60%,而中国则是1%的家庭占有41%的全部财富,中国财富集中度超过了美国。由表1可知,从2003—2012年10年间,尽管我国城镇居民人均可支配收入与农村居民人均纯收入保持逐年增长的态势,但是城镇人均可支配收入一直比农村居民人均纯收入平均高出2.3倍的状态基本没有改变,城镇居民中收入最高的10%人群的收入是收入最低的10%人群收入的8.6倍的状况没有改变,而且我国城乡居民收入的基尼系数一直维持在0.47以上的状况也没有

* 作者简介:王晓晔,安徽省灵璧县委党校讲师;主要研究方向:经济管理。

改变。

表 1　2003—2012 年我国城镇居民人均可支配收入、农村居民人均纯收入及基尼系数

年　份	2003	2004	2005	2006	2007	2008	2009	2010	2011	2012
农村居民收入	2622	2936	3255	3587	4140	4761	5153	5919	6977	7917
城镇居民收入	8472	9422	10493	11760	13786	15781	17175	19109	21810	26959
城镇居民收入是农村居民收入的倍数	3.23	3.21	3.22	3.28	3.33	3.31	3.33	3.23	3.13	3.41
城镇最低收入	2762	3085	3378	3871	4604	5204	5951	6704	6867	—
城镇最高收入	23484	27506	31238	34834	40019	47422	51350	56435	58842	—
城镇最高是最低收入的倍数	8.50	8.92	9.25	9.00	8.69	9.11	8.63	8.42	8.57	—
基尼系数	0.479	0.473	0.485	0.487	0.484	0.491	0.49	0.481	0.477	0.474

注:1.数据来源:《中国统计年鉴—2012》及 2013 年 1 月 18 日国家统计局“2012 年国民经济运行情况”公告;2.表 1 中,除“基尼系数”及“倍数”外,其余指标的计量单位均为“元”。

由表 2 我国不同地域城乡居民收入看,2005—2011 年我国东部地区城镇居民人均可支配收入均是其他三个地区城镇居民人均可支配收入的 1.45 倍左右,而东部地区城镇居民可支配收入却分别是中部地区、西部地区、东北地区农村居民人均纯收入的 4.3 倍、5.4 倍和 3.5 倍左右。由此可见,随着我国经济社会的发展,城乡居民收入水平均有了较大的提升,但是,无论从绝对数还是相对数来看,我国城乡居民之间、城镇居民之间、农村居民之间、区域居民之间的收入差距仍然较大,促使收入差距进一步扩大的潜在驱动力仍然存在。除此之外,我国垄断行业与普通行业员工的收入差距也非常高。

总之,居民收入差距水平长期高位运行的态势表明,改革我国现有的一次与二次收入分配制度已迫在眉睫。

表2　2005—2011年我国分地区城镇居民人均可支配收入、农村居民人均纯收入

单位:元

年份	东部地区		中部地区		西部地区		东北地区	
	城镇	农村	城镇	农村	城镇	农村	城镇	农村
2005	13375	4720	8809	2957	8783	2379	8730	3379
2006	14967	5188	10573	3283	10443	2588	10490	3745
2007	16974	5855	11634	3844	11309	3028	11463	4348
2008	19203	6598	13226	4453	13917	3518	14162	5101
2009	20953	7165	14367	4793	14213	3816	14324	5457
2010	23273	8143	15962	5510	15806	4418	15941	6435
2011	26406	9585	18323	6530	18159	5247	18301	7791

数据来源:《中国统计年鉴》(2006—2012)——人民生活。

（二）我国居民收入增长低于国家财政收入和企业收入增长

事实上,我国居民收入在城乡之间、行业之间及区域之间差距的长期存在还直接表现为居民收入、国家财政收入和企业收入差距的不断扩大。2012年我国人力资源与社会保障部劳动工资研究所发布的《2011年中国薪酬报告》显示:2011年我国居民收入增长远远低于国家财政收入和企业收入增长,使得居民收入占国民收入相对比重不升反降。其中,公共财政收入增长24.8%,增幅是城镇居民人均可支配收入的1.76倍,是农村居民人均纯收入的1.39倍;企业收入增长20%左右,增幅也远高于我国城乡居民收入的增幅。

显然,在国家财政收入和企业收入增速较快,居民收入增速相对较慢的情况下,较大的居民收入差距将会引致社会公众更大的不满。因此,税收和政府转移支付支出作为调节社会财富二次分配的主要经济杠杆应发挥其作用。适当的税收政策不仅可以使得居民收入、国家财政收入、企业收入三者之间达到相对合理的比例,而且能够影响社会财富在城乡之间、行业之间和区域之间的分配。

二、税收政策调整对居民收入的影响

（一）个人所得税调整对居民收入的影响

事实上，一个国家个人所得税税率及其免征点一旦确定，其对不同收入层次人群收入的影响也就随之确定。因此，要想调整收入结构、缩小收入差距，既可以通过调整个税免征点，也可以通过调整税率，还可以既调整个税免征点又调整税率加以解决。一方面，在保持个税税率不变的情况下，提高个税免征点可以使更多的收入相对较低的人群不纳所得税，以此相对增加其实际收入，同时也使得收入相对较高的人群少纳税。由于我国个税目前采用七级超额累进税率，提高个税免征点对相对少数收入极高人群的纳税影响不大，从而达到缩小低收入人群与高收入人群收入差距的目的。但是，这样可能导致更多的人不需要（或没有资格）纳税，由此也可能会使这部分人的纳税意识及其作为社会主人翁的意识趋于淡薄，甚至会使其产生一种“挫败感”：自己是免费享受社会公共服务、需要社会帮扶的人、仍处于社会的底层，可能会使得这部分人的个人社会成功感趋于弱化，甚至会产生对社会另一种不满的情绪。

另一方面，在保持免征点不变的情况下，降低高于且靠近免征点人群的个税税率，提高或较大幅度地提高远离免征点人群的个税税率，也可以达到缩小不同收入人群收入差距的目的。但是，这样可能会招致极高收入人群的反对，或者挫伤其劳动和创新的积极性。

因此，合理界定个税免征点及个税税率，既关乎缩小居民收入差距，又关乎维护社会稳定、调动居民参与社会劳动、参与创新的积极性。

（二）企业所得税调整对居民收入的影响

尽管2014年部分地区营改增试点以来，国家对企业的增加值而非营业额征税更具有科学性和合理性，但是，对企业增加值征税直接调整的是企业的利润收入，只对企业员工工资收入产生间接的影响。这是因为企业员工的工资只作为企业增加值的一部分，因此，降低企业所得税税率可以使得企业的利润收入有所提高，但不一定能增加企业员工的收入，更何况企业收入的增加并不等同于企业员工工资的绝对增加，或者并不一定能按与企业收入增加相同的比率增加企业员工的工资。我国作为世界上最大的制造业大国，劳动成本相对较低既是我国制造业在国际市场上竞争的优势所在，也是导致我国居民收入差距较大的根源之一。因此，探讨如何通过调整企业所得税以便增加企业员工的实际收入，同时又保持我国制造业劳动成本的优势地位，就显得非常重要。在目前我国政府财政收入、企业收入增速相对较快，居民收入相对较慢的背景下，唯有在普遍提高企业员工工资标准的前提下，企业增加了的劳动成本通过降低企业所得税减少政府财政收入和迫使企业适当减少利润收入共同加以解决。

（三）"营改增"的调整对居民收入的影响

"营改增"就是把征收营业税的行业或企业改征为增值税，就是改变对产品征收增值税、对服务征收营业税的方式，将产品和服务一并纳入增值税的征收范围，不再对服务征收营业税。其目的：一是减少重复纳税，二是降低税负。进而促使社会形成更好的良性循环。"营改增"可以说是一项结构性减税政策，营业税和增值税税率及税负都不同，对市场经济活动影响也不同；增值税只对新创造的价值征税，营业税却对营业额全额征税，导致对某些行业重复征税现象。因此，"营改增"可以从税收设计层面避免双重征税，从而降低过去对营业额全额征税的行业企业的实际纳税负担。

从2013年8月1日起，国务院决定将交通运输业和部分现代服务业"营改增"试点在全国范围内推开。据国税局统计，2013年全年国家将减少税收12000亿元人民币，也就使得企业的利润实际增加12000亿元人民币。理论上说，企业利润增加了，企业员工的收入将会相应地有所提高。另一方面，增值税原来主要适用于第二产业，营业税原来主要适用于第三产业，因此，"营改增"统一了第二产业与第三产业的税收制度，平衡了第二产业与第三产业企业的税收负担，解决了第三产业双重征税的问题。这不仅有利于促进第三产业的进一步发展，而且能扩大就业、增加第三产业工人的实际收入，从而起到缩小二、三产业企业员工收入差距的作用，也能一定程度上缓解居民收入增长低于国家财政收入和企业收入增长的矛盾。

（四）差异化的行业税收政策对居民收入的影响

劳动者就业的行业性质不同，其所得也不同，这是世界各国普遍存在的现象。但是，在我国诸如金融、电力、通讯等垄断程度较高的行业，与其他市场垄断程度较低、市场进出门槛相对较低的行业相比，行业员工收入相差几倍甚至十几倍，是收入分配不公，导致居民心理失衡的一个重要因素。因此，要想从行业的层面缩小居民收入差距，政府应出台针对不同行业实施差异化的行业税收政策，同时要调高国有垄断行业上缴国家利润比例。

（五）房产税调整对居民收入的影响

房产税是对房产保有和交易环节征税，能否发挥其调节收入分配的作用，需要对其属性进行界定。对于交易环节的房产属于房产权的转移，须要办理全国统一的房产证，办房产证是在网络上操作的，交易双方都无法规避税收；对保有环节的房产是不动产，使得纳税人同样难以逃税；对于拥有多套或奢侈性住房的富人，国家以较高的税率课征，房产的不可随意转移性使其也难以偷税、漏税。相反对于面积较小，价值较低的刚需房少征或免征。同时国家把征得的房产税多用于保障房建设和提供社会公共服务；对于低收入人群或弱势群体在不缴税或少缴税的情况下同样享受到国家提供的公共服务或保障房补贴。因而，适当的房产税征收可以在很大程度上调节财富分配。

（六）国家税收资金支付政策调整对居民收入的影响

从国家财政收入取得的角度看，税收是其财政收入的主要来源，也是一个国家为了实现其职能，凭借政治权力，按照法律的规定，强制、无偿地参与国民收入和社会产品的分配和再分配活动，以调节国民经济运行和社会成员的收入分配。同样，从国家财政支出也即税收资金的使用的角度看，政府以适当的政府转移支付手段也可以非常有效地调节居民的收入分配。

1. 差异化的政府转移支付政策对不同收入群体居民实际收入的影响。从我国目前收入水平相对较低的人群来看，主要有以种植、养殖为主业的农牧民、城镇企业退休职工，以及丧失或部分丧失劳动能力的伤、残、病疾、孤寡、老等弱势群体。因此，政府加大对上述较低收入群体的财政资金转移支付力度，以使这部分群体实际收入有较大的提高，且保持其年均增速高于国家财政收入、企业收入和其他人群收入的增速，我国居民收入的差距才有望逐步缩小，才可能逐步形成“橄榄型”分配格局。

2. 差异化的政府转移支付政策对不同地区居民实际收入的影响。改革开放三十多年来，在邓小平的“让一部分人先富起来”、“让一部分地区先富起来”思想的鼓励下，中国不仅已有一部分人富起来了，也有相当一部分地区富起来了，而且地区之间富裕程度的差异也达到了较高水平。尽管已富起来的地区内部仍存在着居民收入差距的问题，但是，已富起来与没有富起来地区间的居民收入差距更大，是导致我国居民收入基尼系数较大的主要因素之一。如我国东部地区与较为偏远的中、西部地区相比，东部地区的大多数省市其经济发展水平已达到相对较高的程度，而中、西部地区仍有相对少数省市自治区由于受到自然环境、资源环境、经济结构、科技水平等因素的影响，其经济发展水平仍然相对较低，与东部已富起来省市相比，居民收入差距不仅较大，而且具有进一步扩大的态势。

对此，政府采用差异化的财政转移支付政策，加大对经济欠发达地区、边远少数民族地区的财政转移支付力度，在支持这些地区夯实经济发展基础的同时，对这些地区的居民实施直接财政补贴，以增加居民的实际收入，让更多的人更多地享受国家经济发展、改革开放的成果，以坚定对国家改革开放政策的支持。

三、缩小我国居民收入差距的几点建议

任何一个国家居民收入差距的扩大都会引起政府管理者的高度重视。特别地，在我国现阶段改革已进入攻坚期和深水区，高层领导必须下大力气突破利益固化的藩篱，以经济体制改革为牵引，全面深化各个领域改革。针对居民收入差距超国际警戒线的背景下，我国政府必须高度重视国民收入分配不公平这一民生之本问题。为此，笔者根据前面的分析，提出几点有助于缩小我国居民收入差距的建议。

（一）政府应科学界定个人所得税免征点和纳税税率

事实上，若想利用调整个人所得税政策作为解决缩小居民收入差距的一个选项，既不能一味地依赖提高个税免征点，也不能一味地依赖调整税率，应在有利增强居民纳税意识、塑造居民国家主人翁意识和调动居民参与社会劳动、参与社会创新的考量中，将个税免征点与税率调整相结合，达到缩小居民收入差距的目的。如将个税免征点调整为 1000 元，且对月收入在 1000—4000 元的人群课以 1%的所得税，月收入在 4000—7000 元的人群课

以3%的所得税，对月收入在7000—10000元的人群课以5%的所得税，月收入在10000—15000元的人群课以10%的所得税，月收入在15000—20000元以上的人群课以20%的所得税，对月收入在20000元以上的人群课以25%的所得税，等等。当然，上述建议的个税免征点及其相应税率仅是一个参考思路而已。显然，较低的个税免征点与对收入较低的人群课以较低的税率、对收入较高的人群课以较高的税率，则可以让更多的居民参与到纳税的行列，然而，收入较低的人群其纳税的绝对数额并不大，而收入极高的人群其纳税税额却有较大幅度的增加，同时，中等收入人群的实际收入也可以有所增加。从国际经验看，任何一个国家其社会财富创造与社会稳定的主体通常都是中等收入群体，增加他们的收入将更有利于调动和激发全体社会成员参与社会劳动、创新的积极性，有利于增进社会的稳定性。

（二）政府应在适当降低企业所得税税率的同时，强制企业制定动态的最低工资标准

政府降低企业所得税税率，意味着政府财政收入的减少，是政府让利于企业，而要保证政府让利于企业的部分为企业员工所享有或部分享有，政府必须强制企业制定最低工资标准，而且应随着企业经营业绩的改善而动态地提高企业员工的最低工资标准，保证最低工资的增幅不得低于企业收入的增幅。唯有如此，通过政府降低企业所得税税率，企业才有执行动态最低工资标准的意愿和动力，以保证收入水平相对较低的企业员工的实际收入逐步得以提高，居民收入差距才有望逐步加以缩小。

同时，为缩小行业间企业员工的收入差距，政府还应针对垄断程度不同的行业制定税率差异较大的行业所得税政策，以遏制垄断性行业垄断程度的进一步提高，并从行业的层面缩小行业员工的收入差距。

（三）政府应继续并加大对较低收入群体、经济欠发达地区居民的财政转移支付力度

尽管我国政府一直在努力地运用财政手段调节着居民的收入分配，但是，严峻的现实是：随着经济的进一步发展，我国居民收入差距一直处于较高的水平且有进一步扩大的趋势，居民收入基尼系数一直处于严重不合理区间。为此，我国政府应在财政收入大幅增加的同时，进一步加大对以种植、养殖为主业的农牧民、城镇企业退休职工，以及丧失或部分丧失劳动能

力的伤残病疾孤寡老等群体居民的直接财政补贴力度，进一步加大对中西部少数极其欠发达地区居民的财政补贴力度，并同时加大对其经济基础设施建设的直接财政支持力度，以促使极其欠发达地区经济的快速发展，从根本上保证极其欠发达地区居民实际收入的持续快速稳步地增长。

总之，发达国家经验告诉我们，“橄榄型”分配格局有利于经济发展和和谐社会建设，要想改变我国目前“金字塔型”分配格局，必须把“提低”、“扩中”、“控高”作为收入分配改革的主线。一方面，“提低”是值得公众期待的突破口之一，提高低收入群体的收入阻力相对较小，落实的可行性更大，主要在二次分配领域里靠政府财政税收政策来落实，但是低收入人口基数大。另一方面，“控高”应敢于突破阻力，“控高”主要涉及到国有企业、金融机构高管人员，权贵、及垄断利益群体，对这些高管人员的收入加以“调控”，对他们的高收入国家应出台政策或以立法的形式加以限制，这势必触及到他们的利益，尽管触及利益比触及灵魂还困难，国家要敢动这一刀。“扩中”主要是对那些处于白领和蓝领之间的人群加强职业技能培训，多数是 80、90 后的大学生，让他们既靠劳动又靠技术参与社会财富分配，让这部分人由低收入者变成中高收入者，高收入和低收入人数缩小，中等收入人数扩大，“橄榄型”分配结构就会逐步形成。

[注释与参考文献]

[1] 柳华平、朱明熙，《我国税制结构及税收征管改革的民生取向思考》，《经济学家》，2013 年第 1 期。

[2] 方辉振，《国民收入分配格局失衡的体制性根源》，《厦门特区党校学报》，2012 年第 6 期。

[3] 王亚芬、肖晓飞、高铁梅，《我国收入分配差距及个人所得税调节作用的实证分析》，《财贸经济》，2007 年第 4 期。

[4] 中国税务学会课题组，《税收如何调节个人收入分配》，《税务研究》，2003 年第 10 期。

[5] 中华人民共和国统计局，《2012 中国统计年鉴》，中国统计出版社，2012 年。

山东半岛蓝色经济转型中实现高质量就业思路研究

林战平*

蓝色经济发展要按照中央的部署来合理定位就业工作，要形成经济发展与扩大就业之间的良性互动。一方面要使就业质量随着经济社会的发展同步提高，发挥其积极作用，促进经济快速发展，另一方面要通过稳定经济增长和调整经济结构增加就业岗位，使经济健康发展的过程成为就业持续扩大的过程，广大普通劳动者能够随着劳动生产率的提高，不断改善就业和生活质量。那么如何实现高质量就业是摆在当前蓝区经济发展的一个重要问题。

一、科学布局与经济转型升级相适应的就业模式

（一）由经济增长优先向就业增长优先战略转变

就业增长优先的最大不同是经济不再是投资拉动而是就业拉动。“就业增长优先”的发展模式不仅能够有效促进经济增长与就业增长良性互动，而且也将推动就业结构由传统型向现代型转变。在产业结构和经济结构上，要注重发展有利于增加就业含量和开发利用人力资源的经济产业和生产服务领域；在要素投入上，要重视生产力要素资源的开发利用，通过经济增长，真正将人口就业的压力变成人口资源的福利因素。特别是在生产性

* 作者简介：林战平，威海市委党校副教授，研究方向，政治经济学。

服务业、高新技术产业等方面;在目标导向上,要把就业作为基本目标,在确定经济增长目标、增长方式、增长速度、产业结构调整等方面,充分考虑对就业的影响。[1]

实施就业优先战略的转换,在其他相关领域也应作出深刻的变革,特别是在劳动就业分工、产业结构布局,以及有关人才引进培养、素质教育培训、就业社会保障等方面,要全力推动实现经济增长与劳动力升级就业转型匹配,适应未来蓝色经济产业升级与经济结构调整的需要。

(二)促进产业结构与就业结构同步协调发展

根据配第—克拉克定律,经济发展中产业结构的优化调整会带来劳动力就业结构的变动。海洋经济的发展,需要科学合理的整体产业结构布局,也需要就业结构的优化调整。要重视解决两个问题:

第一是对不符合区域整体经济布局要求、不能与未来人力资源相适应的产业坚决"优化掉"。要按照整个区域产业结构优化升级的要求,合理分配发展资源,特别是人的资源,切实淘汰落后但"不舍得"的产业和生产能力,加快技术更新换代和劳动力的培养,努力建立各具特色的新的经济增长点和劳动力竞争优势,从而增强整个半岛区域内部的经济发展动力,减少与社会发展不相适应的就业岗位,同时创造更多的新的就业机会,促进就业的均衡发展。

第二是合理布局第一、二、三产业发展之间的关系。要坚持三产并举,巩固提升第一产业,优化调整第二产业、大力发展第三产业。虽然目前第三产业对GDP的拉动作用不如第一、第二产业明显,但却是扩大就业渠道、提供就业机会、提升就业质量的核心产业,更是推动产业结构调整和就业结构优化战略的重要途径。海洋经济的迅速发展,需要服务业来支撑,特别是信息、金融和贸易等现代服务业,不仅可以促进第一产业、第二产业闲置劳动力的转移,还能实现金融资本、人才技术、资源信息的交换,推动蓝色经济进一步动态开放,融入世界经济的发展。

(三)实施差异化就业布局推动区域经济发展

当前,山东半岛蓝色经济区内各城市经济发展还很不平衡,城市间经济联系不紧密,尚未形成明显的区域分工,很多城市发展模式、产业布局、就业结构选择趋同,无序的重复布局,导致各城市的产业特色不突出,就业结构雷同，人才优势无法集聚发挥最大作用。为使各区域内产业布局合理化，避免产业结构同化而导致无序竞争、重复建设、资源浪费，以及地区特色产业不明导致比较优势不能充分发挥等情况，必须明确空间功能定位，推进区域一体化进程。要注重区域协调，打破原有行政区划界线，在统一的规划指导下，综合考量各市的资源优势、产业基础、人才容量和资金等条件，发挥中心城市对周边的带动作用，建立城市发展战略联盟，合理定位各自在半岛蓝色经济的区位功能和发展方向，确定独具特色的海洋产业使局部规划与整体性规划有机衔接，形成发展“合力”。比如青岛要打造领军城市，科技创新基地；威海要打造日韩出海通道，生态宜居宜游胜地；日照要打造鲁西南临港产业集聚区，等等。各自独特的功能定位既能吸引特色人才和各项政策，推动其发展，又可通过垂直和水平分工与其他城市群形成有效协作和有利带动作用，形成规模性的品牌化就业，提高半岛经济在全球经济网络中的整体竞争力。

二、充分发挥政府的主导作用

（一）强化政府的宏观调控能力

我国是最大的发展中国家，靠市场机制自身的作用，可以逐步实现产业结构的升级，也能逐步缓解就业压力，但其速度相对缓慢。而中国特色的社会主义市场经济，不同于其他国家的一个最大优势，就是我们的政府主导作用非常强大，通过宏观调控，实施产业政策，就能够加快产业结构的调整和升级，能够采取一整套积极的就业政策有效解决经济结构调整和体制转型所需求的高质量就业问题。

要充分发挥政府在海洋经济发展过程中的顶层计划调控作用，合理规划适宜半岛区域经济发展的目标定位，认真研究以实体经济为主体的多元化经营发展思路，确保产业结构和就业结构协调优化，提高市场竞争的抗风险能力。主动加强宏观政策干预，在产业结构选择上，优先发展能够吸纳大规模社会就业的服务业；在所有制结构上，积极鼓励和扶持民营经济参与海洋经济发展，为解决社会就业创造经济基础；在就业服务方面，致力于提供良好的信息和培训指导等服务，以更好地实现职位与劳动者的匹配，促进就业。[2]同时，积极改善投资环境，强化金融支持，减少审批和管理环节，遵循市场规律，制定有关集体协商、最低劳动标准等法律法规和劳动标准，发挥市场的基础性作用，为经济发展和就业质量的提高创造宽松的成长空间。

（二）实施积极的就业扶持政策

出台实施一系列对扶持企业发展壮大有广泛意义的积极就业政策，包括税费减免、资金扶持、技术支撑、法律服务等多种措施。在蓝色经济发展的起始阶段，关键是研究落实两个政策的扶持：一是税费减免，二是资金扶持。加大税费减免力度，就是为企业减负，让企业将更多资金运用于转型创新和扩大规模；加大资金扶持，就能进一步鼓励自主创业，鼓励技术研发和对外贸易。要突出政府的服务职能，保障财政支出，牵头制定产业振兴计划，落实各项补贴保障政策，将税费减免、培训补贴、岗位补贴、社保补贴、科技创新补贴和淘汰落后产能补贴等扶持政策优先向涉蓝企业和海洋产业倾斜。要对不同企业实行不同的扶持政策，对大企业，要扶持技术更新和做大做强，鼓励研发创新和装型升级，鼓励上市融资和规模扩张，鼓励高端研发创新人才集聚，打造产业全区孵化基地；对智力密集型、产业成长型创业中小企业，要着力解决就业、人才、保障、融资等难题，激发成长活力，要为服务业等第三产业发展创造良好环境，鼓励以产业的发展来充分吸纳就业。

（三）提供优质高效的公共服务

公共就业服务是实施积极就业政策的重要载体，也是稳定就业局势的“托底性”保障措施，因为它直接服务于劳动者。得益于国家的高度重视，这几年各地已经或正在建设制度化、规范性的覆盖城乡的服务体系，提供了包括就业管理、创业服务、再就业援助、劳动人事档案管理等一系列服务，对促进就业发挥了重要作用。但同时很多县（市）级劳动力市场由于独立运行，信息技术相对闭塞，基础设施规模小，这种状况阻碍了劳动力的合理流动和竞争，这是现实中的不足之处。在全球经济复苏乏力和国内经济增长放缓的背景下，我们要实现蓝色经济的大发展，就必须打破一般意义上的基本保障性公共服务，要在服务专业化的水平上，在经济结构调整的思路上，及时跟进。

第一是要建立统一规范灵活的人力资源市场，实现服务组织一体化。核心有两点，其一是要整合公共服务资源，实现服务资源效能最大化，要树立大就业的观念，充分利用现有公共就业服务和人才交流服务方面的各种公共资源，通过整合实现公共服务资源使用效能最大化；要综合发挥各类公共服务资源的整体优势，共性的服务统一提供、专业的服务分别实施，服务活动统一组织、共同参加，市场信息统一汇总、共同发布，形成统一的服务工作格局，[3]实现公共服务资源使用效能最大化。其二建立区域性人力资源联合体，联大做强，推动实现不同地区之间服务内容统一运行管理，就是说劳动者在任何一个地区的求职登记信息、对技能的测试结果、他的需求愿望，这一切的基本资料都容纳在整个半岛甚至整个山东共享使用的信息库，实现区域内的招聘、求职和就业政策法规互联共享，这样既能使公共服务资源得到统一、规范、有效的利用，更能通过数据的共性分析、研究区域化发展中新形势下人才供需的趋势，推进人才开发国际化，发挥人才效用的最大化，人尽其才，才尽其用。

第二是要在推动实现服务供给均等化的基础上，根据山东半岛各地发展实际情况，扩充公共服务的内容领域，扩大公共服务供给。要研究半岛经济发展的重点经济领域、重点行业目标和转方式、调结构的重点任务，跟踪人力资源市场需求变化，延伸服务渠道，发挥就业服务机构在人才交流、储备、预测等方面的作用，构建人才培育、选拔、使用等一体化服务流程，为不同素质的群体和不同用人需求的企业，提供多样化服务，切实帮助劳动者实现理性就业和稳定就业，帮助企业招聘到合适的岗位人员，提高人力资源配置效率。同时，这也对就业服务经办机构的专业化和效能化水平提出了很高的要求，必须及时加强就业人员专业素质和社会适应能力、提升公共服务内涵、提高管理水平。

（四）解决重点群体的就业问题

就业质量的提高，应该体现在每一个有就业愿望的群体中，当前，大学生、失业人员、农民工是大家较为关心的几个特殊群体。

高校毕业生是未来蓝色经济建设的主要智力贡献者。根据省人社厅统计数据显示，近五年来，全省每年有近 50 万人考入省内外高校，需求就业人数居全国前列，就业压力较大。因此我们要在推动半岛经济转型升级过程中，把对人才供给的需求和促进高校毕业生就业工作纳入同一个战略体制中来。在实施区域发展规划和重大项目建设过程中，有意识地把对高校毕业生就业的影响作为评估立项和项目审批的重要依据，开发创设适合高校毕业生就业的岗位，实现双赢。

失业人员是蓝色经济区建设的潜在劳动力宝库，合理利用、转化引导和培训提升后的失业人员将成为一支推动产业发展的重要力量。要解决失业人员问题就要分类管理、推广精细化服务：供需错位导致的结构性失业，突出体现在高校毕业生等青年群体，对此，要强化多样化的岗位开发和精准化的就业政策宣传，鼓励缓冲就业——先就业后择业，实现失业动态调控；对因技能单一和知识落后导致的人岗不匹配带来的失业群体，政府要联合企业、技工院校，实施免费的技能提升脱岗培训，推动短期班、需求班和公共技能班的普及，订单培训、定向培训、定岗安置；对就业年龄偏高、再培训难度较大的失业群体，要鼓励政府购买公益岗位，社会、社区、辖区的多级帮扶机制，突出大龄失业人员的保障性就业；同时，要鼓励另谋职业和自主创业，转变就业传统观念，鼓励网络就业、传统手工业复兴、家庭作坊、乡村农场等多种自由就业模式。

农民工是蓝色经济建设过程中的重要劳动大军，分布在各行各业。我们发展经济、生产生活已经离不开农民工。我省农民工数量较多，2012年底达到2330万人，接近全国农民工总量的9%，占全省总人口数的24%，随着城镇化的进程加速，融入到蓝色经济发展中的农民工数量会越来越多，因此解决好农民工的问题，不仅是一个重大经济问题，也是重大政治问题和社会问题。要实现农民工稳定就业，就要解决蓝色经济发展过程中，新时期农民工高质量就业面临的生存型就业向生活型就业的转变问题，满足新生代农民工在企业职工身份变换、追求权力平等、体面劳动和自身发展等等方面的新诉求。

三、把人的因素放在核心位置

（一）调整教育培训结构

人力资本理论指出：在现代生产过程中，劳动者的智力结构和质量水平的提高是经济增长的关键因素，而教育的发展是必不可少的环节与基础。海洋经济作为国家的一个战略，实施时间不是30年，50年，而是更长，显然需要大力改革完善教育培训体系,提高劳动者与海洋经济相关的知识和就业能力。

作为海洋大省,山东应重视地方高校的自身培养,这样既可以掌握主动,更重要的是培养的人才能快速地融入地方经济,认同地方文化,避免作用的发挥滞后。目前,山东省已与教育部、国家海洋局签署协议 4 年投资 4.5 亿元共建中国海洋大学,加快建设几所高水平、体现海洋科技特色的工科院校,在沿海 7 市规划建设一批海洋职业技术教育基地。要切实落实好这一工程,就要深入分析半岛区域性产业结构发展的人才需要,紧跟国家宏观规划方向,合理布局高校海洋经济专业,科学谋划好海洋科学、海洋技术、海洋生物药物制造技术、海洋船舶运输等重点领域专业设置,使其与区域性产业结构调整升级协调。要发挥高校作为高新技术孵化基地的作用,实行校企联合,定向培养,提早跟踪国内外在行业领域中的先进经验,提前进入企业角色。要强化在职劳动者的教育培训,提升其与海洋经济相适应的就业、创业与职业转换能力。

(二)重视人才队伍建设

蓝色经济发展是一项系统工程,需要一大批熟悉产业结构调整规划、政策制定的专家学者,需要对具体经营管理以及技术支持、配套支持等方面给予人才支持。

要打造有利于人才发展和人才创新的人才成长环境,完善政府激励政策体系,加快海洋高技术人才的引进与培养,实施好“泰山学者”、“万人计划”、创新团队等重点人才工程,重点引进一批领军人才。要充分利用山东省海洋科学研究优势,通过加强科技资源的投入、科技组织的完善和创新环境的优化建立起海洋科技创新支撑平台,提升海洋产业核心竞争力。目前山东集中了全国 50%以上的海洋科技人员,国家和省属涉海科研、教学事业单位近 60 所,省部级海洋重点实验室 29 个,这些平台及其人才就是引领、支撑海洋经济发展的基础。未来发展中,要重视依托发挥好这些科教优势和国际影响力,创新合作模式,结成产学研战略联盟,着力打造海洋高端人才聚集地和优质劳动力富集地带。目前山东省及各地市先后与中科院合作成立了中科院青岛生物能源与过程研究所、中科院烟台海岸带可持续发展研究所、中科院山东综合技术转化中心,青岛正在谋划提出建设“蓝色硅谷”,

日照市设立了全国首个“蓝色经济引智试验区”，威海市南海打造大学城，这些措施都为海洋人才的集聚创新提供了有利的外部环境。要积极发挥好这些基地平台中心的载体作用，建立和完善人才创新和引智成果的示范推广机制，促使科研加快向实际生产力和产业发展转化，以人才的创新驱动来引领产业的壮大和规模扩张，带动和提升就业质量。

（三）完善社会保障体系

1999 年国际劳工组织就曾提出“体面劳动”的概念，并定性为“在自由、公正、安全和具备人格尊严的条件下，获得体面的、生产性的工作机会”。要确保劳动者的劳动权利得到尊重，体面的劳动，应该建立一个完善的社会保障体系。蓝色经济发展需要一大批高素质的稳定的劳动力资源，城镇化过程中也需要一体化保障方面的体制改革，我们必须重视这种城乡发展不平衡、劳动者权益保障需求与经济发展不相适应的现实情况，出台一系列保护主力就业群体的保障政策，使劳动力生产进程不受到不公平的干扰，提升社会创造力。要确保劳动者享有国家法律规定的各项就业权利：包括平等就业和选择职业的权利，取得劳动报酬的权利，休息、休假的权利，获得劳动安全卫生保护的权利，接受职业技能培训的权利，享受社会保险和福利的权利，提请劳动争议处理的权利，等等。

（四）提高社会幸福指数

山东半岛蓝色经济要实现高速良性运转，关键是社会要和谐稳定。而和谐稳定的关键，在很大程度上取决于生活于其中的社会成员的幸福感或者说幸福指数如何。幸福指数包括很多，除了包括上面提及的就业、保障生存状况满意度，也包括居住、教育等生活质量方面，延伸开来还涵盖人际交往、个体与社会的和谐程度，以及个人幸福与社会和城市发展之间的关系等等。我们期望让劳动者在经济建设过程中幸福生活，愉悦工作，就要理性的摈弃那种过分榨取劳动者剩余价值的纯 GDP 数字观，打造蓝色经济独有的以人为核心的内涵要求。其一，打造公正、公平的社会环境，倡导公共服务的均等化，推动实现就业服务、社会保障等基本民生性服务全面覆盖，公共设施、生态环境等公益基础性服务逐步改善，公共卫生、文化教育等公共事业性服务逐步健全，让蓝区职工和居民享受到经济社会发展成果；其二要重视劳动者政治生活的参与，在各级人大代表选举中保证一线劳动者代表参选的适当比例，创建农民工利益代表组织，确保社会公平安全，依法享有广泛的权利和自由，调动劳动者投身于经济建设的积极性；其三，弘扬自主创业、奋斗追求美好生活的主流精神，建设动态开放、包容好客的蓝色经济，使每一个建设者都能全身心融入到所生活的城市中来，感受山东深厚的孔孟礼仪文化底蕴，打造一批更具实力的“智慧城市，乐业城市，幸福城市”，扩容城市承载力，提升蓝区建设者和国内外对山东的认可度和好感度。

四、建立完善可持续高质量就业的体制机制

（一）促进城乡一体化发展

对于山东半岛发展而言，海洋经济很大一部分就起源于沿海社会主义新型农村，是目前已初具规模的沿海经济区的根据地。未来的持续发展和产业布局，依然需要依靠这片沿海土地和这里广大的农民。因此我们必须让广大农民特别是适龄劳动力平等参与蓝色经济的现代化建设进程、共同分享现代化成果。要加快农村经济结构调整，切实转变农业增长方式，构建现代农业产业体系；推进城乡就业一体化，构建城乡统一的劳动力市场，完善城乡一体的就业服务平台，形成城乡平等的就业环境；加强农村劳动力职业技能培训，开展对农村劳动力、农村妇女和新生代农民工等群体的专项技能培训，鼓励企业对农民工实行定向、订单培训，提高农民工专业技术水平，推动农村富余劳动力向城市和二、三产业有序转移。提高农民工专业技术水平，鼓励企业对农民工实行定向、订单培训；着力解决好农民工子女上学、工伤、医疗和养老保障等问题，推进转移农民市民化；加快农村征地制度改革，维护好农民权益，妥善解决失地农民的就业和社会保障问题。[4]健全农村留守儿童、留守妇女和留守老人关爱服务体系，营造理解、尊重和关爱农民工的良好氛围。

（二）加快创业型城市建设

从经济的长远可持续发展看，扩大就业关键是开源，以创业来促进就业，打造有竞争力的创业型经济，这才能从根本上解决就业瓶颈。山东重视创业城市的建设，青岛、烟台、济宁、泰安、威海已被国务院授予全国首批创业先进城市称号。为充分发挥“创业带动就业”的倍增效应，推动加快其他

城市的蓝色经济步伐，要进一步完善更具活力的多部门参与、各城市联动的创业政策体系建设，有效开发和利用整个半岛区域的全社会创业资源，从产业政策、财税政策、金融政策等多方面支持自主创业。要加大政府扶持力度，扩大创业领域，推出放宽市场准入的一系列措施，从税收减免、小额担保贷款、岗位和场地补贴、融资渠道等多个层面入手，给予尽可能的优惠。要注重创业载体平台建设，比如创业孵化基地、创业示范企业、创业园区、创业之星展示、大学生创业就业中心等等，进一步丰富载体服务功能，设立财政担保基金，集中开展企业创办型和企业发展型两种类型的创业培训。要大力发展创业教育体系，促进社会整体就业观的转变，激发高校毕业生、科技人员、返乡农民工、退伍军人等人员的创业动力，其中高校毕业生有知识、退伍军人有胆识，这两类群体要强化引导激励，提高创业成功率。

（三）深化顶层配套制度改革

山东半岛蓝色经济要加快推动与经济发展需求相适应的更高质量的就业，需要来自基层自身的谋划努力，需要国际国内经济形势的推动，更需要来自顶层的全方位的保障性体制改革。

那么顶层如何来改革，来重新设计就业政策？应该基于有限政府的理念，放开市场经济发展所需要的一切束缚，重在做好宏观政策的引导、监管。围绕蓝色经济就业需要，当前，其一要从劳动自由出发，深化户籍管理制度改革，及早打破劳动力市场的城乡二元分割的体制，打破身份制的限制，以增进劳动者的自由。其二要从机会平等和消除歧视出发，深化就业体制改革，提升弱势群体就业素质和就业能力，让每个劳动者都有平等的就业机会。其三要从持续改进服务出发，深化行政管理体制改革，进一步简政放权，尽可能减少对企业的干预，专心做好经济发展所需求的各种形式的就业服务，架构高质量的繁荣的劳动力市场。其四要加快经济体制改革，科学选择就业结构，着重引导发展服务业和民营经济，以扩大投资市场和劳动力市场的空间，并提高其质量。其五要加强海洋管理体制改革，提高海洋综合管理水平，建立海洋综合执法运行新机制。当然，要从顶层来进行改革，还需要参与改革制度设计的“个人”有自我“革命”的勇气，抛弃小团体利益，达成广泛共识，做出不懈努力，才能不断取得成效。

蓝色经济的可持续发展是一项复杂的系统工程，需要全社会的共同参与，需要多个领域的革新努力，这其中生产力要素作用的能动发挥无疑是最大的直接推动力，我们必须把推动实现“高质量的就业”工作放在蓝色经济转型发展过程中的重要环节，全力以赴抓好。要结合山东半岛独特地理位置优势和海洋产业的特点，以劳动者自主就业、市场调节就业、政府促进就业和鼓励创业为总的指导方针，坚定实施就业优先战略和更加积极的就业政策，从就业结构布局、人才队伍建设、重点群体就业、职业技能培训、人力资源市场、就业服务体系的完善等方面，加强宏观调控和制度设计，使就业机会更加充分、就业环境更加优良、就业结构更加协调、就业能力更加全面、劳动关系更加和谐，以高质量的就业推动蓝色经济社会快速健康发展。

[注释与参考文献]

[1] 张茉楠，《“就业增长优先”内涵深远》，《上海金融报》，2011 年第 3 期。

[2] 毛寿龙、杨志云，《就业政策的顶层设计》，《行政管理改革》，2012 年第 11 期。

[3] 信长星，《以促进基本服务均等化为目标全面加强公共就业服务能力建设》，《中国劳动保障报》，2012 年 11 月 5 日。

[4] 王蕾，《加快形成城乡一体化发展格局》，《人民日报》，2013 年 8 月 12 日。

从扶持到控制

——南京国民党政府工会政策考析

金京玉*

工会是近代劳资关系矛盾的产物，是受雇者自发组成的依靠团体力量维持及改善劳动条件与生活状况，并保障受雇者自身权益的长期性团体，[1]工会的主要目的在于劳动条件的维持和改善。在近代出现新式工厂后，原来的师傅、伙计与徒弟结成的劳动组织，成为自由缔结契约的劳动者和资方的组织，这种变迁促成行帮向工会的转化。近代的工会经历了从最初的劳工的自发组织到被赋予合法地位的正式组织的转变。国民党政府一方面标榜扶助工人团体，促成工会立法，赋予工会一系列权利，另一方面，将工会纳入其党治的股掌之中。本文试图通过北伐前后国民党政府对工会政策的变化，揭示国民党政府与工会之间的关系。

一、1927年以前：国民党政府对工会的扶持与引导

由于近代中国工业极其落后，工厂主唯有通过苛刻对待工人的方式，降低成本，引起工人不满，劳资间纠纷不断。到民国初年，为限制劳工权利，北京政府1912年颁布《暂行新刑律》，规定罢工为犯法，1914年颁布的《治安警察条例》和《治安警察法》，规定制止一切个人的结合及行动[2]，以维持社会

* 作者简介：金京玉，经济学博士，山东大学（威海）商学院副教授，研究方向：经济史、企业法律制度。本文为教育部人文社会科学研究规划基金项目“民国时期中间组织与企业劳资关系研究”（项目编号：12YJA790059）的阶段性成果。

秩序的安定。因此，北京政府时期，工人组织在政府的打压中未能得到发展。

第一次世界大战期间，列强各国暂时放缓了对中国的扩张，国内工业得以获得较快发展，企业数量日益增多，劳资问题突出，劳资纠纷甚至罢工不断发生，愈演愈烈。1914 年至 1919 年 5 月，全国共发生罢工次数就达 108 次，短短 6 年间，比 1840 年到 1911 年 70 年间的罢工总数还多。五四运动掀起的高潮，各地出现了一批工人自发组织的工会，如 1920 年上海织袜厂女工发起组织织袜女工工会，1919 年到 1920 年湖南成立的平江工业协会、湖南劳工会，浙江、湖北、成都、唐山都有工会组织。到 1921 年，广州已有工会 130 多个，多由行会演变而来。香港则有 120 多个。[3]

1912 年成立的南京临时政府公布的中华民国临时约法中，曾明确规定了“人民之身体非依法律不得逮捕拘禁审问处罚”，以及人民有“言论著作刊行及集会结社之自由”。但由于受军阀统治，未能得到实现。1917 年国民党负责工运事务的专家马超俊提出的全国工运八项原则，其第一项即为“扶植工会之组织”[5]。1920 年 11 月，广州政府在其发布的《内政方针》中规定：“保护劳动，谋进工人生计，提倡工会。”[6]1921 年宣布废止《治安警察条例》。1922 年发生香港海员大罢工，取得了胜利，海员工会的合法地位得到当局认可。广州政府由此认识到工会的重要性，1922 年 2 月广州政府颁布《暂行工会条例》，[7]明确规定工会为法人，确立了工会的合法地位及工人组织工会的权利，为以后的工会立法奠定了基础。1922 年 3 月 14 日广州国会非常会议议决废止限制工人罢工的《暂行新刑律》第 224 条，使工人运动在广东得到合法发展。

1919 年 11 月，第一次国际劳工大会在美国华盛顿举行，迫使北京政府当局开始关注劳工问题，1922 年香港海员罢工胜利后，工人们希望谋求法律上的保护。1923 年 2 月 4 日，京汉铁路工人在郑州成立全路总工会被禁止，举行大罢工，遭到军阀吴佩孚的镇压而失败，但其影响巨大，各地工人根据 1912 年临时约法的精神，要求组织工会和自由集会的权利，引起社会舆论的广泛关注。政府深感劳工立法的必要，1923 年，《暂行工厂通则》颁布，随后北京农商部根据大总统的命令草拟《工人协会法草案》，允许从事同一事业的工人，有组织工会的权利，工会的活动，限于会员的互助，改良雇用条件及工作状况，实施调查，向政府陈述关于劳工行政立法之意见。设立工人协会，需呈请地方行政长官核准。规定工人协会不得“淆乱政体、妨碍公安、危机公共生活、危碍交通及国家社会”，否则，“主管官署随时予以解散”。该草案最终由于局势动荡不了了之。1925年“五卅”惨案爆发后，上海总工会成立，宣布总同盟罢工，各地工人要求政府制定劳动法，承认工人组织。迫于形势，北京政府重新拟定《工会条例草案》[4]，将工会规定为职业组织，工会属于法人。其后又会同交通等部进行修正，将工会扩大为产业组织，1926年因国民军和直、奉军阀交战，《工会条例草案》又遭搁置，没有结果。

国民党的劳工政策第一次见诸文字的，是1924年1月第一次全国代表大会国民党政纲的对内政策第十一款：“制定劳工法，改良劳动者生活状况。保障劳工团体，并扶助其发展。”[8]第一次国共合作期间，孙中山“扶助农工”政策开始在一些地区得到实施。共产党领导的工人运动获得较快发展，为适应形势变化的需要，根据广州各工会的要求，1924年10月，孙中山以国民政府大元帅的名义颁布《工会条例》[9]21条。较原来的《暂行工会条例》相比有明显的变化：

第一，是工会会员范围的扩大。规定凡年龄在16岁以上，同一职业或产业之脑力或体力之男女劳动者，家庭及公共机关之雇用，学校教师职员，政府机关事务员，集合同一业务之人数在50人以上者，都可以组织工会。

第二，明确工会以产业组织为主，已设立的同一性质的工会有两个或两个以上者，应组织工会联合会。工会可以进行国内外的联合。为今后建立全国性的工会组织和参加国际劳工组织提供了依据。

第三，明确并扩大工会的职责权利。承认工会与雇主间的团体契约权。承认工会与雇主团体处于对等之地位，于必要时有要求雇主开联席会议仲裁之权，并得请求主管行政官厅派员调查及仲裁。工会在其范围以内，有言论、出版及办理教育事业之自由。行政官厅对于公用事业之雇主或工人间冲突，只认调查及仲裁，不执行强制判决，以养成工会自动之能力。

第四，承认工会之罢工权。

第五，刑律及违警律中所禁止之聚众集会等条文，不得适用工会法，避免了警察对于工会活动的妨碍。

总体来说，《工会条例》确认劳工团体之地位；赋予劳工团体更大的权利与自由;使工会与雇主同处平等地位。堪称是我国历史上第一部工会法,是国共合作的体现。《工会条例》体现出国民党最初对工会是承认并支持的,1926 年国民党第二次全国代表大会时,承认工农群众为国民革命的主力军,对于农工组织应竭力注意,提倡保护国内新兴工业;保障农工团体,扶助其发展。在其宣言中声称“工人阶级……成为国民革命中有力的成分。同时更于民族解放运动中取得领导的地位。”国民党中央党务总报告决议案指出:“工农群众为国民革命主力军,已于过去连年事实中完全证实。本党基于扶植农工之政策,以后应多致力于农工组织,扩大吾党基础的努力。”[10]表明国民革命要将工人作为主力军,成为国民党扶植支持和争取的对象。“各地工人运动之勃兴及各地总组织之发现,皆为中国工人群众团结力扩大之表征。吾党应趁此时机,予以伟大的帮助,促其发展,加速力量之增加,使全国工人的总组织——中华全国总工会,及各产业的各地方的总组织,成为健全的,独立的、且有系统的组织。”总的说来,国民党对于当时工人运动和工会组织是持肯定态度的。

同时,国民党主张其对工会的领导地位。国民党与工会之关系上,“党为政治组织,工会为经济组织,党对于工会在政治上立于指导地位,但不可使工会失其独立性。”工会中之党员应做成工会之中心,[11]表明工会不是完全独立于党的组织,要受党的指导,为 1927 年后国民党控制工会做了准备。之后国民党颁布了一系列的法律法规限制工人组织和罢工活动。1927 年广州国民政府对 1924 年的《工会条例》进行了补充和修正,对于工会与外国工会实行联合作出限制性规定;工会宣告罢工应确定其范围;政府对劳资冲突要加以必要的限制以防工潮扩大等,《工会条例》强调国民党各级“党部对于工会应有相当指导之权”。[12]。至此,之前孙中山提倡的扶助农工政策在他病逝后,逐渐发生偏离,渐行渐远。

二、国民党对工会的控制

(一) 国民党对工会的限制与控制

在 1927 年“四·一二”政变后,国民党蒋介石集团对上海工人进行了疯狂的镇压,关闭解散上海总工会,并解除工人纠察队的武装。清党以后,国民党认为激进的劳工运动，不利于国家幼稚工业的发展，过去工人团体，仅能用于破坏，而不适于建设工作，决定在全国进行工会改组，在重要城市中，成立工会委员会，指导工会组织。建立自己的工会，取代原有工会。新工会的目的并不在于为工人争取权益，只是国民党的控制工具，表明国家对劳动关系的干预。工会在20年代中期力量强大，组织严密，高度政治化；1927年以后这些工会领导人就被撤职，而由这个政权的代理人接替。工会的指导原则已不是阶级斗争，而是与雇主和政府合作。独立工会活动受到禁止，工会变成了这个政权的软弱顺从的工具。[13]

在工业中心上海，当时成立了上海工会组织统一委员会作为全市工会的最高权力机关，令基层工会向"工统会"登记，要求各工会不得领导工人罢工或怠工，违者"按军法惩处"。如江南造船所的原有工会被封闭，由国民党海军政治部出面，派员召集职员和工人双方代表，讨论设立新工会方案，新工会于1927年5月1日成立。国民党海军政治部派专人兼任工会委员会的指导员，掌握工会的领导权和监视该会的一切活动。这一时期江南造船所的工会委员会，基本上成为所方的御用工会。[14]

1927年4月18日，蒋介石公布《上海劳资调节条例》，该条例只承认在当地政府与国民党党部立案的工会。[15]在国民党及其政府对工会实行一元化监督管理和垄断控制下，工会逐渐丧失了独立的地位演变成官办工会，演变成为受党和行政部门辖制的一个变相的劳工福利机构。[15]

1928年，国民党第二届中央执行委员会通过民众运动案，提出："人民在法律范围内，有组织团体的自由，但必须受党部之指导与政府之监督"[16]，1929年6月，通过的人民团体组织方案，规定人民团体分职业团体和社会团体两种，工会属于职业团体，党部对于人民团体的关系为尽力扶植依法组织。对于违法之团体，应尽力检举，由政府制裁之。设立职业团体，须向当地党部申请许可。在此，国民党对于工会等职业团体通过采用许可主义，加以限制。1934年4月26日通过的《人民团体指导办法》规定，普通工会照现行工会法执行。县市以下工会如有特殊情形，当地党政机关为统一指导监督机关，计呈经中央许可得设立总的组织。

1934年4月6日，蒋介石通令各省市政府严禁工人罢工，"嗣后各处工厂，倘有擅自罢工怠工情事，应由当地主管官署严加制止，若发生上项风潮之工人组有工会者，并得由该管官署查照工会法……，先将该工会勒令解散，使风潮得以迅速解决。”[17]在国民党政府的一系列政策措施下，工会力量渐趋消减。下表为1927年至1935年全国工会及会员分年统计，尽管数据不全，但我们能够从1927、1928两年的工会会员数3065000人、1773998人及1928年的工会数量与之后进行比较，看出1930年及之后，工会及其会员数量明显减少，反映了1929年《工会法》颁布后，工会的发展受到了限制。

1927—1937年全国工会及会员分年统计

年份	1927	1928	1930	1931	1932	1933	1934	1935	1936	1937
工会数（个）		1117			647	695	759	823	1051	976
会员数（人）	3065000	1773998	576250	364012	421329	422730	462742	469240	912399	709042
每一工会的平均人数（人）		1558.2			651.2	608.2	609.7	570.1	868	726

资料来源：根据孙本文，《现代中国社会问题》（第四册）劳资问题，商务印书馆1933年，第142—143页；及金京玉.《民国时期工业企业劳资关系研究》，经济科学出版社，2012年，第113页整理。

1936年9月8日上海市党政当局议决制止工潮办法，由市党部、社会局会衔布告，重申禁令，凡未经党政机关核准，工方不准自由罢工或怠工，否则依法究办；市党部对各厂工人进行指导，不被“利用”；对于工潮消息，各报馆一律慎重登载等。国民党政府进一步限制了舆论宣传，10日，上海总工会召集八十多个行业工会代表开会，议决通令各工会告诫所属工友，不得无故罢工或怠工，实行劳资协调；忠告资方不得无故停业，无故开除工人；函请公安局，在劳资纠纷调解期中，未经党部许可，不得逮捕工人等；并将上述议案呈报中央党部、行政院。自此工会的活动要听凭党部的指示和指导，工会成为服从于国民党政府统治的软弱工具。

（二）南京国民政府的工会立法

在南京政府建立之初，劳资关系已被纳入到政党政治之中。[18]1928年9

月，南京政府法制局认为《工会条例》中某些规定不利于政府的统治，同时也与国民党刚刚颁布的《劳资争议处理法》、《新刑法》均有抵触，提出重订工会法的要求。1929年6月的《人民团体组织法》明确规定，人民团体必须接受党部的指导、协助及政府的监督，其监督的范围包括解散、改组、停止活动、违法制裁。10月21日南京政府公布《工会法》，对工会成立的条件、入会资格、工会的权利、任务、联合、罢工等作了诸多限制。主要内容如下：

第一，规定工会设立的目的为增进能率，改善同一职业或产业之生活与劳动条件，反对工会参与政治活动。将工会任务和活动做了限制。

第二，工会为法人组织，种类为职业或产业工会，工会设立的条件为同一产业100人以上，同一职业50人以上；向当地党部申请立案，经批准方可成立；工业工会的联合仅限于同一产业或职业工会，禁止设立县市以上的总工会。国家行政、交通、军事、军事工业、国营产业、教育事业、公用事业等各机关之职员和雇用员役，不得依工会法组织工会；这些部门工人依据特种工会法组织的工会无缔结团体协约权，并不得宣告罢工。

第三，工会受党部指导和政府的监督，劳资间之纠纷非经调节程序后，经会员大会以无记名投票得全体2/3以上同意，不得宣言罢工。罢工不得妨害公共秩序之安宁或加危害于雇主或他人之生命财产，不得要求超过标准工资之加薪而宣言罢工；除例会外，一切会议须得党部之许可并在党部指导下召开。

第四，限制工会的联合权。联合同一产业或职业之工会，呈请主管官署之核准，组织工会联合会。非得政府之认可，不得与外国任何工会联合。

第五，增加政府干预。工会章程的变更须经主管官署之认可，否则不生效力；主管官署可根据情形解散工会；工会之合并或分立应得主管官署之许可。

1930年6月，国民党政府公布《工会法施行法》，工商部对工会组织法中的“工会联合会”做了解释，称工会法并无总工会名称，所有旧日成立的省市总工会应立即解散。旧时工会组织条例以奉令废止，不得再行援用。

其后的历次修正案中，增加了私营之交通及公用事业不在之内的规定。由于工会法与劳资争议处理法关联，在劳资争议处理法恢复强制仲裁制度后，为与之保持一致，《工会法》修正为劳资间纠纷，其已付仲裁或应付仲裁者，仍不得宣言罢工，这样就使得罢工成为不可能。将“国家行政、交通、军事、军事工业、国营产业、教育事业、公用事业等各机关之职员和雇佣员役，不得援用工会法组织工会”的规定修改为国家行政、交通、国营产业、公用事业等各机关之工人，得组织工会，惟其职员、雇佣员役及军事、军事工业各机关之员役工人不在此限。

从1927年前后工会立法的对比中不难看出，北伐胜利之前，国民政府为取得北伐胜利，获得基层工人的支持，对工会采取了比较宽松的政策，赋予工会罢工的权利。北伐胜利后，国民党的工会政策就发生明显的变化，由先前的扶持转向限制与指导，取消了许多工会条例中赋予工会的职权，通过对工会“废旧立新”，以使工人运动不致危及政府的统治。

结　论

尽管国民党统治时期工会的法人地位得到法律确认，但国民党政府与工会间的关系在北伐胜利前后大相径庭。国民党对工会的态度是根据其需要出发，在国民党未能取得政权时，为获得广大工人群众的支持，国民党积极支持工人运动，对工会许以许多权利。1927年以后，却一改从前的温和态度，坚决限制诸多先前赋予工会的权利，使工会成为服从其统治的工具。自此，工会丧失了其独立性。因此，国民党政府对工会的政策完全是服务于其政治目的，以其自身需要为中心。韦伯(B. P. Webb)认为，工会是“以保证和改善雇用条件作为目的的工人的经常性团体”。日本学者提出工会的基本性质有以下两点:“第一，工会具有政治目的和互助目的，这两个目的又是实现上述‘以保证和改善雇用条件’这个经济目的的手段。第二，工会是工人自己的团体，因而它既不是一个御用组织，也不是某个政党的附属物。”[19] 1927年后国民党统治时期的工会却完全成为了国民党的御用组织和附属物了。[20]上海总工会的解散，标志着国民党从此对劳工组织的监督与指导的开始，一切劳工团体，都处在党治之下。国民党的党政似乎对劳工没有什么积极的影响。凡是不被国民党承认的工会，不是被解散，就是被改组。剩下的所谓合法的工会即为官办工会，则受国民党的完全控制。

[注释与参考文献]

[1] 张德远,《西方劳动经济学》,上海财经大学出版社,1999年,第87页。

[2]《治安警察条例》规定禁止"劳动工人之聚集",禁止"同盟罢业"或"强行勒索",违者处以徒刑或罚金。同年8月29日又颁布《治安警察法》规定制止一切个人的结合及行动。《治安警察法》禁止工人在以下情形举行集会:有领导怠工、罢工、要求增加工资、破坏社会秩序及公共安宁者、有违反一切良好道德习惯者诸情形。

[3][4][8] 王永玺主编,《中国工会史》,中共党史出版社,1992年,第51、68—70、74、146页。

[5] 王永玺主编,《中国工会史》,中共党史出版社,第1992年,第70页。

[6] 中国社科院近代史所等编,《孙中山全集》(第5卷),中华书局,2011年,第433页。

[7] 民国日报1922年2月26日第6版。

[9] 浙江省中共党史学会编印,《国民党研究资料丛书——中国国民党历次会议宣言决议案汇编》(第一分册),第12—13页。

[10] 中国第二历史档案馆编,《中华民国史档案资料汇编》(第四辑·一),江苏古籍出版社,1991年,第101页。

[11]《邓中夏文集》,人民出版社,1983年,第358页。

[12] 中国第二历史档案馆编,《中国国民党第一、二次全国代表大会会议史料》,江苏古籍出版社,1986年,第315—316页。

[13] 中国第二历史档案馆,《国民政府立法院会议录(一)》,广西师范大学出版社,2004年,第284页。见周晓焱、张建华,《1920—1940年代南京国民政府的工会立法研究》,《西南政法大学学报》,2010年第4期,第10页。

[14] [美]费正清、费维恺编,《剑桥中华民国史》,中国社会科学出版社,第137页。

[15] 上海社会科学院经济研究所,《江南造船厂厂史》,江苏人民出版社,1983年,第212—214页。

《上海劳资调节调例》《银行周报》(杂纂·496期),1927年4月26日。中国社会科学院近代史研究所、刘明逵,《中国工人阶级历史状况(1840—1949)》(第一卷·第一册),中共中央党校出版社,1985年,第704页。

[16] 冯同庆主编,《劳动关系理论》,中国劳动社会保障出版社,2009年,第188页。

[17] 浙江省中共党史学会编印,《国民党研究资料丛书——中国国民党历次会议宣言决

议案汇编》,第 233 页。

[18] 中华民国实录编委会,《中华民国实录(1927.4—1932)》(第二卷下·内战烽烟),吉林人民出版社,1998 年,第 1708 页。

[19] 魏文亨,《雇主团体与劳资关系》,2005 年第 5 期,第 61 页。

[20] 中华民国实录编委会,《中华民国实录(1927.4—1932)》(第二卷下·内战烽烟),吉林人民出版社,1998 年,第 1915 页。

[21] 邢必信等编,《第二次中国劳动年鉴》(上、中、下·绪论),北平大北印书局,1932 年,10 月。

清末青岛、济南之崛起与山东市场的一体化

杨发源*

一、清代前中期山东市场体系的分割化

清代前中期,山东市场主要由三个区域体系构成,一为运河城市体系,一为沿海城市城市体系,一为东西陆路大道城市体系。

(一)运河城市及其市场

山东运河城市的兴起、繁荣与明清漕运紧密相关。运河疏浚后,漕运在帝国政治和经济生活中作用日益显著。山东运河城市承担着将南方漕粮运至京师的重任。在漕运的刺激下,运河沿岸城市渐趋发达,其中以临清、济宁、德州、聊城最为著名。兹以济宁为例谈下运河区域城市的商品流通。

济宁是著名运河城市。明初,济宁仅为一普通散州。运河疏浚后,位于山东运河中南段的济宁凭借其"南控徐、沛,北接汶、泗"的地理位置,很快成为南北转运的重要码头和鲁西南的商品流通枢纽。方志载"济当河槽要害之冲,江淮百货走集,多贾贩,民竞刀锥,趋末者众"。济宁腹地所产棉花,大都集中到济宁的专门市场棉花市街销售,装船南运;而由江南运来的

* 作者简介:杨发源,山东大学(威海)哲学与社会发展中心讲师,历史学博士,研究方向为城市史、中共党史。

布匹，则在专门的布市口街批发零售，故棉花与布匹成为济宁商业贸易的大宗货品。此外，南北杂货贸易也是济宁商业活动的重要内容。它通过运河吸收江南和中原的大量木材和竹料，运来浙江的红、白糖，江西的瓷器，湖北的桐油等等。然后输送到兖州、曹县等山东和河北的一些地区，又将北五湖、南四湖和兖州一带的土特产，如干鲜果中的核桃、枣、柿、梨、椿芽、药材，以及皮张、皮毛等运往江南，并将周邻各县的粮食、布匹、煤炭和本城手工业生产的竹制品、酒、油、酱菜等，大批地运往临清、德州、天津等地[2](pp.306-307)。清代前中期，借助运河的运输便利，济宁成为鲁西南地区商品集散中心，其商品流向与运河走向相同，与苏、浙地区为重要贸易对象。同样，临清等城市是鲁西北地区商品集散中心，与直隶地区贸易较为频繁。

（二）沿海城市及市场

清代中前期，山东沿海城市亦有所发展，其沿海贸易范围也逐渐扩大，南至闽台乃至广东，北达东北丰田、吉林。山东半岛输出商品以大豆、豆饼、蚕绸、白蜡、紫草药材、红枣、核桃、柿饼、海产、腌猪为大宗；输入商品主要有粮食、木材、纸、糖、木材等，其中粮食来自辽东，手工业品来自江淮、闽台。在商品贸易的刺激下，山东沿海城市渐有发展，其市场以传统的沿海民船运输为依托，商品贸易以黄县、登州、胶州、金口、塔埠头、女姑口为集散地。兹谈下胶州地区的商品流通。

胶州是山东半岛重要贸易港口。清代海禁开放后，山东半岛沿海贸易规模及范围迅速扩大，受此刺激，胶州很快发展为“商贾辐辏之所”，“南至闽广，北达盛京，夷货海估山委云积，民用以饶，埒于沃土”[3]。胶州输入以南货为主，而其输出商品计有“山绸、椿绸、布、盐、靛、蜜、蜡、木炭、瓜子、花生、豆饼、豆油、腌猪、白菜、槐米、干粉、海米、草帽、毡帽等”[4]。胶州是大白菜的重要产区，清代中叶即由海路输往江南。道光年间毡帽“胶人设作坊制造，岁以数万计，由海舟运南省出售”。但其后胶州港淤塞日重，船只不能驶入，贸易重心移至塔埠头，塔埠头繁荣之时，“货物转移东、西、北各地，一时商贾辐辏，帆樯云集”[5]。从塔埠头中转的货物，东到即墨，西达潍县，北至烟台地区[6](p.14)。可见，通过大豆、毡帽、白菜等物品贸易，胶州沿海地区与南方沿海地区建立了较为稳定的贸易关系。

（三）东西陆路大道城市及市场

近代沿海开埠之前，鲁中山地北麓陆路大道上自西向东分布着济南、周村、潍县等重要城市。但在清代前中期，仅周村为重要的商品集散市场。

周村，属长山县。因居于横贯山东东西大道的孔道位置，清代发展成为车马辐辏的商业重镇。周村为山东蚕丝的主要集散地。道光《济南府志》记载："长山一带，俗多务织作，善绩山蚕，蚕非本邑所出，而业之者颇多，男妇皆能为之"[7](卷1,p.213)。乾隆《淄川县志》也记载："邑人近事槲䌷，然蚕不产与淄而织于淄，自食其力以佐农之穷"[8]。长山、周村一带并不产山蚕而民多织作，其所用"生丝原料多从周村买来，在那里可以买到泰安、费县、莱芜、莒州、栖霞等地出产的柞蚕丝"[9](p.87)。《中国实业志·山东省》亦云清代中叶周村"设有丝店，代客买卖，而后遂成为山东丝业市场"[10](p.151)。一些商贾在周村设点经营丝绸业务，如著名的章邱旧军镇孟氏便在周村开设恒祥绸布店。

以上基本为清代前中期山东市场体系概况。从中我们可以看出传统市场流通的一些特征。首先，传统市场流通之商品系较为传统的农产品、当地特产，这些商品流通的一个共性是缺乏坚实的商品生产作基础。其次，其市场体系建立在传统商路基础上。运河市场体系建立在运河航运及漕运基础上，而东部沿海贸易建立在沿海帆船运输基础上，周村市场则很大程度上依赖传统陆路运输，商品的通达性缺乏有效保障。最后，缺乏一条横贯全省的商路，使得全省难以形成一个统一的市场体系。山东市场体系呈现出一定的外向性，运河北部城市多与天津、华北地区联系，运河南部城市与江浙运河地区联系紧密；而沿海城市则与中国沿海地区为贸易伙伴，其中北部沿海一带与渤海地区联系紧密，而南部沿海则常与江南进行贸易往来。由于鲁中山区的阻隔，山东三个区域市场体系之间联系较少，几乎被分割成互相封闭的三个系统，这严重制约着山东市场的内部整合。

二、清末青岛、济南的崛起及其在山东市场体系中的核心作用

清代前中期，山东与外部市场联系较为紧密，但省内市场缺乏整合。烟

台开埠后,山东市场体系开始了缓慢变迁。沿海开埠及其贸易往来带来了新商品和贸易规模的扩大,实现了新商品结构对旧商品结构的替代。口岸市场是引发市场嬗变的关键节点,对腹地产生了重要影响,各个市场适应新的变化,不断调整自己的商品流通结构,最终形成以开埠城市为核心的多层次市场结构体系。

作为山东第一个开埠的港口城市,烟台的崛起并没有带来晚清山东市场的整合化。港口条件的落后、直贯山东腹地的商道的缺失,使得烟台的市场腹地主要限于鲁东北。鲁西地区另有商务市场,如济宁系鲁西南地区的集散市场,以毗邻的镇江为商品输出入口岸市场。凡是鲁南输出的土货一般先在济宁集中,然后运往镇江,而鲁南所需各种洋广杂货,也都由镇江运来。青岛开港后发展迅速,逐步取代烟台成为山东最重要的港口城市,并借助胶济铁路的辐射,一定程度上促进了山东统一市场体系的形成。

(一) 青岛的崛起及其在市场体系中的作用

真正使山东市场走向一体化的促成因素是青岛的崛起。1898 年 3 月,德国强迫清政府签订了《胶澳租借条约》,胶州湾一带遂变成了德国租借地。德国极为重视胶州湾的经济的价值,力求"在不损害该地区作为舰队基地的军事上的重要作用的前提下,……把它发展为一个商业殖民地,即发展成为德国商团在东亚开发广阔销售市场的重要基地"[11](p.3)。为此,德租时期,青岛相继进行了港口和铁路建设。

1. 青岛的航运及铁路运输

(1) 青岛港建设及航运业

德国人租借青岛后,确立了港口建设优于城市建设和工商建设的方针。为此,德国政府不惜财力营建青岛港。1899 年至 1908 年,青岛的全部投资为 122158274 马克,而青岛港的筑港费即达 22613000 马克。德国为谋军事和商业的发展,不惜巨资建筑港口,其在各项投资中,港口建设费用居于首位。港口设备完善,为远东之良港。

青岛港口建设的同时,以青岛为中心的航运线路陆续开辟。兹将德租时期以青岛为中心的航线及航运公司列表如下:

以青岛为中心的航线及航运公司表

<table>
<tr><th></th><th colspan="2">航线</th><th>船数</th><th>总吨数</th><th>航行地</th><th>航次</th><th>备注</th></tr>
<tr><td rowspan="2">汉美轮船公司(德)</td><td colspan="2">不定期欧洲线</td><td rowspan="2">10</td><td rowspan="2">25723</td><td>青岛、鹿特丹、汉堡、安特卫普、马赛等</td><td>每月2—3次</td><td></td></tr>
<tr><td colspan="2">定期近海航线</td><td>青岛、烟台、大连、天津、上海</td><td></td><td>仅冬季停航天津</td></tr>
<tr><td rowspan="5">怡和洋行(英)</td><td rowspan="3">定期航线</td><td>上海牛庄线</td><td>2</td><td>2172</td><td>上海、青岛、牛庄</td><td>每周一次</td><td></td></tr>
<tr><td>香港天津线</td><td>4</td><td>7925</td><td>香港、汕头、青岛、威海、天津</td><td>每周一次</td><td></td></tr>
<tr><td>上海青岛线</td><td>1</td><td>977</td><td>上海、青岛</td><td>每周一次</td><td></td></tr>
<tr><td colspan="2">不定期航线</td><td></td><td></td><td></td><td></td><td>香港芝罘线</td></tr>
<tr><td colspan="2">近海航线</td><td>3</td><td>3149</td><td>海州、石臼所等</td><td></td><td></td></tr>
<tr><td rowspan="2">禅臣洋行(德)</td><td colspan="2">不定期欧洲线</td><td></td><td></td><td>青岛、热那亚、马赛、利物浦、伦敦、安特卫普</td><td>每周一次或二月一次</td><td></td></tr>
<tr><td colspan="2">不定期日本航线</td><td></td><td></td><td>青岛、烟台、大连</td><td>每月一、二次</td><td></td></tr>
<tr><td rowspan="2">美最时洋行(德)</td><td colspan="2">不定期欧洲航线</td><td>4</td><td rowspan="2">18041</td><td>青岛、上海、香港、新加坡、槟城、科伦坡、亚丁、塞得港、安特卫普、不莱梅</td><td>每月一次，偶有经日本的</td><td>1艘吨位不明，不计于总吨内</td></tr>
<tr><td colspan="2">近海航线</td><td>2</td><td></td><td></td><td></td></tr>
<tr><td>捷成洋行(德)</td><td colspan="2">不定期欧洲航线</td><td>5</td><td>29083</td><td>神户、青岛、门司、马赛、安特卫普</td><td>每一、二月一次</td><td>日本邮船会社代理</td></tr>
<tr><td>瑞记洋行(德)</td><td colspan="2">不定期欧洲航线</td><td>10</td><td>51300</td><td>青岛、上海、新加坡、马赛、安特卫普、伦敦</td><td>每一、二月一次</td><td>1艘吨位不明，未计于总吨内</td></tr>
<tr><td rowspan="2">太古洋行</td><td colspan="2">定期近海航线</td><td></td><td></td><td>香港、宁波、青岛、烟台、大连、牛庄</td><td>二周一次</td><td></td></tr>
<tr><td colspan="2">不定期欧洲航线</td><td>3</td><td></td><td></td><td></td><td></td></tr>
</table>

资料来源：寿扬宾:《青岛海港史(近代部分)》，人民交通出版社1986年版，第73页。

上表可见,无论是从航船数量、航船规模、航船运输频度、航船运输距离等方面衡量,青岛的远洋运输业颇为发达,这便为青岛大规模的商品流通奠定了基础。

(2) 胶济铁路

青岛港建设和海洋航运线路拓展加强了青岛与其他商埠和海外的联系,而胶济铁路的修建也将青岛港与其腹地紧密联系在一起。胶济铁路于1899年动工,1904年全线通车。胶济铁路全长412公里。另外,从张店到博山还设有一条长43公里的铁路支线。

胶济铁路兴建后,业务突飞猛进。这归因于铁路营运的优势条件。首先,火车运输成本低廉。运营初期,货物分为3个等级。女姑口以东各站为租界内,女姑口以西至济南及张博线各站为内地。以每吨全程计价,输入内地的货物运价每吨头等9.46元、二等8.10元、三等6.76元,输入租界内的货物运价每吨头等5.85元、二等5.03元、三等4.19元,坊子运往租界内的煤炭实行低运价,每吨全程2.10元[12](p.100)。而传统的运输工具则成本较高,如手推小车运煤价格为每吨每华里1角2分[13](p.93)。坊子至胶澳租界约90公里,照此计算运费为21.6元。手推小车运输成本约为火车运费的10倍。其次,火车运速快捷。乘坐胶济铁路,自青岛至周村或青州仅需要一天时间,而通过传统陆路自烟台去青州需要7天,到周村需要8天[13](p.56)。此外,火车运输还有不受气候影响、运输安全等优势。火车运输具有如此多的优势条件,许多商人纷纷放弃原来通过传统运输工具运货至烟台的做法,转而选择通过胶济铁路运货至青岛的运输线路。以草帽辫输出线路为例进行说明,草帽辫的集散市场为莱州府的沙河镇。原来的输出港口为烟台,运输线路如下:商贩们购入沙河镇附近的货物后,装民船到烟台出口,或者直接用大车和牲口运往烟台。从沙河镇到烟台需要四天的陆地路程[13](p.56)。但现在改火车运至青岛出口,因为沙河至潍县车站仅一天路程,铁路运费比陆运运费便宜许多,且铁路运输又较迅速和安全[13](pp.56-57)。不仅草辫如此,许多其他物品也鉴于铁路运输的优势纷纷弃烟台港口而择青岛港口输出。胶济铁路所至线路几乎横贯山东中东部,它将山东半岛与山东内地紧密联系起来,这有利于统一的全省市场经济一体化的形成。

2. 青岛的商品贸易

(1) 商品输入

青岛开港后，国外商品开始大量涌入。其进口大宗主要有棉布、五金、糖、面粉、煤、美国煤油、铁路材料、开矿材料等[14](p.140)。其中，铁路材料和开矿材料为青岛开港初期主要进口物品。随着基础设施建设高潮的落幕，其他商品进口呈增长之势。棉布和棉纱进口值居进口洋货首位，自1906年起，两项进口就各在500万海关两以上，以后各年始终占洋货进口值的50%以上。1903年两项进口分别为47.6万匹和13.6万担，1913年增至218万匹和28万两，其中棉纱进口值为712万海关两，占同期全国棉纱进口值的10%以上[14](p.140、173)。煤油进口也呈增长之势。

(2) 商品输出

德租时期，青岛年出口值在100万海关两以上的土货有草辫、蚕茧、生丝、花生、花生油、牛皮、铁矿、小麦、煤、烟叶等十大类。胶济铁路未筑之前，山东草辫多通过烟台港出口。胶济铁路通车后，因铁路具有运费低、运速快、运量大等优势，加之德国当局对草辫出口实行鼓励政策，给予草辫商铁路运货以价格优惠，这样潍县以东、莱州以南出产的草辫运青岛比运烟台每包可省1元运费[15](p.125)。对于运往欧洲的草辫，德国亨宝轮船公司甚至"不收从青岛至上海的运费"[16]。上述做法吸引了众多草辫商，他们纷纷将草辫运往青岛出口。1905年青岛草辫出口达4万余担，成为国内最大的草辫输出港。1909年草辫出口突破10万担[14](p.157)。

青岛开埠前，山东生丝和蚕绸出口依赖烟台港。青岛开埠和胶济铁路开通后，周村、青州、临朐等地丝商相继改变原先的运销路线，就近由铁路运货至青岛出口。1903年青岛生丝出口4601担，1913年增至13497担，占全国出口总量的7.5%；1907年青岛始有蚕绸大宗出口，1913年出口量达6897担，占全国出口总量的37.5%；当年生丝、蚕绸两项出口值共约518万海关两，占全部土货出口值的20%。[14](pp.159-160)

与烟台相比，青岛商品流通具有以下特点：一、商品流通的规模较大，这与青岛港口建设及胶济铁路的营运有关，交通条件的改善扩大了商路并扩大了商贸的规模；二、青岛商品流通种类较此前增多。其进口商品已不单单是国外机制工业品和生活日用品，机器设备、工业原料以及国内沿海城市生产的工业产品，也逐渐在进口商品中占有一席之地。就出口商品而言，大量农产品加工业集中到青岛出口海外，这说明山东腹地的农产品商业化已具有一定规模。三、就腹地范围而言，青岛的腹地范围远超过烟台的腹地范围。烟台的腹地范围主要为鲁东和鲁北地区，而青岛的影响范围则扩展到鲁中、鲁南和鲁西南地区。总之，青岛的开埠及其港口、胶济铁路的建筑，使得青岛成为山东经济重心，青岛港的修筑及其远洋航线的拓展，将青岛与海外市场紧密联系在一起，而胶济铁路的兴建则贯通了青岛与山东腹地的交通。

（二）清末济南的崛起及其在山东市场体系中的作用

济南，为山东省城，位于鲁中山区北麓东西大道的西端，城北有济水连接渤海，同时济南位居北京至南京官马大道的中间。清代前中期，济南是山东省政治、文化中心，但其在山东省经济地位并不显著。官衙林立，学校栉比，为数众多的政治、文化机构构成了庞大的消费人口，促进了济南的服务业的兴盛。靠近官署的院前、院东、院西等大街，以及后宰门、贡院一带，集中了一些较高级的旅馆、饭店、钱庄和金饰珠宝店铺；靠近贡院的布政司街一带，则以经营书籍、碑帖、文具的店铺为多；其西边的芙蓉街是眼镜、乐器商店的聚处；城内西南部泺源门内的庙市，则是出售粮食、煤、棉花、食盐以及其他一些土杂产品的地方；大明湖门前的百花洲一带，是茶馆、说书场等娱乐活动的中心[17](p.66)。清代中前期济南的经济主要以服务于城内的官僚、胥吏及其家属和定期前来参加科考的士子为主。可见，清代中前期，济南经济具有内向性，即其经济主要为济南市民服务。就其对周边市场地位的辐射及聚合作用来衡量，济南在整个山东省内经济地位远不如周邻的周村，济南的经济价值从未能与它的政治文化地位相匹配。

清末，随着开埠通商及胶济铁路的修筑，济南成为了山东内陆的中心市场。1904 年胶济铁路通车至济南，济南与青岛港口通过铁路紧密联系在一起，其在山东商品流通中的地位迅速提升。1906 年济南自开商埠，1912 年津浦铁路全线通车，这加速了济南市场的转型，并极大地改善了济南的市场地位。凭借着发达的交通运输网络，济南与山东市场紧密联系在一起。济南在全省商品流通中地位更趋重要。各地市场土货多集中于济南，然后通过铁路运往青岛，再运行海外及其他沿海城市。海外及他埠的货物也反向运往济南，再疏散到各地市场。当时，“凡山东西部及山西、河南等省之土货，欲输往外洋者，先集中于济南，再运集于青岛，故济南为鲁、晋、豫三省出口土货最初集中市场，青岛乃为其出口之商埠”，而“洋货进口欲运入中国中部者，先集于青岛而后集于济南”，故“济南为中部洋货散布之商埠”[10](p.38)。随着交通条件的改善和市场地位的提升，清末的济南“不独为山东政治之中枢，更为山东工商之要埠。”[10](p.1)

济南自开商埠后，外商在商埠区设洋行、公司二十多家，大量倾销煤油、卷烟、棉布、砂糖、火柴、颜料、五金交电器材、日用百货等工业产品。同时，还大批收购工业原料和手工业产品，以小麦、棉花、大豆、牛、蛋、草帽辫、药材、蚕丝等为大宗[18](p.3)。清末，内地中心市场济南具有两个特征：其一，中心市场既是进出口市场最大的综合性土货货源地，又是其进口品中最大的消纳市场。第二，各类市场之间的商品流通，既靠彼此间的直接输送，同时又要靠中心市场的间接转运[19](p.175)。此时，济南经济运行的意义已不仅局限于为达官贵人、科举士子等城市市民服务，转而成为山东市场体系中承接沿海与内地市场的关键市场环节。

三、清末山东市场体系的一体化

晚清时期，伴随着可资流通商品的增多和商路的开辟，商品流通规模大为扩展，开埠口岸成为商品流通的枢纽，逐渐形成了以沿海和内地中心城市为核心、以近代商路网络为纽带的新型市场体系。这个市场体系层级分明，内中既有传统类型的市场，又有在口岸和内地商品流通基础上崛起的新型市场；在地域分布上，既包括覆盖面极广的市镇，也包括工商业城市。整个市场体系由初级市场、中间市场、中心市场构成。①

(一) 初级市场

随着商品流通规模的增长，在某些市镇形成了专门性的土货交易市场。

---

① 美国学者施坚雅先生也提出了初级市场、中间市场和中心市场概念（见[美]施坚雅：《中国农村的市场和社会结构》，史建云、徐秀丽译，中国社会科学出版社，1998年版，第6-7页），笔者所用概念与其大同小异，只不过更为强调这些市场流通商品的外向性特质。

这种市场是周邻地区土产的汇集之地，其商品流通以开埠城市为流向，专业性的商品贸易在市场中占重要的地位。晚清时期，山东专业市场主要有掖县沙河草辫市场、昌邑柳疃丝市场等，兹以柳疃丝市场为例进行说明。柳疃镇，隶属昌邑县。柳疃镇为胶东丝产品第一产地[20](p.175)。道光中叶以前，柳疃街已有不少贩卖丝绸的商号，柳疃街北头镇武庙山墙根下立有一通石碑，镌刻捐资商号三十余家[21](p.37)。柳疃茧绸大宗远销国际市场，则始于烟台开港。清末，柳疃丝业达至鼎盛。据记载，清末中国蚕绸"以莱为盛，莱之昌邑柳疃镇，为丝业荟萃之区，机户如林，商贾骈坒，蚕绸之名，溢于四远，除各直省外，至于新疆、回疆、前后藏、内外蒙古，稗贩络泽，不绝于道"[22](p.89)。当时柳疃约有织机 1 万余架，工作人数，达 10 万左右，出品约 60 万匹，总值约 400 万元。[23]柳疃及附近商号达到 400 余家，仅柳疃街就有"复兴店"、"德祥泰"、"福盛茂"等上百家。[21](p.40)

柳疃地区经营茧绸者，有丝行、茧绸店、机房、染坊以及机户。丝行和茧绸店大多殷实，镇内较大的建筑物，几乎尽为茧绸店所有。丝行、茧绸店经营方式不一，有兼营外地商行代理店的，有兼营机坊的，有购进原料发放给乡间机户织作的，也有的卖出原丝买入丝织品。[20](p.175)

柳疃一带多河沙冲淤区，不宜植柞，故不出产柞蚕茧，蚕稠原料来自五莲、诸城、日照、沂水、安丘、牟平、文登、栖霞、莱阳、海阳、乳山等县和辽宁省。[21](p.34)清末驻华外国人观察到："昌邑商贩将蚕茧在诸城或莒州收购后，再由商行用牲口载运，走三天路程，经过胶州和平度来到柳疃"[13](p.55)。柳疃地处城北交通枢纽点，本地和外地绸商买到丝绸后，"稗贩络绎于道"，有的走旱路，经岞山、潍县火车站，运往北京、上海、青岛、洛阳等地，有的至营口、烟台等港口，然后运往安东、香港、上海，继而销往德国、英国、美国、法国、苏联日本以及埃及、印度、印尼等五十多个国家[21](pp.39-40)。《胶济铁路经济调查报告》亦云："该地茧绸的销售市场有上海、烟台、青岛、北平、香港、福建以及日本、印度、南洋、荷兰等地。"[23]

专业市场基本兴起于晚清时期，随着手工业专业化和商品化程度的加深，一部分产地市场与地处冲要的市镇发展成为小型专业市场。专业市场与高级市场之间存在着十分紧密的联系。一方面，专业市场以市场的需求多寡为转移，如清末"海外吸意甚浓"，刺激了山东草辫业的兴盛[24](p.1047)。及"欧洲战起，此货遂无雇主"，营草辫"倒闭者岁有所闻"[7](卷2,p.699)。另一方面，专业市场对高层次市场也具有一定的制约作用，在某种程度上甚至决定着高层次市场部分商品的集散规模，如1908—1913年，沙河镇等草辫市场的集散量约占青岛出口量的一半左右。

（二）中间市场

中间市场多位于水陆商道的枢纽处，不以自身消费为主，只起一种转运商品、沟通口岸与内地商品流通的作用。中间市场是连接开埠港口和腹地的桥梁，通过其周转、集散作用，内地的商品得以较为迅速的、大规模的流通至开埠港口，而开埠港口进口的洋货及其他土产也可借此进入内地市场。它是该地区农副产品和洋货的集散地，决定着农副产品、洋货的流通方向和流通规模。晚清以降，山东逐渐形成了三大具有重要集散作用的中间市场，即鲁东地区的潍县，鲁中地区的周村以及鲁西南地区的济宁。三个市场鼎足而立，在晚清山东商品流通中各自扮演着重要角色。兹以潍县为例说明清末的中间市场。

潍县位于山东半岛西部，是沿海与内陆联系的枢纽，素有胶东走廊之称。随着烟台的开埠及烟潍大道的开辟，潍县在山东商品流通中地位愈加重要。潍县距烟台约600里，市场贸易基本以烟台为最终的流向。清末，山东东部以及中部的某些商品多以潍县为集散地，并由潍县向烟台输出。同时，烟台向内地的输出商品相当部分先行输出至潍县，再由此向各级市场流通。潍县周边地区皆以潍县为商品采购地，“昌乐、寿光、安丘、昌邑、青州一带商民，凡有需求，佥向斯地购买”，交易值不下五六百万元。[25]

胶济铁路开通后，潍县的商品流向发生了改变。潍县距青岛183公里，距济南207公里，“扼胶济之中心”[25]，作为胶济铁路商品必经之地，潍县基本弃烟台，改以青岛和济南为输出市场。1905年潍县自开商埠后，商业更趋繁盛，凭借优越的地理位置和胶济铁路的运输便利，潍县商品集散功能得以加强。兹据清末山东部分乡土志将潍县商品集散情形列表如下：

清末潍县市场商品集散概况简表

州县	商品集散情况
泰安	绸缎、洋布、洋货等物，自潍县等处运售。
诸城	山细乡民自制，除本境销行外，由陆路自赴昌邑、潍县、青州销售。 茶叶，由胶州、青州、潍县陆运本境，每岁销行11万余斤。

续 表

州县	商品集散情况
肥城	洋布、洋油、煤炭、火柴、洋绸缎及一切洋式器具,大抵皆由本境坐商贩自省垣、周村、潍县青岛等商埠,零销本境。
高唐	木棉,北运至济南、章邱、潍县。 粗布,运至济南、沂州、潍县等处销售。
恩县	牛皮东向陆运至济南、章邱、潍县。 本棉陆运至周村、潍县等处销售。
临淄	绸缎布匹等,由周村、潍县等陆运至境。
惠民	白布为大宗,陆运则由车往泰安、潍县、穆陵关等处销行。
蒲台	棉花陆运至潍县等处。 绸细洋布、洋货、杂货、铁器由陆运自省城及潍县、周村运入本境。

资料来源:光绪《泰安县乡土志》,商务;《诸城县乡土志》,商务;《肥城县乡土志》,卷9,商务;光绪《高唐州乡土志》,商务;光绪《恩县乡土志》,商务;光绪《临淄县乡土志》,商务;光绪《惠民县乡土志》,商务;光绪《蒲台县乡土志》,商务。

潍县、周村、济宁为晚清山东三大具有周转、集散作用的中间市场,这些市场具有一些共同的特点:首先,三个市场分别处于所在地区的中心位置。潍县位于胶济铁路的中点位置,周村处于鲁中地区的中心,济宁居鲁西南地区的中心。这些居于区域核心的城市在区域内扮演着集散中心的角色。其次,中间市场某些商品的集散具有专业特性,集散量在同类商品集散总量中占很高的比重,如周村为全省最大的丝业市场。最后,各市场的土货集散,对口岸出口的稳定具有十分重要的意义。周村集散之丝为青岛出口最为稳定的货源。

(三)中心市场

中心市场为一省商品流通的中心,一般位于商路网络的交汇处,扮演着一省乃至数省范围内商品集散中心的角色。沿海核心城市青岛、内陆核心城市济南扮演着中心市场的角色。

清末,山东沿海核心市场以青岛为核心,这一市场系统既与内地市场系统有着密切的联系,又与国内埠际市场和国外市场存在大宗贸易。随着与内地市场联系的加强和商品流通量的增大，新商路将各类市场有机地联系在一起，从而使口岸市场与内地市场构成一个统一的市场体系。多层次市场结构的形成，使大量原先仅能在产地消费的农副产品转而成为重要的出口商品；与此同时，原先仅能在开埠港口流通的洋货，也大量涌入内地以至穷乡僻壤。各地基本被纳入了统一的市场体系中。

结　　语

清代中前期，运河城市、沿海城市、鲁中山地北麓东西大道城市分别建立在运河航运、海洋帆船输运、传统陆路运输基础上，三个市场交通尚称便利，故三个市场体系较为发达。但由于缺乏一条贯通全省的商路，清代前中期的山东市场间联系较为松散。

晚清以降，随着港口开埠和交通的改善，山东市场体系开始了缓慢变迁。商路的开辟成为市场体系重构的重要因素。胶济铁路联通了鲁东和鲁西地区，而远洋贸易将沿海城市与埠际市场和海外市场联系了起来。随着商路的开辟尤其是铁路的营运，各级城市和其腹地以及城市与城市的通达性愈来愈强，这有利于全省统一市场的形成。在这个市场体系中，关键节点是沿海开埠城市和内陆中心城市，此外，其他各级城市也在市场体系中扮演着重要角色。以层级参差的各级城市为节点，初步构成了以沿海开埠为核心，层级分明的市场体系。在清末山东市场体系中，沿海城市青岛、内陆中心城市济南，中间集散地城市周村、潍县、济宁，初级产地市场柳疃、沙河等城市（市镇）各自扮演着重要角色，而青岛、济南成为山东市场一体化的关键节点。

[注释与参考文献]

[1] 廖有恒修、杨通睿纂，《济宁州志》（卷2・风俗），康熙十二年(1673)刻本。
[2] 傅崇兰，《中国运河城市发展史》，四川人民出版社，1985年。
[3] 张同声修、李图等纂，《重修胶州志》（卷1・海疆图序），道光二十五年(1845)刻本。

[4] 张同声修、李图等纂,《重修胶州志》(卷14·物产),道光二十五年(1845)刻本。
[5] 张同声修、李图等纂,《重修胶州志》(卷1·关厢建置图),道光二十五年(1845)刻本。
[6] 寿扬宾,《青岛海港史》(近代部分),人民交通出版社,1986年。
[7] 彭泽益,《中国近代手工业史资料》,三联书店,1957年。
[8] 张鸣铎修、张廷寀等纂,乾隆《淄川县志》(卷1·物产),1920年石印本。
[9] 罗仑、景苏,《清代山东经营地主经济研究》,齐鲁书社,1984年。
[10] 实业部国际贸易局编,《中国实业志》(山东省),实业部国际贸易局,1934年。
[11] 青岛市档案馆编,《青岛开埠十七年》,中国档案出版社,2007年。
[12] 青岛市史志办公室编,《青岛市志·交通志》,新华出版社,1995年。
[13] 青岛市档案馆编,《帝国主义与胶海关》,档案出版社,1986年。
[14] 烟台港务局编,《近代山东沿海通商口岸贸易统计资料》,对外贸易教育出版社,1986年。
[15] 中国第二历史档案馆、中国海关总署办公厅,《中国旧海关史料》(第34册),京华出版社,2001年。
[16] 叶春墀,《山东草辫调查记》,《东方杂志》,第8卷第2号。
[17] 王守中、郭大松,《近代山东城市变迁史》,山东教育出版社,2001年。
[18] 济南市史志编纂委员会编,《济南市志》第4册,中华书局,1997年。
[19] 庄维民,《近代山东市场经济的变迁》,中华书局,2000年。
[20] 从翰香,《近代冀鲁豫乡村》,中国社会科学出版社,1995年。
[21]《纵览往昔的柳疃丝绸》,《昌邑文史资料》第4辑。
[22] 王元綎,《野蚕录》,农业出版社,1962年。
[23] 胶济铁路管理委员会编,《胶济铁路经济调查报告分编》(昌邑),1934年,第5页。
[24] 姚贤镐,《中国近代对外贸易史资料》(第2册),中华书局,1962年。
[25] 胶济铁路管理委员会编,《胶济铁路经济调查报告分编》(潍县),1934年,第15页。

《中国旧海关史料》中的近代烟台贸易

刘 畅*

一、前 言

近代以来中国城市出现了新的发展类型，即出现了一批开埠通商城市，而开埠通商城市又分为约开商埠和自开商埠。两者相比，对中国影响更大的是约开商埠。从1842年签署《南京条约》起到1922年，中国先后约开的商埠共计有79个。[1](pp. 21-22)国际上的学者从20世纪60—70年代以来，开始重视对城市包括城市史的研究，而我国历史学家和经济学家对城市发展问题开展研究起步较晚。在20世纪的最后20年里，我国学术界有关中国通商口岸的研究主要集中在上海、天津、重庆和武汉等大城市，在最近几年学术重心出现了从大城市向中小城市扩散的倾向。

烟台作为约开商埠之一，是山东区域近代化进程中的重要城市。1861年烟台代替登州开埠通商之后，以"小农经济"为主导的山东内陆地区便开始踏上了近代化的征程。在1898年青岛开埠通商之前，烟台作为山东唯一的通商口岸，不仅与国内各商埠保持着密切的经贸往来，而且其国际贸易也相当活跃。因此，烟台成为了山东近代史和中国近代史研究中不可或缺的素材，有关近代烟台贸易的研究也有着极其重要的学术价值。

1980年以后烟台开始进入研究人员的视界，其研究成果也开始出现。

* 作者简介：刘畅，山东大学韩国学院副教授，历史学博士，研究方向为：中韩关系史。

有关烟台贸易的研究主要是针对烟台贸易的发展趋势、衰退原因和大宗商品的简单描述。最近几年，从西方帝国主义国家的侵略角度对烟台贸易进行的研究，烟台与天津的对比研究，以及烟台与朝鲜的经贸往来研究开始出现。有关清末烟台贸易的研究主题呈现多样化趋势，并且取得了一定的成绩，但仍留有一些问题亟待解决。首先，从研究方法上看，虽然学术界已普遍承认开埠通商的两面性，但大部分的研究仍未能摆脱开埠通商即帝国主义的侵略与掠夺的固有范式，未能对烟台开埠进行客观的评价。其次，从引征史料上看，大部分的研究未能充分利用海关资料等一手资料进行统计分析，以致出现了错误引用和以偏概全的现象。

为弥补以上几点不足，本研究将利用《中国旧海关史料》[2]中东海关相关资料，对清末烟台贸易进行分阶段、定量的客观分析，并着重关注烟台贸易的发展趋势及其动因。以期阐明烟台贸易在各时期的特点及其背后的原因，从而对近代烟台通商口岸的历史价值进行客观评价。研究的时期界定在1864—1911年，因为从1864年以后海关资料才趋于完整，数据更有可信性。

二、《中国旧海关史料》中的烟台史料

中国近代海关在1859年建立以后，除负责一般海关业务以外，还担负着港口建设、航运、气象、检疫、引水及邮政等职责。中国旧海关留存的卷帙浩繁的海关文献，是近百年社会经济史研究中一项最为完整、系统的统计数据和文字资料。[3](p.83)中国第二历史档案馆经过十余年的努力对分散的档案资料进行整理，出版了170卷本的《中国旧海关史料》。这一大型资料包括了1859—1948年间的《贸易年刊》、《十年报告》和《满洲国外国贸易统计》等部分，出版以来受到了国内外学术界的一致好评。

其中有关烟台的资料主要有三部分，即《东海关贸易年刊》、《东海关十年报告》和《烟台口华洋贸易情形论略》。《东海关贸易年刊》(以下简称《年刊》)起于1863年，均为英文版。当年的统计分为上半年册和下半年册，上半年册只统计了第二季度之后的部分。1863年的《年刊》与以后的资料相比收录内容相对较少，仅有9个月的记录。1864年起东海关的出版物开始制度

化,《年刊》主要分为国际贸易、国内口岸贸易、海运、关税和特殊商品五部分。1865—1866年的统计大体上沿用了1864年的体系,但记录更趋于详尽,并在最后增加了主要商品的年度对比。1867年的《年刊》再次发生变化,由国际贸易和全部贸易构成。1863—1867年的《年刊》虽然趋于详尽,但并未形成统一的体系。1868—1881年的《年刊》体系开始统一,基本上由洋货贸易、土货贸易、金银、鸦片、海运、关税和主要商品对比等几部分构成。1882年以后《年刊》与《年度贸易报告》一起刊行,但《中国旧海关史料》并未收录1881年以前的《年度贸易报告》。1883年形成的《年刊》体系基本沿用到清末。

《东海关十年报告》(以下简称《十年报告》)一共发行了5期,分别为《1882—1891年十年报告》、《1892—1901年十年报告》、《1902—1911年十年报告》、《1912—1921年十年报告》和《1922—1931年十年报告》。其中第1—4期的报告为英文版,第5期开始附有中文版。从内容上看记录越来越不详尽,第1—2期总共有40页,而3—5期仅有10余页。其中第一期《十年报告》包括年度回顾、贸易、关税、鸦片、金融市场、收支、人口、港口设施、自然灾害、名人到访、官员升迁、文化事业、知识分子、山东概况、海运、钱庄、邮政、海关事务、山东的发展、宗教、会馆、山东官员、书籍和对未来的展望等26个部分。第二期《十年报告》基本沿用了第一期的体系。此后《十年报告》的题目略有删减,第3—4期为21项,第5期为17项。

《烟台口华洋贸易情形论略》始于1889年,每年发行,每期内容10余页,语言为中文。内容上基本上是《年度贸易报告》的中文译本,包括贸易总体趋势、航运、大宗商品的进出口、贸易收支和重要事件等部分。

《中国旧海关史料》所收录的海关资料是西方人用西方的统计学方法对中国的海关所进行的长时间的系统统计。在资料的严谨和详实程度上,是同时期任何中国史料所无法比拟的,此套资料在学术界有着极其重要的价值。其中东海关部分收录较为完整,是目前为止已公开的最详实、最完整的烟台研究史料。

三、烟台贸易的总体趋势及分期

据民国《福山县志稿》载:"烟台其始不过一渔寮耳,渐而帆船有停泊者,其入口不过粮石，出口不过盐鱼而已。时商号仅三二十家，继而帆船渐多，逮道光之末，则商号已千余家矣。”[4](卷五，商埠志)得益于港口贸易的兴起，烟台在开埠通商之前，就已经从一个小渔村发展成为了一个初具规模的小型港口。

但道光年间烟台的发展，并没能从根本上改变烟台贸易的性质。首先，由于历史上“重农抑商”政策的影响，广大民众仍然过着自给自足的生活，商人在社会上的地位很低。“奸商”、“买卖鬼”的流言深广，还有“千买卖万买卖不如老驴搬泥块”的说法。[5](p.1)其次，烟台港的进出口商品品种单一。进口商品仅有粮食，出口商品仅有盐和鱼类，经营豆饼的商户也极少。[4](卷五，商埠志)截止到1859年，从烟台港运往南方的豆、麦及豆油和豆饼皆为从东北地区输入的产品，本地出产商品仅有米粉而已。[6](p.254)此后，外国商品和鸦片的进口虽有所增加，但无论是商品的种类还是数量均无法与开埠通商之后的贸易相比。再次，当地民众的购买力很低。“当时县城商业所经营的商品，主要是烟、酒、糕点、日用杂货、土产和手工业品等。广大人民群众的商品购买力很低，他们主要依靠市集，交换自产的农副产品和购进需要的生产资料及日用消费品。”[7](p.2)最后，烟台开埠通商以前的贸易方式非常落后。“烟台向无行户。闽广船至，必投所相知者，乃揽以为客，为之代觅售主。买卖两边，各得行用二分。所谓私充行户，包揽把持者也。官商网利情形，略具于此。”[6](p.254)

第二次鸦片战争以后，依《天津条约》和《北京条约》的相关条款，烟台被迫开埠通商。到19世纪80年代，烟台便逐渐成为欧洲商品和东亚各种舶来品的集散市场。1864—1911年的48年间，各时期烟台贸易呈现出不同的态势，具体统计如下：

表1　1864—1911年烟台贸易情况

年度	贸易总额	进口总额	出口总额	年度	贸易总额	进口总额	出口总额
1864	6270299	3511752	2758547	1888	12052152	6854967	5197185
1865	7183030	4654024	2529006	1889	12871937	7034717	5837220
1866	8987479	6341503	2645976	1890	13105538	8290642	4814896
1867	6598479	5030710	1567769	1891	13016269	8744729	4271540
1868	9071164	7545347	1525817	1892	13499471	8330331	5169140

续 表

年度	贸易总额	进口总额	出口总额	年度	贸易总额	进口总额	出口总额
1869	8549120	6663584	1885536	1893	13436065	7709387	5726678
1870	8443542	6164617	2278925	1894	15347853	8778115	6569738
1871	9188739	6878066	2310673	1895	18180183	10779206	7400977
1872	9666309	7058538	2607771	1896	20010550	13705570	6304980
1873	7723689	5585177	2138512	1897	22857277	15139864	7717413
1874	8234213	6273811	1960402	1898	27326886	19664254	7662632
1875	8228682	5960469	2268213	1899	29696819	19401091	10295728
1876	6920033	4429944	2490089	1900	28006979	17604272	10402707
1877	6454952	4502684	1952268	1901	39940933	28069932	11871001
1878	9743,389	6537383	3206006	1902	38488961	26973081	11515880
1879	11530566	8282041	3248525	1903	41953951	28438554	13515397
1880	10292317	6894640	3397677	1904	40644643	27958489	12686154
1881	9794362	6276185	3518177	1905	44352585	32400460	11952125
1882	9341308	5546672	3794636	1906	40459655	28496256	11963399
1883	9507221	5603766	3903455	1907	33208497	22489425	10719072
1884	10169267	6030953	4138314	1908	34851743	23715,340	11136403
1885	10688722	6612612	4076110	1909	44319824	26076753	18243071
1886	11843015	6991315	4851700	1910	36328933	21597309	14731624
1887	12752388	7224483	5527905	1911	36075757	22159239	13916518

数据来源:《中国旧海关史料》各年册。

备注:1874年以前单位为芝罘两,其后为海关两。1海关两≈1.044芝罘两。

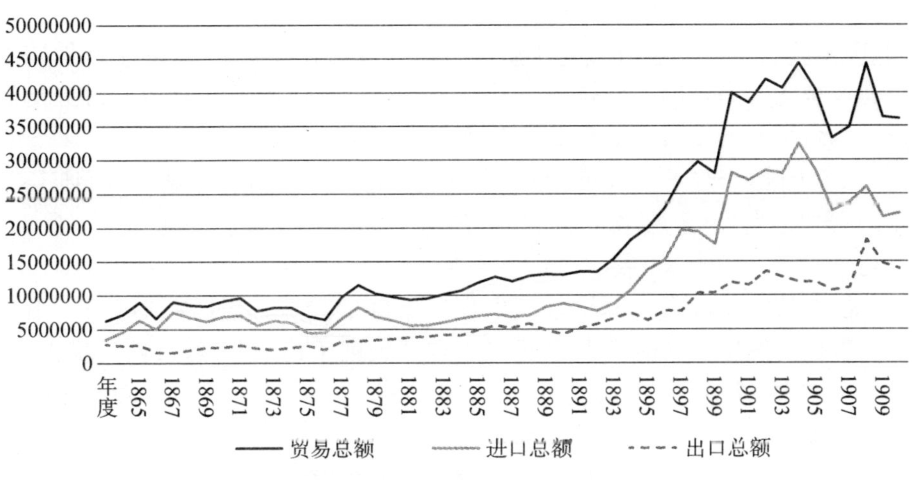

图 1:烟台贸易趋势(1864—1911)

数据来源:《中国旧海关史料》各年册。

备注:1874 年以前单位为芝罘两,其后为海关两。1 海关两≈1.044 芝罘两。

如以上图表所示,清末烟台的贸易大体上可分为三个阶段。第一阶段为 1864—1893 年的缓慢上升期,第二阶段为 1894—1905 年的高速增长期,第三阶段为 1906—1911 年的波动停滞期。1864—1911 年间的贸易总额从 627 万两增长到 3608 万两,共增长了 5.8 倍。除特定年份外,基本呈上升态势,全时期年平均增长率为 3.7%。具体而言,第一阶段的 30 年间,贸易总额从 627 万两增长到 1344 万两,共增长了 2 倍,贸易总额呈缓慢上升趋势,此间的年平均增长率为 2.6%。第二阶段的 12 年间,贸易总额从 1535 万两上升到 4435 万两,呈高速增长态势,此间的年增长率为 9.2%。第三阶段的 6 年间,贸易总额却从 4046 万两下降到 3608 万两,贸易总趋势改变了以往的增长态势,年平均增长率为－1.9%。

四、各时期贸易兴衰的原因

1864—1893 年的 30 年为烟台贸易的缓慢上升期。贸易总额除特殊年份外,平均以每年 20 万两的幅度增长。烟台贸易量的上升主要是由于"烟台一港体制”的形成。在1898年青岛开埠通商以前，烟台是山东唯一的通商口岸，山东的进出口货物绝大部分都要通过烟台港吞吐。从1865年开始的港口建设也为贸易量的上升打下了基础，30年间大幅增长的航运能力更是促进了烟台贸易的发展。烟台港的吞吐量从1864年的12.4万吨增至1893年的24.2万吨。[8](pp.129-130) 1864年烟台的进出港船只仅有900艘次，而到1893年则增加到2469艘次，船只的总排水量也从28万吨上升到203万吨。[2](第1卷,p.412;第20卷,p.91)

但在特定年度烟台贸易总额出现了下降的趋势，其原因则可归于山东重大事件的发生。1867年捻军进入山东，“贼到任其荼毒，贼过被兵扰害，是东省兵勇抄贼不足，害民有余……使东省数十万生灵，厄于贼，复厄于兵。”[9](p.1698) 1873年则爆发了全球性的经济恐慌。1876—1879年间华北地区爆发了近代史上最严重的旱灾，史称“丁戊奇荒”，在1876—1877年，灾情发展到巅峰，山东最先发生旱情，1876和1877年最为严重，出现了“草木皆枯”、“赤地千里”的惨状。就全省而论，收成不足三分，嗷嗷待食者不下二三百万人。[10](pp.165-166) 1881年黄河在济南段发生溃堤，损失非常惨重，再加之当年寒潮来袭，冻死者颇多。1882—1883年间黄河再次泛滥，临近农作物蒙受了不小的损失。[2](第152卷,p.69)

烟台在开埠通商以后，贸易呈缓慢上升的趋势，这说明烟台港的港口条件基本上满足了贸易发展的需求。假若烟台港的条件无法满足贸易的发展，在当时的国际形势下，西方国家一定会要求另辟他处为通商口岸。贸易的稳定发展也从另外一个侧面证明了烟台港在山东存在的价值。烟台在国内贸易网络中将山东与中国南北海岸线上的通商口岸相连接，在国际贸易网络中又将山东与东亚及欧洲的港口相贯通。[11](pp.452-453) 若国内外的贸易网络中不需要烟台这一节点，烟台的贸易额必将逐步减少。

1894—1905年的12年间是烟台贸易发展的黄金时期，贸易以年平均200万两的幅度高速增长，贸易总量达到了烟台开埠以来的最高值。贸易量的高速增长主要得益于洋货与土货的大量进口。洋货进口量从1894年的586万两增长到1905年的2019万两，年均增长120万两。土货从1894年的292万两增长到1905年的1221万两，年均增长77万两。

甲午中日战争期间，烟台贸易的高速增长的主要原因是由于大量进口了各国军舰所需的煤炭。1894 年烟台从欧洲进口煤炭 3500 余吨,另从上海输入 5000 余吨。[12](p.99) 1895 年从欧洲进口的煤炭则达到了 17000 吨。[13](p.103) 另外,战争期间当地民众渴望外国商品的同时,希望将当地的货品尽快出手,银钱比价的下降也促进了外国商品的进口。[14](pp.2-7) 战争结束以后,从各国进口的商品数量的增加带动了烟台贸易的发展,特别是英国、日本和美国成为了烟台的主要商品进口国。日本与烟台的贸易在战前只占到英国的 30%,战后竟达到了英国的 127%。美国商品的 90%均销往了烟台、天津和牛庄等地。[15](pp.99-101) 各国航运势力的发展也成为了推动烟台贸易发展的动因。1894 年进出烟台港的船只为 2132 艘次,排水量为 178 万吨,1905 年则达到了 4194 艘次,排水量为 350 万吨。[2](第22卷,p.95;第41卷,p.721)

在高速增长期的特定年份仍可见贸易量的下滑,其原因为当年在烟台地区发生了战乱。1900 年山东北部爆发了义和团运动,"华商之妇孺则送回家乡,其货物则减价求售,或运往内地"[16](p.109)。1904 年又爆发了日俄战争,"生意萧疏,货物积滞,客商畏缩裹足不前。"[17](p.161)

中日甲午战争期间,各国军备的加强促进了烟台贸易的快速增长,战后,日本和美国的发展对烟台贸易的发展也起到了非常重要的作用。可见,烟台的发展受国际形势的影响较大。特别是在战后,由于日本的快速发展,烟台与日本一直保持着紧密的贸易关系。

1906 年以后烟台结束了贸易的黄金发展期,贸易呈波动停滞态势。1906—1911 年间的年平均贸易总量仅为 3754 万两,过去 40 年间烟台贸易的增长从此消失。1906 年以后烟台贸易发展停滞的趋势基本上持续到 20 世纪 20—30 年代,年平均贸易总额在 3900 万两附近上下波动。[8](pp.7-8)

1906 年以后烟台贸易的停滞原因是多方面的,学术界也多有提及。笔者认为其中的根本原因在于青岛的开埠通商和胶济铁路的全线通车。在青岛开埠通商之前的 1896 年,烟台东海关的工作人员就非常担心青岛的开埠通商。称:"道路传言有胶州欲开通商口岸,其言果确,则山东之南境生意自必畅旺,然于烟台市面房产各业大有关碍也。"[13](p.103) 1910 年东海关的贸易报告就曾指出:"本口进口货减少之最大关系则在于青岛济南铁路竞争之优势,实无疑义。"[18](p.259) 从海关统计中可以看出,烟台商人的担心和东海关工作人员的忧虑已成事实。1899 年青岛的贸易总量与烟台相比还只占很小的比重，但却以很快的速度在增长。特别是1904年胶济铁路开通以后，1907年时青岛的贸易总量几乎与烟台持平，到1910年则正式超越了烟台港。而到1911年，烟台贸易总额仅在烟青贸易总额的40%。[8](pp.7-8)

1898年青岛的开埠通商，特别是胶济铁路的开通，使原来通过烟台港吞吐的货物改走青岛港。受影响最大的是棉布、棉纱和煤油的进口，以及草辫的出口，青岛开埠以后烟台的草辫出口几乎绝迹。1904年从青岛经铁路运往山东内陆的货物价值达700万两，并在1905年达到了890万两。其中运往淮县和周村的棉布和棉纱占到了90%以上的比重。[8](p.143)淮县和周村原来都是烟台港的重要集散市场，但在青岛开埠通商以后，与青岛的贸易关系却变得更为紧密了。这正可以说明铁路在近代港口贸易发展上的重要作用。因此可见，烟台港与内陆腹地间交通的不便是导致烟台败于青岛的根本原因。

1906年以后几乎年年发生的自然灾害使烟台的贸易状况雪上加霜。1906年"本年夏间于本口邻近各处雨水稀少，大有旱象……土人谓能获八成亦可谓丰"[19](p.215)，1907年"因雨水少致豆子全行歉收……更有数处直与荒年无异"[20](p.221)，1908年"较上年歉薄尤甚，春季遍地亢旱，加以西北低洼一带雨水太多……秋收无望。"[21](p.215)

烟台贸易在青岛开埠通商后逐步结束了增长的势头，但是烟台的贸易并没有因为青岛的兴起而完全消失，贸易总额虽未能增长但也没有大幅衰退，基本维持在停滞状态。这说明即使在青岛快速兴起的大环境下，烟台港仍然有存在的必要性。首先，从地理形势上看，从青岛经潍县直达济南的铁路仅贯通了山东中部地区，而山东北部的广大区域则依然是烟台港的经济腹地。若山东所有的货物均经青岛港吞吐，则北部地区的货物要经几百公里的转运，反而更加不便。其次，1910年以后烟台港棉布和煤油等洋货的进口锐减，但发网和花边的出口却出现了快速增长。发网和花边的产地主要是烟台周边的莱州和青州等地。可见，即使是在青岛兴起以后，山东北部地区产品的进出口对烟台港仍有着极强的依赖性。

五、结　语

本文通过对《中国旧海关史料》中烟台贸易资料的考察，分析出烟台在开埠通商以后贸易总体上呈增长态势，并具体可以分为三个时期。在1864—1893年的缓慢上升期，由于山东地区仅有烟台一港对外通商，因而贸易一直呈增长态势。在1894—1905年的高速增长期，由于各国军舰所需煤炭的增加和英、日、美三国商品的进口，贸易出现快速增长。在1906—1911年的波动停滞期，伴随着青岛港口建设的竣工和胶济铁路的全线通车，烟台贸易结束了长期以来的增长趋势。

烟台在开埠通商以后，直到青岛开埠的近半个世纪中，一直是山东唯一的通商口岸。烟台虽然在国内外贸易网络中发挥了重要的作用，但烟台口岸是有局限性的。首先、烟台与内陆腹地间的交通极为不便。由于烟台没有贯通内陆腹地的河川，进出口货物均要使用骡马经陆路运输。烟台西部的大小清河虽然可以完成部分货物转运，但与烟台的距离也较远。本来全部经烟台输出的草辫在胶济铁路开通以后，全部转运青岛一事则能说明港口与腹地交通的重要性。其次，烟台港的港口建设不及青岛港。50年间烟台港虽经几次修建，但19世纪60年代中期开始的港口建设并未能从根本上改善烟台港的条件，主要是由于防波堤一直未能建成。与此相反，德占青岛后出于军事及经济方面的利益考虑，从1898年起对青岛港进行了大规模建设，到1906年主要工程均已竣工。

综上所述，烟台的开埠通商虽是帝国主义侵略的产物，但在客观上促进了区域贸易的发展，也使烟台从一个沿海小港发展成为中国近代贸易网络中的重要一环。烟台的区位优势促使其贸易维持着增长态势，但自身的缺陷也限制了贸易的快速成长，并最终败给了晚于烟台开埠37年的青岛。

[注释及参考文献]

[1] 隗赢涛，《中国近代不同类型城市综合研究》，四川大学出版社，1998年。

[2] 中国第二历史档案馆编，《中国旧海关史料》(1—170册)，京华出版社，2001年。

[3] 吴松弟、方书生，《一座尚未充分利用的近代史资料宝库——中国旧海关系列出版物评述》，《史学月刊》，2005年第3期。

[4] 王陵基，《福山县志稿》，中国国家图书馆数字方志资源库，1931年。

[5] 烟台市商业局史志办公室,《烟台市商业志》,内部刊行 1987 年。
[6] 郭嵩焘,《郭嵩焘日记》,湖南人民出版社,1981 年。
[7] 烟台市福山区政协文史资料研究委员会,《福山商业漫忆》(内部资料),1988 年。
[8] 交通部烟台港务管理局,《近代山东沿海通商口岸贸易统计资料》,对外贸易教育出版社,1986 年。
[9] 山东师范大学历史系中国近代史研究室选编,《清实录山东史料选》,齐鲁书社,1984 年。
[10] 王林,《山东近代灾荒史》,齐鲁书社,2004 年。
[11] 刘畅,《国内和国际贸易网络中烟台口岸的特点(1861—1910)》,韩国《韩中人文学研究》,2011 年总第 34 期。
[12]《光绪二十年烟台口华洋贸易情形论略》。
[13]《光绪二十一年烟台口华洋贸易情形论略》。
[14] *Embassy and consular commercial reports in* 1894.（*Catalogue of British parliamentary papers in the Irish*, Irish University Press, 1977.）
[15] 丁抒明,《烟台港史》(古・近部分),人民交通出版社,1988 年。
[16]《光绪二十六年烟台口华洋贸易情形论略》。
[17]《光绪三十年烟台口华洋贸易情形论略》。
[18]《宣统二年烟台口华洋贸易情形论略》。
[19]《光绪三十二年烟台口华洋贸易情形论略》。
[20]《光绪三十三年烟台口华洋贸易情形论略》。
[21]《光绪三十四年烟台口华洋贸易情形论略》。

家庭主妇购物的人类学考察

范广垠*

国内学术界关于消费主义的研究已有相当数量的成果,引用率最高的是鲍德里亚的《消费社会学》和凡布伦的《有闲阶级论》。就已发表的相关文献的内容看,以利己主义消费、过度奢侈消费、炫耀性消费、商业广告和传媒对消费者影响以及阶级控制手段的变迁等为主;就研究方法来看,主要是文献研究居多,虽有实证研究,但主要是问卷调查。问卷调查对象在回答问题时有把自己行为合理化的倾向,因此,其回答常常是策略性的,不是其内心的真实表达。正因为如此,人类学的实地考察就显得非常必要。人类学研究的关键在于参与考察,为此,需要坦率地向考察对象说明研究主题,打消其顾虑,和其一起购物,体验真实的购物和消费状况。人类学研究,需要耐心观察、深刻洞察和长时间的努力。威海市是山东省的沿海城市,韩资企业较多,经济较发达,消费水平高于周边城市。按照西方学界的观点,消费社会是工业化社会,是物质丰裕社会。已经工业化和信息化的威海市已经进入消费社会。那么,已经进入消费社会,或者说已经进入丰裕社会的威海市,其消费文化如何,是否如大多数论文所论及的那样?

本文且以威海家庭主妇购物消费为例,作如下人类学考察。

---

* 作者简介:范广垠,政治学博士,山东大学(威海)法学院副教授,主要从事消费政治学和政府管理创新研究。本文是山东省高校文科科研项目"消费的政治动因研究"(项目号为J14WA52)中期研究成果。

一、家庭主妇购物的道德情感

家庭主妇购物，非常看重商品的实用性和经济性。主妇们购买商品，有着全盘的规划和考虑，她们对家里日常生活需要什么了然于胸。她们购买商品有着很强的针对性，往往直接走到自己需要的那些商品的位置进行选购。她们不仅在大商场购物，也在不起眼的小超市、便利店购物。地摊摆卖的东西给人便宜的印象，主妇们在凌乱的地摊上翻检着，希望能淘到价廉物美的商品。一件价廉物美的商品，会带给她们快乐，一般会在朋友间提起，并且会总结经验心得加以交流。她们享受着这种过程，也偶尔享受由此带来的惊喜。轻松地单独逛着商场是有的，但明显少于其他社会群体。有儿女，或有孙儿孙女的，倒是带着孩子逛商场的比较多，把孩子放在购物车上推着，或是放在商场单独为孩子开辟的儿童乐园，在旁边看着他们玩耍。如果那天不是主要为了购买，而是带孩子来玩，临走也会买些东西，作为对商场的一种补偿，所购商品一定不会很多，践行着节约的品德。

对于大件商品的购买，主妇们非常谨慎，往往与家人一起商量购买，这个时候丈夫们有了相当的发言权。小件商品则大都由她们自己来决断，丈夫们推着购物车放心地看着她们购物，准备等着运输回家即可，这时候的丈夫主要充当运输队的角色。丈夫之所以如此，或由于不喜琐碎小事，也或由于绝对信任已经练就了成熟购物技术的妻子，相信她们比自己购物有经验，会筹划，甚至能砍价。她们货比三家，挑选花式品种，权衡价格，不紧不慢，有时候让旁边的丈夫急不可耐。购物过程可以发现中国男女关系的现状，以及夫妻关系的运作，妇女解放程度相当之高几乎可以一目了然。

主妇们购物，首先想着的是孩子，其次是丈夫，再次才是自己。孩子的消费品总是最好的，总是竭尽全力，即便孩子没有讨要，她们也会尽量考虑。婴儿奶粉就是一例。国内各种奶粉事件之后，主妇们便开始了在各大商场追逐国外奶粉，一罐奶粉一般在300元左右，这对于威海市来说，这个价格还是过高了。但是，这并没有妨碍年轻母亲的购物热情。而这种购物的态度，不仅仅是热爱孩子，也包含了对国内企业的不信任，以及对政府监管的不信任，是一个高度复杂的情感和政治态度的综合体，购物已经成为政治态度的表达。她们会为绿色消费品花更多的钱，当然，这主要是为了家人，是亲情的体现。主妇们可以在打折商品前排队多时等购，就是为了省点钱，一些开车购物的主妇也大都如此，节省似乎是一种本能。至于为什么节省，似乎并不是为了买车买房，节省的那点在买车买房面前微不足道，不构成如何影响，节省似乎就是节省，就是不应该乱花钱。挣钱不易，更不应该乱花钱，如此而已。

多数主妇会给工作中的丈夫购买尽可能体面的消费品，穿戴方面的商品一般也是尽力而为。她们也会尽量照顾丈夫吃的爱好，她们也会购买一些纪念意义的商品或者买一些犒劳和慰问丈夫的消费品，但烟酒还是有硬性的控制。这不仅是财务支出方面的考虑，也有一种健康的考虑，是一种责任感的体现。2011 年 3 月，日本核泄漏。威海市也出现了抢盐风潮。在大量的关于碘盐防止核污染几乎没有实际功效的消息披露之后，抢盐很快平息。电视台对购物现场的主妇们进行了采访，问她们有没有参与抢购食盐？为什么要抢购？主妇们大都否认自己曾参与食盐抢购。这虽然不是什么羞耻的事情，当然也不是什么光荣的事情，否认参与食盐抢购只是有关面子问题，不可上纲上线，不必在诚实的道德层面加以解释，这更多是个文化问题，而不是道德问题。至于为什么抢盐，多数人的解释是文化水平问题。在电视台采访的时候，笔者做了反驳。笔者以为，日本核泄漏，大家措手不及，关于预防核污染的知识大家几乎都是空白，无论学位高低、知识多寡，即便有些疾病防御专家对此也是一脸茫然。抢购食盐与文化水平高低无关，主要是由于家庭主妇承担家庭后勤供应的职责，责任重大，不敢有丝毫懈怠。正是这重大的责任和高度的责任感，才促使了她们抢购食盐。

街上有很多风驰电掣的摩托和喇叭震天响的小轿车，也有非常梦幻闪亮的跑车穿过，但是，这些与家庭主妇没有什么关系，距离很远。炫耀性消费、奢侈性消费毕竟不在多数。高档服装和化妆品也是有的，但也不尽是为了炫耀或其他，而是为了更可爱，取悦于他人，而这首先是自己深爱的人。主妇们的购物和消费，很难说是炫耀性的、奢侈性的、浪费性的、利己主义的，她们的购物和消费，有着亲情、利他和节俭的品质。

二、家庭主妇购物的主动性

国内关于商业广告的研究，以及关于传媒的控制研究已有诸多成果发表，相关研究成果大都认为人们的购物和消费受到广告和传媒的影响，甚至是受到广告和传媒的控制，传媒和广告引导了消费，甚至制造了某些消费。这些理论和观点甚至成为理论教条而被接受。对此，我们必须搞清楚，究竟有多少人的购物深受广告和传媒的影响？单个和少数人受到广告和传媒的影响，并不能说明整个社会的状况。考察家庭主妇的购物，或对这个问题能够提供解答。

大件商品的购买，主妇会想到电视广告关于这类名牌产品的广告，但在实际购买的时候仍然货比三家，反复权衡比较，任凭推销员巧舌如簧。价格比较贵的商品，而自己又比较满意的，她们会记下品牌和货号，然后在网上检索，看了淘宝看易购，然后才决定是否出手，及如何出手，是买实体店的商品，还是网上淘宝。日常生活消费品的购买，大型广告对主妇们影响不大，而街头和超市门前发放的打折小宣传单却吸引着她们的注意力。她们很清楚一些商品的普遍价格，根据宣传单的内容，她们很快就可以确定哪些商品确实是价廉物美的，然后安排自己的购物时间和具体计划，甚至对打折的时间段也很清楚地显示在购物日程表上。她们非常忠于品牌，尤其是那些已经习惯了的品牌产品。她们并不轻易相信广告宣传的新产品，即便购买新产品，也是抱着买些先用着试试看的态度。

女性服装、美容受到流行文化的影响比较显著，但真正受流行文化影响的更多的是年轻的或未婚女性。相当部分的女子经常看时尚杂志，了解甚至购买新潮商品，但即便如此，真正意义上的赶潮者并不多，她们大都仍然受到文化的规范和审美的局限。女子稍加模仿稍加修饰是有的，而完全模仿新潮追赶时尚的少之又少，更别说家庭主妇了。她们选择化妆品也以实用为主，服装的选择更是根据自己的经济实力、体型和审美情趣。不仅是消费主义文化在家庭主妇这里受到抵制，而且广告媒体宣扬的消费榜样也没有被认真模仿，她们羡慕或欣赏那些姣好的模特和曼妙的时装，但她们仍然生活在日常生活中。快餐流行，在快餐店就餐，她们更多的是去中式快餐，不会为了追求时髦而去洋快餐。去洋快餐，更多是陪着孩子和家人，而不是自己用餐为主。

在各种广告中，饮料广告或最为繁多、新颖。可口可乐、百事可乐、王老吉等，但家庭妇女购物，这些饮料购买并不多，即便买了，也大都为了家庭其他成员购买，这不仅因为节省的缘故，更多的是自己不喜欢，她们日常饮用仍是以白开水和茶叶为主，外出旅行旅游则另当别论。她们并不为广告动感形象所动，更没有打算去体会广告创造的迷幻的感觉，即便欣赏饮料广告，也没有打算购买相关的饮料产品。那些为广告所动的，去体会这些碳酸饮料的，大都是青少年。家庭妇女比较看好奶制品或奶制品饮料，这些产品不仅可口，更有营养，他们为子女购买的饮料主要就是这些奶产品。家庭妇女一般不为广告所动，但是，这并不是说家庭主妇不会被商家的营销策略所迷惑，如贪图便宜而购了许多本不该购买的东西。家庭主妇自有自己的判断，并不轻易相信广告。在中国广告本身就有诸多问题的状况下，一些广告被她们质疑。家庭主妇们在没有对广告产品真实体验之前，一般不做评价。

精打细算，不轻易相信广告，这本身是理性的表现，虽然主妇们购物也有不理性的时候。笔者更想说的是，这些理性本质上是从自己出发、从自身需要出发，而不是由于被广告渲染和宣传而迷失，这也在一定意义上抵制了消费主义思潮。不仅如此，家庭主妇的购物之后，会对有些消费品进行一定程度的再加工改造，这些能动行为一定程度上体现出她们的聪明才智和创造性。

结 束 语

关于消费问题的研究，切记不能从表象出发，不能从经典理论出发，而一定要从实际出发。在中国，消费主义文化有相当影响，但不是所有的人均受到消费主义思潮的严重影响。我们要特别注意的是：不能以偏概全，以某些人某些群体的消费影响来描述其他人和其他群体的消费形象。面对消费主义文化，不同的人有不同的反应，也正因为如此，社会才展现出自我调整自我发展的可能。在消费过程中，传统文化与道德情感也在某种程度上进行一些调整，我们完全没有必要对现代消费社会失去信心。

[注释与参考文献]

[1] [法]鲍德里亚,《消费社会》,刘成全,全志刚译,南京大学出版社,2001 年 5 月。

[2] 朱晓慧,《新马克思主义消费文化批判》,学林出版社,2008 年 4 月。

[3] [英]丹尼尔·米勒,《物质文化与大众消费》,费文明、朱晓宁译,江苏美术出版社,2010 年 1 月。

[4] [英]丹尼尔·米勒,《消费:疯狂还是理智》,张松萍译,经济科学出版社,2013 年 7 月。

[5] [美]凡勃伦,《有闲阶级论——关于制度的经济研究》,中央编译局出版社,2012 年 8 月。

浅谈翻转课堂对公立学校教育的破坏性创新

朱　琳*

随着科技信息化的发展，学校课程信息量大，教师面临巨大挑战。Clayton Christensen (2008)认为，现有的公立学校就像是个标准化的工厂作业系统，用同样的教材及统一的节奏教导各种学科，生产出大量整齐划一的学生。这种模式不仅无法发挥每个学生的潜能，更是造成知识无法有效传递这一困境的主要原因。根据"破坏性创新理论"，教育应"以学生为主体"。适当运用数字化技术作为学习的平台，针对学生量身打造和整合内容。在 Web 2.0 时代，信息技术显示出巨大的威力，使得任何人都可以在任何时候向其他任何人学习任何东西。翻转课堂，作为信息化和教育深度融合的产物，颠覆了传统的教学模式，真正实现了分层教学。公立学校，作为非营利组织，并无潜在的竞争者，这也造成了其固步自封的局面，无法实现个性化教育。本文首先阐述了公立学校教育面临的问题，着重介绍了翻转课堂是如何实现对传统课堂的破坏性创新，实现个性化教学。

一、公立学校教学面临的问题

(一) 教育资金的匮乏导致教育资源落后

作为一个完善的社会，我们理应投入更多资金发展繁荣教育。然而，受

* 作者简介：朱琳，山东大学翻译学院 2013 级硕士研究生。研究方向为翻译理论与实践。

制于人口众多的现状，高质量的教育成本已经超出了可承载的预算。不仅在中国，这对所有国家和社会都是不小的挑战。然而，中小学教育资金捉襟见肘，政府投资不够，硬件建设跟不上，如何有效利用资源提高教学质量便成了一个急需解决的问题。

（二）传统课堂时空限制难以实现因材施教

长期以来教学改革的无效和失败说明，传统课堂时空限制成为教学改革和质量提升的"天花板"。由于群体教学和个体差异的矛盾，"课堂时间传递知识"注定了是一种有缺陷的方法。为了按时完成教学任务，教师只能让学生"齐步走"。然而，相当一部分同学仍然游离在所学知识之外。虽然公立学校作为非营利组织，并无潜在的进入者，但是，在学校统一进度的教学下无法得到满足的学生，就会私下找补习班或家教来补救。在台湾甚至连建中与北一女的学生(这些基测成绩在前2%的学生)绝大部分也进入补习班去补习。(袁世佩，2009)我国补习班产业的普遍性印证了学校教学的失败。这无疑对学校教学资源造成了浪费。

（三）教学方式中缺乏师生互动

教师的教学方法比较单一，主要表现在向学生灌输知识，把学生看成是一种容器的"填鸭式"的教学方法。这种教学方式也直接影响了学生的学习方式。大部分学生都采取被动接受式学习，靠"听讲、记笔记、题海战"，提高应试技能训练。固然，学生也很少与老师交流，与同伴互动，而仅限于遇到困难时。由于教师的教学任务繁重，很少与学生交流，最终难以促进学生的全面发展。

二、如何解决公立学校教学中的问题

现在普通学校办学同质化竞争严重，都在抢生源、争资源。顶尖营销大师杰克·特劳特和史蒂夫·里夫金合著的书——《与众不同：极度竞争时代的生存之道》，通过许多生动的故事告诉人们：同质化竞争已经过时，在这极度竞争时代，只有实现特色化竞争的企业才能生存。公立学校要想解决潜在问题，必须寻找适合自己发展的特色之路，创新教学模式，在降低教育成本的同时，提高教育质量，这看似是对矛盾，但是我们从美国的历史中可获得启发。19 世纪，美国 60%的劳动人口从事农业，但还是常有粮食短缺的问题存在。然而，今天，不到 2%的美国农业人口，却让粮食变得很充裕。这一成功过渡的关键是使用了技术——GPS 导航农机轮作战略——大大地提高了生产力。相比之下，我们的教育方式，自文艺复兴以来就一成不变：从中学到大学，大部分教学都是由教师在人满为患的房间讲课来完成，而这些学生只有部分集中注意力在学习。那么，教育能否通过教育技术来降低成本、提升质量呢？

2008 年美国创见研究所（Innosight Institute）出版了“Disrupting Class: How Disruptive Innovation Will Change the Way the World Learns”。该书倡导用破坏性创新打破标准化的工厂式教育系统。该书第一作者克雷顿·克里斯汀以“破坏性创新理论”为基础，提出“以学生为主体”的教育改革方向。提倡适当运用数字化技术作为学习的平台，真正实现个性化教学。2011 年 1 月创见机构发布了题为“The Rise of K-12 Blended Learning”的研究报告。这份报告对 K12 的混合学习做出了详细调研和论述报告。混合学习被认为是把数字化学习与面对面学习优势结合起来形成的一种新的学习方式。创见机构认为混合学习能对传统教育进行根本性的设计，以达到他们倡导的破坏性创新。而翻转课堂正是混合学习模式的一种。

早在 1984 年，本杰明·布鲁姆就展示了个别辅导以巨大优势超过标准的群体教学模式，并提出了掌握学习法。张跃国（2012）认为，翻转课堂模式并非源自新的教育和学习理论，其采用的仍然是为广大教师所熟悉的掌握学习法。掌握学习法就是学生按自己的节奏学习课程，学习完后进行评估，评估不合格继续学习再评估。通过这种学习法，学生成绩是由所掌握的内容来决定的。张渝江（2012）认为，翻转课堂，以技术为支撑，打破了传统的“以教师为中心”的教学模式，因材施教，将“以学生为中心”落到实处。传统教学中学生先在课堂上齐步走，学习新知识，课下运用知识完成作业，而翻转课堂则让学生先在课外按自己的节奏学习，在课堂上因材施教开展活动帮助学生运用新技能和知识。而教师也从知识的传授者转化为学习的设计者、组织者和指导者，学生成了主动的学习者。可以说，翻转课堂，破坏了传统的教学模式，创新出了一种适合教师和学生的新的教学模式。

三、翻转课堂教学模式设计

在翻转课堂中，信息技术和活动学习是翻转课堂的关键部分，，使学生在课堂外能够自主学习，在课堂内能够协作学习。在课前，教师应用信息技术中的教学设计思想和先进的网络教学设备来创建个性化的简短教学视频，为学生提供答疑解惑和交流的在线平台，学生也可利用信息技术展示并交流学习成果。

（一）课前活动

1. 教师创建教学视频并制定课前练习题

首先，随着大型开放式网络课程MOOC（massive open online courses）的发展，教师可轻而易举地选取网络上优秀的开放教育资源，近年来广受欢迎的可汗学院就提供了大量免费的视频网络课程。虽然对教师来说，MOOC节省了人力、物力，但一些网络资源明显与教学目标相悖。因此，丁建英（2013）认为，教师在创建教学视频的过程中，坚持以学生为主体的原则，明确教学目标，分析学习者的特征，了解学生原有知识水平、心理发展水平和学习风格。通过对教学目标和学生原有知识水平的分析，确定“最近发展区”（学生起始能力和潜在能力之间的差距）；教学视频每段控制在10分钟之内，因为学生的视觉驻留时间一般在5—8分钟，使学生的注意力更集中。

其次，个性化的学习环境的创建能使学生成为自我激励的学习者。一旦找到所需的网上资料，就可以使用RSS（Really Simple Syndication，聚合内容），进行共享、储存、标签识别、分类或监控，还能够简单地对资料进行多目的转化。目前，具有该功能的一款工具是Symbaloo（导航网站，http://www.symbaloo.com/），具有卓越的数据库，能为一系列专业课题提供大量的参考内容，帮助学生制定学习计划和使用学习工具。2011年地平线报告提出了一款网页书签工具，Diigo（Digest of Internet Information，Groups and Other Staff），可有效改进学生个人学习环境。此外，教师要充分考虑学生已有的认知结构，合理设计课前练习题的数量和难度，使学生发现自己的不足，感到挑战性。

2. 学生自主观看教学视频，做练习并进行交流

学生可以在家以自己的时间和步调来观看视频，提高学习效率。视频结束，进行练习，发现疑惑就加以思考，记下来并与老师和学生在线交流。腾艳杨(2013)认为，在利用社交媒体进行交流的时候，要注意充分发挥社会临场感的作用，即增强在线学习者的归属感以及凝聚力，使学习者快乐、不孤单地学习。

建构主义者认为，知识的获得是学习者在一定的情境下通过人际协作活动实现意义建构的过程。观看视频并进行交流这一环节，是翻转教学的关键环节，可称之为第一次知识内化。因为正是从这个环节开始，学生原有的认知结构开始和新的概念知识发生作用。学生观看视频得到的概念是“正确概念”，已有的知识经验是“前概念”，如果激活了正确概念，就能抑制前概念(更多是前理解有误的概念)；如果不能激活正确的概念，前概念仍处于兴奋状态，之后依然会被提取。

(二) 课中活动

翻转课堂的特点之一就是在最大化地开展课前预习的基础上，不断延长课堂活动设计完成知识内化的最大化。教师要充分考虑发挥学生的主动性，让学生有机会在具体环境中应用所学内容，从而真正实现知识内化。

1. 师生共同确定探究问题。教师收集问题，这些问题有的是共性的，值得共同总结探究的话题。当然，从教师的角度，教师也需要根据教学内容的重难点提出一些问题。这两方面的问题用来确定课堂研究的问题。

2. 学生要进行独立探索。著名的教学专家江山野认为，每个学生都有独立的要求，整个学习过程就是一个争取独立和日益独立的过程。因此，余文森(2001)认为，在翻转课堂中，教师要从开始时选择性指导逐渐转至为学生的独立探究学习方面，让学生在独立学习中构建自己的知识体系。

3. 翻转课堂注重加强协作交互学习。在交互性活动中，教师需注意捕捉学生学习的动态并及时进行监督和个别指导。小组是互动课程的基本模块，每个小组设小组长领导并确保小组成员每个人的积极参与。教师要选择合适的交互策略，保证小组活动的有效开展。常用的小组交互策略有头脑风暴、小组讨论、工作表等。这不仅能增强个体之间的沟通能力，更有利于培养学生的批判性思维。

4. 学生进行成果交流与展示。通过共同探究问题、独立探索并进行协作学习，学生需要在课堂上进行汇报、交流。除了在课堂上进行汇报外，还可以翻转回报过程，学生在课余将自己的汇报过程进行录像，上传至网络平台，供师生评价。

5. 多维度、多方式地进行教学评价。评价的主体包括教师、学习者、同伴及家长；评价内容不再局限于练习的成绩，还包括提出问题的情况、课堂独立解决问题的表现、在小组协作探究式活动中的表现、成果展示等多方面，因此教师需制定相关表格来做好课堂相关记录。对结果的评价强调学生的知识和技能的掌握程度。可以看出，翻转课堂更注重对学习过程的评价，真正做到定量评价和定性评价、形成性评价和总结性评价的良好结合。

教师在这个环节收集学生不懂的问题，通过课堂讨论互动，并鼓励小组之间通过竞赛等积极参与解决问题。这是第二次知识内化。这次内化，学生观看视频掌握的内容成为了“前概念”，经讨论获得的内容成为了“正确概念”。这次的“正确概念”由于他人的帮助，前概念被提取的可能性很小。因此，翻转课堂实现了两次知识内化，通过“前概念”和“正确概念”的多次碰撞，知识最终被学生掌握。

四、结　　语

在科技发达的今天，千百兆到桌面的网络宽带、高压缩率高清晰度的视频资源、TB级以上的存储空间，终端技术的发展促成了翻转教学的发展。根据破坏性创新理论，翻转课堂打破了传统的课堂教学模式，依托信息技术的支撑，翻转课堂教学流程、教学理念和师生角色实现了对公立学校教育的破坏性创新。赵兴龙(2013)认为，翻转课堂的两次知识内化，一次是带着问题的学习，一次是集中解决知识重难点，使知识无声息地在头脑中得以建构。这种渐进式的知识建构策略减少了在课堂上知识传授的时间，降低了知识内化的难度，节约了学校的教育资源。其次，课前和课堂上师生之间的有效互动明显增多。奥苏贝尔认为实现有意义学习的条件是在新概念、新知识与学习者原有认知结构之间建立起非任意的实质性练习。何克抗(2012)认为，有意义的问题就是深度互动的问题。所以，当学生观看完视频，再到课堂上与教师、同伴交流时，知识在大脑中已有了痕迹，学生思维的深刻性得以提升。学生独立探索问题、小组协作、教师个别指导，这在最大程度上实现了最大范围的个性化教学。

[注释与参考文献]

[1] Clayton Christensen, Curtis W. Johnson & Michael B. Horn. Disrupting Class: How Disruptive Innovation Will Change the Way the World Learns [D]. New York, McGraw-Hill. 2008.

[2] 丁建英、黄烟波、赵晖，《翻转课堂研究及其教学设计》，《中国教育技术装备》，2013年第21期。

[3]《2011地平线报告基础教育版》，《上海教育》，2011年第14期。

[4] 何克抗，《关于发展中国特色教育技术理论的深层思考》，《电化教育研究》，2012年第5期。

[5] 何克抗，《建构主义——革新传统教学的理论基础》，《电化教育研究》，1998年第1期。

[6] 腾艳杨，《社会临场感研究综述》，《现代教育技术》，2013年第3期。

[7] 余文森，《略谈主体性与自主学习》，《教育探索》，2001年第12期。

[8] 袁世佩，《来上一堂破坏课：创新大师克里斯汀生的教育新解》，美商麦格罗希而国际台湾分公司，2009年3月。

[9] 张渝江，《翻转课堂变革》，《中国信息技术教育》，2012年第10期。

[10] 张渝江、张跃国，《透视翻转课堂》，《中小学信息技术教育》，2012年第3期。

[11] 赵兴龙，《翻转教学的先进性与局限性》，《中国教育学刊》，2013年第4期。

鉴于韩国教育政策改革谋求中国地域间教育机会均等

——以中小学教育为例

张 立 方 飞 高绍山*

中韩两国地缘相近,文化相通。两国1992年建交以来,在政治、经济、文化和教育领域开展一系列交流合作,互通有无,并取得了诸多成果。特别是2014年7月习近平访韩,双方发表联合声明,共同签署12项重要协议,其中加强人文交流是一大亮点。尤其是中韩人文交流共同委员会的成立为中韩两国的人文和教育交流提供了广阔前景。在此种局势下,关注中韩两国的教育政策和发展趋势,通过开展教育交流,互通有无,取长补短,促进双方教育事业的长远发展成为中韩两国学者,尤其是教育界学者的共识。

当前由于中国经济发展的不平衡,导致东部沿海地区和广大中西部地区间教育水平存在很大差异。经济和教育发展水平的不同,导致教育资源的巨大差异,从而造成教育机会的不均等。近年来随着社会经济发展,教育机会不均等现象已成为一个凸显的社会问题,引起了社会各方的高度关注。韩国作为中国的邻国,其文化传统与交流观念与中国一脉相承。但在过去的几十年中,韩国教育随着其经济的腾飞而高速发展,值得我们借鉴和学习。本文通过对中韩两国的教育现状和教育政策进行深入剖析,通过对比研究,发掘韩国教育政策的可借鉴之处,并结合中国当前国情和现状,为中国的教育改革和实现教育机会均等提出建设性解决方案,为实现国民教育

* 作者简介:张立,山东理工大学韩语系讲师;方飞,山东工商学院韩语系讲师;高绍山,山东大学(威海)国际处韩国事务科科长,现在中国驻韩大使馆教育处工作。

的全面提升奠定基础。

一、教育机会均等及中国的教育现状

教育机会均等问题一般可从如下三个层面考察。第一,入学机会。即考察入学机会是否对所有人都均等。第二,教育条件。即所有人在受教育过程中所享有的待遇条件是否均等。第三,教育结果。主要体现在升学和就业过程中。

"教育机会均等原则"不仅在《中华人民共和国教育法》中有所体现,同样在《中华人民共和国宪法》中也有所体现。《中华人民共和国宪法》第 46 条中规定:"公民有受教育的权利和义务"。即"中华人民共和国公民有受教育的权利和义务。公民不分民族、种族、性别、职业、财产状况、宗教信仰等,依法享有平等的受教育机会"。为了实现教育机会均等,宪法第 4 条、第 45 条、及第 122 条还规定了保护支持少数民族和残疾人接受教育的原则。教育法第五章中具体细化为:"国家、社会对符合入学条件、家庭经济困难的儿童、少年、青年提供各种形式的资助;国家、社会、学校及其他教育机构应当根据残疾人身心特性和需要实施教育,并为其提供帮助和便利;国家、社会、家庭、学校及其他教育机构应当为有违法犯罪行为的未成年人接受教育创造条件"。可见,国家从法律层面对教育机会均等做了明确的规定,也显示了其重要性。

韩国的教育法原则中也包含与中国"教育机会均等"相同的内容。从内容层面上来看,韩国的教育机会均等原则在法律范围内规定了所有公民的平等权利,禁止由社会身份不同引起待遇差别,保障了所有公民根据自己的能力均等接受教育的权利。为此韩国实施扶持经济困难弱势群体的义务教育、无偿教育及奖学金制度,以及为解决残疾人教育问题而出台的特别教育振兴法。

教育机会均等是教育公平的核心内容,在实现教育公平的过程中发挥着独特的社会功能。也就是说,只有实现教育机会均等,才能为社会成员提供公平竞争、向上流动的机会,才能够帮助弱势群体减少社会性的不公平。[1]但我国贫困地区的教育却存在着严重不公平:农村学生在入学、就业、竞争、成功、教育条件诸方面受到不公平、不公正的对待。[2]下面从中国地区间入学机会、教育条件、教育成果等方面来揭示教育机会均等存在的不平衡现象：

（一）地区间入学机会之比较

中国地区间入学机会考察结果显示：中国东部沿海和中西部地区入学率都很高，地区间基本不存在差异。

（二）地区间教育条件之比较

地区间教育环境与教育条件按照从高到低的顺序依次是东、西、中部地区，中部地区平均每位学生的教育经费最低，其教育经费明显与地区经济发展不协调，原因在于中部地区义务教育学龄人口全国最多。以小学适龄儿童为例，中部8省市区的平均人数为430万左右，东部11省市的平均人数为310万左右，而西部的平均适龄儿童数量仅为250万左右，巨大的学龄人口差异也成为东、中、西部教育条件不均等的重要原因。

一个地区教育发展水平与地区经济发展水平有着密切关系。教育经费的差异主要是由于地方经济和社会发展不平等造成的。中国的改革开放是从中国沿海地区，即东部地区最先开始，政府对沿海地区采取引进外企和外资的方法，带动了沿海地区经济的迅速发展，拉大了东中西部地区经济发展的差距。

在教育资源配置上，三个地区差距并不大，差距主要体现在同一地区的小学教师资源与中等职业学校教师资源上。不过从教师学历水平上看，韩国教师的学历普遍比中国教师学历高，韩国小学获得硕士学历的在职教师占总数的21%，初中达到31%，高中达到35%。“教育的质量永远低于教师质量”，教育质量的改善取决于教师水平的提高，因此中国应该积极提高教师基础学历，改善教职工体系，同时，国家也应该积极从行政上和财政上提供更多的帮助与支持。

（三）地区间教育结果之比较

中国地区间教育成果中，小学教育普遍呈现出较高升学率。初中到高中升学率按照从高到低的顺序依次是东、西、中部地区。西部地区和中部地区的升学率与东部相比，低了30%，并且三个地区的平均升学率不到85%，其整体水平相当于韩国1980年的水平，可以说中国在升学率这方面，落后了韩国约有 22 年。[3]

中国的高中教育不属于义务教育的范畴，因此国家为了筹集教育经费，学生们需要自负学费。在经济不发达的地区，很多学生因为学费问题而放弃升学。另外，学生的父母文化水平和学历也直接影响学生的升学，2010 年中国第六次人口普查资料显示公民的受教育水平普遍偏低。中国总人口约 13.29 亿，其中本科毕业生约为 1.19 亿，高中毕业生约为 1.87 亿，初中毕业生约为 5.19 亿，小学毕业生约为 3.5 亿。可见随着学历的提高，毕业生数量成递减趋势。加之，中国城市人口占总人口的 49%，农村人口占总人口的 51%，提高初中到高中的升学率，需要国家、社会和学生父母的全力支持。[4]

二、韩国教育机会均等对中国教育的启示

韩国教育事业历经数次改革实现了长足发展，对周边国家的教育也起到典范作用，尤其对中国具有重要的指导和借鉴意义。

（一）促进教育信息化进程

21 世纪，尖端信息通信技术蓬勃兴起，对政治、经济、社会、文化等领域产生巨大影响，而且也改变了个人和集体的生活方式，甚至成为促进国家高速发展的工具。

从韩国教育发展来看，教育的均衡发展应与社会需要相适应。但是在中国，地区间教育发展存在巨大差异。对此，中国应在政策上予以倾斜，让西部地区和贫困地区得到更多优惠，让农村比城市得到更多优惠。

中国地广人多，人口分布十分不均，这给中国实现教育机会均等带来很大阻力。如果想在短时间内发展提升教育，中国教育应该思索如何使 13 亿多公民接受有效教育。那么落脚点应该是利用信息通信技术实施远程教育，这将是教育发展的大趋势。

虽然中国早在 20 世纪 80 年代已开始实施远程教育，但当时的远程教育是国家主导，只是为适应中国近代化对教育的要求而设立的远程教育大学，教育内容和方法因受到中央管制，教育缺乏自由和自主性。[5]在韩国，从小学教育到大学附属远程教育机关、专科大学机构，以及企业“电子商务运行”等多种形态的远程教育机构正迅速发展。2000 年以来，韩国的远程教育实

现了新的飞跃,信息通信技术,特别是通过网络实现的广范围连接网的构建,超高速、大容量的资料传送技术,以及双向交流沟通技术,正在让社会向高度信息化发展;与此同时,韩国的三星、LG、斗山等大型企业大力支持教育,促进教育信息通信技术的发展,为韩国教育做出了不可磨灭的贡献。可以说,远程教育是韩国教育发展的助推器,使韩国教育面貌焕然一新。

(二)重视开发教育人力资源

21世纪归根结底是人才的竞争,只有人才才能创造无限价值,从提高国家竞争力方面来看,人力资源的开发应该成为教育政策优先考虑的课题。

韩国政府致力于教育盲区的人力资源政策开发并将政策制度化,消除了韩国社会阶层和地区间教育的不平等,这一点为中国在解决地区间教育机会均等问题方面提供了借鉴经验。韩国政府为了解决社会阶层、地区间教育不平等,实施多种方式和渠道,其中具有代表性的是韩国教育科学技术部主导的"教育福祉—优先支援特别地区项目"。这一项目是以低收入阶层为主,让教育薄弱阶层的儿童和青少年享受公平的教育机会,从而改变他们的生活质量。该项目的具体目标是为防止教育薄弱阶层的儿童和青少年辍学,通过改善他们的饮食、实施医疗支援等促进他们身心发展,并开设丰富多样的文化活动和增加各种体验机会、陶冶他们的情操。另外,家庭、学校、地区联合起来一起构筑社会网来应对教育不平等问题。[6]

2003年开始,韩国实施的"教育福祉—优先支援项目",不仅面对学生,也包括相关教职人员、学生家长,此项目给社会和涉及的地区都带来积极影响。截止到2011年,韩国教科部认可的学校已经扩大到1500多所。[7]在中国,"教育计划纲要"中提出促进教育优先发展的战略,将GDP的4%投入到教育领域中,不过与世界平均水平4.9%,发展中国家的5.1%相比,中国对教育的投资还是相对较低,加之,中国将GDP的4%投入教育的目标至今仍未实现。2002年的成果目标3.32%,2004年为2.79%,2007年为2.86%。另外,在基础教育阶段,每一名学生的教育经费也只有世界平均水平的25%,这种投入少、分配不均的问题急需解决。鉴于韩国的"教育福祉—优先支援特别地区项目",我们应该对人口多、地方财政困难的中西部地区优先投入支援经费。

接下来是教师政策,教师是关乎教育成败最为重要的因素。若想提高教育的质量，需先提高教师的质量，激发他们作为教师的资质和能力，使他们全身心投入到教学中。可以着重从培养教师的专业性、改善教学学习方法、强化教师资格标准等方面入手。

(三) 重视教育立法，依法促进教育发展

韩国政府一直十分重视教育立法，通过教育立法，保障各阶段教育的健康发展。通过立法，使韩国的各种教育问题都得以解决。例如，针对中等教育的不均衡问题，缩小地区间学校水平差别，制定了“初中均衡化法案”和“高中均衡化法案”，这些完备的法律体系保障了韩国教育的快速、有序发展。

中国重视教育立法始于 20 世纪 80 年代，在此期间制定了 70 多项教育法律法规。但是，针对教育法律法规的是否严格执行并实际运行，以及根据时代的发展应该如何修订等问题缺乏有效的监管和筹划。因此可知，只有法律体系完备，教育机会均等的目标和教育的持续发展才能成为可能。

2006 年《义务教育法》全面修订，是中国将公民接受教育的权利视为教育法制的核心，有利于保障教育机会均等和教育公共性，同时也强化国家责任。另外中央和地方共同承担义务教育财政补贴制度的实施，可以说是中国教育法制史上的里程碑，象征着教育法制的核心价值由国家教育权向公民教育权的转变。不过，问题是保障稳定财源制度的配置尚不充分，因此使得教育法成为一纸空文。如果想要解决这些问题，中国有必要对韩国教育财政的相关法律和制度进行深入研究，并结合中国的实际情况借鉴学习，为我所用，肯定会对中国教育立法有很大裨益。

三、结　　论

综上所得，本文简单阐述了教育机会均等的相关内容，并深入分析了中国教育实践中在教育机会均等方面存在的地区差异之现状，最后将重点放在韩国追求教育机会均等方面的做法对中国的经验借鉴。本文写作目的并不在于评价两国制度的优劣，而是客观地理解两国现有的教育政策，通过比较分析，找出存在的问题，巩固中国现阶段已取得的教育成果，提高教育质量，促进教育均衡发展。

[注释与参考文献]

[1] 王超,《和谐社会视角下教育机会均等问题研究》,河北经贸大学,硕士学位论文,2011年。

[2] 田锐、韩国文,《我国贫困地区教育机会均等的原因及对策》,《泰山学院学报》,2003年。

[3] 韩国教育科学技术部,《幼儿园、中小学教育基本统计调查》,2011年。

[4] 中国统计局,http://www.stats.gov.cn。

[5] 林哲一,《远程教育及虚拟教育活动的相关理解》,教育科学出版社,2003年。

[6] 白京美、金日旭,《幼儿园教育福利投资优选地区慈善事业的运营状况及运营方案探索》,《韩国婴幼儿保育学会》,55(1),2008年,第171—193页。

[7] 金顺阳,全基宇,《消除地区社会间教育不公平现象的政策先后性探索》,《韩国行政论集》,23(3),2011年,第1209—1242页。

图书在版编目(CIP)数据

黄海学术论坛.第22辑/陈金钊主编.—上海:上海三联书店,2015.5

ISBN 978-7-5426-5153-2

Ⅰ.①黄… Ⅱ.①陈… Ⅲ.①社会科学—文集 Ⅳ.①C53

中国版本图书馆CIP数据核字(2015)第060566号

黄海学术论坛(第二十二辑)

主　　编/陈金钊

责任编辑/张大伟
装帧设计/鲁继德
监　　制/李　敏
责任校对/喻　萍

出版发行/上海三联书店
(201199)中国上海市都市路4855号2座10楼
网　　址/www.sjpc1932.com
邮购电话/021-24175971
印　　刷/上海肖华印务有限公司

版　　次/2015年5月第1版
印　　次/2015年5月第1次印刷
开　　本/710×1000　1/16
字　　数/360千字
印　　张/23.5
书　　号/ISBN 978-7-5426-5153-2/C·532
定　　价/58.00元